逼出来的改革

东平土地股份合作与乡村治理的实践探索

赵德健◎编著

中国社会科学出版社

图书在版编目（CIP）数据

逼出来的改革：东平土地股份合作与乡村治理的实践探索／赵德健编著.
—北京：中国社会科学出版社，2016.5
ISBN 978-7-5161-7948-2

Ⅰ.①逼… Ⅱ.①赵… Ⅲ.①农村—土地制度—经济体制改革—
研究—东平县 Ⅳ.①F327.524

中国版本图书馆 CIP 数据核字（2016）第 070452 号

出 版 人	赵剑英	
责任编辑	冯春凤	
责任校对	张爱华	
责任印制	张雪娇	

出 版	中国社会科学出版社	
社 址	北京鼓楼西大街甲 158 号	
邮 编	100720	
网 址	http：//www.csspw.cn	
发 行 部	010 - 84083685	
门 市 部	010 - 84029450	
经 销	新华书店及其他书店	

印 刷	北京君升印刷有限公司	
装 订	廊坊市广阳区广增装订厂	
版 次	2016 年 5 月第 1 版	
印 次	2016 年 5 月第 1 次印刷	

开 本	710×1000 1/16	
印 张	25.75	
插 页	4	
字 数	422 千字	
定 价	75.00 元	

2014年11月，东平县被批准为全国第二批农村改革试验区，标志着东平进入农村改革深水区。

2013年6月，东平县与华中师大农村改革发展协同创新中心签订合作推进农村改革发展协同创新协议，成为华中师大农村改革发展协同创新中心的第一个试验区。

2014年9月27至28日，农村改革发展协同创新中心与华中师大中国农村研究院在东平联合举办了"土地股份合作与集体经济有效实现形式"高端论坛。

2014年1月3日，山东省首家经工商注册的县级农村综合产权交易所————东平县农村综合产权交易所正式挂牌。

　　2012年10月26日，山东省首批、泰安市首家土地股份合作社——接山镇后口头村炬祥土地股份合作社注册成立。截至目前，全县土地股份合作社已发展到61家，入社农民达到7903户。

梯门镇宝泉土地股份合作社泉灵农场

银山镇最美乡村土地股份合作社

接驾山现代农业科教产业园

东平县农村治理结构有效转型，全县城乡面貌焕然一新。

东平县积极探索"村居互助养老"模式，加快推进农村幸福院建设，全国农村养老服务观摩座谈会在东平召开。

东平县坚持农村社区、产业园区"两区共建"，土地入股，农民入社，实现人进社区、业进园区。

编 委 会

目　　录

序

徐　勇

做农村调查，难免与县委书记打交道。许多县委书记都深切感受到，在中国，县委书记是能够做一些事的职位。中国实行郡县制达数千年，县是最基层的一级地方，也是最贴近民众的地方。从纵向看，县是中央联接百姓的节点；从横向看，县是城市联接乡村的节点。处于节点位置上的县级主官，如果要做事，是有相当空间的；但要做好一件事，特别是让民众受益的大事，也颇不容易。这在相当程度上取决于县级主官如何谋事，如何发挥其节点作用。正如有人所说，一个县委书记的高度，就是一个县的高度；一个县委书记的水平，就是一个县的水平。本书记录的就是一个县在书记的谋划下，如何依靠农村改革，探索一条农村发展新路的过程。

作者所在的县位于山东。山东是中国人口大省、农业大省，也是当代中国的"典型"大省。与此同时，山东省在一定程度上也是中国的缩影，也存在着城乡发展不平衡、东西部地区发展不平衡等问题。近些年来，山东处于历史转型之中，东部沿海地区迅速崛起，工业和城市比重日益加大。与此同时，农业和农村发展相对滞后，以致于农业和农村发展方面的全国先进"典型"也很少听闻到。"典型"是一个时代的标志和缩影。山东农业历史悠久，耕地率属全国最高省份，农业增加值长期稳居中国各省第一，当代产生了许多农业和农村发展方面的"典型"。近些年，农业和农村方面的全国"典型"凤毛麟角，几近消失，在一定程度上反映了山东农业和农村发展方面的新"困境"。

本书作者所在的东平县位于山东西南部，是农业大县和全国粮油商品生产基地县；同时也是农村人口大县。作为农业和农村大县，近年来面临着与全国相同地区同样的难题，这就是农业收入增长缓慢，特别是农村集体经济收入较少，农村基层组织的凝聚力弱。本书作者就任县委书记之初，就下乡进行实地调查，认为用脚步丈量的民情最精准、最真实。3年多时间，走遍了全县716个行政村。县委书记无疑要抓基层组织建设，但他在调查中发现，基层组织缺乏感召力和凝聚力，关键原因是缺乏经济影响力。用基层干部的话所说，没有一把米，就唤不来鸡！农村实行家庭经营以来，极大地调动了农民的个体积极性。但是，农民要致富必须与市场相连。而单个农民的力量和小规模土地经营，与市场相连却异常艰难。如公共设施是农民走向市场的前提，而一家一户是难以承担公共设施建设的。作为主导市场的资本以谋利为取向，也不可能兴建公共设施。这一历史重任只能由基层组织来承担。而基层组织如何承担起这一历史使命呢？唯有改革！正如本书书名所表述的是"逼"出来的改革！

土地是农村的主要资源。正因为如此，当代中国的数次大变革都与土地资源的配置密切相关。当下农村发展，还是得从土地资源的配置着手。新中国建立以来，农村土地制度经历了数次重大变革。人民公社体制实行集体所有集体经营，着力于"统"，缺乏活力。农村改革以后，实行土地集体所有家户经营，着力于"分"，有了个体活力，缺乏集体合力。在充分调查基础上，东平的农村改革从"合"着力，以土地股份合作为重心，从而将农村改革推向一个新的阶段。

东平的改革卓有成效，本书已有叙述，在此不多加评点。但作为当下农村改革的"东平样本"，具有全国性普遍价值。

其一，对集体经济有效实现形式进行了有益的探索。在当今中国，集体经济是一个无法回避的领域。这在于中国的土地仍然为集体所有，作为具有农村集体成员权的农民，其生产生活一体化，如何在集体成员共有的土地上实现农村社会的共同发展，成为一个仍然值得探索的问题。中共十七大报告明确提出"探索集体经济有效实现形式"，东平县以土地股份合作为载体，将农民个体和农民集体的两个积极性调动起来，将农民个体与农民集体的各自优势有机结合起来，不断创新着集体经济，赋予集体经济以新的时代涵义。这说明，在我国，农村集体经济并不是走投无路，更不是毫无价值，关键在于根据实际情况探索有效的实现形式。就是在东平，集体经济的实现形式也不相同，更不是一个模式。这在于各自的条件不一样。东平的探索也给学术界一重大启示，这就是实践第一。近些年，学术界对农村集体经济的研究进展不大，一则在于改革开放以来，我国重新恢复了家户个体经营。二则在于学界更多的是从价值方面讨论集体经济，主要限于农村集体经济的历史得失。这种讨论犹如两条平行的铁轨，永远无法达成学术共识。三则在于理论上将以往出现过的集体经济组织视为农村集体经济的唯一形式，将农村集体经济的发展自我封闭在一个狭隘的领域。东平的改革因为是"逼"出来的，很少有框框条条的束缚，着眼于解决实际问题，因此能够探索出一条新路，为集体经济发展拓展了广阔的空间。

其二，对农民与现代市场经济的联接进行了有效的探索。现代化无疑与市场经济相伴随。世界上还没有以非市场经济方式实现现代化的范例。但是，对于作为传统社会因子的农民来说，是否进入市场，却存在巨大争议。有人认为个体农民进入市场将随时面临灭顶之灾，有人认为市场经济优胜劣汰，农民只能面对和承受市场经济带来的好处和坏处。那么，在上述两者之间，有否另一条道路呢？东平的改革无疑作出了很好的回答。首先，在社会主义市场经济体制下，农民不可能置身于市场经济之外。市场经济以货币为中心，距市场愈远，距贫困愈近；距市场愈近，距贫困愈远。市场则以城市为主要载体。当下，农村和农民之所以相对贫困，关键是距市场更远。只有进入市场，才能从根本上摆脱贫困的命运。一些人津津乐道的集体经济"典型"，恰恰是进入了市场才带来了巨大的发展！否则为什么在人民公社时代并没有如今这样的成效呢？哪怕是"农业学大寨"的大寨在进入市场之前也发展有限。东平的改革目的是让农村和农民富裕起来，因此不可能回避市场经济。其次，农民运用集体的力量有可能克服天生的弱点，更好地适应现代市场经济发展。东平采用多种方式，促进土地流转，推动规模经营，引入现代生产要素，最大限度实现土地和劳动力的价值，让农民分享市场经济发展的成果。

其三，对乡村基层组织与乡村治理的基础进行了有力的探索。改革开放以来实行分户经营，充分调动了农民个体的积极性，但公共性相对弱化。一是千百年来分散的个体小农经济的延续，二是"嵌入式"的市场经济放大了人们的私人性，这两个要素叠加就是当下农村社会的特性，即民众现在处在一个高度分散、离散的状态，不仅仅是"一盘散沙"，而且是"一盘流沙"——处在流动当中的个体化。在这种条件下进行乡村治理的困难超越了任何历史时代。农村基层组织因此长时间缺乏强大的凝聚力和影响力。东平的农村改革是从如何破解基层组织和乡村治理困境开始的。通过土地股份合作，不仅仅是提高了农民的收入，更重要的是扩展了农村基层组织的经济实力，并在引导和推动土地股份合作中提升了基层治理能力，从而增强了基层组织的凝聚力和影响力。

　　我所在的华中师范大学中国农村研究院与东平的改革息息相关。一则在于东平县委书记就读我的博士生。进校之初，他将在东平的调查及其思考向我作了汇报。我当时表示，读书期间要将工作当作学业做，将学业当作工作做，希望他努力在实践中探索。二则在于我所在的机构与东平成为"院县协同"单位。我们多次去东平调查，有的博士生在东平调查和基层工作达两年多，而东平县基层干部也多次来我院交流。东平能够成为一个农村改革"样本"有我们的心血和智慧，但主要是东平领导和群众的积极探索，我们也从中受益甚多。如我们机构过去主要研究乡村治理，很少从经济角度理解。东平的探索促使进一步打破学科界限，为我们的研究开拓了新的空间。

　　农村是一个大有可为的地方，农村工作是一门大学问，作为纵横节点的县级在推动农村发展中可以发挥更大作用。我们期待，东平能够不断有新的成就面世，崛起于辽阔的鲁西南大地！

2016 年 1 月 31 日于武汉大雪中

前　言

　　我和"农"字始终有着不解之缘，生在农村、长在农村，读书工作在农大，再到县级工作，我的工作生活一直与"三农"紧紧联系在一起。在农村，度过了我的童年和青少年时期，农村的一草一木、农民的喜怒哀乐和农业的岁丰年稔，在我脑海中留下深刻印象。特别是在中学时期，家庭联产承包责任制给农村带来的翻天覆地变化，至今历历在目、难以忘怀。也许正是机缘巧合，我进入了山东农业大学读书并留校任教，使我对农村感性认知、纯朴情感的基础上，更多了理性的思考、科学的态度、制度的研究。2008年，组织上让我到东平县工作，先后任县长、县委书记，这给了我进一步认知基层、接触群众、实践探索的机会。

　　脚上沾有多少泥土，心中就会沉淀多少真情。2011年，我担任县委书记后，对自己提出要求，每年至少要走访一百个村，用脚步丈量民情，以真心排解民忧，进村庄，入农户，坐马扎，与农村干部说说话，与老百姓拉拉家常，进而深切感受新时期农村需要什么，农民想要什么，农业发展什么。

　　道听途说终是浅，身临其境方知深。经过走访调研，使我对东平农业农村工作有了更加深入的思考。东平是农业大县，一方面，东平土壤肥沃、水浇便利，光照充足，102万亩的耕地上，有为数不少的吨粮（亩产）田、吨粮村；另一方面，农业生产习惯于一家一户生产模式，土地细碎、管理粗放、效率低下、农业兼业化，如何适应规模化、组织化、市场化发展需要，在坚持农村家庭承包经营制度的基础上，发展现代农业，提高农业的市场竞争力？东平农民勤劳淳朴，对土地有着深厚情谊，家庭联产承包责任制的施行，农民的生产潜力释放出来，农民收入大幅增加，但随着工业化、城市化的快速推进，大量人员进城务工，近年来农民收入趋缓，如何赋予农民更多财产权利，在城市化进程中保护好实现好农民利益，增加农民收入？东平基层基础薄弱，2011年全县空壳村占全县的半数以上，村级运转十分困难，相当一部分村干部工资发不出，甚至办公没有场所。如何整合分散的资源、资金，探索农村集体经济的有效实现形式和乡村治理方式，夯实党在农村的经济基础、政治基础和群众基础？

这些问题，预示着东平的农村发展站在了改革的十字路口，看似走投无路、山穷水尽，但又指向同一个问题，即农村集体产权，突破这一点，满盘皆活。

东平历史悠久，人杰地灵，4000多年的文字记载史，孕育了一代又一代东平人的智慧，大写意人物画鼻祖梁楷，元代著名杂剧作家高文秀，文学巨匠罗贯中，中国农村改革先锋、全国人大常委会原委员长万里都出生在这块土地上。30多年前，东平人的杰出代表，时任安徽省委第一书记的万里，以心系百姓、勇于改革的伟大精神，探索农村改革之路，实行包产到组、包产到户，让农民重新获得生产自主权，这也是我国农村经济体制的一次重大突破，是发展、完善社会主义经济制度的成功尝试。今天，在万里同志的家乡，勤劳勇敢、富有创新精神的东平人民，又围绕农村集体产权制度，进一步活权赋能，探索集体经济有效实现形式，开始了新一轮的探索。作为东平县委书记，我有幸参与并见证了这次改革。

东平的农村集体产权制度改革，是一个由模糊到清晰，由封闭到开放，由固化到流动的过程，大体经历了三个阶段。一是摸索阶段，发展"边角经济"。重点围绕解决无区位优势、无资源优势、无资金技术"三无"村的增收问题，引导村级利用路坎壕边、闲置荒片、房前屋后、边边角角的集体闲散土地资源，通过股份合作的形式，与各类市场主体、群众合作发展苗木种植或其他经营项目，实现各方共建共赢，形成了村集体"边角经济"增收模式。这一增收模式投入少，见效快，有效解决了空壳村的"第一桶金"问题。这一做法，得到了专家和省市领导的充分肯定，并在省市予以推广。通过发展"边角经济"，全县共清理荒片1.1万亩，村集体收回利用5000余亩，年可增加村集体收入450万元。

二是试点阶段，推行土地股份合作。东平作为农业后发地区，最普遍，也最有潜力的是土地资源，我们把改革的视角由"边角经济"扩大到大田土地上。工作中，农户以承包地自愿有偿入股，村集体以积累资金、厂房机械、"四荒"资源、边角土地等折股入社，各类新型经营主体以资金、技术、设施参股经营，坚持收益共享、按股分红，实行"保底收益＋分红"方式,农民凭借承包权成为"三金"农民,村集体凭借所有权增加收入,新型经营主体凭借经营权壮大了产业,实现三权同步、三权共赢。2012年10月26日,接山镇后口头村炬祥土地股份合作社挂牌成立,成为山东省首批、泰安市首家土地股份合作社,开启了土地股份合作的大幕。2014年1月3日,组建了山东省首家县级农村综合产权交易所,农村土地承包经营权等13类农村产权进所交易,构建起较为完善的农村产权交易市场和覆盖县乡村三级的服务网络。2014年9月27至28日,由华中师范大学中国农村研究院、农村改革发展协同创新中心共同主办的"土地股份合作与集体经济有效实现形式高端论坛"在东平成功举办,来自国家部委和有关地方以及知名高校、科研单位的40多名领导、专家齐聚东平,研讨土地股份合作与集体经济发展有效实现形式。目前,全县已发展土地股份合作社61家。

三是发展阶段,开启农村集体产权股份合作制改革。2014年11月20日,农业部等13部委联合下发《关于第二批农村改革试验区和试验任务的批复》,东平县成为全国第二批农村改革试验区,承担"农村集体产权股份合作制改革试点"试验任务,在做好土地股份合作的基础上,深入推进扶持资金股份化改革、集体置业股份合作改革、成方连片精准扶贫体制改革、农村金融融资增信试点等改革事项,东平农村改革进入了新的发展阶段。

东平县的农村改革,说到底是逼出来的改革,是为现代农业发展的形势所逼,为农民持续增收的困难所逼,为农村集体经济薄弱的现实所逼,为乡村治理面临的困境所逼。东平农村改革的实践,体现了中央和省市顶层设计、高等院校智力支持与群众首创精神的结合,促进了农业适度规模经营,提高了土地产出效益,让农民鼓起了腰包,让集体挺起了腰杆,极大地解放了生产力,释放了多重效应。一是赋予了农民更多财产权利。通过确权颁证,土地产权更加清晰,股份合作更加顺畅,农民有了"租金＋股金＋薪金",成为农民增收的重要源泉。二是促进了城乡要素平等交换。通过股份合作,农业发展吸引工商资本、管理、技术、人才等各类要素注入,实现了二者的有效对接和平等交换,实现了生产要素的优化配置和有序流转。三是培育了新型农业经营主体。将分散细碎的土地进行整合,培育出了农业产业园区、专业合作社、家庭农场、休闲农庄等新型农业经营主体。四是壮大了集体经济。集体的荒滩荒地、闲置资产、政策性资金、市场化服务等要素进行盘活整合，入股合作社，使集体收入有了"源头活水"。

在多方的指导帮助下，东平农村改革做了一些工作，但距上级的要求，离群众的期待还有不小差距。我县的改革还处在初步探索阶段，有些问题尚需进一步解决，如因粮食价格浮动带来的股份合作社运营问题，农业保险的全覆盖问题，各级财政扶持资金整合的问题，农村改革金融政策的配套问题，农业经营风险防范等。东平的农村改革还有很长的路要走。

习近平总书记强调，没有农业现代化，没有农村繁荣富强，没有农民安居乐业，国家现代化是不完整、不全面、不牢固的。中央印发的《深化农村改革综合性实施方案》，明确了深化农村改革总的目标、大的原则、基本任务和重要路径，为我们农村改革指明了方向。我们要进一步发扬改革创新精神，积极探索转变农业发展方式、促进农民增收、壮大集体经济的新思路、新办法和新举措，不断开创现代农业农村发展的新局面。

赵德健

2016 年 1 月

第一章 动因：农业农村发展与
乡村治理的困惑

山东省东平县地处鲁西南，东望泰山，西濒黄河，南望孔孟故里，北临省会济南。总面积1343平方公里，辖14个乡镇（街道），716个村（居），耕地102万亩，总人口80万人。

东平县是个传统的农业大县，自然条件良好，农业资源丰富，交通便利，发展农业生产的条件得天独厚。这里四季分明，年平均气温13.6℃，年平均降水量610.04毫米，无霜期201天，发展农业生产具有较好的气候条件。东平水资源丰富。东平湖是山东省第二大淡水湖泊，总面积632平方公里。其中，一级湖209平方公里，常年水面25万亩，是重要的淡水渔业基地和南水北调东线工程的重要枢纽。大清河、汶河、汇河等河流穿境而过，农作物灌溉便利。东平劳动力资源丰富。农业人口69万人，约占全县总人口的87%，农村劳动力34.3万人。东平交通便利。国道105、220和省道331、255、250贯穿全境，特别是济菏、济徐高速公路，晋鲁铁路、京杭运河的相继通车复航，为农业发展创造了便利的交通运输条件。东平农业基础良好。耕地面积广，土地资源多，特色农产品资源丰富。东平县一直是优质小麦、玉米、花生的重要产地，核桃、大蒜、菱角、芡实、鸡头米、东平湖鲤鱼等特色农产品、湖产品久负盛誉，"安山大米""大羊核桃"被国家工商总局评定为"地理标志性证明"商标。优越的自然环境、丰富的农业资源、良好的区位优势，使东平县的农业生产取得长足发展，东平县成为全国粮油商品基地县、良种繁育基地县、山东省淡水渔业基地县，成为国家林业局命名的"中国核桃之乡"，全国农技推广体系建设与改革示范县、全国粮食生产先进县。

东平是农业大县，是全国知名的粮食大县，但同时还是相对欠发达县，是农业"弱县"。特别是随着农业经营环境发生巨大变化，东平县农业生产在政策红利得到巨大释放后，"三农"问题也面临着一些不容忽视的问题。农业、农村发展动力不足，农民增收趋缓，发展遭遇瓶颈，土地细碎化、产权缺失、城镇化动力不足、乡村治理等问题一直困扰着东平县的发展。

一 农业经营乏力：细碎化的土地与产业化的困境

东平县农业发展慢、发展后劲不足问题的产生，原因是多方面的。其中，农村土地细碎化与农业产业化之间的矛盾便是一个重要原因。由于地块细碎化，使得土地无法成为"孕育"和发展现代农业、规模农业、实现农业产业化的"温床"，导致农业经营乏力。

（一）"公平"原则下的土地碎片

驱车进入东平县，放眼望去，331省道、汶河两边尽是大片大片的耕地。这些土地看似成方连片，但实际上却被一条条有形的埂、坡、坎、垄、沟、渠等界碑和无形的乡镇界、村界、小组界及村民土地承包界等行政界线和权属界线分割为成千上万块分散的土地碎片。

中国是一个传统的农业大国，纵观上下五千年的历史，几乎每一次政治、经济、社会的重大变革，其过程都直接或间接、有意或无意地留下了土地的印记。从西周时期的"井田制"到战国时的商鞅变法，再到北宋的王安石变法，无一例外地包含了土地制度的改革。汉、唐、宋、明、清等朝代的农民起义产生的原因，多是因为土地兼并、土地分配不公，农民失去了赖以生存的土地，由此导致了王朝的灭亡。通过历史，可以清晰地看到，无论是处于最高层的统治者，还是处于社会最底层的农民，对土地都有着天然深厚的感情。"平等、公平"分配土地，实现人人有其田，一直是中国农民的不懈追求。改革开放以后，"家庭联产承包责任制"将土地平等地分配到一家一户，"交够国家的，留足集体的，剩下都是自己的"，让成千上万的农民在历史的转眼间跨过了"温饱线"，走上了"奔康路"。土地平等分配到一家一户，体现了"公平"原则，调动了农户的积极性，但同时也历史地形成了"土地碎片"。

东平县山地、湖区、平原大体各占1/3，农村土地分散在这三种地形上，由此产生土地的土层厚度、土壤肥力、水源状况、交通状况等因素也影响着土地的质量。为了保证土地分配绝对"公平"，在分田的时候，一般采取"分级切块"的方法，综合考虑各种因素，人为地把不同地块的土地分成几个等级，按照"荤素搭配"和"肥瘦混搭"的原则，通过"抓阄"，把众多地块毫无规则地分配到各家各户。细碎分散的土地就像星星点点的萤火虫一样，数量虽多，但终究难以汇聚起普照大地的灿烂光辉。随着时代的发展，土地"分得过散"的弊端逐渐显现，土地难以集中连片，就难以推进产业化，难以实现规模经营。

从调研情况来看，作为新型农业经营主体，他们手里有资金、有技术、有市场、有管理经验，有规模经营的能力，唯一缺乏的就是土地，而且是集中连片的土地。农村的土地虽多，有的只是"鱼鳞"般的土地碎片，经营权分散在一家一户手里，难以形成规模化的土地经营，很多现代农业项目因此而搁浅。打破有形的"田坎"和无形的"行政、权属界线"，把分得过散的土地碎片集中连片，培育各类新型经营主体，吸引外商、大户入驻，让资本和科技等现代要素成为助推农业发展、农民增收的强大引擎，是摆在东平县面前的一大问题。

（二）低效闲置的土地浪费

阳春三月，本是忙碌的耕种时节，走在东平农村的田间地头，举目四望，以前那种丈夫推车、妻子挑担、全家老小齐上阵热火朝天的大场面早已没了踪影。映入眼帘的，只是两个一伙、三个成群的农民零星地分散在空旷的大田里。走近了，你会发现，在这辛苦劳作的人群中，多是四五十岁的妇女和年逾六旬的老人，很难看到青壮年的身影。大羊镇62岁的老李是个干了一辈子农活的农民，他的儿子儿媳都进城打工了，家里就剩下老两口和一个不大的孙子。老李说："我家4亩地，村东、村西都有地，远处的山上还有一块，都由我跟老伴耕种，整天跑东跑西干农活，还要上山爬坡，真是干不动了。有些地就随便撒点种子，收不收随它吧！"言语间充满了惋惜和无奈。在广大的农村，在主干街道的两边，往往整齐地排满了漂亮的商铺和住宅，表面看上去繁华热闹。但是，继续往农村深处走去，就会看到，一座座闲置的宅院早已废弃，房前屋后的边角旮旯里长满了草、堆满了柴火，街道两边"亮丽"的建筑物成了农村的"遮羞墙"。

这一幕幕刻骨铭心、发人深省的景象折射了一个不容忽视的问题——农业"低效化"，随之而来的是地无人种、种不好、产出低、收益低等一系列问题，尤其是耕地利用的低效化，是东平农业发展的现实问题。一是地无人种。青壮年农民进城务工，农村留守的多是老人、妇女和儿童。由于产权不清和缺少种植大户等新型经营主体，农民的承包地难以流转。因此，无奈之下，土地只能由留守老人和留守妇女来耕种。但是，繁重的农业生产，对于他们来讲，只能硬扛着，显然是心有余而力不足，于是传统的精耕细作不见了，取而代之的是"只要不荒着就行，能收多少是多少"。"广种薄收"的种植方式造成了土地产出较低。二是土地收益低。由于耕地分散细碎，不成规模，使得规模化、机械化、集约化程度较低，难以进行规模经营管理，很难获得规模效益。有些土地流转时，合同一签就是十几年，甚至几十年，土地流转价格长期不变，农民只是获得单纯的土地承包费，很难享受"薪金""分红"等增值收益。

此外，一些荒山、荒沟、荒丘、荒滩、荒坡、坑塘等被习惯性忽视，长期处于无人管理甚至荒芜的闲置状态。另外，在农民房前屋后、一路两壕等还存在大量闲置的"边角"土地。这些土地由于产权不清或者缺乏有效利用方式而一直处于"沉睡"状态。如何充分发掘土地生产潜力，让边角旯旮和细碎分散的农地成为能人眼中的"牛溲马勃"，成为增加农民收入的"金山银山"，值得深入思考。

（三）农业服务体系的缺位

我国农业发展进入新阶段，农业发展方式由粗放型向集约型转变，农业生产经营逐步趋于专业化、组织化、产业化，这就迫切要求从政府、村级、科研院校和涉农企业等多个层面健全、完善现代农业社会化服务体系，为农业发展提供优质的公共产品和公共服务。由于历史和政策等诸多原因，尽管长期以来东平曾在完善农业服务方面做出了很大努力，但是仍然不尽如人意。主要表现在：一是政府的服务职能发挥不够。近些年来，东平县始终把农业置于基础地位不动摇，但在转变农业发展方式，培育现代农业、市场农业、高效农业方面，缺乏有效的政策支持、资金投入、科技投入、人才支持，政府的政策牵引和服务职能缺位。二是农业的社会化服务滞后。随着市场经济的发展，许多农业服务机构，如种子公司、庄稼医院、生资公司、农机服务、供销合作等直接推向市场，政府指导和调控农业服务工作的"抓手"越来越少，农业技术推广、动植物疫病防控、农产品质量安全监管、农产品信息发布、农机推广等现代农业服务平台还不够完善，涉农服务"最后一公里"的问题始终没有解决。三是农村合作经济组织发展缓慢。不但数量少，而且服务能力不强，抵御风险的能力较弱，管理不够规范，服务作用难以发挥。截至2011年底，全县各类专业合作社599家，明显低于全省、全市的平均水平。四是金融服务不到位。实现农业现代化，离不开金融服务的支撑和保障。但农村融资问题一直是制约东平发展的老大难。俗话说，"家财万贯，带毛的不算"，农民想发展、想贷款，但银行贷款要求有抵押物，而农民值钱的家当就是自己的土地和住宅。由于土地产权不清晰、缺少产权凭证和抵押物难以流转、处置，特别是由于土地所有权、承包权、经营权三权尚未"分置"，农村土地抵押成为法律的"禁忌"，农民的住房没有确权，承包地的经营权抵押很难被金融机构认可，加上规模经营投资大、风险大、贷款周期较长，破解这一难题还有很长的路要走。

（四）游离分散的经营方式

在经历了"人民公社化运动"的洗礼后，分田到户的政策让农民拥有了真正属于自己的土地。在当时的社会背景下，土地就是农民的"命根子"，也是全家人生存的依靠，更是他们精神和心理上的寄托和慰藉。于是，他们宁愿沿袭几千年来一家一户分散的经营方式，也不愿把土地流转，集中发展专业规模经营。

分散的经营方式有其积极意义，但农村生产力的发展正期待突破这种传统经营方式的束缚。一是农民的短期行为。由于缺少产权保障，农民的心里仍不踏实。农民所考虑的，就想在承包经营权期限内最大限度地获得"超额"土地收益。于是，过量使用化肥、滥用农药，对土地过度利用，造成各种面源污染，土地资源破坏严重，土地生产力长时间得不到恢复，土地质量下降，潜在问题显现。特别是，由于一家一户单打独斗，农民在市场竞争中，往往处于弱势地位，更缺乏"品牌"意识。"品牌"是无形的资产，是农产品的招牌，有了"品牌"才有高收益。安山的大米远近闻名，多年以来，质虽优，价却廉，价格卖得很低，而在获准"安山大米"国家地理标志商标后，却"身价倍增"，农民收益倍增。短期行为是因为农民没把土地当成自己的，土地制度表现出了许多突出问题，其中最核心的问题是产权问题。① 二是农业生产组织化程度下降。长期以来，单枪匹马的分散经营方式，基本断绝了农民与集体之间的经济联系，越来越多的农民游离出村集体，处在原子化的状态。特别是由于"统分结合"的双层经营体制"分"得过散，"统"的功能基本丧失，几十年来，"集体经济组织"一直以几近"虚拟"的状态存在于口中、纸面和墙上，农民找不到可以依附的对象，加剧了"游离"现象的发生。发展集约、科学、高效的现代农业，急需改变传统的分散经营方式，需要把分散的农户通过市场机制重新组织起来，提高农业生产的规模化、集约化水平。三是难以获得规模效益。首先，分散经营成本较高。适度规模经营将先进的管理经验和现代科技、大型机械引入农业生产。管理者可以对大片土地的种子、化肥、农药、机械、人工等生产投入进行统筹规划，可以将生产成本有效控制在相对合理的水平。若是农民分散经营，他们往往进行盲目地经营管理，试图以增加投入的方式提高土地产出效益，导致对个人承包地投入过多。有研究表明，规模经营的小麦每亩机耕费比多户分散经营低 25 元—30 元，且单产要高出 50 公斤左右。② 所以，实行适度规模经营，降低农业生产成本，大有可为。其次，难以获得产品高附加值。分散经营往往是种出粮食卖粮食、结了水果卖水果，卖的都是初级产品，收效较低。规模经营可以拉长产业链条，形成规模效应，大幅提高农产品附加值，农民可以获得较高的"超额收入"。但目前农村土地存在着权属不清、流转不畅等突出问题，加上农民的个体化思想，制约了农业的规模化经营。传统的发展理念、僵化的土地产权等因素的制约，让农民增收致富的期望与规模经营、规模效益如同隔着一层薄薄的棉纱，近在咫尺，能够看得见，但很难抓得住，给人一种"若即若离"的似真亦幻的存在感。如何搞好土地产权制度改革，最大限度地释放土地制度的活力，最大程度地激发农民与集体两个积极性，似乎正成为促进农村发展、农民增收、农业增效的关键。

二 农民增收困难：沉睡的资本与产权的缺失

促进农民增收历来是解决"三农"问题的关键。目前东平县耕地面

---

① 盖国强：《让农民把土地当成自己的——农村土地制度创新研究》，山东人民出版社 2014 年版，第 17 页。

② 参见钱克明《规模很重要 适度是关键》，《求是》2015 年第 7 期。

积 102 万亩，家庭承包经营耕地面积 88.22 万亩。盘活土地产权，唤醒沉睡资本，激活农村各类生产要素，促进农民增收，建立符合市场经济要求的农村集体经济运营新机制，是东平县农村改革的唯一出路，也成为推进东平县土地股份合作的动力。

（一）土地依赖的逆袭

土地是农民的命根子，是农民心中的依赖。农民对土地有一种天然亲切感，有一种难舍难分的独特情感，长期对土地心存依赖，命运与土地密不可分，息息相关。

在东平，"七级工八级工，不如老农一挑葱"这一顺口溜依然深深地印在农村老人的记忆里，常常挂在嘴边，成为他们美好的回忆，土地的重要性也因此铭刻在他们心中，成为农民生活的寄托。然而，传统农业弱势的产业地位、原始的耕作方式、一家一户较低的土地劳作效率，难以满足现代农业发展要求，阻碍生产集约化、机械化的发展，也不利于产品的商品化、社会化的需要，这也成为新形势下东平农民增收的最大障碍。老湖镇周林村 80% 以上的年轻人都外出务工，形成典型的"老人农业""妇女农业"，由于地块小，观念旧，条件苦，能力差，靠天吃饭，收益极差。收入的减少，农民种田积极性的下降，使农民与土地的关联度在下降，农民对土地的依赖性在减弱，农村离心力在加大。再加上农村集体经济发展陷入困境，失去向心力、凝聚力，难以将村民有效组织起来。难怪部分村干部感慨："分田到户后，土地分散了，农民的心也散了。"

随着市场经济的发展、农业结构调整和城乡一体化的推进，农民的独立性和自主性大大提高，越来越多的农民跳出农门，进城务工，个体经商，兴办企业，实现非农转移。农民收入结构发生重大变化，工资性收入等非农收入在农民收入中的比重越来越大，并成为农民增收的主要来源。收入来源的日趋多元化，使农民不再把种粮作为唯一产业，农业收入也不再是农民的唯一收入，非农产业收入逐渐成为农民收入的重要来源，且增幅快速提升，这在客观上使土地对于农民的重要性在下降，农民对土地长期形成的割舍不断的依赖受到"逆袭"。这样，种地从农民的"主业"、衣食之源，变成可种可不种的"副业"，村民种田积极性下降，部分地方出现土地抛荒、半抛荒现象。

特别是经济条件较差、交通不便的东平北部山区更甚。梯门镇西沟流村民间流传的"种粮不增收，种了白忙活，不种还收草，打工收益高"，是这一现象的真实写照。

土地种植成了"鸡肋"：进城的舍不下又没法种，年轻人愿进城不愿种，留守的想种又种不了；自种无甚收益，弃之又觉可惜。农民在取舍之间犹豫、彷徨。世世代代对土地心存依恋、毫厘不离的依赖感受到猛烈冲击，在这种形势下，大批劳动力顺应了潮流，舍弃了土地，非农生产成为新常态。农村劳动力向非农产业转移和土地承包经营权向规模经营者集中，已成为不可阻挡的趋势。

（二）农民放不下的"田产"

土地是农村最大的资源，也是农民最重要的财产。面对打工潮、经商热，面对土地流转、集约经营、股份合作等势不可挡的农村改革浪潮，作为世代依山傍水、日出而作、日落而息的东平农民来讲，"心中纵有千千结"，他们也难以完全放下自己的"田产"，放下自己的宅基地，放下自己的土地承包经营权。"田产"成为他们挥之不去的心结。

"靠山吃山、靠水吃水"。农民本就是"种地"的，依"地"而生，放不下"田产"，自然有他们的道理。一是为生活"后路"难弃"田产"。土地作为农民之根，不仅能解决生产、生活问题，最为重要的是，有了土地，农民可以获得保障，农民要给自己留后手。近年来，虽然出现农民"打工潮""民工流"，但调查发现，在东平农村，无论是外出打工的，还是在家务农的，90%以上的农民都认为，形势虽变了，但土地仍然并将始终是他们的"保险柜"，有了承包地，有了"田产"，心里踏实，饿了能充饥、冷了能保暖，土地是保障，是他们最重要的"保单"。地处东平县北部山区的梯门镇双塔村，有90%以上的青壮年农民外出打工了，有的还出人头地，不但在城市生活，而且还做了小老板，生活比较富裕，虽然不差钱，但仍保留着家中的田产——土地承包经营权不放。"家是避风港"，宅基地的重要性更明显。我国《土地管理法》明确规定，农村村民一户只能拥有一处宅基地，从法律上赋予农户与宅基地之间——对应的关系，唯一性体现了稀缺性，且是无偿获得，在东平农民眼里，"田产"是无论如何也放不下的。二是为身份难弃"田产"。随着国家惠农政策力度的加大，农民身份和个人附有的农地成为"宝贵"资源。特别是经济条件好、集体实力强的村，他们是农民中的"贵族"，只要拥有农村户口，就享有了农村集体经济的一系列权利，东平县城所在地的焦村、赤脸店等城中村、城郊村的村民优越感更强。原因在于，他们所在村的集体资产收益较为丰厚，集体在住房、过节日、子女升学等方面有一定的福利，而"村民"身份是福利分配的重要依据。所以，他们认为放弃了"田产"就放弃了"农民"身份，放弃"农民"身份就等于放弃了集体福利。三是为优惠待遇难弃"田产"。以前种地要交"三提五统"、农业税，现在农民一切税费不仅统统全免，还享受"两免一补"等政策福利，东平湖库区移民每年还可以领取600元的移民补贴。在当前农村最低生活保障和养老保险制度尚不健全的情况下，农民更是把土地视为"保命地"，是生存之保障，不愿意放弃"田产"，有相当多的人，甚至连流转都心存种种顾虑。四是为心中的寄托难弃"田产"。中国封建社会延续了两千多年。长期的历史积淀，在农民心中形成"根"的思想观念，受儒家思想影响至深的东平农民更甚，田地特别是"宅基地"是他们的根，是他们心中的寄托，无论身处何方，总是一心向"宅"，对家中的老宅总是一往情深，保留着老宅，固守着老宅，有的老宅虽已年久失修，无人居住，但心中仍藏珍爱，有的还会将自己进城打工挣来的辛苦钱翻修旧房，以示对祖上和老宅的寄托。

如何让农民真正放下"田产"？这就需要明晰产权，盘活"田产"，让农民进有收入，退有保障。这为土地确权颁证，承包经营权分置改革，开展土地股份合作以及农民房屋的确权、流动和宅基地的有偿退出打开了新思路。

（三）资本下乡的"困顿"

城市带动农村，工业反哺农业，实现工农产业互动，融合发展，既是大势所趋，也是改革所向。近年来，随着农村经济社会条件的变革，现代要素下乡逐渐成为促进现代农业生产和农村经济发展的重要载体。

东平县作为传统的农业大县，经济条件还较差，实力还较弱，要增加农民收入、发展集体经济、促进农业现代化，没有强大的财力支持是根本不可能的事，"钱从哪儿来"的问题一直是困扰东平农业农村发展的重大问题。因为没钱，农田基本设施难配套，影响了农业生产水平；因为没钱，土地难整合，农业产业化推进缓慢；因为没钱，新技术难推广，科技兴农"最后一公里"的问题难以解决；因为没钱，农村公益事业受影响，党组织和村委会没威信；因为没钱，村级治理能力弱化。

钱从哪儿来？从市场来。"天下熙熙，皆为利来；天下攘攘，皆为利往"。资本作为市场重要生产要素，作为现代农业发展的"血液"，强烈的"逐利偏好"使之对东平的土地，对这块"价值洼地"趋之若鹜。当外来投资者需要土地而农村发展需要资本的时候，两者之间容易达成合作。① 正是在现代要素下乡的背景下，东平县积极创造各方面的优惠条件，招商引资，拓宽资本下乡渠道，引导资本下乡和企业下乡，促进现代要素与现代农业有机结合。资本下乡、企业下乡在为东平农业和农村改革带来资金、带来现代化的管理理念、先进的管理方式和管理要素同时，却也面临着"困顿"：一方面，资本下乡，需要村庄具有良好的基础设施和公共管理条件。2011 年，在全县 716 个村中，超过半数的村庄集体收入很少甚至没有，别说搞基础设施建设，连村级运转都靠财政转移支付。如何壮大集体经济，推进基础设施建设和发挥村集体公共服务功能，既是形势的需要，也是资本下乡等现代要素的诉求。另一方面，资本下乡关键是要把资本和土地紧密结合，使二者发挥最大的经济效益。东平县虽是农业大县，有大量的土地资源，但长期以来却没有得到充分的利用。主要在于，一家一户的小农经营仍是东平农业生产的主体，由于土地分散和规模有限，小规模生产无法满足现代生产要素的需要，资本虽下乡，但分散、零星的现状，使之"无用武之地"。如何整合农村土地，如何坚守土地承包经营权流转"不得改变土地集体所有性质、不得改变土地用途、不得损害农民土地承包权益"三个原则，如何实现土地有序流转、充分利用资本下乡机遇，实施土地规模经营，成为东平面临的又一大考题，也是东平县土地由"分散"走向"合作"，实施土地股份合作的现实需要。

（四）土地流转的"死结"

东平县是相对欠发达县，工业发展较弱，工业反哺农业的能力较差。

---

① 参见裴小林《集体土地所有制对中国农村工业化的贡献：一个资源配置模型的解说》。

同时，东平县又是农业大县，最大的优势在农业，最大的资源是土地，但长期以来，东平的土地资源现状并不令人满意。一是单家独户的土地经营，地块狭小分散，农村大量土地闲置，耕种不便，机械化作业覆盖面小，科技推广难度大，导致农业生产的比较效益低下，农民的土地收入极为有限；二是土地流转不畅，土地不仅没能成为农民创收的来源，反而成为一部分进城务工农民的羁绊。为解决这一问题，东平县曾进行了不断探索。因地制宜地开展土地流转，便是东平县最初的想法，试图通过流转从土地上找法子，寻突破。2008 年《中共中央关于推进农村改革发展若干重大问题的决定》提出的"建立健全土地承包经营权流转市场，按照依法自愿有偿原则，允许农民以转包、出租、互换、转让、股份合作等形式流转土地承包经营权，发展多种形式的适度规模经营"，更加坚定了东平县通过土地流转解决发展问题的信心。以此为契机，东平县农村土地流转工作正式启动。

说起来容易做起来难。实践中，人们慢慢发现，土地流转并非像想象的那么简单，也存在着种种难测的困难和风险。一是流转租金低，无土地增值收入。土地流转是化解土地闲置、解决土地低效利用的针对性措施之一。但在东平，在民间，土地流转往往是一纸合同一签数年甚至几十年，农民获得的仅仅是固定的土地租金，且是一次性廉价租金，难以享受土地增值所带来的增值收益。老湖镇宋村的老宋，一家 4 口人，共有 5 亩多地，土地出租后，每年的租金只有近千元，日子过得紧巴巴的，但年龄大了，不能干别的挣钱，只能寄希望于土地。但以土地出租为主要形式的土地流转，只能收取一些微薄的租金，无法享受到现代农业发展所带来的土地增值收入。在这种情况下，增收自然困难，集体经济也失去了赖以成长的源泉。这还不说，这种流转土地的方式还切断了农民与土地的联系，农民由土地的所有者变成了"局外人"，既无法参与经营管理，也没有话语权。二是事与愿违，与流转目标方向背道而驰。土地流转后如何经营，依然是个老大难。部分土地流转后，有些大户并未尽心尽力的经营，反而将土地反租倒包，甚至层层转包，以赚取差价，规模效应递减，农民利益受损，群众意见很大；也有部分大户"财大气粗"，将流转来的土地广种薄收，甚至"睡大觉"，土地重新抛荒，失去流转意义；有的"动机不纯"，压根儿没指望从土地种植上赚钱，而是钻政策空子，利用惠农政策套利，与土地流转的目标方向背道而驰。如何既实现土地由"小"到"大"，由

"散"到"整"，又能克服盲目流转，损农事件发生呢？东平县一直在找答案。三是经营风险高，大户"跑路"。土地流转能有效盘活土地、解决农民土地的租赁问题，但其存在的风险也不可小觑，最为突出的是"跑路"问题：有些土地承包大户由于经验缺乏、财力有限，难以承受市场经营风险，在市场行情不佳时出现"跑路"现象。东平县后口头村曾将该村400多亩土地流转给两名外地客商种植地瓜、菠菜、土豆等农作物，但由于2012年这些农作物价格大跌，土地经营收益不佳，收入连付土地租金的钱都不够，最终两个大户索性菜也不要了，"逃之夭夭"。大户"跑路"引发了东平人的思考，"能不能不用这些外来大户，让农民组织起来，自己经营呢？"由此开始了新的探索。四是农民与土地失联，与集体离心。家庭联产承包责任制实行大包干，分田到户，农民自主经营，自负盈亏，一方面调动了农民的积极性，另一方面也产生了农村土地碎片化、分散化的问题，不利于规模经营和现代农业的发展。土地流转，虽然能部分地解决了土地集约化的问题，却带来农民原子化问题。将土地流转给大户后，一方面造成农民与土地的"失联"，由于没有利益联结机制，土地经营好坏与己无关，他们关心的只是租金，造成与土地"失联"。另一方面与集体"离心"。农民与村集体无论在经济上，还是在政治上的联接都大为减少，与集体组织似曾相识，形同陌路，"对面不相识"，与集体产生离心力，村集体对农民的管理成为"盲点"，村级治理缺失。

有没有更好的办法既能优化农村土地资源配置，又发挥农民的主观能动性，既让闲置、零散土地"生金流银"，又实现农民集体双增收和乡村的有效治理？唯一的出路是转方式、调结构，建立紧密型利益联结机制，组建经济共同体，以土地为纽带建立起集体与农户、农户与农户之间的合作，集中连片经营，实现风险共担，利益共享，保障了农民增值收益权和充分的话语权，促进农民增收和集体经济壮大，只有这样，才能既解决土地零碎分散的问题，又便于乡村治理。东平县土地股份合作社正是循着这一路子，在土地流转改革过程中"边实践、边探索、边总结、边推广"，逐渐丰富发展起来。事实充分证明：土地流转出现"死结"，症结何在？首在产权。

（五）产权是个绕不过的"坎"

破解"三农"问题的核心在产权，解决"三农"问题离不开对产权问题的清晰认识。长期以来，由于历史和农村体制原因，我们对农村土地产权问题重要性没引起足够重视，也没有完全理顺产权关系，特别是相关土地文件对此问题的表述有"打架"现象，比如《中华人民共和国土地管理法》规定，农村土地归农民集体所有。同时又规定，由农村村民委员会负责管理。就是说，农村土地既不是农民的，也不是农村村民委员会的。《中华人民共和国农村土地承包法》则规定，农村土地承包期30年不变，表面看来产权相对固定。但在执行起来，实际情况是这样吗？答案是否定的。东平县也和全国许多地方一样，有相当一部分村从本村村民的意愿出发，对农民承包地执行的是"人增地增，人减地减"，基本是"三年一小调""五年一大调"，个别村庄甚至年年在作调整。东平县后口头村，从1983年第一轮土地承包后，分别在1987年、1993年、1998年、1999年、2008年调整了土地。土地产权"飘忽不定"，农民心里没底，在经营上就不会长远规划。同时，由于种种原因，东平县农村承包土地不同程度地存在确权面积不准、四至不清、空间位置不明、登记簿不全等问题，这样，产权不定、产权不清、产权模糊，产权不能流动，土地流转起来就不畅，想形成规模自然也就不易，农业集体合作经营当然就有难度，于是农民就不愿、也不敢在土地的长远发展和规划上下功夫，由此产生的负面影响随着时间的增长在急剧放大。随着城乡一体化深入推进，农村经济发展已经到了一个新的十字路口，由产权而派生出的相关问题不断涌现，"三农"面临着一系列新的问题和挑战。发展现代高效农业，需要规模经营，地要如何转？农民从土地中解放出来，人要往城里走，能否安心去？建设新农村、新社区，需要大量资金，钱又从何处来？发展集体合作经济，增值收益应如何分？如何通过产权改革，确定产权，厘清产权，激活产权，唤醒农村沉睡的资本，促进农民增收？所有问题的解决，都聚焦在了产权。土地产权成为破解农业、农村和农民问题的核心，成为焦点问题。产权成为无论如何也绕不过的"坎"，问题到了不得不解决的时候。

三 村级无钱办事：集体的空壳与治理的无奈

从农村的角度来看，集体经济的发展不仅是促进农村经济和农民增收的重要手段，也是维持农村有效治理和社会治理的重要保障。由于历史和现实因素的制约，东平县农村集体经济的发展长期滞后，村集体经济空壳化的问题比较突出，村庄的公共事务和治理难以有效开展，部分基层组织软弱涣散，农村的公共服务难以得到有效供给，这导致许多村庄的治理处于无序乃至空转状态。

（一）集体经济的薄弱

由于历史和现实因素的制约，东平县村级集体经济发展还面临着诸多制约因素。一是发展无基础。从客观条件来看，东平县地处山东省西南部，山区、平原和库区各占三分之一，有着"一山，一田，一湖水"的说法。作为传统的农业大县，大多数村庄主要以经营第一产业为主，由于农业经济的效益相对较低，客观上导致许多村庄的集体收入来源很少，集体经济难以获得持续有效发展。十一届三中全会以来形成的统分结合的双层经营体制，给农村生产力的发展释放了巨大潜能，但在突出"分"的功能同时，却弱化了"统"的经营，群众要求分，政策鼓励分，结果大部分村集体资产被分光。同时，由于村"两委"三年一换届，有的村只顾当前，不谋长远，甚至将集体资产一次性长期低价发包，收取多年的承包款，出现了"寅吃卯食"的现象。集体资产被分光卖净，想发展却没有资源和基础，甚至村级正常运转都难以保障。二是缺乏经营性收入。特别是一些偏远村、纯农业村，自然地理位置不占优势，招商引资根本没有区位条件，想自我发展又缺乏集体积累，没有"酵面头"，因而越穷越难，越难越穷。2011年，全县716个村中，集体经济收入达到50万以上的相对富裕村仅15个，占2.1%，集体经营性收入3万元以下的村417个，无集体经营性收入的空壳村156个，分别占全县村居总数的58.2%和21.8%。三是债务负担沉重。东平县村级债务主要是在20世纪八九十年代盲目发展乡镇企业、村办企业以及政府行政命令推动产业结构调整形成的，由于缺乏技术和管理经验，不仅是企业和产业没有发展起来，而且形成了沉重的债务包袱。同时，农田水利基础设施建设和社会公益事业均需要村级投资或配套，作为欠发达农业县的很多农村，这形成了不小的负担。截至2011年，东平县累计化解村级债务3600多万元，但村级债务仍高达2亿元，负债面高达85%。四是缺乏政策性投入机制。近年来，虽然国家强农惠农的政策投入不断加大，但多半政策扶持直接到户、到人，缺乏专项针对村集体经济发展的政策保障机制，有的政策虽然也注重了农村基础设施建设，但对村集体"造血"功能重视不够，使村集体经济陷入"一帮就有、不帮就无"的境地。东平县国家政策扶持资金每年有 5 亿多元，但除去直接补贴到户、到人和专项补助资金，可以整合使用发展产业增收项目的资金却微乎其微。而且由于涉农资金"各自为政"，可以用于产业发展的有限资金又多被撒了"芝麻盐"，没有形成有效的政策带动力。村庄没有实力，如何增强村级凝聚力？村里没钱，又如何服务于民？这是一个大问题。正如银山镇南堂子村党支部书记郑灿宾说的："集体没有钱，好多好事都办不成，村干部只能干着急；没有钱，村里说话没分量，老百姓听不进、不愿听。"

（二）公共服务的缺失

村集体经济薄弱，村级无钱办事，导致农村水、电、路、通讯等与农民生产和生活相关的基础设施普遍落后，农村各项公共服务严重缺失。表现在生产方面：一是农田水利设施建设滞后。目前，农村农田水利等基础设施建设项目，均需要各级配套解决资金问题，有些还需要依靠村集体自筹解决一部分。但由于村集体经济薄弱，拿不出相应的建设配套资金，致使许多村庄的基础设施建设项目大打折扣或干脆放弃。同时，由于村集体经济的薄弱，原有的农田水利等基础设施缺乏有效管护，老化、停用等现象普遍，难以持续发挥应有的功能。如老湖镇周林村，十年内没有打一口新生产井，全村 1800 多亩耕地，却只有 11 口机井，平均每个小组一口，由于年久失修，缺乏专人维护，11 口机井中仅有 5 口是可以正常使用的，每当灌溉时节，村民之间为了浇水灌溉而产生的纠纷不少，没少打水官司。二是道路建设配套难。早在 2003 年，山东省就实施了村村通公路，利用三年时间，对行政村之间的公路按宽 4 米的标准进行财政补贴，重点解决广大农村行路难、运输难的问题。但道路需要占地，前期的拆迁涉及的树木青苗补偿、路基平整等资金问题，均需要村级解决，这对于经济薄弱的村来说，几万、十几万的投入已是"天文数字"。如何解决？有的村打出"感情牌"，向本村在外"混得好"的老乡筹资，以解决资金不足的问题。有的村支书就调侃说，修个路还得到处"化缘"。如果没有这样的路子，有些村只有干部个人垫付，以至不惜"举债"也得筹钱修路，为的就是抓住这个政策机会。由于经济困难，不少村把宽 4 米标准变为 3 米半，"村村通"修成了"羊肠小道"，错车通过都成难题。表现在生活方面：一是教育医疗难保障。受限于村集体经济因素，部分村虽然也办起了幼儿园，但往往因陋就简，教师人员匮乏，办学设施简陋，有的一两件玩具就算幼儿园了，实际上只起到了托儿所的作用。农村基础医疗条件差。村卫生室从业人员良莠不齐，医疗设施落后，小点的村甚至没有卫生室，基本医疗服务难以及时提供，村民有点小病小灾极不方便治疗。二是生活服务设施无力提供。为解决群众"吃水"难题，东平县实施了"自来水村村通"工程，安装水管入户进门，这是一项重大的民生工程，但由于村里"缺钱"，好事并没做好，有的进村水管渗漏了，因无钱提供日需管护，出现了无人管、没钱修的尴尬局面。还有的村垃圾乱扔乱放，既污染环境，又影响村容整洁。三是文化娱乐活动贫乏。在夏天，进入乡村，时常见到村头树下，一桌桌打牌消遣的人们，打牌成为留守人员农闲时的娱乐消遣方式，文体娱乐活动单一，村民精神文化生活匮缺，使农村精神生活和幸福指数难以提升。四是农村孤独鳏寡等弱势群体的帮扶难题。自从实行家庭联产承包责任制以来，自己搞自己的生产，个人过个人的日子，村集体收入没有了来源，就连鳏寡孤独弱势群体的救助都成了问题。有的村，开会就在村干部家中开，连村集体自身办公的场所都要租借，更谈不上为村民提供服务了。

（三）基层组织的虚置

村集体经济薄弱，也使基层组织面临着松散化的危机，基层组织建设面临严峻挑战。一是农民集体意识的淡漠化。家庭联产承包责任制推行以来，作为农村重要资源的土地实行分户经营，加之"三提五统"取消，导致村集体与村民之间联系脱节，农民对村集体的依赖下降，对集体事务的关注度降低。农民粮食自产自销，国家补贴直接到个人账户，村民个体和村集体利益缺乏有效联接。再加上行政便民制度的改革，以前需要村里开介绍信的行政性事项，诸如结婚、上户口等逐步放开。现在村民拿着身份证就可以"一证走天下"。村集体与村民之间的经济社会事务的联系趋于断裂，村民对村集体的感情淡化。二是村级组织的松散化。市场经济条件下，村民变得越来越务实，他们要的是看得见、摸得着的实惠，求的是实实在在的利益。在群众眼中，送钱、给物、修路、打井等可以带来立竿见影的效果，能够更直接地改善群众生产、生活条件，但村集体囊中羞涩，村级对村民在公共服务上的需求，只能是有心无力。这样，村里能做的，群众不稀罕，群众渴望得到的，村里又满足不了，导致干部说话无分量，威信难提升，村级组织缺乏应有的凝聚力。三是基层组织"空转"现象。在部分村，"会难开、事难议、议难行"的现象比较普遍。银山镇南堂子村村干部直言不讳地说，村民大会召开难，家家户户地喊，挨户地叫，也就只那么几个人。不仅如此，农民意愿还很难整合。原来的集体经营模式被家庭经营模式所替代，村级"统"的作用日益减弱，农民个体意识增强。为了个人的利益，不同家庭在村级事务中利益需求不同，增加了管理难度，农民意愿整合十分艰难。再加上部分村干部缺乏威信等因素的影响，村民可能因为一件小事争来争去，久拖不下，很难以形成统一意见。四是农村治理人才"空心化"。随着城镇化的推进，相当多的能带动村民致富的"能人"，纷纷离开农村，进城务工经商。在农村，找一个能办事、愿意为村民办事的村干部，越来越难。老的拉不开弓，少的登不了台，年富力强的又不在家，有能力当的不愿意干，没能力的抢着当。在这种情况下，选举村干部只能是"瘸子里面选将军"，农村党员队伍或多或少存在着年龄偏大、文化偏低、能力偏弱的现象。农村人才的流失，乡村治理的难题，倒逼集体经济有效实现形式的探索。

（四）农村治理结构的重构

随着农村经济快速发展、社会深度转型，传统农村治理的局限性愈加明显，农民与村集体的依赖度逐步下滑，经济上的联系弱化，政治上的联接淡化，管理服务多样化、个性化，这一切，无不需要重新构塑农村社会治理结构。

经济联系如何建立？统分结合的双层经营模式，在提高农民生产积极性的同时，也造成了家庭经营、各自为战的困局，如果做好"统"的文章，是目前农村发展面临的重大问题。特别是当前 工，农业生产细碎化、兼业化和老龄化现象严重的状 保持土地承包关系长期不变，又能整合各方力量资源 率的办法，组建新的经济运行机构，发展适度规模经 体、农民与农民的经济联系纽带，既让离乡农民放心 们的权益，又可以让愿意种地的现代农民有地种、 农村落后局面。

政治联系如何巩固？随着农村生产方式和就业结构的变化，农村党员从业的流动性、多样性、分散性趋势日渐凸显。外出务工经商的党员越来越多，流动范围越来越广，活动半径越来越大，村级党组织对外出党员的管理服务"鞭长莫及"。巩固党组织与党员的政治联系，一要明晰基层党组织的功能作用，由包揽一切向做好党员的管理和服务转变；二是要创新方式，运用经济的、信息的沟通方式，加强党员的教育和管理，建设新的政治联系纽带，创新活动方式，进一步密切党群关系，更好地发挥党员的先锋模范作用。

管理服务如何适应？伴随着农村"空壳化""空心化"进程的加快，农民一波一波地涌向城市，农村人口数量减少，人口的分散，反过来又给农村社会管理增加了困难。农村公共服务落后是个不争的事实，农村留守人员等群体渴望生活条件的提高，对建设美好家园、改善生活环境的愿望十分迫切。农村公共服务是个系统工程，涉及教育、医疗、交通等农村农业的各个方面的服务，其服务内容非常广泛，服务的对象十分分散，这就需要一个强有力的平台和载体来有效地承接这些服务进村入户。作为农村最重要的组织的村集体，理应在公共服务中发挥好更多作用，有必要的稳定的经济来源，有固定的办公场所，有相对丰富的管理服务能力，打通公共服务的最后"一公里"。

推动农村改革，发展多种形式的土地股份合作，探索农村集体经济的有效实现形式，是农村社会治理结构重构的基础。党组织管方向、管监督；村委会执行决策，搞好服务；新型合作经济组织作为独立的市场主体，独立承担起经济发展的功能。只有形成责权明晰的治理局面，才能破解农民之间、集体之间、农民与集体之间的矛盾，解决当前农村经济和乡村治理诸多问题。

四 城镇化动力不足：农民进城的现实之需与后顾之忧

改变二元结构，实现城乡协调发展是解决"三农"问题的必由之路。作为经济薄弱县，东平县还面临着城镇化动力不足、城镇化进程缓慢的现实，新生代农民对进城虽然有着美好的憧憬，但他们要真正走出农村，还着种种顾虑，有着诸多后顾之忧。

（一）新生代农民的渴望

20世纪80年代以后出生、90年代中后期开始外出务工的农民工群体常被称为新生代农民工。与老一代农民工不同，他们有较高的文化程度和技能，却很少有务农的经验；他们打扮时尚而不"老土"，拉着旅行箱而不是扛着编织袋，对着手机能讲出比较标准的普通话。他们和自己的父辈有着截然不同的进城态度，如果说老一代农民工外出就业的主要目的是"挣票子、盖房子、娶妻子、生孩子"的话，作为新生代农民工而言，进城打工无非是想通过打拼跳出"农门"，进入"城门"，融入城市，实现身份转变，成为城市新主人。他们有着美好的梦想，也有着更高的追求：渴望成为同城化的"新市民"，同工同酬，同享城市福利，拥有远高于农村的收入；渴望落脚生根，居有其所，除农村的老家外，在城市再拥有一个属于自己的"安乐窝"；渴望自己的权利，既有老家的农民身份，在城里还享有平等的公民权利，身份平等、机会平等、权益平等。然而，他们融入城市的梦想能否实现，现实和理想之间总有一定的差距，进城还要跨越种种藩篱。

（二）离乡进城的藩篱

城镇化是现代化的必由之路，推进城镇化是解决农业、农村、农民问题的重要途径。但是，当新生代农民工要实现自己的理想，真正迈出农门，想要融入城市的时候，心中却充满了无奈与彷徨。用"熬"这个字来形容坚守在城市的农民工一点都不为过。当农村里的年轻人怀揣着梦想，离开熟悉的土地，来到陌生的城市，却发现原来一切并没有想象中那般美好，徘徊者有之，困惑者有之，迷茫者有之。他们认识到了理想与现实之间的差距，感觉很难找到融入城市的"钥匙"。原因在于，农民工融入城市还有诸多障碍。别的不说，现行的户籍制度就是一堵难以逾越的墙。由于社会保险、医疗保障、子女教育等与户籍捆绑在一起，没有城市户口的农民工，自然就低人一等，在城市成了"三等市民"。户籍不仅增加了农民工在城市生存和发展的成本，同时也因其所捆绑的城市福利使得进城农民工难以平等融入城市社会。他们虽然在经济地位上有了提高，但是在社会地位上还是处于金字塔的底层。同时，由于户籍制度的限制，流动人口很难参与所在城市的社会和政治生活，这也削弱了他们的归属感。梯门镇一位打工者就抱怨道，"孩子跟着我们在城市上学太难了，公立学校上不去，私立学校费用太高，而农民工子弟学校条件太差；并且我们上班没法照顾孩子，只能让孩子在农村上学，交给爷爷奶奶照顾"。仅从子女教育就略见一斑，户籍制度就像一堵高墙将农民工挡在了进城的大门之外。新生代农民要真正融入城市，在思想观念、意识形态、孩子教育、生活等方面还存在着很大的压力，特别是高昂的生活成本把他们压得喘不过气来。由于困难，他们还需要更多的生活"补充"，这决定了他们进城难，离乡更难。因为在那里，有他们的承包地、宅基地，他们要离乡进城，他们原有的农村财产会不会失去，土地承包权、宅基地使用权乃至集体收益分配权能不能得到保障？另外，在农村他们还有自己的孩子和老人。解决这些问题，不得不从土地产权破题。

（三）农民进城的"鸡肋"

"土地是农民的命根子"很好地诠释了土地对于传统农民的重要性，如今却俨然瘦成了"鸡肋"，"食之无味，弃之可惜"。一是耕地"鸡肋化"。从 20 世纪 90 年代开始，东平外出务工人数逐年增多，2011 年，全县外出打工的人数大概有十五六万人，基本都是青壮年。这一群体虽然来自农村，但他们自幼不习农活，对土地没有他们父辈那样的感情。他们的承包地，通常由其父辈耕种，或者由家族近门代为耕种，导致从事农业生产的主要是老人和妇女，他们文化水平普遍偏低，世代重复着传统的耕作方式，农业生产效率较低。每年的秋麦忙月，他们又多半结伴而回，收麦忙秋。有意思的是，虽然这一群体看不上土地的收益，但他们又普遍具有一定的土地权利意识，他们隐约看到了承包地所承载的某种希望，有的甚至会因此去打官司。斑鸠店镇北枣园村一户刘姓村民，常年外出打工，土地多年抛荒，邻居侵占其部分承包土地用来耕种，后在土地确权时又错将被侵占的土地划给邻居。因此，刘姓村民多次到镇农经站反映，甚至闹到县法院。由此可见，"自食无味，弃之不可"成为他们对土地承包经营权的态度。二是宅基地和住房的"鸡肋"化。断壁残垣、荒草丛生、大门紧闭、空无一人，走进农村，这一幕会不时映入眼帘。村庄"空心化"已成为一个典型的农村社会问题。农民常年在城市生活，早已不习惯农村的生活方式和居住环境，宁愿租住在城市的屋檐下，也不愿意回到农村居住。但是，他们同样不愿意放弃农村的房屋与宅基地，因为这些也许是祖辈过下的唯一财产。宅基地的使用权是进城农民依法享有的一种用益物权，建立在宅基地上的房屋也是他们依法享有并受法律保护的财产所有权。但对不愿意回到农村的进城农民而言，这些所谓的"权"都无法转化为现实的"利"，他们的宅基地使用权和房屋所有权正在"鸡肋"化。三是农地保障功能的"鸡肋"化。按照我国城乡二元社会的最初设计，社会保障是农地的一个重要功能。政府将农民完全地交给了农地，农民的生、老、病、死、葬都依赖他们的农地。因此，农村的承包地对农民而言，具有生存性和保障性。农村的宅基地作为农村居民的住宅用地，具有无偿性和保障性。现在，随着农村社会保障制度的逐步建立，农地的社会保障功能有所弱化。对渴望城市生活的进城农民而言，他们思考更多的是农地保障功能的实际意义，他们更看重的是农村承包地和宅基地作为他们的一种产权价值。

"鸡肋"化产生的原因，一是担心进城务工、经商不稳定。一些农民进城务工、经商收入不错，早已不把家中几间老屋、几亩承包地的收入看在眼里。但是另一方面，在城市打拼，干的又多是力气活，挣的又多是青春钱，心中无底，生怕由于各种变故而必须返回家乡，无地可种、无房可住。二是认为可以做到务工、务农两不误。有些农民在周边城市务工，家中的耕地在节假日顺手就种了，或者是在农忙时节回家劳动，也不指望有多大收益，补贴家中吃粮就够了。三是期待改革带来更多的政策"红包"。继农业税取消之后，按照"谁种粮、谁受益"的原则，小麦、良种等各种补贴惠及农民，在家种地不仅不花钱，还有各项补贴；同时，随着国家各项惠农政策的出台，农民也期待着更多的政策"红包"，这让越来越多的农民不舍得放弃家中田产。

（四）城乡之间的纠结

"一脚在城市，一脚还在乡下"是当前新生代农民工的真实写照。作为农民工，走出乡村过上城市人的生活，是他们或远或近的梦想。然而，现实的窘况是：家乡，回，心有不甘；城市，留，困难重重。

地由谁来种？耕地"鸡肋化"、务农老龄化、生产低效化……昭示着农业发展的困境，农业生产后继无人的问题已十分突出。地究竟谁来种，如何种，不仅关系到农业的持续发展，也关系到粮食生产的安全。"谁来种地"的问题其核心是人的问题，解决好这一问题，必须发挥好政策引导作用。一方面要解决好进城农民工的后顾之忧，让他们放下心中的顾虑，在老家有一个稳固的大后方，另一方面，要切实搞好农民的教育培训，提高技能，吸引年轻人务农，培育新型职业农民，造就高素质的新型农业生产经营者队伍。为提高农业效益，要鼓励农户土地整合，参与市场化运作，发展适度规模经营，培育家庭农场、专业大户、农民合作社、农业产业化龙头企业等新型农业经营主体，着力改变农户单打独斗现象，提高竞争力。

家由谁来管？青壮年劳动力进城务工了，家里还有老人和孩子，农村的家怎么办？"空巢老人"和"留守儿童"问题如何解决，农村如何治理？这就需要村集体发挥应有的作用，立足长远，壮大财源，发展村集体经济。只有村集体富了，才能助推社会福利保障健全，才能有效提升村民生活水平。要在有条件的村积极探索建立农村"幸福院"互助养老模式，鼓励、引导和支持社会力量兴办养老事业，加强村庄基础设施建设，为村民提供更好的生产、生活条件，使"老有所养、幼有所教、贫有所依、难有所助"。

财产权如何实现？随着新型城镇化的发展，农村闲置土地和宅基地日渐增多，这"带不走"的财产成为进城务工农民的又一块心病："进城带不走，又无法入市交易，只能一直闲着"。这些财产如何"变现"？只有进行积极探索，让农民拥有完整的土地财产权，带着土地财产权进城，实现城乡土地产权的"同地、同权、同价"。只有这样，才能真正促进土地要素在城乡间的市场化配置，最大限度发挥土地的财产功能。为此，要健全农村土地流转市场，如果土地财产权的流转市场不完善、流转机制不健全、流转平台不规范，流转渠道不畅通，那么这些土地财产权就是凝固的、沉积的，农民就难以通过土地财产权流转实现增值收入。

五 "三农"问题的拐点：困境突围的新曙光

穷则变，变则通。改革是破解困局的良方。发展集约、高效、安全、持续的现代农业，解"三农"发展之难题，根本出路是改革，最大的希望也在于改革。东平县面临的细碎化土地与产业化的困境，面临的农民增收的困境，面临的村级治理和城镇化发展中农民进城的困境，像一座座大山压在头上，成为东平发展亟需解决的重大问题。绝处逢生，曙光初现。2012 年 11 月召开的党的十八大，绘就未来发展的宏伟蓝图，提出了"四化同步"，为基层试点探索指明了方向。十八大报告指出，坚持和完善农村基本经营制度，依法维护农民土地承包经营权、宅基地使用权、集体收益分配权，壮大集体经济实力，发展多种形式规模经营，构建集约化、专业化、组织化、社会化相结合的新型农业经营体系，这为坚持和完善农村基本经营制度、创新农业经营组织指明了方向，也为东平"土改"提供了契机和政策支持。特别是党的十八大报告关于维护农民权益、壮大集体经济、发展适度规模经营、构建新型农业经营体系的精神，成为东平县从土地入手破解困境的"尚方宝剑"，成为东平探索的"基本遵循"。

沐浴着党的惠农春风，东平县"土改"的种子破土萌生。贯彻落实好党的十八大精神，因地制宜地探索土地股份合作的有效实现形式，在困境中实现全面崛起，已成为全县共识，成为东平的头等大事。东平县围绕着如何改革进行了反复研究，对近几年来农业发展进行了反思，深刻认识到，当前的农业农村发展已到了"不进则退"的攻坚期，到了一个新的十字路口。必须把牢几个关键点，着力解决好制约农村发展的问题：必须改变农民单兵作战、各自为战的现状，整合土地资源，解决土地细碎化的问题，为产业化和规模化铺平道路；必须盘活产权，激活资本，向产权要效益，为土地入股创造条件；必须壮大集体实力，增强凝聚力，发挥组织号召力，全面提高农民组织化程度；必须解决农民的现实之需和后顾之忧，破解地由谁来种、财产权如何实现的问题，增强城镇化发展的动力。下一步的路子如何走？改革是突破的唯一出路，不改革只有死路一条，延缓改革就会错失机遇。抢抓机遇、因地制宜地推进农村改革是实现富民强县、后发崛起、破解当前农业发展难题的现实抉择。形势逼人，时不我待。正是在这种对县情深刻认识的基础上，东平县从产权制度破题，开启了新"土改"探索之路。

一是明确了"三大前提"，即"不改变土地所有权性质、不改变土地用途、不损害农民土地承包权益"。东平推进土地改革的首要条件是"三条底线"不能突破。不改变土地所有权性质，就是坚持土地农民集体所有制，不搞土地私有化，"土改"中任何探索不能触及红线，不得改变土地所有权属性；不改变土地用途，就是农地农用，改革中无论良田还是边角地，只能用于农业生产，不能用于非农开发和建设；不损害农民土地承包经营权益，就是尊重农民意愿，确保农民的土地承包权益不受侵害，把维护好、实现好、发展好农民土地权益作为改革的出发点和落脚点。

二是确定了"四大原则"。即"依法运行、推动发展，政府引导、农民自愿，自主经营、民主管理，试点先行、稳步推进"。"四大原则"框定出改革"规矩"：东平县农村探索是政府引导、乡村实践、农民参与的改革，改革既要因地制宜，大胆探索，着力创新，又必须遵守原则，符合中央精神，依法推行。农民是农业生产的主体，政府只起引导作用，改革中要尊重农户的意愿，土地是否"入社"，农民对土地是自种还是整合流转，是否入股，不能强制推行。土地股份合作中，经营活动必须按照法人治理结构，自主经营、依规运作、民主管理。改革要积极稳妥、试点先行、稳步推进，不仓促推开，不急于求成。

三是确立了"四权四化"的目标。即"坚持集体土地所有权、保障农户土地承包经营权、放开放活承包土地使用权、稳步扩大农民土地收益权和推进农民组织化、土地股份化、产权资本化、农业产业化""四权四化"的目标。"四权四化"的目标，就是要实现土地所有权、承包经营权、使用权的"三权分置"，盘活产权，实现农田规模化、土地股份化、产权资本化、经营集约化、管理民主化，将分散的单兵作战的农民组织起来，向产权要效益，促土地增收益，实现农业产业化和农业现代化，达到农业增效、农民增收、农村发展的目的。四是坚持试点先行，整体推开。改革就是试错的过程。为使农村土地改革积极稳妥，东平县坚持试点先行、以点带面、整体推进。最初选定7个村，主要选的是班子双强村、园区景区村、政府驻地村、县城近郊村、产业基地村等，这些村各有特色，也各有优势，易于改革成功。后经反复研究，将试点村扩大到30个，试图依各地条件对不同类型的发展模式进行探索。

在加强组织引导的同时，东平县还按照服务型政府的要求，积极为改革探索创造条件。一是逐步推开了以土地承包经营权为主的农村各类产权确权登记工作，盘活产权，整合土地，解决土地细碎化的问题，为创新农业经营方式、实施土地股份合作创造条件。二是引入高端智库。加强与华中师大、河海大学、省农科院等11家高等院校的战略合作，成为华中师大农村改革发展协同创新中心的第一个试验区，为东平土地股份合作探索提供智力支持。三是构建交易平台。筹建县级农村综合产权交易所，搭建载体，解决融资难题，推动了农村产权市场化运作、规范化经营。四是强化组织引领。创新"政治组织＋经济组织"模式，发挥了基层组织带动发展的"桥头堡"作用，壮大集体实力，增强集体凝聚力和发展中的引领作用。东平县新"土改"正沐着阳光，迎着曙光，破浪前行。

第二章 实践：土地股份合作与集体经济有效实现

一 村级整合：后口头村的土地股份合作

从社会治理的角度来看，资源整合是破解小农经营难题的重要突破口。长期以来，单家独户的小农经营使农村面临资源分散化、农民原子化的困境。马克思曾经用马铃薯予以形象比喻："小农人数众多，他们的生活条件相同，但是彼此间并没有发生多种多样的关系……法国的广大群众，便是由一些同名数简单相加形成的，就像一袋马铃薯是由袋中的一个个马铃薯汇集而成的那样。"① 传统中国社会也不例外。农村土地虽然为王朝所有，但经营却是由一家一户独立完成。农户自给自足的经营状态使农村社会处于分散隔绝状态。如孙中山先生所言，中国人最崇拜的是家族主义和宗族主义，中国人的团结力只及于宗族而没有扩张到国族。②

在中国现代化进程中，国家建构的一个重要任务就是通过社会整合，将高度分散性的乡土社会聚合和组织起来，形成相互联系并对国家具有向心力的社会共同体。③ 而如何将一盘散沙的农民组织起来，整合成一股力量，不同的学者提出了不同的观点。如费孝通先生提出要通过将乡土工业安置到农村，让农民走进工厂劳动，打破传统农民的守土心理，以实现对

---

① 《马克思恩格斯文集》第 2 卷，人民出版社 2009 年版，第 566、567 页。

徐勇：《国家整合与社会主义新农村建设》，《社会主义研究》2006 年第 1 期。

徐勇：《如何认识当今的农民、农民合作与农民组织》，《华中师范大学学报（人文社会科学版）》2007 年第 1 期。

② 孙中山：《三民主义》，岳麓书社 2000 年版，第 2 页。

③ 徐勇：《阶级、集体、社区：国家对乡村的社会整合》，《社会科学战线》2012 年第 2 期。

乡村社会的重新整合；梁漱溟则主张通过乡村新的社会组织培育，促进理性个体农民的社会有机团结；毛泽东等则主张通过土地资源的重新分配以及阶级斗争的方式将农民塑造成社会主义的"新人"，团结在共产党的领导周围。而历史的实践证明，三种路径各有其合理与不合理之处。但三种路径有一个共同之处，即通过乡村社会的政治经济或社会组织来对农民进行组织与整合。

在当前新的历史时期，乡村社会的经济基础早已发生巨变，乡村社会如何有效整合则需要在新的历史起点寻求新的路径。如黄宗智认为，集体化时期国家就像一个家长，控制着村庄的生产决策权。但是改革开放后，市场经济发展下国家权力逐步收缩，国家与农民之间的关系将呈现何种状态并未见分晓。[1] 在当前农村社会，由于农业的分散化经营，绝大多数农村的村庄集体经济组织都"名存实亡"。同时，由于农村社会组织发育滞后，社会组织难以有效承担社会整合的作用。因此，农村村级整合的主要主体则是村集体组织，即村民委员会和村党支部。但同样由于农村经济发展的相对落后，作为村级整合主体的村集体组织往往缺乏能力与动力对村庄资源进行整合利用。

改革开放后，虽然农村经济发生了巨大变化，但长期以来，由于资源整合有限，后口头村成为东平县的落后村。2012年以来，后口头村通过整合村庄边角土地资源等方式，实现了村庄集体经济发展的起步。其后，通过进一步整合土地资源，逐步组建形成以土地整合为核心的土地股份合作社，实现了村庄经济发展的一大跨越。在这一过程中，村集体经济组织并非消极无为，而是积极主动地参与土地股份合作的组织、协调、资源整合过程。对此，我们尝试以后口头村为案例，研究土地股份合作社的发展过程中，村组织为何要进行村级整合、如何整合，并对村庄治理产生了何种影响。

（一）后口头村落后：历史变迁与现实困境

村庄资源的有效整合利用是村庄经济发展的重要条件。然而，在时代的发展过程中，后口头村的村级整合也经历了整合方式和整合能力的历史性变迁。特别是近年来，由于农村集体经济发展滞后，村集体组织整合能

---

① 黄宗智：《长江三角洲小农家庭与乡村发展》，中华书局2000年版，第322页。

力受到弱化，后口头村的经济发展与社会治理陷入了困境。

　　1. 村级整合的历史与变迁。受财政、交通、信息等条件的制约，传统中国王朝的行政统治并没有深入到乡村，皇权不下县，乡村主要依靠血亲和地方性的传统习俗、权威进行自我整合。① 新中国成立以来，农村的发展呈现出明显的阶段性特征，由于土地产权和村庄整合功能的不同，集体经济不同阶段也表现出不同特点。土地改革建立了土地个体所有制，农户自主经营。合作化运动后，土地由个体所有变为集体所有，农民个人失去了土地的全部权利，集体整合土地资源的能力逐渐增强。人民公社时期，农民进一步通过各级组织整合进一个严密的社会控制体系中。实行家庭联产承包责任制后，在土地集体所有的基础上，农民获得了土地承包经营权，集体的权威被消解，集体整合农民的功能被极大弱化。

　　1950 年 4 月，东平县成立了土地改革委员会，经过一年多轰轰烈烈的紧张工作，1951 年 12 月，土地改革结束，为后口头村民颁发了土地证。后口头村在土改前就以自耕农为主，在此次土地改革中，全村没有人划为地主，只有两户富农。此时，土地属于个体所有，个体使用，农民掌握了一整套完整的土地产权。此一时期，中国共产党对乡村社会的整合主要通过两种方式。一是通过土地改革重分土地和颁证，满足了千百年来农民对土地的强烈需求，以此赢得了农民对共产党的信任。二是通过阶级划分这一动员的方式，调动农村社会底层的成员投身于党和政府策动的社会革新运动。②

　　东平县在 1949 年的生产救灾工作中，就试办了一批农副业结合的互助组。1951 年完成土地改革后，遵照中共中央《关于农业互助合作的决议（草案）》，东平县继续发展互助组。后口头村有临时组和季节组这两种小型组，没有常年组。临时组和季节组是小型的，成员不固定，多在农忙时换工互助。村民赵树理回忆，当时其家被划为中农，有 12 亩地、1 头耕牛，与邻居和亲戚 10 多户农户组成互助组，在农忙时换工合作，互相帮忙，由于他家有耕牛这一重要的生产资料，他的父亲还被选为互助组长。在赵树理看来，互助组在财产权利上与私有并无不同，只是有一个组

<hr>

　　① 陈益元、黄琨：《土地改革与农村社会转型——以 1949 年至 1952 年湖南省攸县为个案》，《中共党史研究》2013 年第 4 期。

　　② 刘金海：《产权与政治》，中国社会科学出版社 2006 年版，第 58 页。

长安排，我家借你家的人，你家借我家的牛。从组织整合功能角度看，互助组只是一个比较松散的组织。可见，互助组的形成主要是生产条件有限的情况下农民自发合作的一种形式，是一种松散的合作。如赵树理家组织的互助组，重要原因就在于充分利用耕牛这一因素。同时，这种互助合作是建立在日常熟人关系或者生产需要的基础上，合作组织并不固定，农民可以加入，也可以不加入，还可以临时退出，并不具有强制性，但互助组的产生也反映出农民对生产资源整合的需求。

初级社在后口头村成立于1954年，现任村党支部副书记赵端回忆，"初级社一成立的时候，全村农户都加入了合作社，唯有一户没有加入。为什么他没有加入呢，是因为他家有一个人是麻风病人"。初级社以土地入股、统一经营为特点，劳动和土地按五比五的比例分配，社员劳动记工分。初级社意味着传统集体经济的萌芽，集体作为一个组织出现了，国家赋予了集体对土地财产的实际经营和管理权限。田地集中，统一规划，统一种植，农业生产按专业分工，统一安排，粮食集中，统一年终分配，集体初步具备了整合资源的能力。1956年底，后口头村按照要求顺利转为高级合作社。高级合作社的特点是包括土地在内的主要生产资料都归集体所有，并且取消了土地的分红。1958年9月8日，东平县委根据中共中央《关于农村建立人民公社的决议》，将全县的高级农业生产合作社合并成10处人民公社，同年12月并为8处。1962年2月，落实了公社、大队、生产队三级所有、队为基础的体制，全县共建生产大队408个，基本核算单位的生产队3171个。人民公社体制建立后，后口头村作为一个大队，下辖8个生产队。

人民公社建立起了严密的党组织和行政组织，将全体社员通过各级组织整合进自上而下的社会控制体系中，通过指令性计划安排，统购统销政策将一切经济资源加以控制，农民失去了经济自由和财产权利。虽然人民公社制度为国家工业化做出了贡献，但由于对农业经营效率和农民权益的损害，注定其不能持续。总体来看，在后口头村，不存在合作社范围变化的问题，从初级社到高级社以及后来的人民公社，村域的范围始终没有变化。高级社意味着传统集体经济的正式形成，农民失去了对土地等生产资料的所有权、使用权、收益权和处置权，生产资料连同农民本身都被整合到国家利益在农村的代表——合作社。简而言之，从初级合作社到高级合作社，国家对农村的整合能力在不断增强，但农民的自主性却在不断降低。可以说，人民公社制度下农村社会整合，主要是中国共产党主导下依靠国家政权力量进行的一种强制性整合，而不是像早期互助组一样基于社会成员需要的自愿性整合，只是在形式上实现了对农村的社会整合，且这种整合是极其脆弱的。①

　　2. 村级整合的缺位与问题。包产到户和家庭联产承包责任制的推行，使行政性的村组织大多不再参与村庄的农业生产活动，由此导致大部分农村的村集体经济组织也逐步消解，只有那些有条件发展农村工业的地区，农村集体经济还扮演着重要角色。②

　　1981 年，后口头村实行了联产计酬到劳，以调动农民劳动的积极性。此时，虽然未完全走向包产到户，但村庄经济发展的需要促进了村庄管理方式的调整。村民吕某回忆："联产计酬就是种上麦子后，给你定任务 800 斤，打了 900 斤的话，800 斤上交集体，由集体统一分配，多打的这 100 斤就归你个人。但当时也没完全按照规定来操作，麦子打完后农户都拿到自己家了，差不多算是分田到户了。"与人民公社时期一切由集体统一分配不同，"剩余归自己"的分配方式预示着行政化整合下的农民开始走向松动。直到 1982 年底，东平县委才响应国家政策，贯彻和执行大包干责任制，并认为大包干责任制利益最直接，责任最明确，方法最简便，群众最欢迎，它保证了农民在生产、经营上的自主权，克服了分配上的平均主义，比联产到劳具有更大的灵活性和适应性，具有强大的生命力。

　　1983 年，后口头村全村如期开展了土地承包。由于"三级所有、队为基础"的既有产权结构，分田相应是在原生产队即生产小组范围内各分各的地。当时后口头村分为 8 个生产队，共有 1070 人，规定按人口每人分地数量为 1 亩 2 分 7，还留下一部分机动地。另外大汶河河堤有荒滩300 亩，本村人称为"家东"地块，也将使用权承包给农户。1984 年，东平县颁发了《土地承包使用证》，成为农户土地承包权属凭证，也是上交农业税和三提五统的依据。此时，农户终于获得了土地的使用权。对此，农民普遍认为："单干后，自己家的地自己说了算，打的粮食都是自

---

　　①　徐勇：《阶级、集体、社区：国家对乡村的社会整合》，《社会科学战线》2012 年第 2 期。

　　②　宋洪远：《中国农村改革三十年》，中国农业出版社 2008 年版。

己的，这时候的生活才算是好了。"

1987 年，后口头村第一次进行了土地调整，这次调整有两个值得重视的特点。其一是分田单位不同，1983 年是在生产队即村民小组这一级分田，村民小组这一单位体现了"土地集体所有"的所有权意义。1987 年这次调整是在全村范围内调剂土地余缺，也就是说现在土地发包的权力在行政村即原来的生产大队一级，村民小组的作用已经不大了，行政村成为真正的集体组织。其二是这次采取"口粮田 + 承包地"的两田制。口粮田按家庭人口平均分配，人人有份，口粮田只需要承担农业税，其他收入归农民，注重的是公平。另一部分地是责任田，这部分土地用来招标，能者经营，除了承担农业税外，还需缴纳承包费，承包费主要是负责提留、乡统筹费。比如"赵家老林"地块上有 40 亩耕地，由赵保育承包，每亩每年 60 元，一年向集体上交 2400 元；另有 80 亩地由一户村民以每年 40 元的价格拍得，集体一年得到 3200 元。此时，承包费成为后口头村这类传统农区村庄集体收入的主要来源。

1993 年再一次进行土地调整，每个人只有 9 分 9 厘的面积。承包费有所上涨，比如"小淳子"地块有 75 亩，共有 35 户，承包费是每年 120 元/亩，"大沟北"地块上的面积是 123 亩，由 54 户承包，每年每亩收取 100 元承包费。目前为止的两次土地调整间隔大约是五年。1999 年土地二轮承包时，后口头村并没有进行大的调整，基本就是顺延，原因是当时发展蔬菜大棚，土地上的投资较大，不便于调整土地。从稳定地权和鼓励土地投资的角度出发，乡镇也不主张统一调整土地，各村视农民意愿由村里安排。农村税费改革后，2008 年后口头村又进行了一次土地调整，每户大约有 1 亩地，是到目前为止最后一次调地。

从资源整合的角度看，分田到户后，集体成员——农民的收益提高，不再坚持统一经营、集体劳动、统一分配的形式，农户得到了土地的承包经营权，恢复了家庭经营的功能，农户替代生产队成为农业生产和经济活动的权利主体。集体组织的整合能力弱化，尽管东平县强调"无论采取哪种形式，都要坚持统一计划，统一使用大中型农机具和水利设施，统一耕种等几个统一。也就是说，凡是农民想办而又无法去办的事情，集体都要积极办好，为农民服好务"。但是，在分田到户后，集体的"统"的功能不断地在削弱。随着时间的推移，后口头村演变成为一个"难点村"

"乱村",甚至引起了群众持续上访。

1993 年以来,由于人口的变化,农民持续不断提出调整的要求,但村庄的机动地都已承包给个人,并收取了承包费,这是集体收入的主要来源,村庄不愿意再按照人口调配土地。农民却不依不饶,"有的人靠关系,家里有几十亩地,我的孩子都这么大了,到现在也没有地,以后吃什么?同是一个村的人,就应该有一份地。"双方扯皮不下,矛盾越来越激化,承包费、村庄收入开支越来越容易引发干群矛盾。

由于集体收入较少,后口头村的基础设施也长期得不到改善。村内的道路狭窄泥泞,多为断头路。村庄规划得不到有力执行,农民很少按照规划的宅基地位置和面积建房,乱圈、乱占现象日益突出,而且相互攀比,你家多占 1 分,我就要多占 2 分,宅基地争议没少引发口角,村委会也缺乏足够的威信息争止纷。这种情况愈演愈烈,一些原本还算宽阔的村内主街巷道被院落挤得越来越窄,很多小巷甚至连一米多宽的三轮车都难以自由行进。后口头村以粮食种植为主,粮食收获后没有地方储藏、晾晒、烘干,村民只能在路上就地晾晒。现任村支部书记赵同厂回忆:"我一个嫂子骑着自行车走在路上,一不小心被晒麦子围着的石头绊倒,摔断了腿,住了好长时间的医院。"村民和干部无奈地叹息:"穷村是非多。"

多年来,历届村"两委"班子因农业税费等各种原因欠债累计高达几十万元。上一届村班子在 2005 年尝试兴办一家楼板厂,希望借此增加集体收入。可惜由于缺少经验、技术、能力,这一楼板厂经营失败,村级债务雪上加霜。到 2007 年,后口头村清查账目,村级累计负债 128.6 万元,以至于村委会办公室都被拆了,资产用于还账。截至 2014 年 12 月,全村共有 285 户,1169 人。村庄耕地面积为 1349 亩,河滩地 300 多亩,建设用地 265 亩。村庄的土地资源成为后口头村唯一可以利用的最大资源。

总体来看,分田到户后,农村社会陷入了"分"的状态。实行家庭联产承包责任制后,虽然农民承包土地所有权在集体,是集体所有基础上的分散经营,但在实际运行过程中,农民可能更为关心自己家庭的经营收益,而不在乎集体的收益。同时,人民公社制度废除后出现的村民委员会,在法律意义上是一级群众自治组织而非一级政权组织,使人民公社下强势的集体弱化，村集体不再具有进行统一分配、统一经营的制度支持。① 正是在这样的背景下，农村村民委员会的村级整合功能被极大弱化，农村社会再次面临"有分无统"的状态。而对于村庄治理而言，村级整合功能的弱化，使村集体对村庄资源整合利用受到限制，村集体自身造血能力受到约束。其结果是村集体难以为村民提供相应的公共服务，无法实现合作办大事，共同抵御风险的作用。②

3. 村级整合的主体与形式。从上述分析来看，后口头村的村级整合经历了由强到弱的一个转变。在集体化时期，由于国家政权直接渗透到乡村社会，乡村结束了皇权不下县的乡绅自治状态。国家通过强有力的中央权威、党和政权组织系统对乡村社会成功地实施了强有力的政治统治。③此时，作为国家政权组织的人民公社替代了传统的乡绅、家族，借助国家的强制力量对乡村社会进行强有力的调控。特别是在计划经济体制下，传统自给自足、自力更生的小农经营被国家统一、有计划的经营方式所替代，乡村经济成为国家经济计划的一部分。在这一时期，公社组织成为乡村社会强有力的整合者。

然而，人民公社依靠行政力量的强制来实现对农村的整合并未持续。随着农村包产到户政策的推行，人民公社制度被村民自治所取代。村民委员会成为农民以行政村为单位开展自我管理、自我教育、自我服务的"三自"自治组织，成为农村公共事务和公共事业的主要组织者。在农村传统社会组织，如宗族等日益削弱而新型农民组织长期难以有效形成之时，村委会在某种程度上成为农村一级的最主要整合者。如上文所述，在分田到户后，后口头村实行了多次土地调整。而土地的调整者主要还是村民委员会。可见，村民自治的推行，并非国家从乡村社会的退出，实际上是一种国家政权对乡村社会整合的一种新形式。④

但是，作为农村村级主要整合者的村委会，在整合过程中也面临一些问题。一方面，村委会在乡村治理过程中长期处于"对上不对下"的状

---

① 胡平江：《利益组合：集体经济有效实现形式的经济基础》，《东岳论丛》2015 年第2 期。

② 邓大才：《产权与利益：集体经济有效实现形式的经济基础》，《山东社〔〕第 1 期。

③ 徐勇：《"回归国家"与现代国家的建构》，《东南学术》2006 年第 4 期。

④ 吴理财：《村民自治与国家政权建设》，《学习与探索》2002 年第 1 期。

态，行政化严重。据统计，目前村民委员会承担着多达 100 多项法律赋予的公共管理职责。① 尽管《村民委员会组织法》规定乡镇与村委会仅仅是指导与被指导关系，但大量的乡镇政府却将村委会视作自己的"腿"。同时，在行政村内部，村委会对农民仅仅是一种软性的整合，而缺乏强有力的权威或权力作为整合资源。

值得注意的是，村级整合的发生是以特定的经济条件为基础的。在 20 世纪 30 年代的国民党统治时期，由于国家经济能力有限，国家政权对乡村加强整合的尝试最终形成的是一批赢利型经纪人，并最终加剧了农村社会治理的失败。② 包产到户后，农村社会的经济基础发生巨大转变，人民公社制度下的行政整合方式同样缺乏经济的支撑，最终转变为软性的村民自治整合方式。而在新时期，经济结构的转变，现代农业的蓬勃发展，呼唤新的农村整合。此时的整合同样不同于人民公社时期的行政整合，而更多的是以市场机制和农民自愿为基础，借助利益整合的方式实现对农村社会的再造。

（二）后口头村土地股份合作的崛起

后口头村的"边角经济"被树为全县的典型，孕育了土地股份合作社的萌芽。村庄治理绩效的显著提升，使村集体赢得了农民的拥护。当东平县引导基础好的村庄发展土地股份合作社时，后口头村又一次走在了前列。.

1. 动议

土地股份合作社近年来在国内发展比较迅速，东平县委、县政府在 2009 年下半年就有意向推动。2012 年初，县里组织农口部门、乡镇去浙江参观学习，恰好有一堂课是三农专家卢水生的讲座。卢水生原先在苏州市委农村办公室工作，参与了苏州农村综合改革的全过程。他在讲座中介绍了苏州近年推动的土地股份合作社、专业合作社、社区股份合作社三类合作社的发展历程。这与东平县的发展思路不谋而合。

---

① 徐勇：《找回自治：对村民自治有效实现形式的探索》，《华中师范大学学报（人文社会科学版）》2014 年第 4 期。

② 杜赞奇：《文化、权力与国家：1900—1942 年的华北农村》王福明，译. 南京：江苏人民出版社 2003 年版，第 28 页。

学习归来后，东平县干部分析了自己的特点，并认为土地股份合作社是适合东平发展的新型组织形式：一是东平县是一个农业大县，最合适的发展路径就是围绕土地做文章，寻找突破口，向土地要效益。二是农业产业发展怎么体现，现代农业要求规模经营，这就必然要求土地流转，但是单纯的采取出租土地的方式，农民只能得到租金收入，不能分享现代农业收益。三是东平县已经有专业合作社1200多家，专业合作社固然有它的好处，但毕竟没涉及到产权，而产权改革恰恰是农村改革的核心。而土地股份合作社正是对产权制度的一种完善和创新。四是土地股份合作社有利于发展集体经济。

随后，2012年5月份，东平县又专门组织相关部门和乡村干部前往苏州参观。县里开始推动土地股份合作社的发展，最初每个乡镇挑选5个村试点，县、乡、村三级一起探讨如何启动，如何制定章程、方案等。接山镇党委副书记宋衍东解释挑选后口头村的原因："后口头村基础好，有一个好的班子，班子威望高；其次是这个村有土地流转基础，再就是它有合作的苗木大户，也就是搞"边角经济"时的大户于某。

从后口头村土地股份合作社的兴起动因来看，其缘起不仅源于农民的积极创造，也源于县乡基层政府的主动创造。对于东平县的县乡政府而言，土地股份合作的发展能够带来三大好处。一是有利于集体经济的发展。土地股份合作以集体土地入股经营为核心，具有强烈的集体属性。土地股份合作的发展能够解决长期困扰乡村治理过程中的"空壳村"难题。二是破解农村治理过程中的产权难题。土地股份合作的发展，将承包权与经营权分离，通过经营权的灵活运用能够促进土地流转的顺利推进，同时也能夯实村集体的土地所有权，使村集体这一组织在乡村治理中能够发挥更大的主动作用。三是土地股份合作能够破解农村经济发展中的收益分配难题。传统乡村治理过程中，农民这一主体往往难以平等享受经济发展带来的好处，而土地股份合作则通过股份分红形式使农民参与和共享收益分红，在某种程度上也使农民主体地位得以提升。

2. 筹备

后口头村村支部书记赵同厂认识到成立土地股份合作社，实际上是整合农民的土地承包经营权，实现集中连片，集约发展，只有农民自愿入股，才能达到规模，才能整体上提高土地的收益，吸引大户前来投资。所以，接下来工作的重点是向农民讲清土地股份合作社的意义、好处，征得农民同意，鼓励农民加入。

在镇党委、政府的指导下，后口头村成立以赵同厂为组长的合作社筹备工作组，成员就是村党支部干部。赵同厂首先召开村"两委"班子会议，在班子内取得了共识，"两委"干部表示愿意带头加入土地股份合作社。随后又召开了全体党员、干部、村民代表会议，讲清土地股份合作社相比单纯土地出租的好处，希望群众积极入社。在筹备期间，村干部挨家挨户进行宣传动员，赵同厂书记更是利用一切机会，在村里逢人便讲上几句土地股份合作社。在筹备期间，东平县委农工办进行了大力指导，全程参与了后口头村土地股份合作社的成立，从政策宣传、方向引导、章程制定、经营模式等方面提出了具体的意见和建议。

除了动员农户加入土地股份合作社外，集体也要有一定的资源入社，才能扩大集体收入。后口头村还有350亩的河滩地，这属于四荒地中的"荒滩"，原先以每年300元的价格承包给15户农户。如果将这些土地纳入土地股份合作社，通过种植苗木，那么集体的收入就会大大增加。2012年度，东平县又在全县大力开展"三资"清理工作，希望以此规范村级财务管理，盘活集体资源，增加集体收入。于是，村里就找到了这15户农户，苦口婆心地劝说，愿意将承包费退回，希望将这些河滩地再次拿回由集体入股合作社。经过反复的协商，350亩河滩地终于顺利地收回。

农户的土地入股也经历了一个协商的过程。在村干部的带头下，初步有17户农户愿意加入土地股份合作社，但是这些土地分散在不同地块，这显然无法实现土地股份合作社规模经营的初衷。"一家一户的小地块，就是定600块钱的租金，我也不愿意搞，但是你整理到集中成片，我可以把保底租金提到1000元"，大户于某这样告诉赵同厂书记，村办公楼后的地块位置不错，可以用于大规模种植树苗。

为了实现土地股份合作社的规模经营，后口头村采取的办法是土地置换和转租。办公楼后共有202亩地，涉及85户群众，有不少农户还是有顾虑，不想加入土地股份合作社，于是愿意入股的17户农户开始了与其他农户置换和转租的过程。以副书记赵端为代表，他同时采取了转租和互换的方式用25亩地的土地经营权入股。"我跟他们说，这些地你们种着也没意思，你不如租给我，保底租金我一分不少地给你，我就拿个分红钱，还有一户人家确实想种地，我那块地不种了，我说你拿去种吧，你这里的地支持一下村里，成立合作社，这样他也同意了。"经过细致的工作和耐心的磨合，17 户股东和 202 亩地终于到位了。

由此可见，后口头村集体组织在土地股份合作崛起过程中发挥了基础性作用。一是宣传作用，通过宣传提升农民的认识，从而凝聚村庄发展的共识。二是组织协调作用，如通过土地置换，降低不愿入社农民对土地股份合作发展的阻碍作用，使土地整合得以顺利推进。而村集体组织之所以在土地股份合作过程中发挥了积极主动的作用，不仅源于县乡政府的工作安排和行政要求，也源于其自身利益的考虑。这种利益最直接的体现就是村集体经济的发展。村集体经济是村集体组织运转的最主要经济来源，而土地股份合作无疑将对集体经济的发展提供一次契机。

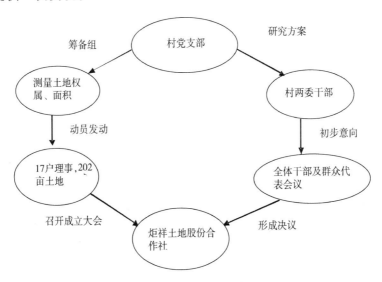

图 1　后口头村炬祥土地股份合作社成立过程

3. 成立

土地股份合作社的条件具备后，就要有一个成立的会议，商讨和制定合作社章程。2012 年 10 月 26 日，后口头村召开了土地股份合作社成立大会。会上确定发起成立的股东是 17 户入股农户，以户为单位。合作社以入社承包经营权的面积来认定股份，农户土地 1 亩地为 1 股，集体的

350 亩河滩地由于土地质量稍差，每 2 亩为 1 股。入股期限为 2012 年 10 月 26 日至 2029 年 9 月 30 日，共 17 年，即土地二轮承包的到期日。合作社对持股者签发股权证书，股权证书作为股份持有者的股份证明和分红依据。股权可以继承，经合作社同意，可以转让、抵押，入股协议期内可以退股，但不能影响土地股份合作社的规模经营，退股需在另一地块置换相同面积的土地。

章程规定合作社的最高权力机构为股东大会，股东大会每年至少召开一次，必须有 2/3 以上的代表出席方可举行，经半数以上到会代表同意方为有效。股东大会行使以下职权：通过和修改章程，选举或罢免理事会、监事会成员；听取理事会、监事会工作报告；审议和批准合作社年度经营计划、财务年度预算、盈利分红等重大决策。为了保证"旱涝保收"，在经营效益不佳的时候也能满足股东的分红需求，合作社按照会计年度，每年从收益中提取 30% 作为风险金，70% 按照土地入股数量进行分红。

理事会是股东代表大会的常设机构，经过选举，赵端被选举为理事长，副理事长是赵荣家、赵恒远，成员为赵一红、赵巨峰、赵保国、吕淑君。理事会在股东大会闭会期间行使下列职能：执行股东大会决议；聘任、解聘本合作社的专职、兼职工作人员；负责日常管理、经营；实施股东大会批准的各类方案等。监事会执行监事是村会计吕树冉，监事包括赵恒山、赵恒大、张化荣、赵恒孝，其中，赵恒山还协助组织农民到生产基地务工。监事会是合作社的监督机构，负责对财务、重大决策、日常工作事务的监督，监事会人员不得由理事会和合作社财务人员兼任。

从后口头村炬祥土地股份合作社的管理架构来看，村集体组织中的村干部是合作社管理的主要成员。这一方面体现了村集体组织在土地股份合作崛起中的重要性，另一方面也体现与村集体组织的合作关系。对于村集体组织而言，土地股份合作崛起是提升村集体组织经济实力和资源调动能力、重塑村集体组织权威，从而改善乡村治理的重要载体。而对于土地股份合作社而言，贫困的农村往往自身缺乏形成土地股份合作社的动力，土地股份合作的崛起离不开村集体组织的带动、组织、协调。

表1　　　　　　后口头村炬祥土地股份合作社理事会、监事会成员

机构	姓名	职务	股份	备注
理事会	赵端	理事长	25 股	村党支部副书记、村委会副主任
	赵荣家	副理事长	20 股	党支部委员、村委会委员
	赵恒远	副理事长	22 股	村委会委员
	赵一红	理事	12 股	妻子为妇女主任
	赵巨峰	理事	12 股	妻子为四组组长
	赵保国	理事	10 股	
	吕淑君	理事	3 股	
监事会	吕树冉	执行监事	22 股	村委会会计
	赵恒山	监事	5 股	民兵
	赵恒大	监事	15 股	党支部委员、村委会委员
	张化荣	监事	2 股	妻子为二组组长
	赵恒孝	监事	14 股	妻子为三组组长

4. 注册

成立合作社并试运营后，为了将其成功打造为专业的新型农业经营主体，成为独立的市场法人，提高合作社自身的长远发展能力，后口头村前往县工商局注册。但是，土地股份合作社作为一种新生事物，县工商局有种种顾虑不敢轻易给予注册，给出的原因是土地股份合作社虽属于合作经济组织的性质，但不同于农民专业合作社，按现行合作社法予以登记注册于法无据，且土地为集体所有，无法量化确认成员出资的股份额度。但是，如果不经过工商注册，合作社就难以具备市场法人的法律地位和经济功能，无法和其他经济主体一样平等地参与市场竞争，签订合同、申请商标、办理贷款都将遇到难题，甚至无法获得法人地位，建立股东大会、理事会、监事会等组织都将是空谈。

东平县工商局并没有就此停止工作，表示会向上级请示，报告层层往上打到了省里。在地方政府的积极努力和有关部门的反复汇报沟通后，省工商局同意了登记试点，土地股份合作社终于成功注册。成员入股出资额的计算方式为：每亩土地承包经营权预期收益×面积×入股期限，计算后，炬祥土地股份合作社的出资总额为260万元。以村支书赵同厂的出资

额为例，自有土地与租赁农户土地共 21 亩，每年土地经营权预期收益为
30000 元，入股期限 17 年，总计 51 万元。

炬祥土地股份合作社在工商局注册登记后，顺利拿到了《机构代码
证》《税务登记证》《苗木花卉种子生产证》《苗木花卉种子经营证》等
证件，在县农村信用社开设了专门银行账户，实现了合法规范经营。

5. 经营

成立土地股份合作社后，集中了农户和集体的土地经营权，搭建了完
善的治理架构，明确了成员的产权股份合作关系。下一步是将合作社的土
地经营起来，以实现土地升值，从而增强入社农户的信心，更重要的是要
为集体创造持续不断的收入。炬祥土地股份合作社将土地用于两种长期经
营的产业，一是继续与大户于某合作经营，种植花卉、苗木。另一块是内
股外租，将土地整体租赁给农业公司，用于种植中药材。

内股外租是将汶河河滩地 200 亩，加上汇河河滩地 50 亩，共 250 亩，
整体租赁给山东泰汶药材有限公司，每亩地租 800 元，租金收入总计 20
万元。后口头村集体还要负责基础设施投入和维护，主要是滴灌设备。这
里的投入借助于国家中低产田改造项目，共铺设 1500 米暗管，每米 30 元
成本，初期投入花费 45000 元。建好后，一亩地可向公司收取 50 元服务
费，这样每年获得服务费 12500 元。

合作经营涉及土地股份合作社的两个地块，一是村办公楼后农户所有
的 202 亩土地，一块是河滩地 100 亩。合作社以这部分土地出资与大户于
某合作，于某提供种苗，并向农户提前支付保底租金 1000 元/亩，集体河
滩地的地租在销售后再支付，种苗长成销售后的收益与合作社按照 5：5
分配。合作社将其所得的这部分收益先提取 30% 的风险公益金后，再拿
出 70% 按股份分红。

合作经营模式下，双方聘请了徐村的徐延海担任专业会计，他每个月
处理一次账目。聘请前寨村徐庆信负责出纳、技术指导、组织生产管理、
为打工农民记工，每月固定工资 2000 元，他也亲自参加劳动，但他劳动
时没有额外的工钱，就是取得每月 2000 元的报酬。"我是领头干活的啊，
自己不干怎么能叫得动其他人呢？"徐庆信出生于 1956 年，原先在接山镇
工作，主要承担指导大棚发展的工作，现在已从工作岗位上内退下来，
2013 年 6 月来合作社工作，他的职责类似于职业经理人。徐庆信坦言对

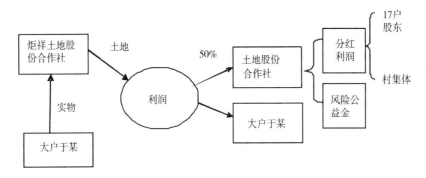

图 2　炬祥土地股份合作社与大户合作经营模式

于苗木技术方面的问题也不是很精通，所以每月还要聘请专门的技术人员过来指导生产，每次付费 50 元。

合作社经营产品主要是苗木，共种植核桃苗 96000 棵，碧桃苗 21000棵，五角枫 7800 棵，垂柳 5170 棵，法桐 5200 棵，国槐 14400 棵，合欢952 棵，栾树 520 棵，白玉兰 2055 棵，木瓜 2540 棵，樱花 2200 棵。生产成本方面，徐庆信提供了一组数字：地租保底租金 1000 元/亩，202 亩共20.2 万元，河滩荒地则在销售后支付地租，用工接近 10 万元，化肥 50袋二胺共 7900 元，30 袋尿素共 2250 元，由于批量购买，每袋化肥比农户单独购买便宜 5 元钱，农药 4900 元，水电费 1 万元，苗木 16 万元，合计成本大约是 48.705 万元。另外扣除种苗投入成本，到秋天所有树苗成熟后销售可得 50 万左右的利润，合作社和大户分别得到 25 万，合作社扣除风险公益金后每股大约分配 700 元，集体将得到 3.5 万元，而集体的100 亩地地租又将得到 8 万元，合计 11.5 万。

（三）土地股份合作中的村级整合

从上述后口头村土地股份合作社的发展过程来看，土地股份合作社的组建主要是东平县政府发起、乡镇支持下村委会整合的产物。那么，村委会是怎样实现村级整合的，以及如何整合的？这是本节重点关注的内容。

1. 赢取社会权威

在传统农村社会，由于社会变化较少，文化相对稳定，村庄生活具有一套传统稳定的办法，在这样的乡村社会中，村庄治理依靠的并不是政治的权力，而更多的是教化的权力。① 人民公社后，乡村社会的整合与治理更多依靠国家的政权力量，属于刚性的整合。然而近年来，随着市场化的渗入，乡村社会传统性因素在不断消解，农民的流动性不断增强，乡村社会不再是一成不变的社会。同时，人民公社制度的退出，使国家权力在乡村社会越来越处于悬浮状态。因此，传统依靠教化权力、长老统治的整合方式以及人民公社时期依靠国家政权强制力量的整合方式在新时期都难以有效实现。对于面临同样问题的后口头村而言，如何寻求有效的路径为村级整合奠定基础，是后口头村村干部们面临的首要难题。

2007年12月8日，赵同厂当选现任村支部书记和村委会主任。村民赵保的说法颇能代表大部分后口头村百姓的意见："同厂书记应该是能干起来，因为他是有钱、有门路，现在不都是这个样子吗？你先富了才能带着大家富，你有门路才能给村里带来好处。说句实在话，村里着急用钱时，同厂书记都能先垫上，其他人没这个能力。"新任领导班子就位后，赵同厂书记开始谋划改变村庄面貌。

首先需要的是办公场地。在赵同厂的带头下，村"两委"干部凑了一万多元的办公经费，租了两间屋子作为临时办公室，购买了冬天用于取暖的煤，从家里搬来桌椅、茶杯，大家凑在一起研究村庄工作。赵同厂书记认为最重要的是民生工程，要让群众受惠，先做村民最需要的事情，那就是解决"出行难"的问题，整治村庄主要道路，赵同厂称之为"创街工程"。这项工程必须得到群众拥护，随后，村里召开了七八次村民大会，征求群众意见，反复向群众说明，做通思想工作，拿出了完善的"创街工程"行动方案，规划了五条村庄主要街道。

接下来几个月的时间里，赵同厂带人说服占据街道的农户拆掉其多占的房屋。赵同厂首先带头无偿拆掉了自己兄弟的几间屋子，会计吕树冉也主动拆掉一间房屋，提起这件事，吕会计笑着说："我是村干部，书记这件事做行，这是为了大家方便，我也只好带头了。"有了村干部的带头牺牲，其他村民的阻力就减少了，在拆除其他村民的屋子时，村干部亲自动手帮助村民拆墙、砌墙，做了很多力气活，吃了不少苦头，最后拆掉位于规划道路上的超标多占的房屋186间，疏通村内全长3000多米的9纵3横12条

---

① 费孝通：《乡土中国》，上海人民出版社2007年版，第41页。

道路。当时，村干部参与拆房、修路等劳动，每人一天的工钱只有5元，共花费了9000多元工钱，打通街道投入原材料资金等5万多元，这些投资一部分是靠集体发包收入，一部分是书记个人先期垫付投进去的。

2009年，赵同厂书记准备建设新的村委会办公楼，这笔投资更为庞大，高达50万元。通过对到期机动地的继续发包，村里已经尽力筹集了20万元，还差30万元。此时，赵同厂联系到附近的施工队，提出先施工，工程结束后付款。实际上，这样的结算方式在工程承包领域并不鲜见，在激烈的市场竞争环境下，施工方为了顺利拿到工程，在评估客户的信誉和偿债能力以及考虑人际关系的情况下，还是愿意接受的，尤其是施工队就是后口头村附近的，为了维持以后的长期合作关系，为了方便在这块地盘上活动，施工队经过考虑后答应了赵同厂的要求。仅一年的时间，占地900平方米的新办公楼就落成了，办公楼内的桌椅设施则由村干部自己捐献置办出来。算上疏通村庄干道，一年多时间里后口头村累计投资超过60万元。村貌有了很大改观的同时，村庄集体债务又增加了，但并没有再次引发村民的强烈不满。因为村集体的一系列建设使本村农民切切实实得到了实惠，也使村民看到了本届村"两委"领导班子的能力，增强了村民的信心和良好预期。

为了进一步改善村容村貌，方便群众生产生活，后口头村决定全面硬化村庄道路，又需要一笔不菲的投入，这一问题也被赵同厂巧妙地化解了。他积极寻求上级帮扶，借助于"强村固基"工程、一事一议政策和包村部门县河道管理局，协调解决了资金难题，硬化道路施工面临的障碍就这样清除了。经过一段时间的紧张建设，村庄道路全面完成硬化。这项工程道路总面积是7991.6平方米，每平方成本61元，总共需要487487.6元，在上级部门帮扶下，实际工程款需要399580元。2012年2月，后口头村迎来了上级选派的"第一书记"——泰安市城管执法局李伟科长。泰安市城管执法局协调为村里安装了40余盏路灯，后口头村基本解决了夜间街道照明问题。同时，他还争取企业出资20万元，用于支持村庄基础设施建设和资助贫困家庭学生，缓解了后口头村的集体支出压力。

近年来，随着人们对"传统"与"现代"对立化的态度日益扭转，在地方政府的改革探索中也不断出现借助村民理事会等形式将具有较高社会威望的村庄长老、乡贤能人等纳入村庄治理组织主体。甚至在学界研究中许多人甚至走向另一个极端，提出要"回归传统"、"复兴传统"。[①] 但事实上向传统国家回归的思路既不现实，更不合理。[②] 因为在当前的乡村，乡村社会的土地制度、经济构成早已发生巨大变化。[③] 因此，新时期乡村社会的有效整合更需要寻求新的路径。对此，在后口头村土地股份合作社发展过程中，后口头村村委会实施对村庄土地资源的有效整合，更多的是借助对农村基础设施的建设获取社会权威的方式予以实现的。

2. 村级整合尝试

从上述分析来看，后口头村村干部为了能够实现对村级资源的整合，开展了大量工作。特别是通过开展村庄基础设施建设等公共工程，赢取了农民的信任，获取了村委会的权威资源。然而，无论是修建村庄公路还是修建村委会办公大楼，都是村委会与农民进行投入，而不是对现有资源的整合和价值的提升。村委会的大力投入虽然短时间能赢得农民的信任，但由于村集体资金有限，自身造血能力不足，并不可长期持续。因此，如何从简单的做增量、做加法转变为优化存量，是后口头村进一步发展的必由之路。在这一过程中，后口头村的土地流转提供了一个新契机。

近年来，后口头村的土地流转进行得如火如荼。土地流转之所以大规模发生，主要由于务农的收益太低，农户种植规模太小。后口头村的1349 亩耕地分布在21 个地块上，分田到户时一共有4 等土地平均分配，平均每人1 亩左右地，一户不过3—6 亩地，分成好几块，这样的超小规模经营仅能满足温饱，根本无法致富。村会计吕树冉算了一笔账："一亩地一季小麦要麦种50 元，化肥一袋底肥150 元，追加一次150 元，共300元，农药20 元，机耕机播80 元，机收为70 元，灌溉一次15 元，三次45元，算下来成本是565 元，每亩产量按最高1000 斤算的话，1 斤小麦去年的保护价是1.12 元，收入1120 元，净利润不过555 元。再加上一季玉米一亩地一年收入1000 多元，这还没算人工费用。外出打工的话，有点手艺的男劳动力一天要150 元—200 元，女的都能挣100 多。"所以村里

---

① 王铭铭：《村落视野中的文化与权力》，上海：生活·读书·新知三联书店1997 年版，第5 页。

② 徐勇：《"回归国家"与现代国家的建构》，《东南学术》2006 年第4 期。

③ 胡平江：《自治重心下移：缘起、过程与启示——基于广东省佛冈县的调查与研究》，《社会主义研究》2014 年第2 期。

能出去打工的大部分都出去了，只剩下老人、孩子和身体不方便的人。

到 2011 年，全村 1349 亩地已经流转出 1000 亩，超过了 70%。但 2012 年秋发生的大户逃跑事件让赵同厂书记大吃一惊。有两名外地客商原先在村里租了接近 400 亩地，种植地瓜、菠菜、土豆等经济作物。秋收后，当年这类作物价格大跌，算算还不够付土地租金的钱，这两个大户索性菜也不要，直接逃跑了。赵同厂这时考虑："单纯的土地出租，大户跑了怎么办，能不能不用这些外来大户，我们自己搞呢？"赵同厂开始谋划如何代替外来大户流转农民土地经营权，使村集体更深度地与农民合作，在"边角经济"整合集体路权、闲散地块的基础上，更进一步地整合村庄耕地大田。

上级的扶持、能人的努力，虽然能够起到整合资源、整合农民的作用，但这是不可持续的，更重要的是找到集体收入的源头活水，挖掘村庄的内生力量，不断发展集体经济。发展集体经济首先需要整合集体资源，加以有效运营。作为一个经济薄弱村，后口头村从最容易整合的村庄道路两侧、农户房前屋后边边角角的空地入手。

村庄基础设施花费的资金让赵同厂对集体收入产生了前所未有的渴求。应付的账款时刻提醒着他村级财务的捉襟见肘，正如他感叹的："后口头村从发展'边角经济'，到成立土地股份合作社，都是被逼出来的做法，被没有集体收入这一困境逼出来的，做了那么多事，修路、盖办公室，要给人家工程款啊，所以不能光靠政府拨款，必须得靠不断增加集体收入。"一个偶然的机会打开了赵同厂的思路，让后口头村集体收入得到了第一桶金。

2008 年，"创街工程"完成后，走在新修的村路上，赵同厂很担心村民还会和以前一样，把柴草和牲畜粪便之类的堆积到路上。看到路边和村民房前屋后很少有栽树的，他觉得这些地段空闲着太可惜了，即使绿化一下也好。一天，赵同厂的两台挖掘机在另外一个村施工干活，这个村有种植苗木的传统。当年，国槐树苗很便宜，种植树苗的这个村甚至都不想要了，准备处理掉。这对赵同厂来说是个好消息，他就以一元钱一棵的价格，拉回后口头村 2000 棵国槐树小苗子。看着村干部从车上卸树苗子，有村民在一边说："栽不起来的。这些年村民自己栽棵树都被人拔了，不要说是村集体栽的。"赵同厂也同意这位村民的说法，如果把这批树苗说成是集体所有的，那么肯定会有一部分人抱有不沾白不沾的心理，偷偷把树砍回家，而村集体也没足够的精力来维护与管理这些树苗，更没办法监督和惩罚可能不守规矩的这部分人。

经过再三考虑，并且和村干部们讨论后，赵同厂拟定了如下措施并通知村民：只要在自家房前屋后，挖一个坑，栽上一棵树苗，村里给 5 元钱；管护一年，每棵再给 2 元钱。就这样，2000 棵树苗栽下来，并且绝大部分成活。两年后，2000 棵国槐当作大树苗，以每棵 60 元的价格卖了出去，共收入 12 万元。卖完后，赵同厂通知大家，国槐卖的钱，村集体和村民七三分成。不少村民分到二三百元钱，最多的一户分得 325 元。钱虽然不多，但农民基本没有投入，只是相当于装点了下自家房前屋后，给树浇浇水、拔拔草而已，如同自己种花，这几百块钱和白给的一样。赵同厂心里更高兴，村里不仅没费多少劲就实现了绿化目的，而且 2000 棵槐树苗，让村集体增收 6 万多元钱。

这次合作起到了极好的双赢效果，一是村里投入少、风险小、效益高。村里只出少量的资金，不用调地、不用举债，只利用了边角旮旯、房前屋后、道路两侧等闲置分散的土地，就能参与经营，获得收入。二是既增加集体收入，又增加群众收入，群众管理看护不需要占用专门时间，茶余饭后就能完成，在轻松之中就增加了收入。三是解决了脏乱差问题，美化了村庄，改善了群众的生活环境。东平县把这种整合利用边角土地，种植苗木花卉，集体和群众合作经营的模式称为"边角经济"。这种"集体＋农户"形式的"边角经济"初步整合了集体公共范围内的路权、空闲地使用权，但是它的整合能力有限，不能集中连片开展，为集体创造的收入相对有限。

通过利用好边边角角的旮旯地，后口头村逐步发展出"边角经济"。"边角经济"产生的经济效益虽然有限，但其对于进一步改革却孕育了巨大的价值。一是边角经济触及农村最大的资源——土地资源。在广大农村，特别是纯农业的农村，土地资源是最大的资源。对于土地资源而言，几乎是每户农民家庭都有，且能够产生价值的资源之一。二是边角经济寻求到促进村级整合的有效路径。在我国农村，农村集体土地的所有权属于集体。而在法律意义上，这一集体的行使者、代理者往往是村集体，或者说是行政村村委会。通过利用边角土地，不仅使农民收入有效增加，更关键的在于使集体土地的集体所有权落到实处，从而增强了村委会对村级资源的整合能力。①

作为村庄社会治理主体的村集体组织之所以积极加入到村庄经济发展过程中来，还在于村庄经济发展与村庄治理的紧密关联。其一，村庄经济发展的滞后严重影响到村庄社会的有效治理。在土地股份合作崛起前，村穷民困的经济现状让村集体组织缺乏有效治理的能力，使村庄治理陷入困境。而村庄经济的自由发展也面临着诸多问题，如大户的"跑路"等，需要村集体组织予以解决。其二，村集体组织积极加入到村庄经济发展的大潮中，对村集体组织而言也是提升其治理能力的有利契机。村集体组织作为推动者，从村庄经济发展中获得了村集体经济发展的有效途径，解决了长期困扰村庄社会治理的经济难题。

3. 借助市场力量

在国槐树苗卖出后，后口头村的干部希望进一步扩大规模，提高种植树苗的档次，以进一步增加集体收入，但是面临的问题是一缺乏资金，二缺乏市场信息，三缺乏技术指导，由此他们想到寻找经营大户合作。好在后口头村所在的接山镇一直就具有苗木花卉种植传统，是"山东省苗木花卉百强镇"，镇内具有数量颇多的经营大户、苗木专业合作社。赵同厂书记和后口头村找到了东平县广茂苗木花卉合作社理事长于某，经过洽谈，双方同意合作。于某说："我也考察了几个村，发现后口头村这个村里的班子非常团结，非常有战斗力，这几年发展变化巨大，群众的素质都不错。"

2012 年第一次合作，于某向后口头村提供了黄金柳树苗 3500 株，在村内道路两侧空闲地上栽种，由群众进行管护，集体、大户、农民三方签订合作协议，持股比例为 4：5：1，三年后销售。第二次合作，于某继续提供树苗，后口头村又拿出 4200 多米的生产路，在路两侧栽植速生垂柳大苗 4197 棵、五角枫幼苗 5200 多棵，榆叶梅 3600 多棵，收益依然按照 4：5：1 的比例分成。

参与"边角经济"，看护管理树苗的村民吕小真说："我管理这棵柳

---

① 胡平江：《利益组合：集体经济有效实现形式的经济基础》，《东岳论丛》2015 年第 2 期。

树，这一年当中能挣 7 块来钱，这个五角枫能挣 3 块来钱，加上这个榆叶梅块把钱，这三十多棵柳树，加上十几棵五角枫，再加上十多棵榆叶梅，一年最低是 300 块钱能挂住。平时管理也不麻烦，这个都是趁空隙期间，地里没活了，我们就管理这个，不占整功夫，这样多得些收入吧。"树苗种植上后，赵同厂书记走在生产路上，高兴地展望："别看这些边边角角不起眼的东西，我们每走一步，就是一百几十块钱的收入，单是我们村这四千多米的路，两三年以后就是几十万块钱的收入，有了这些收入，我们村里群众每年要办几件实事，把村里外债还清。"

2014 年即是树苗成材的年份，开春时，后口头村先卖了 78 棵柳树，每棵 110 元，剩下的预计到年底卖。5 月份，村支部副书记赵端早早地将道路两侧的柳树清点、测量了一遍，除去卖掉的 78 棵树，还存活 3222棵，其中树苗直径 7cm 及以上的有 2570 棵，直径 4—6cm 的有 652 棵，赵端对树苗的管理质量表示比较满意。

引进经营大户后，形成了"集体 + 大户 + 农户"的三方合作局面，这就是后口头村的升级版"边角经济"，这种模式降低了大户的土地租金和用工费用，降低了生产成本。更重要的是，这种模式内涵更为丰富，这实际上是以村集体所属生产路、街道排水渠两侧、房前屋后等闲置土地入股，大户以苗木、技术入股，村民以劳务入股，苗木出售后，三方按比例分成，就是一种比较简单原始的股份合作形式，也是土地股份合作社形成的雏形。不可否认的是，边角土地面积小，增收空间有限，不可能使村集体经济发生根本性的变化，但这种股份合作的模式，是一种有益的探索，既然可以在边角旮旯上使用，那么也完全可以在大田土地上实行。建立土地股份合作社，实行土地股份合作，把土地作为资本来经营，充分发挥市场在资源配置中的基础性作用。这样，既能克服一家一户分散经营的局限性，提高土地的规模效益，又能开辟新的增收路子，大幅度增加群众和村集体收入。

村委会在后口头村土地整合过程中发挥了不可替代的作用。但后口头村的村委会由于缺乏相应的集体经济作支撑，其在发展过程中难以提供强有力的经济支持。因此，引入资金实力更为雄厚的市场主体，以此为村庄土地资源的进一步整合利用提供经济、技术基础，成为后口头村的又一重要选择。而后口头村通过引入经营大户，正是其从边角经济走向土地股份合作经济的关键一步。在这一过程中，有几个特点值得我们注意。

对于资本下乡，学界长期以来存在争议。支持者有之，质疑者亦不少。支持者大多认为，在农村农业发展过程中，资本是必不可少的要素之一。由于农村自身资本有限，因此借助资本下乡获取外部资本支持，是农村和农业现代化的重要途径。如徐勇教授认为，传统的"劳劳合作"由于只是存量要素的简单相加，农业和农村的发展必须有资本等新的生产要素的增加。① 质疑者则认为，由于农民的相对弱势，资本下乡容易导致对农村社会的冲击，甚至出现资本吃农。如贺雪峰认为，鼓励资本下乡可能让大多数依托土地生存的农民失去土地。② 温铁军等人认为，由于缺乏相应的制度规范，资本下乡往往容易造成"大农吃小农"问题。③ 从后口头村的实践来看，其对资本下乡的需求源于提升土地价值、促进农业产业发展的现实需要，而非政府强制推动的结果。特别是，其引入的资本更多注重资本的乡土性，以此使资本受到乡土规则的约束。即寻求村庄内或者与村庄有紧密联系的乡贤能人获取资本，如从村庄内走出去的企业家、在外经商的村庄经济能人。

区别于以往借助行政手段强制推动经济发展的方式，后口头村村委会在开展村级资源整合过程中有其自身的特点。一是更多注重示范带动作用。后口头村开展土地股份合作社建设，并非从小农分散经营一步进入土地股份合作经营，而是借助边角经济、大户经营等逐步、渐进地发展成为土地股份合作社。在这一过程中，先期的成功为土地股份合作社的组建起到良好的示范效应，从而让农民自愿加入到土地股份合作社中来。二是村委会在开展村级资源整合过程中更多借助利益协调手段。"人们奋斗所争取的一切，都同他们的利益有关。"④ 在后口头村土地股份合作社发展过程中，村委会主要通过加入与不加入土地股份合作社的利益好处对比来让农民选择是否加入土地股份合作社。

---

① 徐勇：《从"以农村包围城市"到"以城市带动乡村"》，《学术月刊》2007 年第 6 期。

② 贺雪峰：《当前三农领域的两种主张》，《经济导刊》2014 年第 8 期。

③ 仝志辉、温铁军：《资本和部门下乡与小农户经济的组织化道路——兼对专业合作社道路提出质疑》，《开放时代》2009 年第 4 期。

④ 《马克思恩格斯全集》第 2 卷，人民出版社 1957 年版，第 103 页。

（四）　土地股份合作的治理绩效与新情况

后口头村土地股份合作的崛起离不开村集体对村庄资源整合所发挥的作用。同时，土地股份合作的崛起也对后口头村村庄治理产生了重要的影响，并给乡村治理带来了一系列新的情况与挑战。

1. 土地股份合作中的村级整合。村级整合是指以村集体为单元对村集体内部资源进行整合利用的过程。具体到后口头村土地股份合作社的村级整合而言，主要是指以村委会为主体，对行政村内部的资金、土地等资源进行整合利用。

首先，村集体组织是后口头村村级整合的主要主体。当前，农民的组织化程度有限，并呈现出原子化的状态，因此，农民自身较为缺乏自我组织、自我整合的能力。在农村社会组织有限的情况下，作为农村最规范和最成熟的村委会成为农村村级整合的最主要主体。但在当前村委会自身能力有限的情况下，要实现对村集体资源的有效整合，还需要实现其自身的蜕变。在后口头村土地股份合作社的崛起过程中，后口头村组建了一套新的村委会班子，特别是引入了经济能人充实了村委会班子。同时，新一届村委会通过修建村庄公路等方式重新树立起社会威信，赢得农民的认可。在后口头村土地股份合作社组建和运行过程中，村委会成员是主要发起者和组织者，并作为土地股份合作社的理事会成员，负责土地股份合作社的日常管理与运行。村委会之所以能作为整合的主体，其重要原因之一还在于农村土地集体所有这一特殊属性。农村土地集体所有，所有权的主要代理者就是村委会。

其次，利益引导是后口头村村级整合的主要手段。在传统时期，村落内部农民之间的血缘纽带和长老权威是村落内实现有效整合的重要手段。人民公社时期，国家政权的强制约束成为农村有效整合的主要凭借。而在新时期，随着市场化、社会化的不断深入，农民的利益诉求不断多元化、多样化，村落社会从利益的共同体走向分散化、原子化的个体，国家权力在乡村社会难以有效实现对村落社会的整合。而如何实现对农村社会的再整合，单纯的行政手段或长老权威都难以适应新时期的社会发展需要。后口头村在实现对村集体资源整合过程中，主要借助市场化的方式，通过利益引导，如对农民收入增加的有利影响来引导农民进行资源整合。

再次，土地资源整合是村级整合的主要整合内容。土地是农民的命根子，但却是长期被人们所忽视的重要财产。对于原本一穷二白的落后村而言，可供整合的资源并不多。东平县土地股份合作的一大创新就是以土地资源整合为核心，抓住了土地这一重要资源。区别于专业合作社以技术、销售等为主要合作要素，也区别于股份合作社以资金作为主要合作要素，土地股份合作社以土地作为核心合作要素有其独特优势。农民几乎都有属于自己承包的土地，因此，对土地资源的整合能最大限度地调动农民的参与，让最广泛的农民享受土地合作带来的成果。

2. 土地股份合作的治理绩效。后口头村土地股份合作社的发展，离不开村级组织的协调推动作用。而后口头村土地股份合作社的崛起，也带来了农民、村集体关系的变化，给村庄治理提供了新的经济基础。

其一，农民收入极大提高。成立土地股份合作社后，农民获得了租金收入＋分红收入＋务工收入的多元收入。一是稳定获得土地租金。农民自己耕种土地，一年小麦、玉米两季纯收入最多 1000 元，加入土地股份合作社后，每亩保底租金就有 1000 元，确保不低于农户自种的收入。二是获得分红收入。以往单纯的土地出租方式，农民与企业、大户没有结成紧密的利益联结机制。采取土地入股后，农户可以共享现代农业经营成果，分配到土地增值收益。2013 年是土地股份合作社成立的第一年，按照树苗生长规律，并不是最适宜销售的时间，为了增强农民信心，稳定入股农户预期，合作社还是销售了一部分树苗，每股发放了 300 元分红收入，确保了农民利益。用赵同厂书记的话说："土地股份合作社每股最低不少于年利息 2 分钱的红利。"2015 年秋后，树苗达到最佳销售期，每亩分红将更多。三是务工收入。成立土地股份合作社后，村庄发展起自己的产业，群众足不出村就能参与打工，获得工资收入。村民赵保说："在农业基地上打工，每天工资 30 元，比起出去打工确实不多，但是像我们这种上了年纪的人，不能走远，出去打工人家也不要岁数大的，像妇女的话更走不出去了，要照顾家里。这样看，比过去种地好多了，我去年在村里给合作社打工一共挣了七八千元，比过去自己种地是好多了。"农民的身份既是农业工人，又是股东。"农民入社变为股东后，变给老板打工为给自己打工，土地经营的效益直接影响分红，干活时出工不出力的现象没有了，入社农民的责任心明显增强了。"于某这样说道。

其二，村集体治理能力极大增强。依托土地股份合作，后口头村的集体收入得到了增长，从一个"负债村""薄弱村"变成了集体收入强村，具备了建设生活家园、发展公益事业、服务村民百姓的财力基础，增强了治理能力。成立土地股份合作社后，集体的各种资源得到充分利用，集体经济找到了源头活水。土地股份合作社中的350亩集体河滩地得到高效运营，合作经营的100亩河滩地得到了土地租金＋利润分红，利用路边壕沟种植的树苗不需投入就能得到分红，采取内股外租形式的250亩河滩地可以得到土地租金＋管理服务分红。村集体收入的增加也提升了集体威望。以往，村庄面对村民改善生产生活面貌的需求有心无力，村级议事议而不决，群众对集体不够信任，甚至产生对抗、冲突的现象。用赵同厂书记的话："老百姓是要吃饭的，是要指望村集体的，难道让集体伸手向老百姓要钱吗？"现在村庄面貌得到根本改变，村庄的凝聚力空前强大。

其三，促进了干群关系的和谐。土地股份合作社促进了集体和个人的双增收，由于入社成员增收得益于合作社，合作社的运转过程中村"两委"干部发挥了很大作用，所以群众与干部的关系更加融洽。第一，村干部带头引领，成立土地股份合作社，帮助村民流转了闲置低效的土地。过去土地流转形式单一，流转价格低，农民的土地不容易流转出去取得收益。由集体来牵头，与农户、大户等成立合作社，促进了农户土地的流转和优化配置，使农民不仅能安心务工，还能得到土地入股分红收入，农民真切地感受到村"两委"带头致富的热心与干劲。第二，村干部组织协调，鼓励农民参与合作社经营。后口头村村干部积极协调农户到中药材、种苗基地上务工，帮助农民提高了个人收入，村庄干部更多的扮演服务角色，从根本上避免了一些干群矛盾的发生。第三，保障农民权益，把党支部建在合作社上。发挥党支部带领合作社发展的"桥头堡"作用，确保土地股份合作社在阳光下规范运行，由村集体为农民提供保护，集体用心，合作社尽心，农民放心。受益于土地股份合作社的成功运转，村"两委"班子得到了农民衷心的拥护，成为农村发展的坚强后盾，干部与群众的关系更加紧密、更加凝聚、更加和谐，村庄领导班子更加稳固，"强村固基"工程收到了巨大成效。

其四，促进了村庄共同治理格局的形成。土地股份合作不仅实现了村民个人与集体经济收入的增加，而且搭建了村级各组织协同运转的完善架构，将村民吸纳到民主参与、彼此合作之中，形成了良好的村庄治理局面。一是村级组织互相分工。土地股份合作社"挣钱"，作为经济组织，不断增强自己的盈利能力。党支部"管钱"，领导职能得到充分发挥，监督集体财产的使用，审议村委会提交的财政预算，保证集体的钱用在刀刃上。村委会"花钱"，按照村民意愿提供公共服务和基础设施。二是个人与集体共同治理，监督到位。土地股份合作社依法成立股东大会、理事会、监事会，健全了法人治理结构，村民与大户、村干部都在合作社中担任职务，村会计和合作社大户会计共同负责财务，个人、集体、大户、企业的不同利益得到保障。三是个人与集体共同抵御风险。建立公积金、风险金预存制度，每年从收益中按比例提取，累积壮大后可以有效熨平市场波动，保证个人和集体利益的持续性。四是村民实现参与合作。以往，村民分散在自家小块土地上，自我经营，现在被组织了起来，在合作社里彼此合作，打工参与工作，监督参与管理，开会参与决策，分红参与分配，村民可以坐在一起共同讨论村庄的公共事务，合作社成为公共精神培育的温室。后口头村炬祥土地股份合作社发展的过程，也是新型集体经济兴起的过程。在这一发展过程中，土地资源成为村庄发展最为重要的要素，而由此形成的是"村民强、干部弱"的治理格局。

3. 土地股份合作的治理经验

（1）经营权灵活使用是村级整合的重要突破口。在我国的农村社会变革中，土地制度问题始终居于基础地位，党对农村社会的多次整合也都是从土地制度入手的。[①] 在新时期，土地制度的调整较少是以土地所有权的调整为核心的，或者说土地权属的大规模重新划分已经不太可能再次重演，因此，农村土地经营权的灵活使用就成为新时期农村改革的重要突破口。在目前工业化、信息化、城镇化、农业现代化同步发展的背景下，农地产权实现了"三权分离"。后口头村在组建土地股份合作社的过程中，村集体以河滩地入股，通过合股经营和内股外租的方式取得地租和分红，这属于出让"四荒"经营权，将其流转给新型经营主体专业运作，体现

---

① 王晓荣、李斌：《建国以来农村社会整合模式的历史变迁及经验启示》，《东南学术》2010 年第 1 期。

了凭借集体所有权创造经济价值和获取经济收益的权利，为集体经济引来了持续不断的源泉活水。

（2）引入市场力量是村级整合的重要路径。新型集体经济只有在市场经济的时代才能有效实现。在计划经济时期，国家通过运用统购统销、工农产品剪刀差的方式，配合集体所有、统一经营的制度，获得了大量农业剩余，窒息了农村经济活力。党的十八届三中全会提出，推进城乡要素平等交换。土地股份合作社在市场经济条件下，可以与其他经济实体联合，引进外来技术和资本，向农业、农村注入现代工商资本和组织形式，全面整合市场要素。从后口头村的案例可以看出，如果采取原有方式，将"四荒"经营权分散发包给数量较多的小农户，那么依然是传统农业，没有规模效益，没有土地增值，没有资本技术投入，集体也只能得到寥寥无几的收入。而通过与现代市场要素结合，后口头村立竿见影地取得了持续的可观收入，壮大了集体经济。

（3）利益引导是村级整合的重要手段。推进农民合作是乡村有效治理的难点之一。国内学者曹锦清甚至提出"农民善分不善合"的结论。徐勇教授认为："在利益的驱动下，农民既善分也善合。我们不必低估农民的合作意愿，也不可低估农民的合作能力。"① 可见，整合农村资源，将农民组织起来需要借助利益引导的方式，让农民看到合作的实实在在的好处，才能真正吸引农民自愿合作。从实践中看，炬祥股份合作社的成立、运作、发展过程，就是村庄土地资源深化整合的过程。尽管村干部在合作社的成立过程中起到了重要的推动作用，甚至合作社的重要职位都是由村两委干部交叉兼任，但农民的合作并不是依靠村干部的强制推动。土地股份合作的崛起，其核心在于合作带来了巨大的经济效益，是农村最大资源——土地得以有效利用，并大大提升了土地的利用价值。

4. 土地股份合作的治理新情况

（1）政府推动成为农村发展的新力量。地方政府成为制度创新的新动力的主体。长期以来，我们政府治理的制度创新遵循着地方探索、经验总结、形成政策，最终上升为国家制度的模式。在这一过程中，农民的创

---

① 徐勇：《农民改变中国：基层社会与创造性政治》，《学术月刊》2009 年第 5 期。

造精神被认为是推动制度创新的最重要原因。① 然而，随着改革逐步进入深水区，农民的创造性精神似乎越来越被制度的顶层设计所取代。地方的改革创新更多地沿着中央出台改革思路与顶层设计方案，地方探索落实和完善中央改革方案的路径前进。如在后口头村土地股份合作的实践过程中，虽然农民有需求，但土地股份合作社的建立主要还是在东平县委县政府推动、乡镇支持试点的情况下组建形成的。换言之，是政府的推动激活了农民对土地股份合作的需求。

（2）农村土地面临跨村界整合难题。当前，我国农村土地制度是以户籍制度为基础的。生活在一定行政村界范围内的农民就拥有所在村域范围内的集体土地承包经营权，而不具有所在村庄户籍的村民往往并不具有相应的集体土地承包权。因此，农村集体土地与行政村村域形成一一对应关系，农村集体土地的跨村域流转和经营面临先天的制度性障碍。如在后口头村的土地股份合作社发展过程中，随着土地股份合作社的发展，后口头村如果想将邻村的土地整合进入土地股份合作社，则必须跨越制度这一难关。而从全国整体来看，随着资本下乡、公司下乡等社会主体进入乡村，规模化经营将不断加速成为农村土地经营的新趋势。但如何打破村域界限，让土地资源在更大程度和更大规模上进行整合，则是农村土地经营的新难题。

（3）村民委员会面临的经济风险问题。从上述分析来看，在后口头村土地股份合作社的崛起过程中，村委会的整合功能起着巨大的促进作用。同时，土地股份合作社的崛起也为村委会开展村民自治，为更好地履行村委会的政治功能打下了良好的基础。然而，在严格意义上，村委会更多的是一种政治性组织，是农民群众实施村民自治的组织机构。在土地股份合作社发展过程中，土地股份合作作为一种经济组织，其必然面临着市场经济的市场经营风险。当村委会成为土地股份合作的主要推动者、整合者时，村委会开始承担起促进村庄发展的经济功能，由此，市场的经营风险也必然转接到村委会。但是，此时村委会实际所承担的可能不仅仅是市场经济的市场风险，而更可能导致村庄治理面临政治性风险。

---

① 徐勇：《农民改变中国：基层社会与创造性政治》，《学术月刊》2009 第 5 期。

（五）案例小结

乡村治理是国家治理的基石。国家要将亿万个原子化的小农组织起来，开展有效的社会治理，就特别需要发挥与农民联系最紧密的村级组织的积极性和主动性。在当前农村，家庭联产承包责任制的实行使农村"分得过散"，特别是村集体赖以生存的集体经济不断弱化，大量农村村庄成为空壳村。近年来，随着农村税费改革的推行，传统村级组织的"三提五统"也逐步消失，村集体的经济来源受到限制。经济基础的制约使农村村集体的整合、组织功能极大弱化。村集体为农民提供的公共服务极为有限，农民对村集体的依赖和信任也不断降低，不少村庄因此陷入社会治理的困境。

面对这种治理困境，村集体继续"无为而治"，则可能使村集体的权威更加弱化，农民进一步走向原子化。对于农村村集体组织而言，将分散的农民组织起来，共谋发展是其内在要求之一。新中国成立以来，国家通过政党下乡等方式将国家权力渗透到农村，就是要将"一盘散沙"的农民整合进国家的治理体系之中来。"政党下乡最主要的功能之一就是组织农民，农村党组织的建设不仅是将那些愿意为党工作的人吸收入党，更重要的是通过党的组织和党员去组织农民，由此改变传统农民的分散性和狭隘性。"[1] 东平县土地股份合作中的村级整合，就是突破村集体"无为而治"的局面，通过积极主动地发挥村级整合、组织等功能，促进村集体经济发展，改善治理条件，增强治理能力。

二　能人带动：安村的土地股份合作

人的要素是乡村社会治理的核心要素。社会的有效治理需要从事治理的人来组织，社会治理核心是对人的治理。人类任何一项集体行动，都需要少数人的引导、组织和带动。一个单独的提琴手是自己指挥自己，一个乐队就需要一个乐队指挥，一切规模较大的直接社会劳动或共同劳动，都

---

① 徐勇：《"政党下乡"：现代国家对乡土的整合》，《学术月刊》2007年第8期。

或多或少地需要指挥，以协调个人的活动。① 这一过程中，拥有指挥才能的毕竟是少数，但其作用却不可忽视。换而言之，一个群体的集体行动的达成，就需要各方面相互协调，就需要领导者对群体进行领导。②

所谓乡土能人，就是比普通村民拥有更多的知识、经验、声望或关系资源，在村内影响力比较大的成员。③ 长期以来，乡土能人在乡村治理过程中发挥着极为重要的作用。传统历史时期，皇权不下县，县以下实行社会自治。但乡村社会自治的主体则是乡绅能人。国家对农村社会的实际控制，在县以下农村基层社会是由地方精英在非制度的层面进行的。④ 即国家借助乡村精英这一中间主体从农村获取收入、劳动力等资源。学者萧凤霞曾认为，在传统乡村社会，国家通过培植和拉拢地方精英的方式来实现对乡村社会的控制，村庄变成了被国家控制的政治单位或"细胞组织"。⑤ 由此可见，即使在传统乡村社会，乡土能人也并非无所作为。一方面，其自身在乡土社会中扮演着积极的治理作用，如矛盾协调等；另一方面，乡土能人也作为国家权力利用的对象，成为国家与农民之间的中间桥梁。

新中国成立后，由于国家治理方式的变革，政治地位而非经济、社会地位成为决定人们在社会治理过程中地位与权力关系的主要因素。此时，政治红人取代乡村士绅，成为乡村社会治理的"中介者"。如弗里曼等人在《中国乡村，社会主义国家》中的研究认为，农村干部在国家权力渗透农村社会过程中，借助于国家的权威控制着乡村社会。这种控制表面上是国家控制，实际上是农村干部控制。⑥ 但总体来看，历史上的乡村能人主要作为政治上的能人，对其考察往往是研究其与政府、与农民之间的关系，但对其在农村经济发展中的作用研究却相对较少。

改革开放之后，随着城镇化进程的加快，村庄的精英逐渐向外流失，

---

① 《马克思恩格斯全集》第 44 卷，人民出版社 1973 年版，第 384 页。

② 周晓虹：《社会心理学》，江苏人民出版社 1991 年版，第 323 页。

③ 罗家德：《自组织运作过程中的能人现象》，《中国社会科学》2013 年第 10 期。

④ 纪程：《"国家政权建设"与中国乡村政治变迁》，《深圳大学学报（人文社会科学版）》2006 年第 1 期。

⑤ 萧凤霞：《华南的代理人与受害人》，转引自载徐勇、徐增阳主编《乡土民主的成长》，华中师范大学出版社 2007 年版，第 525 页。

⑥ 【美】弗里曼、比克伟、塞尔登：《中国乡村，社会主义国家》，社会科学文献出版社 2002 年版。

这一方面造成了村庄人力资源的缺乏，给乡村发展带来了困境；但另一方面，精英外出之后逐步形成的技术、人脉、管理经验等优势也可能成为促进村庄集体经济发展的重要潜在资本，乡土能人再次进入人们的视野。特别是在部分沿海经济发达地区，经济能人甚至成为农村政治中的支配力量。但是，这些乡土能人往往是经济上的能人，其追求的是更高的经济收益而非政治利益，在乡村治理过程中往往难以发挥其作用。特别是对于人口外流较大的中西部农业地区而言，经济能人在乡村社会难以寻求到较高的社会收益，因此，其往往不愿意参与乡村社会治理和乡村经济发展，呈现"大雁东南飞"的景象。

农村集体经济的发展是乡村治理的重要内容。作为农村一项集体参与的复杂的经济活动，能人的带动、组织协调作用不可或缺。"在中国农民整体素质尚不高的情况下，能人和能人治理有其特殊作用。"① 如国内学者王景新教授在对我国集体经济发展进行详细梳理后认为："集体经济之所以有效发展……是因为这些村域都有一个出色的精英式领头人物和一个团队、坚强的领导集体。"② 徐勇教授也认为："能人对社区经济社会的发展起到了至关重要的作用"③。但尽管农村社会需要乡土能人，乡土能人却往往因经济收益有限而不愿意返回乡村，不愿意参与乡村的经济发展。然而，在东平县土地股份合作发展过程中，乡土能人积极回乡并在土地股份合作崛起中发挥了不可忽视的作用。对此，我们以安村安大土地股份合作社为例，分析在东平县这样的纯农业地区，乡村经济发展为什么需要乡土能人，乡土能人为什么愿意参与土地股份合作，其在土地股份合作社中起到了何种程度的作用，其可能存在哪些问题等。

（一）安村不安：村庄治理的困境

安村隶属于山东省东平县彭集街道，位于彭集街道东北约 2 公里处，

---

① 徐勇：《由能人到法治：中国农村基层治理模式转换——以若干个案为例兼析能人政治现象》，《华中师范大学学报（哲社版）》1996 年第 4 期。

② 王景新：《村域集体经济：历史变迁与现实发展》，中国社会科学出版社 2013 年版，第 53 页。

③ 徐勇：《权力重组：能人权威的崛起与转换》，《政治学研究》1999 年第 1 期。

105 国道东侧，距离街道和县城均较近，交通便利。从村庄历史来看，明朝永乐年间（1403—1424 年），安姓在此建村，故以姓氏命名为安村。目前全村共有人口 343 户，1281 人，其中党员 36 人，承包地面积 1270 亩，人均承包地面积约 1 亩。长期以来，村民以务农为生，主要种植小麦、玉米、花生等农作物。2011 年之前，安村曾是当地出了名的差村、乱村、穷村。

1. 村民的贫困。由于长期以来安村村民以种植小麦、玉米和花生为主，加上人均耕地面积少，农田水利基础设施的落后，村民的经济收入很低，只能维持基本的家庭生活。取消农业税之前，村里产出的粮食缴完"三提五统"之后基本所剩无几，而遇到灾害天气和年景不好的时候，地里的庄稼没有收成，村民的生活更加困难。从 90 年代开始，安村村民陆续到外面打工，但由于附近工业不发达，农民打工的出路也很少。2011 年，安村外出打工的人数大概有 160 人，基本都是青壮年，村里的中老年人除了种庄稼，基本没有活干，平时大都在家赋闲。因此，村民除了外出打工和在家种地外，没有其他营生的手段。2010 年，安村村民的人均收入不足 4000 元。"外村村民一听是安村来的人，不是躲着就是直摇头"，村民张怀军这样说道。

安村以"安"字命名，却因"乱"而出名。安村的乱从村里流行的两句顺口溜中可以形象地体现出来："九党十八派、派派出妖怪""十大名人七大硬，还有六个不要命"。长期以来，村庄宗派矛盾突出，派系之间纠纷不断。安村村民主要有四大姓，其中安姓人口最多，有 400 多人，其次是程姓和张姓，程姓有 300 多人，张姓有 200 多人，其余孙姓、刘姓等姓氏的人口均很少，最多不足 50 人。不同姓氏形成了不同的宗派和派系，而不同派系之间的矛盾和纠纷主要源自 1982 年分田到户时的分田不均。

据现年 72 岁的程金仓老人介绍，分田到户之前，村里不同姓氏之间的矛盾和纠纷很少，村民彼此之间没有派系之分。"58 年的时候村里开始吃大锅饭，吃了一年多，因为都吃不饱，后来就散了，到了人民公社的时候，大家'大呼隆'，集体劳动，各拿工分，那时大家都一样穷，村民的关系也都好，都没啥矛盾。"到了 1982 年，安村开始进行分田到户。按照规定，村庄以小组为单位分配土地，每个小组在组内按人口平均分地。"不过那时咱安村的干部和小组长都是安姓和程姓的，分田的时候，他们照顾本家的人，给自家人分好地，有的干脆多分一些"，村民张存镇这样说道。分田到户不均，引发了其他姓氏村民的不满，给安村埋下了祸根，造成了不同姓氏村民之间的隔阂。由于对土地分配的不满，安村部分村民开始上访，从90年代开始村里的上访情况就比较突出，到县、市、省甚至北京上访不断，是安村最为出名的地方。

由此来看，村民的贫困不仅仅是村民自身的问题，事实上村民的贫困也深刻影响到村庄的有效治理。在安村，村民因自身贫困而大量外出务工，其本身在一定程度上给村集体组织的有效治理增加了难度。但在村民致贫过程中，村庄治理因素也逐步显露。一是村民之间的派系争端导致村民之间矛盾纠纷重重，从而为农民合作增添了不利因素。二是因土地分配问题而导致的村干部与农民的冲突，使村集体组织难以有效发挥资源整合的作用。因此，农民贫困问题的破解不仅需要借助经济的发展，也需要借助村庄治理的改善，需要增强村集体组织的权威，化解村民之间的矛盾冲突。

2. 村集体薄弱。村集体经济是农村村集体获得经济收入的重要来源。集体经济无论是对于农民个体还是村集体而言，都具有极为重要的价值。一是能够获得个体发展无法比拟的条件和基础，获得高于个体的收益[1]；二是集体成员能够共同发展，促进共同体的成长。然而，传统的村集体经济与国家的管理体制密切挂钩。统一经营、统一管理的集体经济与人民公社的管理体制相辅相成，包产到户以及人民公社制度的废除使合作社式的集体经济失去制度性支持。

安村在这一历史进程中面临同样的问题。在缺乏其他经济来源的情况下，集体经济的消解，使安村的社会治理面临经济基础薄弱的难题。这种薄弱一方面体现在村庄公共建设无人管，村庄的基础设施十分落后。村民张怀军这样说道："咱安村是远近出名的穷村，全村没有一处像样的路，一遇到阴天下雨，村里的学生都得抬着自行车去上学。"

---

① 徐勇：《创新集体：对集体经济有效实现形式的探索》，《华中师范大学学报（人文社会科学版）》2015年第1期。

2011 年之前，安村全村一共 21 条路，条条都是坑坑洼洼，没有一条水泥路，还有 12 条是"死胡同"，垃圾堆堵得开不进车，插不进脚，大街小巷柴垛、瓦块堆积如山，就连村里唯一的一条大街两侧还种满了农作物。另外，村里的水利设施也十分缺乏，改革开放以后，村庄没有进行一次水利设施修建，村民种庄稼只能"看老天爷的脸色"。虽然村民对村里基础设施的需求很高，但由于彼此之间的矛盾和隔阂，村里的公共建设都无法开展。

另一方面，安村村集体薄弱也体现在集体经济和干群关系上面。截至 2011 年底，安村是一个"空壳村"，村集体不仅无资产、无收入，还欠着 24 万块钱的债务，村办公室是危房，只剩下东倒西歪的四面墙，办公场所只有 2 张桌子和 3 把椅子。同时，村民和村干部之间矛盾较多。据村民介绍，逢年过节，村干部都关着手机，躲在亲戚家不敢出来；村民对村干部也很不信任，还出现了"谁上台整谁、谁下台谁整"的恶性循环。从 2001 年开始，3 次村"两委"换届，安村都没有选出村主任，这样安村连续 9 年都没有村主任。

村集体组织是村庄社会治理的重要主体。但在安村，村集体组织自身却面临着极为严重的治理问题，难以在社会治理过程中发挥应有的作用。一是村集体组织由于村集体经济发展的滞后，缺乏必要的经济收入来源，其自身治理能力受到极大限制。二是村集体组织与村民关系陷入僵局。由于村集体组织难以为村民提供必要的公共服务，导致村民对村集体组织缺乏必要的信任。因此，安村社会治理的改善，急需对村集体组织进行重塑。而在资源有限的情况下，乡土能人的带动成为安村社会治理的重要出路。

3. 治理的窘境。村穷民弱下的安村，其村庄治理不可避免地陷入了困境。一是村民长期对村干部难以信任。由于村集体经济消解，村集体自身收入来源有限，造血能力不足，村集体缺乏必要的经济条件作支撑，其治理能力受到极大的制约。村集体难以通过公共建设、公共事务的组织来赢取村民的信任。二是村干部长期处于虚置状态。由于村庄经济能力有限，大量有文化、有素质、有能力的村民通常选择外出务工，而留守在村庄的主要是"老弱病残幼"，从而导致村干部选择空间有限。加之村庄经济落后，村庄治理往往成为一件难事、麻烦事，村民不愿意竞选村干部。

因此，在乡村治理过程中，选好带头人，选出好的带头人，成为破解这些困境的重要选择。

改革开放以来，农村社会活力得以极大释放，农民的社会活动空间极大增加。在此背景下，大批农民在市场经济的大潮中成为弄潮手，在社会财富积累中远远超出普通的农民。同时，随着政治社会改革的深入，经济能力成为农民地位高低的重要影响因素。因此，政治社会的改革为农村经济能人提供了展示自我的广阔舞台。正是在这样的背景下，乡村经济能人的涌现甚至成为乡村政治支配性力量变为了可能。从安村的治理困境来看，因为村干部自身经营管理能力有限，村庄需要经济能人的回归，如何让涌现出的经济能人放弃在外经营的高收益而返回乡村，并在乡村治理过程中发挥积极的建设性的作用成为安村面临的新问题。

（二）安村土地股份合作的崛起

为了让农民更好地共享土地收益和产业发展的成果，2013 年 3 月，在孙庆元的带领下，安村村委会决定成立土地股份合作社，由村集体牵头，农民带地入股，注册成立了"安大土地股份合作社"。安村土地股份合作社的成立，主要经历了开会动员、讨论建制和正式成立三个阶段。

1. 能人回村

安村的"村乱民穷"一方面给村庄的发展带来了困境，另一方面，也为村庄的改变提供了动力。村民普遍希望政府或者其他外部力量能为村庄带来一些改变。2010 年县里开始推行的土地股份制改革为安村的改变提供了契机，为了促进当地集体经济的发展，东平县实施"能人回请"计划和递进培养工程，挑选在外经商、做生意的企业家、工厂主等经济能人返乡，以此来推进农村地区的改革。在安村，从 2010 年开始，安村的经济和社会均产生了明显的变化，而这些改变和发展可以说源自外出能人孙庆元的返乡。孙庆元是安村人，1961 年出生，兄弟姐妹 6 人，排行老小，1979 年开始外出当兵，1984 年从济南武警部队复员，当时拿着 82 元的安家费留在济南，在军区一家五金厂学习车工，3 个月后他自己承包了这个五金厂，当年赚了 3.6 万元，这可以说是他事业上挖掘的"第一桶金"。随后他利用这些资金滚雪球式发展，先在济南与轻骑集团合作加工生产包装箱，后来返乡开办冰糕厂，之后又到山西做煤炭生意，最后辗转东北，先后在内蒙古赤峰市、吉林四平市开设化工厂，固定资产达到5000多万元，每年收入超过400万元，是远近闻名的富翁。从孙庆元的经历来看，他是一个典型的经济能人，多年的"摸爬滚打"使他积累了各种处事的经验，而开办企业的经历则让他掌握了市场理念和管理经验，这些都为他后来经营村庄和引导产业发展打下了基础。

2010年10月28号，彭集街道聘请孙庆元为安村经济委员会主任，负责在村委会领导下开展经济方面的工作，实际上就是主持安村工作。2011年村"两委"换届，东平县委推行"公推直选"，把"好人+能人"作为农村带头人的标准。街道党工委在走访调研的基础上，成立了安村选举委员会，在逐户推荐村"两委"班子候选人时，安村的党员和群众对在外经商的孙庆元的推荐比较集中。但孙庆元当时正在内蒙古和吉林经营两家化工厂，一年能挣400多万元，对接手安村这个"烂摊子"有所顾虑。刚开始告诉他推荐结果时，他连商量的余地都没有，就直接回绝了。"说实话，当时我心里也很纠结，不愿意回来，回村的话就得把外面的两个厂子都舍了，我一年能赚400来万，回去的话，前半辈子创下的家业就要弃了；再说村里乱了这么多年，各种矛盾不断，我年纪也大了，不想趟这个浑水。"

后来街道干部和安村的党员群众多次做他的工作，最后，他被大家的诚意感动，撂下经营多年的企业，说服家人，回村参与竞选。"街道的干部来来回回跑了好几趟，我想着人活着吧不能光顾着自己挣钱，小时候家里穷，老少爷们没少接济咱，现在村里需要我带领大伙儿过上好日子，我也不忍心不回来。再说了，我从小就在村里生活，村里乱得人家一提安村就摇头，又穷又乱，有的孩子连学都上不起，我在外面脸上也没光。自己好歹在外闯荡了30多年，当过兵、经过商、办过厂，也算有点小能耐，能回来为村里办点事也好。"孙庆元说到，"我当时把想法和家里人一说，他们死活都不同意，还找了亲戚战友来劝我。我这个人平时就有个倔脾气，认准的事八匹马也拉不回来，我就给他们说，咱光有钱有什么用，村里乱成这个样，买了车都开不进来，大伙儿连点盼头都没有，早就该收拾这个烂摊子了！"2011年4月20日，安村开展村委会选举，当时有795张选票，孙庆元获得了其中的790张，以高票当选为安村村委会主任，正式开始主持村里的工作，挑起了安村"当家人"的重担，安村这才结束了连续 9 年都没有村主任的窘境。2012 年 10 月，他又当选了村支部书记。

从孙庆元返乡回村的过程来看，我们发现，能人回乡并非主动回乡，而是在政府和村民积极努力劝服下的返乡。通过让乡土能人担任村干部，其自身对经济发展的追求与政府对村庄社会有效治理的追求有机结合。一方面，对于乡土能人而言，其与乡村社会拥有良好的历史渊源，与乡土社会建有强烈的社会感情。如孙庆元的返乡就是因曾经接受过村民的恩惠而抱以感恩的心态返乡。另一方面，这些乡土能人一般在返乡后都担任村支书或村主任，从而被赋予改善乡村社会治理的内在责任在村庄经济发展和社会治理过程中发挥有效的作用。

2. 筹备动员

2013 年 2 月 21 日，农历正月十二，安村召开村民代表大会，讨论筹建土地股份合作社。当天参加大会的人员共有 54 人，其中村"两委"成员 5 人，党员 17 人，村民代表 32 人。在这次会议上，孙庆元重点向村民介绍了成立土地股份合作社的好处，并说明了合作社的利润分配情况，"在 1000 元保底的基础上，合作社有了利润之后给社员 30%，70% 给合作社发展产业"。紧接着 2013 年 2 月 23 日，农历正月十四，孙庆元组织村里召开了一次茶话会，除了上次开会时的 54 人外，还邀请了在外面工作的机关干部，在外做生意的经济能人、经理和老板等，共有 62 人参加了这次会议。

在这次茶话会上，村里的经济能人出主意、想办法，为安村下一步的发展献计献策。长期外出打工的经济能人程金路表示："70 年代老百姓都吃不饱，小麦亩产 400 斤。改革开放后，老百姓有了土地，但在这一亩八分地上只能解决温饱问题，致富问题还没解决。这 30 年里，头 10 年发展迅速，大家都能吃饱饭，过上了好日子，后 20 年却没怎么发展，大部分人都还没有致富。现在急需解决怎么富的问题，单打独斗咱们无法致富，要致富就要把一家一户的一亩三分地聚拢起来，成立合作社，这样劳动力可以去劳务、去做生意，其他人还可以到合作社基地上打工赚钱。"茶话会上，村里的经济能人表达了对安村成立土地股份合作社的看法，从自己的经历出发给村民诉说发展土地股份合作社的意义。

茶话会后，安村村委会开始动员村民加入土地股份合作社。由于土地股份合作社是新生事物，普通农户基本都不熟悉、不了解，担心合作社会失败，因此有很多顾虑。为此安村设立了土地股份合作社筹备小组，积极做好宣传引导工作，利用春节期间村民都在家中，发动村干部、党员和村庄有威望的人挨家挨户进行宣传和动员，筹备小组通过印发明白纸，讲政策、谈前景、比效益，让村民逐步认识到土地股份合作的好处。

在历史上，社会动员是中国共产党在革命与建设过程中促进农民参与的重要工作方法。革命战争时期，中国共产党凭借政治动员赢取了大量的农村资源和农民支持，而在建设时期，借助政治动员，实现国家对乡村的有效治理作出了积极贡献。① 由于土地股份合作社是一个新生事物，农民对土地股份合作社可能的价值、好处并不清晰。因此，安村在土地股份合作过程中，借助社会动员的方式，以此增强农民对土地股份合作社的认识，引导农民自愿参与土地股份合作。

政治动员能够激发动员对象自愿的主动性和广泛的参与性，释放权威主义的协调所不能发掘的能量。② 与国家通过强大的宣传机器不对称宣传甚至借助强制手段推动不同，安村在社会动员过程中更多地借助于劝说、利益诱导等柔性手段的形式。同时，在安村土地股份合作筹备动员过程中，村庄能人也发挥了巨大的作用。一是村庄能人先知先觉，能够看到农村发展的现实需求和未来趋势，提出开展土地股份合作这样一个新的理念。二是借助能人的经济权威与社会权威，引导、说服农民参与土地股份合作，让农民认识到土地股份合作的好处。

3. 建章立制

在宣传和动员村民加入土地股份合作社的同时，孙庆元和几个村干部开始着手讨论制定合作社的规章和制度。在合作社的命名上，沿用"安大"的牌子，讨论决定命名为"安大土地股份合作社"。接下来是讨论和决定合作社的章程，2013 年 3 月初，在县农工办、农业局等职能部门和街道办事处的指导下，孙庆元和村会计程传金、村民程瑞光，在村委办公室讨论合作社的章程。在根据县里统一提供的合作社章程样本的基础上，

---

① 李斌：《政治动员与社会革命背景下的现代国家构建——基于中国经验的研究》，《浙江社会科学》2010 年第 4 期。

② 【美】林德布罗姆：《政治与市场》，上海三联书店 1996 年版，第 414 页。

结合安村的土地、经济和产业发展情况，孙庆元等人对合作社的章程一条条进行了讨论。经过几个人的讨论，安大土地股份合作社明确了建社目的、经营范围、股权设置、社员资格、组织机构、财务管理与收益分配等内容。

在股权设置上，合作社设置了两种类型：集体股和个人股。集体股由村集体的固定资产、货币资金、土地和其他资产折价后形成，分配的盈余由村集体分配，其中土地用来解决人口增减问题。个人股由社员以土地承包经营权入股（每亩为1股），以股权分配盈余，社员持股分红。在组织机构上，合作社建立了社员（代表）大会、董事会和监事会"三会"组织。在财务管理制度方面，合作社对资金的运行、使用、结算和固定资产的购置、使用、处置都作了明确规定，所有账目由镇农财代理中心与合作社共同管理，账目定期公开，阳光操作。在分配制度方面，合作社建立"保底收益＋年底分红"的分配模式，每亩土地每年保底收入1000元，年终收益提取30%作为风险基金，其余70%收益按照社员土地股份进行分配。

4. 建立合作社

2013年3月22日，安村召开"安大土地股份合作社"成立大会，合作社由孙庆元、程传金、张怀军、程瑞光、代恩花5户发起，600多名村民参加了这次大会。表1显示了安村土地股份合作社5位发起人的基本情况，可以看出，合作社的5位发起人主要是以村干部和村庄经济能人为主。

表1　　　　　　　　安大土地股份合作社发起人概况

编号	姓名	性别	年龄	承包土地面积	职业
1	孙庆元	男	53	5.12亩	村书记
2	代恩花	女	42	3.25亩	村计生主任
3	张怀军	男	58	0.80亩	经济能人
4	程传金	男	52	3.25亩	村会计
5	程瑞光	男	51	4.07亩	经济能人

在土地股份合作社的成立大会上，孙庆元介绍合作社成立的意义，逐条介绍和解释合作社的章程，通过集体讨论，会议通过了合作社的章程、细则。随后，大会以无记名形式选举产生了合作社理事会成员。其中，孙

庆元担任理事长，程传金和代恩花担任合作社的理事，张怀军担任合作社的执行理事。同时，这次会议审议并表决通过了合作社的财务管理制度。在这次会议上，部分村民对合作社的成立表达了自己的看法和疑问，村民普遍反映的问题是"为什么要成立土地股份合作社，成立合作社和不成立有什么区别"。村民安业廷表达了自己的疑问，"一旦合作社不赚钱怎么办，保底的 1000 块钱怎么保障。"孙庆元对村民的问题一一进行了解答。

2013 年 3 月 24 日，安村召开理事会成员大会，吸纳程保忠、孙传同等 291 户农户加入土地股份合作社。3 月 28 日，经过全体理事会成员分户进行表决，合作社选举出程家申、程传鹏、刘月会等 16 位合作社社员代表。截至目前，安村全村 343 户农户，入股的农户有 320 户，入股农户的比率达到了 93%；全村 1270 亩土地，入股的土地有 1041 亩，入股土地的面积达到了 82%。

安村建立的"安大土地股份合作社"立足于药材种植、有机蔬菜种植、生猪养殖、粉皮加工四大产业，将村民由一家一户的分散经营全部纳入合作社统一进行管理。合作社采取四个"统一"：一是统一销售农产品，所有农产品全部经由合作社销往市场；二是统一产品品牌，注册了"安大"牌商标，实行贴标生产；三是统一技术标准，合作社统一制定了生产技术标准，实行标准化生产；四是统一培训，定期组织村民学习农业知识、技术规程，聘请专家集中授课，统一培训。土地股份合作社的发展表明，引导农民以土地入股开发农业，是推进农民向产业工人转变的有效途径。通过鼓励和支持村民以土地入股的形式，村民承包的土地向专业大户、家庭农场、产业基地、龙头企业和农民合作社集中，便于发展农业规模经营，让土地经营生金，收益分成，同时依托产业打工增收，使村民实现了由农民向产业工人的转变。

从安村土地股份合作社的组织架构、人员组成、制度规定来看，村庄中的乡土能人成为土地股份合作社管理的主要主体。同时，乡土能人在土地股份合作与村集体组织中的一肩挑，使土地股份合作社的发展与村集体组织的社会治理结合起来。因此，土地股份合作的崛起，不仅是村庄经济发展的崛起，也不可避免地带动乡村治理的改变。同时，通过土地股份合作的崛起过程我们也可以看出，乡土能人在村民动员、组织协调、经济管理等方面发挥着积极的作用。正是乡土能人在土地股份合作社和村庄治理中所发挥的作用，弥补了政府和村集体组织对农村社会管理的缺位。

（三）　土地股份合作中的能人带动

改革开放后，农村集体经济的发展大都与"能人"有关，主要取决于"能人"的责任心和治理能力，能人治村是中国农村集体经济发展壮大的关键因素。[①] 安村土地股份合作的崛起过程同样遵循了这一规律。

一直以来，安村村民都以务农为生，主要种植小麦、玉米、花生等传统农作物，村民只能依靠种田解决温饱问题，却难以进一步发展，更不用说致富。如何带领村民致富成为新领导班子迫切需要解决的问题。对于村干部的作用，孙庆元打了一个形象的比喻："我觉得把村干部比作'带头人'不太合适，比作'引路人'其实更好。带头人可能自己先富了，但不一定带着老百姓一起致富。老百姓想过河，想从贫穷到对面的富裕，村干部主要是要搭桥，要当引路人，带领百姓一起致富。"而如何搭好"致富之桥"，在孙庆元看来最主要的就是要进行产业发展，通过引导和促进产业发展壮大村庄集体经济，进而提高村民收入，改善村民福利。

从自然禀赋条件来看，安村既不靠山也不靠水，没有煤矿、铁矿、山林等资源，发展的资源少、潜力小，既无区位优势，又无资源优势，更无集体积累，安村的干部和群众曾想改变村里贫困的面貌，但都见效甚微。孙庆元刚上任时，面对的是"一穷二白"、债台高筑的"烂摊子"，但是"穷则思变，变则通"，在外打拼多年、小有作为的他，认识到必须创新思路、找准路子，才能改变安村贫困落后的面貌。土地作为安村仅有的资源使他明白了"在土地上做文章"的必要性，而办过工厂和企业的他，深知市场经营和现代管理的重要性，为此他提出了"经营村庄"的理念。通过发展和经营产业来促进集体增收和农民增收，安村因此进入了产业发展阶段。通过外出调研与考察、征集村民意见，在孙庆元的带领下，安村相继发展了中药材、粉皮加工、生猪养殖和蔬菜大棚四大产业。

1. 清"三资"，立威信

在村主任任职大会上，孙庆元向村里的党员和群众承诺："苦干一千

---

① 董江爱：《三晋政治：公共财产治理中的村民参与》，中国社会科学出版社 2010 年版，第 227 页。

天，誓叫安村变新颜"。而要让安村变新颜，首先就要找到影响村庄发展的症结所在。为此，在接手安村工作的头5天，孙庆元就召集村干部和村民开会、座谈。当时他和村"两委"成员、党员干部、村民代表一个事一个事地捋，一件事一件事地谈。通过一连几天的座谈和走访，和村民谈问题、话真情，找到了群众反映最强烈的热点和难点所在，那就是集体土地和资产乱圈乱占问题。而在走访过程中，笔者也了解到安村之所以不安，其中最大的问题就是土地问题，尤其是部分村干部和党员自身不清，强占土地问题严重，引起村民的极大不满，也成为引发村民纠纷和上访的主要原因。据村民反映："以前一个村干部，他家里有3口人，按理说应该分3亩地的，但他一下子占用了28亩的土地，还占了5片宅基地；还有以前的一个老书记，他家里有3口人，2口人都是城里的户口，按说城里户口是不分地的，这样只用分1亩地就行的，但他家却占了11亩土地，这一占就占了30多年。当时82年分田到户的时候就分得不公平，村干部好多都多占了地，后来村民有去世的或外嫁的时候，村干部就把那些地归到自己家里，老百姓看在眼里，记在心里，都非常不满。"

找到了问题的症结之后，孙庆元紧接着就开始着手解决。在2011年4月30号，也就是换届后的第十天，村里便请求彭集街道国土、农经、司法等部门指导参与，集中清理非法圈占集体资产、资源的行为。在"清三资"的动员大会上，孙庆元表达了坚决的态度："集体的资产、资源是全体村民的，产生效益是用来给全村人办事的，绝不能被个别人强占谋私。不论牵涉到谁，咱都一视同仁。凡是强占乱占的，不管是村干部还是小组长，都一律免职；不管是谁强占乱占的，限期10天把承包费全部缴齐补齐，否则，咱就通过法律手段，送到公安局和检察院解决。"对于那些乱圈乱占的人员，村领导班子顶着压力，分组分头去做村民工作，通过讲道理，讲政策，摆依据来说服占地的人交出土地，同时发动这些人的亲戚一同去做工作。

由于清理"三资"涉及土地和财产问题，再加上侵占土地的人在村里都非"等闲之辈"，因此该工作受到了很大的阻力。"在清'三资'的过程中，个别人坐不住了，有托人说情的，有上门骂街的，有向我家里扔砖头的，连家里养的狗都让人药死了"，孙庆元这样说道。虽然面临重重困难，但是凭着自身的正气和村民的支持，清理"三资"的工作不断向前推进。经过反复较量，最终乱圈乱占的人退缩了，村里用了 20 多天，完成了"三资"清理，收回土地 243 亩、承包费 113.35 万元、荒片 89 处。村"两委"将收回的资产资源重新发包，村集体收入增加了 110 多万元，这样不仅还清了村里的债务，甩掉了发展的包袱，也为安村的进一步发展奠定了基础。同时在清理过程中，对有问题的 5 名村干部和 8 名村民组长，经过党员和群众评议，向街道党工委汇报，免除了他们的职务。通过清理"三资"这件事，村民看到了新班子做实事的魄力和能力，对村干部的态度开始由仇视、敌对变为拥护、支持，这就为安村进一步的发展打下了良好的群众基础。

　　乡土能人的形成需要一定的经济或政治基础做支撑。如张仲礼对传统士绅分析时将士绅分为上层士绅和下层士绅两个类别。其中，下层士绅主要由生员、捐监生以及一些有较低功名的人组成，上层士绅主要往往拥有较高的学衔或拥有一定的官职。[1] 但无论何种士绅，都是通过一定的学识或功名获取。费孝通的研究则认为传统绅士的维持是靠经济上有地、政治上做官。[2] 而杜赞奇等更深入的研究发现，拥有经济、政治能力的士绅在治理乡村社会过程中还需借助于"权利的文化网络"。[3] 在安村，孙庆元虽然具有一定的经济基础并得到县乡党委政府的支持，但在土地股份合作社的发展过程中，孙庆元主要还是通过与往届村干部厘清关系，并搞好村庄建设和为民服务得到村民的拥护，以获取村民信任的方式来逐步带动土地股份合作社的发展。

　　2. 建设施，聚民心

　　清理"三资"主要解决村庄"乱"的问题，而如何解决村庄"穷"的问题也是新领导班子的重要任务。"要致富，先修路"成为村干部和村民的普遍共识。听村民张怀军介绍："过去安村的交通情况是，21 条街道 12 条不通，条条都是坑坑注注，村里面作坊生产的粉皮都不好往外卖，村外想来投资的，一看咱这路，恨不得立马扭头就走"。恶劣的交通情况，成为影响村庄发展的一大障碍，虽然村民们普遍盼望着村里尽早修通

---

　　① 张仲礼：《中国绅士》，上海社会科学院出版社 1991 年版，第 4 页。

　　② 费孝通：《中国绅士》，中国社会科学出版社 2006 年版，第 121 页。

　　③ 杜赞奇著，王福明译：《文化、权力与国家——1900—1942 年的华北农村》，江苏人民出版社 2003 年版。

道路，但由于一直以来村领导班子混乱，村集体负债累累，村民人心涣散，导致村庄的公共事务无人管、无人问，村子的道路也迟迟无法修通。

而针对修路困境，新上任的领导班子借助清"三资"获得的集体收入以及由此积攒起来的"威信"，开展了一项修通道路的"富通工程"。在修路的过程中，面临两大难题：一是修路要花费大量的钱。这些钱从哪里来？二是修路要扒掉占着街道的违章建筑，这就会遭到部分村民的反对。在解决资金难题上，孙庆元没有向上级伸手，而是瞒着家里，拿出了自己130多万的积蓄，垫资修路。同时，村委发动村里的党员和村民进行筹资。县公安局退休老干部安立柱与三名年轻的村民安茂嘉、王长青和王敏共筹资60多万元。这样一来，资金难题得到了解决。而对于第二个难题，修路要拆掉村民的173间房子、10多个猪圈、20多间厕所，村里拿不出一分钱的补偿。"都知道修路通街是好事，但是白拆谁家的房子谁都不愿意。为了通街，我们想了很多办法，一个胡同里有谁家不愿拆，就动员其余户家都去做工作。碰到个别强硬蛮横的，我就亲自上门。"孙庆元带领几个村干部挨家挨户做村民的思想工作，通过宣传修路的好处和意义，这部分村民答应了修路的要求。

在修路过程中，孙庆元和村委的几个干部全天盯在工地上，吃住在村委里，而村民和村干部一道，清除道路上的柴垛、瓦块等障碍物。许多村民自愿给施工人员端茶倒水，修路工程持续48天。在2011年5月30日，安村"富通工程"竣工，对全村16纵5横共计21条街道全面硬化，硬化面积23700平方米，涵盖了全村的大街小巷，贯穿3个自然村。竣工当日，村民们自发燃起了鞭炮，搭起了庆祝的戏台。道路的修通解决了安村行路难的问题，既改善了交通环境，又方便了村民们的生产生活。

道路修通之后，安村接下来对其他的基础设施进行了完善，铺设村庄下水道14000米，安装路灯40余盏，路灯常年使用，每天晚上照明4个小时，电费由村集体支付，村民不用分摊一分一文电费。此外，又筹资40余万元，在村庄道路的两旁种上了绿化树木，栽植苗木花卉13700余株，实现了村庄大街小巷的绿化和美化。基础设施的改善不仅方便了村民的生活，也为村庄接下来的产业引进和产业发展打下了基础。

"农民在他们的经济活动中一般是精明的、讲究实效的和善于盘算的。"① 尽管乡土能人在乡村社会中拥有一定的权威，但这些权威似乎仅仅是让农民可能更容易对其产生信任，而并不意味着农民愿意直接跟从于乡土能人开展某种活动。当农民进入工商业社会以后，他们不在乎赚哪些钱，只在乎有没有钱赚。② 换而言之，农民的行动在于是否存在看得见、摸得着的现实利益。因此，对于乡土能人而言，光有权威远远不够，通过建设村庄公路等现实行为让农民看到切实好处，农民才可能真正信任并与乡土能人一起合作。

3. 引产业，建基地

在确定了"经营村庄"和发展产业的思路之后，如何利用土地、发展什么产业、如何发展产业就成为孙庆元面临的主要问题。首先是在产业项目的选择上，在孙庆元看来，当时发展工业项目是不可能的。一是政策不允许农业用地发展工业项目，但即便允许，工业项目投资大、风险大，安村基础弱，也投不起。大多数村民世代从事农业，因此发展农业产业项目更符合村庄和农民的意愿和需要，但是小麦、玉米、花生等传统农业的经济效益都很低，这就需要引进产值高的经济作物项目。

2011年5月初，孙庆元开始自费驾车外出考察，用了9天的时间，考察了全国13个省102个村庄。"为了多跑几个地方，我经常一天只吃一顿饭。有天晚上，在甘肃的一个小山道上迷了路，花了五个小时，一直到深夜才找到地方住下。还有一次穿越荒漠时，车里没有油了，硬是从上午等到下午，才拦到一辆小三轮车，拉着我去二十里地外的加油站才加上油。"通过各地的奔波调查，孙庆元找到了产业发展的路子，发现种植中药材的风险小，农民易于学习和接受，而且经济效益可观，好算账，一亩地能赚多少钱，老百姓一目了然。同时，孙庆元上网查看中药材种植信息和市场行情，发现中药材90年代以来的价格一直在攀升，再加上安村当地的空气、土壤、水质等也易于中药材生长，因此，他决定在村庄发展中药材产业。

---

① 西奥多·舒尔茨：《经济增长与农业》，郭熙保、周开年译，北京经济学院出版社1991年版，第13页。

② 徐勇：《农民理性的扩张："中国奇迹"的创造主体分析——对既有理论的挑战及新的分析进路的提出》，《中国社会科学》2010年第1期。

发展中药材产业首先需要解决"地从哪里来"的问题，药材产业只有通过规模化种植和管理才能收到好的效益。安村人均土地不足一亩，一家一户分散经营，难以适应现代农业对于土地规模化和集约化经营的要求，因此就需要进行土地流转。在调研考察回来的第二天，孙庆元就召集村民召开大会，前后共召开了三次会议，讨论土地流转的问题。第一次会议到场了 70 多户农户，会议时间较短，仅开了半个小时，主要进行群众动员，重点说明了村里要引进产业，鼓励村民积极流转土地。第二次会议于第二天下午 1 点召开，这次会议持续时间较长，开了 2 个多小时，主要是通过算经济账，告诉农民土地流转的好处，这是针对土地流转召开的最重要的一次会议。在会上，孙庆元通过"算账"，详细介绍了为什么要进行土地流转，土地流转又能给村民带来多大好处。"咱们安村人均不到 1 亩地，从联产承包开始，大家凭着这'一亩八分地'种麦子，1 亩地的产量也就 700 到 1000 斤，这最多能挣个 1000 块，但是细算一下，种 1 亩地，一年浇水最少要 9 次，一次按 15 块钱，这就将近花 100 块钱；一亩地种子最起码要 40 块钱，再加上农药和化肥，这样下来光成本就得好几百块钱，这还不算种地投的工。现在出去打工，一天至少 80 到 100 块钱，干一星期就顶得上种地一年的收入，这样一算，咱们种地不单挣不了钱，还亏钱了。现在咱们把地流转给公司，一亩地光租金就 1000 块钱，大家不用种地就能拿到 1000 块钱，不愿外出打工的还可以在药材基地上打工挣钱，这样一年下来，最少可以赚到六千多块，比种地可是强多了"。

通过"算账"和引导，村民们直观地看到流转土地能给自己带来的好处，传统上每亩地每年种两茬粮食，种植成本高，依靠化肥增产，产量到了极限，质量难以保证，收益很低。如果遇到不好的年景，根本就没有多少收益。还有许多农户，年轻的农民外出务工，在家种地的多是老人和妇女，部分农户甚至无人种地，把地送给别人。这样通过给农民做思想工作，算经济账，当第三次开会讨论的时候，大多数村民均同意进行土地流转，并很快和村集体签订了流转协议，流转出土地 648 亩，涉及农户 273 户。

在积极引导农民进行土地流转的同时，孙庆元带领村级班子，发挥乡土人才消息通、门路宽、人脉广的优势，积极开展招商引资工作，通过多方考察，最终与山东麦锐可公司达成协议，建设中药材基地。公司初次在安村考察时并未将项目定下来，孙庆元多次上门争取，并主动陪同公司负责人来村实地考察，考察期间孙庆元详细介绍了安村的优势条件、优惠政策等等。山东麦锐可公司负责人被孙庆元的诚意所打动，答应将项目落户安村。但是进行土地流转，农民都怕担风险，因此村集体通过与公司谈判，达成了协议，提前一年给农民预付 1000 块钱的租金。2011 年 6 月中旬，农民就拿到了第一笔租金，这样就消除了其对建立中药材基地的疑虑。2011 年 7 月 5 日，占地 648 亩、投资 60 万元的中药材种植基地建设完成，这使安村成为东平县最大的中药材连片种植基地之一。

药材基地主要栽植丹参、牛膝、黄芪等价值较高的中药材。这些药材里，有的生产周期只有 3 个月，有的可能要 3 年，种植的多样化使中药材基地抗风险能力提高，万一有种药材当年市场不好，也会有其他的药材带来收益。同时，每种药材的种植面积都在 50 亩以上，保证了批量收购和订单式生产模式的正常运营。药材基地实行一体化"种加销"模式，公司进行统一采购、统一管理、统一加工和统一销售，公司统一提供药材种子，同时对农民进行技术培训和指导，农户主要负责日常的生产和管理，药材成熟之后，由公司统一收购进行销售。

村集体为药材基地提供劳务、运输车辆、水电等配套服务，村委会抽出专人靠在基地上，负责组织村民做好前期种植、田间管理、药材收获三个阶段的日常料理工作。通过招募种植人员、联系运输车辆、协调水利服务等方式为基地服务，在最终收获后，村集体可以从每公斤药材中提取 0.1 元的服务费。同时，通过土地整理，盘活了集体土地 82 亩，村集体每年从药材基地收入 20 万元的承包费。

为了充分保障农民的利益，建立了收益递增机制。村集体与公司签订合同，随着小麦的价格上涨，土地的租金也随之相应提高，国家小麦收购价上涨 1 毛钱，每亩土地租金也随之上涨 100 元。这样，一方面，农民不用种地就获得了稳定的租金收入；另一方面，由于药材种植属于劳动密集型产业，而且不能打农药，所以除草必须人工除草，这样许多农户就到基地"上班"，成为产业工人、"新型职业农民"。据管理药材基地的安立清介绍，中药材基地平时可以解决 200 多人的劳动就业。在摘收农忙时，一天需要 500 至 600 人在基地上工作，药材基地的工人辐射周边 20 多个村庄，而且在基地上打工的人以妇女和老人居多，一天工作 7 个小时，基本工资是一天 40 元，1 年下来收入至少上万元。这样对于流转土地的农户而言，每年不仅可以拿到 1000 元的保底租金，还可以优先到药材基地上打工，领取工资。

"药材基地虽然使很多农民拿到了保底租金，一些人也在基地上打工，领到了工资，但说实话，农民的收益还是比较少，大多数利润还是企业拿的。咱安村有自己的传统优势产业——绿豆粉皮，虽然粉皮的质量好，但这么好的产品就是卖不出好价钱，我看着也是着急"，孙庆元这样说道。因此，在药材基地建成之后，他就着手创办粉皮加工小区，发挥村庄特色产业的优势。

粉皮是安村的传统产业和主打产业，据传已有 500 多年的历史，手工制作的纯绿豆粉皮在东平县一直很有名气，在周边县市地区和省城济南的销路都比较好，甚至还远销至青岛和北京，常年供不应求。虽然远近闻名，但一家一户的作坊式生产却存在很多弊端，例如规模小、晾晒难、产量低，这就使得粉皮加工的效益整体低、利润少，农民赚不到多少钱。为了摆脱这一困境，2012 年 2 月，安村由村集体牵头，开展土地整理，投资 52 万元，在 20 亩老宅基地上建设了一个可满足 20 个加工户生产的粉皮加工小区。为了吸引农户进驻加工小区，对于那些愿意加入的农户，村里免费提供场地，同时在生产的第一年，电费和水费也全免，这样刚开始吸引了 18 户农户免费进驻。

村民王元东就是首批入驻加工小区的 18 户农户之一。据王元东介绍，一直以来安村农民都主要是一家一户地生产粉皮，村庄的张姓农民和王姓农民有生产粉皮的传统，在进驻小区之前，他就在自己家院子里进行生产和加工，空间小，晾晒难，每天生产的产量很有限。进驻小区之后，由于能利用的场地大大扩大，解决了晾晒难的问题，产量也大幅度增加，以前他家里一天最多生产 2000 张粉皮，现在每天至少可以生产五六千张粉皮，多的时候每天能生产七八千张。

为了提高粉皮的质量，孙庆元带领农户到泰安、济南等地参观和学习，引进和使用外地先进的加工生产技术，提高粉皮的产量和品质。虽然产量增加了，但是，由于缺乏市场品牌，安村粉皮价钱上不去。为了能让粉皮卖上好价钱，进一步提高安村粉皮的知名度，孙庆元通过多方争取和协调，以村集体的名义成立了安大农牧有限公司，并注册了"安大"牌商标。公司对农户生产的粉皮进行统一配料、统一管理、统一包装和统一销售，以此来提高安村粉皮的附加值。同时，针对不同的客户和市场，公司和生产农户优化产品的包装，增加产品的种类。目前，安村安大农牧有限公司已经推出了3大种类的绿豆粉皮。在销售方面，采取订单式销售方式，农户生产的粉皮直供"乐义超市"和肥矿集团出售。进驻粉皮小区的农户每加工一张粉皮，公司给农户两毛钱，目前，粉皮小区中的农户一年收入可以达到30多万元，而农户每生产一张粉皮，村集体从中抽取5分钱的管理费。自2012年6月建成以来，粉皮小区给村集体带来了近300万元的收入。"咱们中药材基地和粉皮小区虽说给村里和老百姓带来了不少好处，但也有一个很大的难题，那就是废料问题。药材基地每隔一段时间就会产生很多废弃的药材苗，这些药材苗不好处理，粉皮小区每天都会产生5到6吨的粉渣，这更不好处理。我就想，这些废料是不是可以当饲料来养殖，如果可以的话，不仅把废料废渣处理了，还能发展养殖产业创收"。带着这一想法，孙庆元专门请来了县农业局的技术人员，经过检验，发现药材的废料和绿豆粉渣可以用来养猪，是一种很好的饲料。为此，孙庆元开始着手建立养殖基地。

养殖基地的建设首先需要解决土地问题。开展"三资"清理以后，安村复垦了一些闲散土地，但是这些地比较分散，无法适应规模化养殖的需要。因此，村集体通过土地置换，清理旧村老宅基地22亩，拆除废弃房屋187间，集约置换出土地150亩，为养殖基地提供了场地。土地问题解决后，从2012年6月开始，孙庆元带领村干部辗转江苏、安徽、浙江等11个省市，考察生猪养殖基地。回村后，村里与县农工办联系，通过多方沟通和交流，引进了山东六合饲料和正邦集团两家公司，投资建设了养殖基地。

2012年7月，养殖场正式开始投入建设，于2013年5月建成投产，成为存栏1万头、年出栏3万头的现代化养殖基地。养殖基地按照目前国内最先进的标准建设，建设标准化猪舍13栋，建筑面积13650平方米，并配套建设了饲料间、消毒室、兽医室、办公室等附属设施。同时，养殖基地建设了3个大型沼气池，每年可处理粪便1.8万立方米，沼气用于猪舍取暖、照明和作燃料用，富余沼气向附近村民免费供应，为村民提供了生活用气，发酵后的沼渣经处理后可制成有机肥，为有机蔬菜种植提供了肥料，达到猪场废弃物的循环利用。

养殖基地总投资 3300 多万元，其中，孙庆元个人投资 1128 万元，两家公司共投资了 2000 余万元。村集体组织村民采取土地入股的方式，与企业签订合同，达成协议，企业负责提供猪苗、养殖饲料、管理和防疫技术指导以及成猪的回收工作，养殖场与正邦养殖有限公司签订养殖合同，由正邦公司提供仔猪、饲料、兽药、技术等，按照无公害畜产品生产操作规程进行生产，所生产生猪全部回销正邦集团。村集体负责组织村民做好生猪的代管代养工作，从出栏的每头猪提取 20 元服务费，一年下来，村集体每年可以获得 60 万元的管理服务费收入。

2013 年 5 月，在养殖基地建成投产即将交付正邦集团使用的前一天晚上，孙庆元想到村里的三个产业发展都进入了轨道，决定将养殖基地捐给村集体。起初，这一想法在家里遇到了极大阻力，"干了大半辈子，好不容易攒下这些家产，一下子全捐出去，你咋这么舍得啊？"孙庆元的家人对于捐养猪场一事一时难以接受。而在孙庆元的一再坚持下，6 月 21 日下午，安村举行捐赠仪式，孙庆元将投资 1100 多万元建成的养猪场，通过法律程序正式捐赠给村集体。对于捐赠一事，有的村民为孙庆元的做法表示赞赏和感动，也有村民说他是在作秀，在捞取政治资本。在孙庆元看来，"回村干的这两年，政府给了我那么多的荣誉，村里老少爷们对我也非常的尊重和拥护。2012 年，我入了党，2013 年，我还成为省人大代表。活了这大半辈子，这是我感觉过得最充实、最有成就感的两年。捐出去这些家产，换来集体每年几百万的收入，这个账值得很。"养猪场捐赠给村集体后，继续由正邦集团经营管理，每年向村集体缴纳 280 万元的租赁费。

生猪养殖基地建成后，每天会产生很多废料，难以处理，"绿豆渣可以喂猪，那猪的粪便不就是最好的农家肥么"，这催生了孙庆元建设蔬菜大棚，发展循环经济的想法。但是发展蔬菜大棚，却面临一个很大的困难：安村以前发展过两次蔬菜大棚，一次是 1994 年，一次是 1997 年，但这两次发展蔬菜大棚都失败了，蔬菜成熟之后都卖不出去，许多村民都赔了钱，因此当孙庆元这次提出发展蔬菜大棚时，村民都无人响应。"以前搞过两次蔬菜大棚，都失败了。如果这次再搞不成，还得落老百姓的骂，好不容易干出的成绩也给埋没了。要我说，干脆咱就别治啦。"党员安立清当时也劝说不搞蔬菜大棚。

不过骨子倔强的孙庆元却下定了决心，一有空就去村民家里做工作。两次种大棚均以失败告终的经历，让安村的老百姓成了惊弓之鸟，也让孙庆元苦口婆心的劝说收效甚微。为了了解大棚蔬菜的发展情况，孙庆元决定到全国冬暖式蔬菜大棚的发祥地——寿光市三元朱村，前去请教蔬菜大棚之父——王乐义。可是第一次到达三元朱村时，孙庆元就吃了闭门羹，由于王乐义书记每天都很忙碌，安村这一名不见经传的小村庄的访客，刚开始只能徘徊在门外。但是孙庆元没有退缩，在每个周五的晚上，他就从安村动身去三元朱村，周末再回村里主持工作，前前后后去了九次，终于用诚心打动了王乐义书记。2012 年 10 月 4 日，孙庆元带领安村党员和村民代表 38 人到三元朱村参观学习，当听了三元朱村蔬菜大棚的发展历程和当地村民致富的过程后，安村村民发展蔬菜大棚的一些疑虑打消了。回到村子后，孙庆元趁热打铁，2012 年 10 月 9 日，召开全村大棚种植动员大会，号召村民进行土地流转，不到两个小时的时间，建设蔬菜大棚的300 多亩地就全部流转完成。

土地流转完成后，安村与三元朱村正式签订合同，开始建设"乐义有机蔬菜基地"，基地由三元朱村规划建设，由村集体负责投资。为解决技术问题，2013 年 3 月，安村邀请王乐义书记到安村进行大棚蔬菜种植辅导培训。也就在那时，安村与三元朱村结为了友谊村。从 2012 年 10 月开始建设，至 2013 年 9 月蔬菜基地落成，接近一年的时间，安村共建设第六代蔬菜大棚 23 个，占地 327 亩，村集体投资 834 万元，其中政府贴息贷款 350 万元。在现有的 23 个蔬菜大棚中，村集体经营了 15 个，其余的 8 个由安村村民承包。蔬菜基地主要种植反季的西红柿、黄瓜、辣椒等蔬菜，日常的技术指导由寿光派出专门的大棚技术指导员驻村进行指导帮助，村集体则聘用村庄的经济能人负责经营管理，生产的产品由"乐义超市"统一收购，统一销售。

程传站是安村第 1 小组的村民，家里一直以务农为生，2013 年 11 月他从村里承包了一个 4.7 亩大棚。由于以前有过承包大棚的经历，但当时经营失败，还赔了钱，因此刚开始他对承包村里的大棚有所顾虑。但村里提出的各种优惠条件使他放下了心里的负担，决定承包一个大棚试试。据程传站介绍，村里对于承包大棚的农户有许多优惠："建设这样一个大棚总共需要投入 30 多万元，村里补贴了 10 多万；棚里主要种的黄瓜和豆角，当时的菜苗都是村里直接给的；还有家里的医疗保险和养老保险，俺们承包大棚的都不用缴费，都由村里出，而且养老保险村里一个人都给交200 元。"在各种优惠和补贴的驱动下，程传站一家承包了一个大棚。据他介绍，一个大棚一期可生产 8 万斤黄瓜，平均一斤黄瓜可卖到 1.7 元，春节的时候一斤可以卖到 3 块多钱，这样一年下来，至少有 15 万元的收入。而程传站的一句话体现了蔬菜大棚带来的好处，"以前种地，到了冬天，天越冷越害怕把庄稼冻坏。现在天越冷，雪下得越大我就越高兴，记得去年零下 12 度，外面的雪下得厚厚的，里面的黄瓜一个劲儿得长，而且一到下雪天，菜的价格好，能卖出好价钱。"

　　从安村的产业发展来看，其在很大程度上源于乡土能人的积极努力。一方面，乡土能人凭借其经济能力和对市场经济发展的把握，能够选择适合本村发展的产业；同时，通过乡土能人的社会资本网络，能够引入农村社会所欠缺的技术、理念等。另一方面，在产业的发展过程中，乡土能人自身拥有的管理才能、资本技术也发挥了较大的作用。正是通过乡土能人作用的主动发挥，村庄经济发展不仅能组织起来，而且能够注入市场经济的强大资源和动力。而在乡村治理上，乡土能人通过将其在市场经济中的经营管理的理念应用到村庄治理之中，逐渐形成了经营性的治理理念创新。[①]

（四）土地股份合作的治理绩效及新情况

　　安村土地股份合作的发展过程一方面反映了本村发展的特殊性，但另一方面也在一定程度上体现了目前农村集体经济发展的普遍性。当前农村集体经济的改革和发展是一个纷繁复杂的系统工程，这个工程的有效开展，需要发挥不同主体的作用，安村的实践则鲜明地体现了乡土能人在村庄集体经济发展过程中的引领作用，这种引领作用既体现出乡土能人作为"引路人"为村庄集体经济的改革和变革提供切实可行的方向，也反映了乡土能人作为"带路人"，通过发挥经济能人自身所拥有的技术、经验和

---

　　① 卢福营：《能人政治：私营企业主治村现象研究——以浙江省永康市为例》，中国社会科学出版社 2010 年版，第 141、142 页。

管理优势，带动村庄的产业发展和集体经济的持续发展。

1. 土地股份合作的治理绩效

安村以前是个乱村、穷村，村里以前不但是"零"收入，而且还负债 24 万多元，村干部工资常年发不下来。土地股份合作社成立后，村集体依托合作社产业项目，通过提供场地、劳务、运输、供销、管理等服务，提取收入，每年可实现集体收入 400 万元以上，从"空壳村"变成了经济强村。集体经济增加的同时，还提升了集体的威望。以往，村庄面对村民改善生产生活面貌的需求有心无力，村级议事议而不决。孙庆元这样说道："治村还要治穷根。村里一分钱没有，办个啥事都得向老百姓伸手，集体还能有什么威信？"创办合作社后，依靠百万级的集体收入，安村整修了全部 21 条街道，安装了路灯和自来水管道，同时对村庄进行了绿化，这些基础设施的建设改变了村民的生产和生活条件，增加了村民对村集体的认同感，提高了村民的凝聚力。"以前村里说搞什么集体项目，大家基本上就没人回应，现如今要是说建设施，搞项目，村里人的热情都很高，有钱的出钱，没钱的出力，积极性都很高。"村民凝聚力的提升进一步提高了村集体的威信，使村庄事务的开展更加方便和顺利。

土地股份合作社成立前，农民收入主要靠外出打工，土地收入仅占很少一部分，却占用了过多精力。把土地入股到合作社后，由合作社统一经营管理，农民不付种地成本，不担市场风险和自然风险，收入方式实现了多元化，可以说是"旱涝保收"，把土地存进了保险箱，收入大大增加：一是土地入股收入。入股农户可获得每亩 1000 元的土地股金；二是工资性收入。入股农民到合作社打工，获得工资性收入。社员通过在地里打工，去年打工总收入达到 170 多万元，仅此一项，安村人均就增收 1500元；三是分红收入。入股农户每年可通过合作社盈余分红，获得一定的收益；四是经营性收入。部分具有一定经营能力的入股农户，还可以采取自主经营的方式在土地股份合作社的统一管理下进行经营，获得收入。王庆福是安村第 3 小组的村民，从 2005 年开始他就一直在外面打工，2013 年当他得知村里成立了土地股份合作社之后，他放弃了继续打工的想法，决定加入到村里的土地股份合作社，打算承包村里的一个蔬菜大棚。2013年 10 月，王庆福和妻子承包了一个 2.6 亩的大棚，大棚主要种植黄瓜和西红柿，多年没务农的他又重拾农具，开始做起农活。据王庆福介绍，有时凌晨三四点就要起来干活、浇水、剪枝，"大棚里有灯，也暖和，随时可以来干活。"王庆福说。王庆福和妻子每天可挣 10 个"工分"，可以获得 100 元的收入。2.6 亩大棚一年产出黄瓜超过 10 万斤，产值超过 10 万元的部分，王庆福还可以分得 30%。一年下来，王庆福夫妻将有 10 万元左右的收入。

依托产业基础建立的土地股份合作社解决了村民的就业问题，尤其是解决了 50 岁以上中老年人和村庄妇女的就业问题。根据管理基地的安立清主任介绍，村里的中药材基地平均每天有 60 多人工作，蔬菜大棚一天有 50 多人打工，粉皮小区平均每天有 80 人上班，这样，合作社依托的产业基地每天可以解决近 200 人的就业问题，不仅使安村本村的村民有了就地打工的出路，而且使附近的村民也增加了就业的渠道。在产业发展前，52 岁的村民安桂花每年除了几个月忙着种地之外，其他时间大多一直赋闲在家。产业基地建立后，2011 年和 2012 年她先是在中药材基地打工，后来因为药材基地的人越来越多，活相对较少，为了赚更多的工资，2012 年下半年她开始去集体承包的蔬菜大棚里打工，"以前俺们妇女就是想干活，出去了也没人要，现在村里的项目多，不光是有活干，还能挑着选。"安大土地股份合作社的成立，推进了土地的规模经营，促进了由传统低效农业向现代高效农业发展模式的转变。农业经营管理方式的转变，就把传统农民从土地上解放出来逐步转变为新型农民，这也为下一步农村社区化、城镇化打下了坚实的基础。

集体收入增加后，安村没有陷入收益如何分配的纠纷中，而将集体收入用于集体成员福利的增加和保障的提高方面。村集体投资 20 万元，承担合作医疗中村民个人承担部分，同时承担全村的自来水费，村民用水不用花钱。在社会救济方面，向退休村干部、老党员和困难户发放生活补贴；有在读大学生的贫困家庭，村集体给予奖励并负担学费。每年春节期间，村干部走访困难户、孤寡老人、军人家属，同时对有子女考上大学的家庭每户给予 2000 元资金奖励，高考成绩上一本线的学生，村集体一次性奖励 5000 元；上二本线的一次性奖励 3000 元，上专科线的一次性奖励 1000 元，攻读硕士、博士学位的，上学期间的所有学费由村集体承担。此外，村庄利用集体收入，建成了村级文化大院，定期开展文体娱乐活动，丰富村民业余文化生活。村民收入的增加和公益事业的发展，改善了乡村风气，使村民之间的关系和谐起来。村民安业才这样说道："以前村里的婆媳矛盾很大，常有吵架甚至打架的现象，那时候婆婆媳妇都没有事儿干，天天都在家，再加上家家都穷，总免不了有冲突。现在儿媳每天一早就给婆婆一些买菜钱，然后就出门上班去了，婆婆就到文化大院里活动，等儿媳下班回家，婆婆都把饭菜做好，婆媳间的关系也和谐了。"

2. 土地股份合作的治理启示

从安村的发展过程中可以看出，集体经济缺少或者弱小，对村庄的治理的提高和村民福利的增长形成了严重制约，造成了村庄的"村乱民穷"，因此，村庄集体经济的发展具有很强的必要性。而集体经济能否有效实现和发展，需要有一定的基础和条件。安村的实践表明，具有企业家精神的乡土能人能够为集体经济的有效发展奠定基础和提供条件，它体现了一种能人引导型的产业发展模式，这种模式是通过能人带动，发展壮大农村集体经济，提高农民收入的重要实现形式。

一方面，乡土能人具有实现集体合作的能力。在村庄权力的内部和外部结构中，村庄能人居于承上启下的中介地位，构成村庄权力互动的交叉点。[①] 首先，鉴于乡土能人在经济、人力、社会资源方面的优势，以及具有一定的战略性眼光和资源整合能力，相对于留守在农业生产经营领域的普通农户具有较高的综合素质，具备通过提升农民组织化水平实现农业生产经营规模效益的能力。其次，乡土能人拥有较强的致富能力、敏锐的观察能力、分析能力，能够敏锐地观察到潜在的商机并且制定出成功的策略。这种能力对于经营村集体企业或者遇有农村资源转让时有利于维护本村的利益。再次，乡土能人拥有丰富的社会资源，在多年的经商中积累了丰富的社会资源和人脉关系。这些私人的社会资源和人脉关系容易迁移成农村社会的公共资源和人脉，有利于本村的发展。最后，有些乡土能人以其财富直接为村民造福，为了赢取政治威望而选择用自己的财富直接造福村民，为村民修建公路、打井、通自来水等民生工程，这种主观上为自己赢取政治威望的做法，在客观上方便了村民，也带动了农村经济的发展。

另一方面，乡土能人具有实现集体合作的意愿。乡土能人希望通过合

① 马华等著：《南农实验：农民的民主能力建设》，中国社会科学出版社2011年版，第210页。

作突破有限农业资源对产业发展的束缚和限制。我国小规模家庭经营模式的最大弊端在于生产资源的分散性。乡土能人担当起农民合作组织的发起人，能够打破有限的土地、劳动力、资本等农业资源的束缚与限制，满足市场需求，这能为乡土能人的发展提供广阔的空间。同时，乡土能人能够在合作组织经营中实现个人发展。乡土能人通过对组织的经营管理，提高组织内成员的收入水平，一方面可以提高其在群众中的威信，另一方面能够使其获得个人自我价值实现的心理满足。在农村集体经济的运作中，乡土能人为组织提供集体利益的同时也在一定程度上符合他们的个人利益。这些个人利益中很重要的一方面是寻求认同感和满足感，乡村社会对权利、权威的敬仰给乡土能人带来个人和家族的认同感和满足感，这种认同感和满足感同样能增进集体合作的效用。

3. 乡土能人的特征与功能

在安村土地股份合作社的发展过程中，村庄经济能人发挥了不可忽视的作用。不同于以往的乡土能人，新时期的能人具有新时期的特色。

其一，新时期的乡土能人是市场经济中的经济能人。传统时期乡土能人的建立也往往与一定的经济基础相适应，如占用土地的多少。然而，这种对土地的占有更多的是依靠学识、功名或继承获取，而非经营中获取。而新时期的能人主要由农村私营企业主、乡镇集体企业管理者、农业专业大户等组成。[1] 这些能人的形成具有市场经济发展的时代大背景，更是在市场经济发展过程中展示出极为突出的经营管理才能，成为市场经济中的"成功者"。而这些经营能人一旦返回村庄，往往凭借其雄厚的资金实力、经营管理能力和较多的社会资本，带动和促进村庄的经营发展。在安村土地股份发展过程中，经济能人孙庆元为合作社提供的启动资金、组织村民开展合作经营等都是安村土地股份合作社崛起的极为重要因素之一。

其二，新时期的乡土能人是乡村政治中的政治红人。传统的乡土能人被简单定义为经济能人。如华农心就将"懂经营、善管理"作为乡土能人的基本界定标准。[2] 卢福营则认为所谓能人就是经济能人，他们随着农

---

① 卢福营：《经济能人治村：中国乡村政治的新模式》，《学术月刊》2011 年第 10 期。

② 华农心：《中国新的政治现象：农村能人政治（上）》，《中国国情国力》1998 年第 5 期。

村经济改革和社会发展而迅速崛起，并在村庄政治运作中居主导或支配地位。① 然而新时期回村的经营能人与以往不同的是，其返乡过程并非自身主动的选择，而在很大程度上是县乡政府通过做工作引导的。如在安村土地股份合作社组建过程中发挥重要作用的孙庆元，就是在彭集街道干部和安村的党员群众做大量思想工作的情况下请回村的。在返乡回村后，乡镇政府和村集体也是通过各种途径使其成为村庄的政治精英：先是被选为村支部书记、安村土地股份合作社社长等职，尔后又被推选为泰安市和山东省人大代表。正是这一系列举措，使原本处于现有政治体制之外的经济精英转变为乡村政治体制之内的政治红人。

其三，新时期的乡土能人是乡村社会中的社会熟人。从东平县土地股份合作社发展过程来看，乡土能人起到了极为重要的作用。这些乡土能人有一个共同特点，就是其本身与村庄有着千丝万缕的关系。如安村孙庆元本身就是安村土生土长的经济能人。在熟人社会中，每一个人都对其四面八方的伦理关系各负有相当义务，而其四面八方与他有伦理关系的人，亦对他负有义务，人们由此而相互联锁起来。② 借助这种乡土社会属性，乡土能人在村庄开展经济活动中能够受到乡土熟人社会的规则约束。同时，由于与村庄本身的社会关联，乡土能人也愿意返乡带动家乡的经济发展，带动村庄熟人共同致富。如孙庆元之所以愿意放弃在外经商每年超过400万元的收入而返乡，其重要原因就是想带动父老乡亲致富，反馈村民，赢得村民的社会认可。

4. 能人带动值得注意的问题

长期以来，乡土能人在乡村社会治理过程中的作用是学界极为关注的问题之一。梁漱溟先生认为，"士人只有转居于君主与民众之间，以为调节缓冲……对君主则时常警觉规谏他，要约束自己少用权力，而懂得恤民；对民众则时常教训他们，要忠君敬长，敦厚情谊，各安本分。"③ 能人引导型的发展模式虽然对于促进集体经济和整个村庄的发展具有积极作

---

① 卢福营：《论能人治理型村庄的领导体制》，《学习与探索》2005 年第 4 期。
② 梁漱溟：《中国文化要义》，上海：上海人民出版社 2005 年版，第 73 页。
③ 梁漱溟：《中国文化要义》，上海：上海人民出版社 2011 年版，第 198 页。

用，但正如乡土能人有赢利型经纪与保护型经纪之分①，当前的能人治理也有一定的局限性。

（1）能人引导型集体经济有赖于具有奉献精神的企业家。马克斯·韦伯在讲到权威的三种来源时强调，能人魅力性权威是靠领导人的人格魅力而维系的统治。② 安村土地股份合作的发展过程鲜明地体现了乡土能人的引领作用。作为一名企业家，孙庆元凭借自身的资金、管理、人脉等优势，在推动村庄四大产业的发展方面发挥了积极的引导和带领作用。作为经济能人的同时，孙庆元可以说也是一名"政治红人"，他无偿捐资和捐产业的举动，说明了他是一名具有奉献精神的企业家。企业家精神的嵌入与安村的发展体现了符合其村情的集体经济实现的途径，即通过引入富有企业家精神的领袖，实现企业家精神与土地股份合作机制的融合，借此获得显著的村庄发展成效。但是富有企业家精神的乡土能人是稀缺人才，不是所有村庄都能如此配备，这反映了能人引导型发展模式的局限性。

（2）能人引导型模式中的制度化空间还有待提升。"制度好可以使坏人无法任意横行，制度不好可以使好人无法充分做好事，甚至会走向反面。"③ 能人治理模式主要凭借个人人格魅力和权威能量，并不是依靠完善的制度规章，制度化水平低，具有较强的"人治"色彩。④ 乡土能人引领的背景下，突出个人的意志和权威，容易出现因领导人改变而改变的困境，发展缺乏稳定性和连续性，这会限制村庄集体经济的持续发展，因此必须考虑对能人引领进行制度化的规范。孙庆元在给安村带来经济发展的同时，自己也树立了令人信服的权威，其人格魅力也在村民心中留下了深刻的印象。虽然孙庆元上任以来，制定和实施了一些制度机制，但很大程度上，当前安村的经济和政治运作还是基于一种"卡里斯玛型"的领袖权威，其发展成效能否永续还有待时间和实践来检验，如果相应的制度化

---

① 杜赞奇著，王福明译：《文化、权力与国家——1900—1942 年的华北农村》，江苏人民出版社 2003 年版。

② 徐秀丽主编：《中国农村治理的历史与现状：以定县、邹平和江宁为例》，社会科学文献出版社 2004 年版，第 415 页。

③ 《邓小平文选》第 2 卷，人民出版社 1993 年版，第 333 页。

④ 卢福营等著：《冲突与协调乡村治理中的博弈》，上海：上海交通大学出版社 2006 年版，第 24 页。

程序和内容无法规范和实施，村庄集体经济和产业的持续发展可能面临问题。

（3）能人主政后的民主自治难题。在村委会选举过程中，村民们注重的是能力，通过投票选出真正的村庄能人执掌公共权力，但选举后对能人的监督却难以有效进行。① 乡村经济能人在村庄集体经济的发展方面，往往可以发挥积极的、有效的促进作用，但经济能人上台执政后能否有效治理村庄仍存在疑问。"能人治村"模式的成功很大程度上是靠能人自身的素质和资源，但是，如果村民力量不够强大，能人也可能蜕变为村民反对的"村霸"，这反映出"能人治村"的缺陷。先富能人在经济上的成功并不意味着他们一定具有足够的政治素养，能人在初始阶段往往能够做到自律，赢得大家的支持，但能人治理模式存在着不断强化自我权威的趋势，随着权力逐渐稳固，部分能人自私自利的一面可能就会逐步显现，倾向于专权和扩权②，而忽视了公开性、透明性以及决策的公正性。这样，"能人治村"下的村庄可能会缺乏发展村级民主所必需的制度空间和实践经验，缺乏民主土壤的村民自治就可能会沦为权威性自治而不是群众性自治，从而使村民自治陷入困境，这也是能人引导型发展模式的隐患。

（4）能人政治向法治的转换难题。能人治理只是当前社会转型过渡时期的阶段性产物，能人同样并非圣人，能人有其内在的、难以克服的缺陷，能人治理也并非最为成熟有效的乡村治理方式。③ 从当下来看，能人权威是现阶段我国农村集体经济发展的重要前提，它适应了当前我国农村法治化水平不高，集体经济法人治理结构不健全，农民民主能力和素质较低的现实条件。但从长远来看，专断化和可持续性问题决定了能人权威的阶段性，能人治理和能人政治只是社会转型时期的一种过渡产物。④ 随着农村法治进程的不断推进，集体经济的法人治理结构的不断发育完善以及

---

① 徐勇、吴毅主编：《乡土中国的民主选举：农村村民委员会研究文集》，武汉：华中师范大学出版社 2001 年版，第 249 页。

② 万慧进：《先富能人担任村书记的绩效、存在问题及其对策》，《中州学刊》2007 年第 3 期。

③ 徐勇：《由能人到法治：中国农村基层治理模式转换——以若干个案为例兼析能人政治现象》，《华中师范 大学学报（哲社版）》1996 年第 4 期。

④ 徐勇：《由能人到法治：中国农村基层治理模式转换》，《华中师范大学学报（人文社会科学版）》1996 年第 4 期。

农民公共参与意愿和能力的不断提升，集体经济必将逐步向法治化、制度化方向发展，此时能人的权威色彩将逐步淡化，其对集体经济的特殊作用也将逐步退出历史舞台。当然，能人治理向法治治理的转换是一个复杂艰巨的过程，不可能一蹴而就。① 在可预见的未来，能人权威在集体经济发展过程中的作用仍然不可忽视，如何健全和完善能人治理模式，进一步推进集体经济的有效发展，是当下更加值得关注的现实问题。

（五）案例小结

传统中国是一个以农立国的国家。传统农村社会，作为乡土能人的士绅发挥着巨大的作用。对于传统的士绅，人们的研究呈现出两种观点。一是士绅是皇权不下县情况下的产物。如费正清认为，"士绅的产生是用来填补早期的官僚政府与中国社会之间的真空"②。在费正清看来，国家权力未能渗透到乡村社会，正是士绅发挥其作用的前提。二是士绅与国家权力是一种合作的关系。如瞿同祖认为，在乡村社会尽管有正式权力与非正式权力的区分，实际上还是同一个权力集团在控制社会。③ 同样，张仲礼认为，在正常结构下，士绅与政府的主要利益是一致的。④

新中国成立后，农村的农业生产属性并未改变，但社会属性却发生巨大变化。人民公社将农民组织起来，并未实现农村城市化、工业化的飞速发展，人民公社的主要职能还在于组织农民按照国家计划从事农业生产。而改革开放后，农村社会经历了一场社会巨变，这场社会巨变的重要导向就是市场化，追求经济的增长与发展。在此背景下，经济的增长情况、居民的收入增加情况等成为衡量社会治理是否有效的最主要指标。在市场化不断推进和深化的过程中，一大批农民成为会经营、懂管理的乡土能人，成为市场竞争中的胜出者。这些乡土能人拥有雄厚的经济资本和社会资本，得到了农民的认可与尊重。而在中国农民整体素质尚不高的情况下，

---

① 徐勇：《权力重组：能人权威的崛起与转换》，《政治学研究》1999年第1期，第47页。

② 【美】费正清：《美国与中国》，世界知识出版社2003年版，第37页。

③ 瞿同祖：《清代地方政府》，法律出版社2003年版，第258页。

④ 张仲礼：《中国绅士研究》，上海：上海人民出版社2008年版，第56页。

能人和能人治理有其特殊作用。①

　　市场化的改革导向也使农村社会治理面临新的困境，即农村村集体无法满足农民对经济增长的需求。一方面，是农民对经济的追求超越对政治的追求，迫使村集体履行其经济职能。另一方面，随着家庭联产承包责任制的推行以及大量乡村经济能人流入城市，村集体既缺乏满足农民经济需求的经济条件，也缺乏组织经济发展的人才条件。而拥有大量资本和较强经营管理能力的乡土能人却长期游离于乡村之外，游离于体制之外，难以带动农民致富，甚至可能成为社会治理过程中的不安定因素。因此，利用和发挥好乡土能人的带动作用，成为促进乡村有效治理的重要选择。

　　从东平县土地股份合作崛起的过程来看，一方面，尽管乡土能人与政府追求的利益并不一致，且目标并不一致，但却同样在乡村治理过程中发挥了巨大作用。当前的乡土能人以经济能人为主，以追求经济效益为目标，但通过参与土地股份合作，乡土能人不仅获得了自身收益的增加，同样也促进了农民收益的增加；不仅收获了经济收益，还获得了社会认可。另一方面，乡土能人并不是政府的补充或代理人，政府追求的是乡村治理的改善，其目标事实上是乡土能人带动经济发展形成的附属产物，或者说经济发展自身能够促进乡村治理的改善。但也正是在这一层次上，乡土能人的回乡得到了政府的支持、欢迎，因此，当前的乡土能人不仅仅是"经济能人"，同时也是"政治红人"。

三　政府支持：孟庄的土地股份合作

　　在社会治理过程中，政府如何发挥作用以及发挥怎样的作用，是学界讨论的热点问题之一。其中，关于政府与经济发展的关系问题，西方经济学界总体上可以分为两大派别。一派主张政府不能干预或尽可能少的干预经济的发展，如以亚当·斯密为代表的自由主义学家认为，经济的发展应该依靠于市场这只"看不见的手"，在他们看来，作为"守夜人"的政府是最理想的政府。另一派主张政府应该积极干预市场的发展。在 20 世纪

---

　　① 徐勇：《由能人到法治：中国农村基层治理模式转换》，《华中师范大学学报（人文社会科学版）》1996 年第 4 期。

30年代席卷欧美的经济危机后，依靠"看不见的手"所形成的"市场失灵"给欧美发达国家带来了沉重的一击。由此，以凯恩斯为代表的经济学家主张政府这只"看得见的手"应该干预经济的发展。

从我国农业现代化的现实来看，我国农村土地经营长期处于小块规模、少量投入的小农经营阶段。小农经营是个人独立发展的基础，也是农业发展的一个必要的过渡阶段。[1] 然而，在市场经济的浪潮中，个体小农因为资本、技术等的限制而难以对接大市场的需求和抵御市场经济波动的风险。在此情况下，将农民组织起来，发展合作经济和集体经济成为农民适应市场经济发展的一个重要选择。但在这种新的形势下，政府是否需要支持农民的合作经济或集体经济，以及在何种程度上支持这种经济的发展，成为一个新的命题，并引发学术界的争论。如一些自由主义学者以保证合作社的独立性、维护市场公平竞争为由，反对政府给合作社优惠待遇，认为它应该"相同于其他的企业和社会组织"[2]；一些凯恩斯主义学者则从社会公平视角，主张政府为弱势群体组成的合作经济组织创造良好的法律和政策环境，以使其能够得以发展。印度学者P.杜伯哈什指出，"国家与合作社之间是伙伴关系"；[3] 日本学者青木昌彦认为，政府对于合作组织的意义在补充、培育民间部门的协调机制，而非替代民间部门。[4]

对此，马克思主义者给予了辩证的认识，并主张政府予以积极培育和扶持。如马克思认为为了将小农改造成社会总体劳动者的一部分，应该"以政府的身份采取措施，一开始就应当促进土地私有制向集体所有制过渡，让农民自己通过经济的道路来实现这种过渡"。[5] 在马克思看来，对小农的改造必须具备两样东西，即"在经济上有这种改造的需要，在物质上有这种改造的条件。"[6] 在分析俄国的小农改造时，马克思指出"长久以来靠农民维持生存的俄国社会，也有义务给予农民必要的垫款，来实

---

① 马克思：《资本论》第3卷下，人民出版社1975年版，第909页。

② 引自杜吟棠主编：《合作社：农业中的现代企业制度》，南昌：江西人民出版社2002年版，第66页。

③ 引自张晓山，苑鹏：《合作理论与实践》，中国城市出版社1991年版，第44页。

④ 青木昌彦：《政府在东亚经济发展中的作用：比较制度分析》，北京：中国经济出版社1998年版。

⑤ 《马克思恩格斯选集》第3卷，人民出版社1995年版，第286—287页。

⑥ 《马克思恩格斯全集》第19卷，人民出版社1963年版，第438页。

现这一过渡。"① 列宁《论合作制》中更是将农民合作意识和合作能力的培育上升到了国家文化建设之工作重心的地位，"我们面前有两个划时代的主要任务……第二个任务，就是在农民中进行文化工作。""农民中的文化工作，如果将它当作经济目的看待，那就正是要实现合作化"。② 在具体的培育和改造过程中，列宁特别强调对小农进行经济上的扶持。"在政策上要这样对待合作社，使它不仅一般地和经常地获得某种优待，并且使这种优待成为纯粹资财上的优待（如银行利息高低等）。要用国家资金贷予合作社，这种资金额应比我们借给私人企业的，甚至比借给重工业等等的还要多一些。"③

我国在农民合作经济的发展历史上，由于并未处理好政府与农民合作组织的关系问题，曾经走过不少弯路。如在人民公社时期，由于政府对农村集体经济过度干预，最终导致集体经济组织成为政社合一的政权组织。这种政社合一的组织形式事实上混淆了农村基层政权组织和经济组织的性质差异，忽略了政治发展与市场发展的自身规律。最终，人民公社因其劳动效率低下、农民生活水平下降等问题退出了历史舞台。而在国外农民合作经济发展过程中，政府对合作经济的扶持也并非一成不变，而是根据需要动态改变支持形式、方式的。如在 19 世纪合作化兴起之时，合作运动社起步阶段，国家仅是通过承认其合法性的方式使其自主独立发展；而 20 世纪 30 年代后，随着合作运动全面兴起，政府开始通过贷款等方式积极扶持合作社的发展；20 世纪后期以来，政府减少对合作社的直接扶持，转向提供社会服务为主的扶持方式。④

由此可见，在农村社会发展过程中，由于农民的原子化，农民自身经营管理能力有限，社会治理资源不足，农村社会发展往往缺乏内在动力。正是在这一意义上，农村社会特别需要政府等外在力量的拉动。然而，在改革开放的今天，政府的作用往往呈现两个极端。一是全面干预，大包大揽，其结果是农村内部的活力往往难以激发，成效有限。二是政府自身能

---

① 《马克思恩格斯全集（第 25 卷），人民出版社 2001 年版，第 461 页。
② 《列宁选集》第 4 卷，人民出版社 2001 年版，第 68 页。
③ 列宁：《论合作制》，外国文书籍出版局印行 1950 年版，第 7 页。
④ 苑鹏：《部分西方发达国家政府与合作社关系的历史演变及其对中国的启示》，《中国农村经济》2009 年第 8 期。

力不足，对乡村社会发展放任不管。而对于大量纯农业地区而言，其社会经济水平不高，特别是农业产值有限，导致政府往往与农村社会脱嵌，缺乏动力与能力对农村社会发展给予必要的支持。但同样在纯农业地区的鲁西南东平县，在土地股份合作过程中其县乡政府却积极主动地发挥了巨大的作用。对此，我们下面主要以孟庄村的土地股份合作社发展为例，分析政府为何要发挥相应的支持作用，政府如何扶持土地股份合作社的发展并产生了何种影响。

（一）孟庄无梦：治理困境

孟庄村位于东平县沙河站镇西北部，共有耕地 643 亩，人口 522 人。作为东平县的一个移民村，其每年都能享受到国家一定数量的移民政策性资金支持。然而，有限的政策资金并不能有效解决农民的发展问题。如何提高资金的使用效率，2012 年，东平县通过整合 12 个移民村的移民资金，并以此为基础组建土地股份合作社，为村庄的发展注入了新的活力。

1. 孟庄村土地股份合作的现实难题

在社会治理过程中，孟庄村的困境源于内无基础，外无支持。长期以来，孟庄村的经济发展与大多数中西部村庄一样，缺乏有利的自然条件，缺少资金支持，在这些内部与外部条件并不理想的情况下，村庄经济长期处于贫困的状态。

（1）土地分配不匀

孟庄村位于黄河冲积平原，土地肥沃，土层深厚，通透性强。地下水长期处于 8 米左右，水资源相对丰沛。加之气候适宜，风调雨顺，孟庄村粮食单产较高。以孟庄村最主要的粮食作物小麦和玉米为例，小麦单产最高能达到 1300 斤，玉米的最高产量则能达到 1200 斤。但孟庄村是个移民村，当年来到孟庄村的大量移民是没有土地的。在国家实行土地联产承包制以后，土地以生产小组为单位进行分配。643 亩土地，以人口为单位计算，平均每人能分得的土地仅为 1 亩多。据 2012 年统计，孟庄村 3 个生产小组中 1 组和 2 组人均土地面积为 1.3 亩，3 组人均土地面积为 1 亩，全村人均土地 1.2 亩，而东平县人均耕地面积则为 1.41 亩（见表1）。人多地少，加剧了农民对土地的强烈意愿。女性出嫁与嫁入、孩子出生以及老人去世等都会对家庭结构产生影响，使家庭人数产生变化。为了达到公平、减少因土地产生的纠纷，孟庄村自 1983 年开始，以生产小组为单位采取了"三年一小调、五年一大动"的办法，促使各家拥有的土地能够达到平衡。

表 1　　　　　　**孟庄村全村以及不同自然组人均土地面积**　　　　（单位：亩）

单位	人均土地
全村	1.2
1 小组	1.3
2 小组	1.3
3 小组	1
东平县	1.41

（2）缺乏现金支撑

随着孟庄村集体企业的不断倒闭，该村集体收入来源一时成了难题。而要发展生产、改善村容、发展村庄福利，这些都需要大量资金的支持。在改革开放以后，孟庄村进行了新村建设，完善了村庄水利设施，为农田通了电，实现了组组通、户户通。但这些资金主要是依靠上级的惠农项目所带来的惠农资金。该村在改革开放之后也长期处于负债状态，2012 年村庄仅欠农民债务就达到了 22 万，此外还欠了银行 4 万元。除了土地，孟庄村可能难以找到其他可以有效利用的资源了。然而，土地以各家分散经营为基础的生产机制，也给集中土地，进行集约化生产，发展现代农业带来了困难。

（3）经营理念滞后

沙河站镇素有"东平县粮仓"之称，然而以粮食作物为主的生产模式很难完成"农业增效、村集体增收、农民受益"这个发展目标。鉴于此，20 世纪初，沙河站镇曾试图引导农民发展冬暖式大棚，孟庄村也被选为试点之一。为了促进农民发展冬暖式大棚，孟庄村从村庄的机动地中留出了一部分，给每个发展冬暖式大棚的家庭提供 2—4 亩土地，以鼓励农民参与。但是，冬暖式大棚对于该村村民来说毕竟是个新生事物，祖祖辈辈靠种小麦和玉米为主的孟庄村人很难掌握经营和管理冬暖式大棚的技术。有村民自嘲道："人家种西红柿是为了红，我们种是为了让它越变越青"。发展大棚的努力自然是失败了，调整产业结构的尝试被证明是徒劳的，最后只能分棚了事。在此之前，农民还种植过桑树，打算发展养蚕业，但也由于同样的原因，特别是对桑树种植气候条件的不了解，导致了失败。

从孟庄村的发展历史来看，其以往并非没有来自政府的支持。但政府的支持却难以发挥事半功倍的作用。一方面，长期以来政府的专项扶持资金，特别是近年来惠农资金，其往往就是中央与农民直接发生关系，而与村级组织或县乡政府并无多大关联。另一方面，来自政府的扶持往往难以为农民所接受，难以为乡村社会所吸纳。如孟庄村冬暖式大棚发展的场所，就因农民难以接受而难以产生长效的作用。因此，不仅要有政府支持，还要创新其形式。

2. 孟庄村土地股份合作发展的优势

近年来，随着国家对农村农业现代化的重视程度不断加深，孟庄村土地股份合作的发展也迎来了一些新的机遇。

（1）能人回归

1999 年在外做生意的孟卫东回到了村庄。孟卫东原本就是孟庄村人，其曾在外包过工程、开过饭店，经过努力积累了一些资产，成为了该村人尽皆知的致富能手。1999 年，在群众的支持下孟卫东通过民主选举的方式成为村主任，并在 2002 年担任了支部书记。就任之后，孟卫东为每一块耕地都打上了机井、通上了电；整修了村庄道路、进行了路面整洁；修建了休闲广场、增添了健身器材；复垦了土地、整平了地面。这期间，孟卫东本人为该村捐献了 7 万多块钱。同时，孟卫东还把自己的房子以及宅基地一并捐了出来，用于修建休闲广场和村委会办公室，他却领着一家老小住进了 1987 年修建的老房子中。

（2）项目支持

孟庄村是一个半移民村。1958 年 7 月大水后，为了防御黄河更大的洪水，山东省人民委员会于 7 月 26 日向国务院报送《山东省关于防御黄河二万九千秒立方米洪水提前修建东平湖水库工程规划要点和施工意见》，经国务院批准提前修建东平湖水库。修水库不可避免地要将原本居住在湖区的居民迁移出来。据粗略统计，当初大约有 20 万—30 万人迁出了原来的居住地。因为东平湖水库，东平县成为全国第二大移民县。这些移民解决生计的主要办法就是投靠亲友，而其中相当一部分人来到了当时的孟庄村大队投奔亲戚。当时，移民占到了整个大队人口的45%。

根据国家政策，将移民村分为"全移民村"和"半移民村"，所谓"全移民村"就是整村由东平湖搬出的村庄，而"半移民村"则是指村庄有部分村民是移民的村庄。国家移民局从2005年开始针对移民进行补贴，针对"全移民村"，每位村民可领取每年600元的补贴；针对"半移民村"，每位移民也有补贴，但这部分钱原则上是不分发到户的，国家水利部、移民局采取财政挂单的方式，通过项目申报转移支付，支持村庄发展。

从孟庄村土地股份合作社发展的背景来看，村庄社会呈现出衰败凋落的景象。一方面，由于村庄资源有限、资金欠缺以及发展理念滞后，乡村社会自身缺乏相应的能力来摆脱困境。另一方面，村庄经济的发展也使乡村治理陷入困境。即使村庄有能人的回归，有国家资金的支持，但村庄治理的困境却使能人回村难以发挥有效作用，国家资金的投入难以形成"造血"效应，带动村庄经济的快速发展。

（二）土地股份合作的崛起

面对发展的机遇，沙河站镇以及孟庄村深感传统模式在创新资金投入方式和组织人力资源等方面的不足和困境。因此，在打造土地入股平台的同时，沙河站镇适时引进瓜菜产销合作社和劳动力资源合作社，以承接政策性资金入股，强化对劳动力的组织和利用。

1. 成立土地股份合作社

在孟庄村这样的贫困村庄，其发展的最大资源源于农民的土地资源。而对农民土地资源的有效整合，需要借助乡村治理的要素。

（1）变土地流转为土地入股

对于长期外出务工、无力种地以及已经将土地包出去的农民来说，继续种地确实意义不大。但对于那些还能种地的农民来说，种地已经成为他们的一种习惯。村民王凤颜表示："俺们祖祖辈辈都是种田的，如果一下不种了还真有些不适应，虽然这个地上也没几个钱，但如果能干的动还是愿意种的"。此外，对于土地流转之后的利益保障，有些村民也泛起疑虑。

基于上述情况，沙河站镇和孟庄村开始思考如何协调才能在村民之间达成广泛的共识。沙河站镇建议孟庄村流转土地可与东平县正在推行的土地股份合作社嫁接，让农民以土地入股合作社，将土地委托合作社进行管理。但是在这个过程中既要保障农民的利益，合理确定农民"保底"租金，又不能将租金设置得过高，影响大户经营的积极性，同时要根据大户的经营情况，给予农民适度的分红。

孟庄村耕地被村民居住地一分为二，村前一块，村后一块。鉴于部分农民依然有继续种地的意愿，孟庄村决定不一次性将农民全部的土地进行流转，而是利用村前的一块土地先行发展，村后的土地依然留给村民，由村民自己负责生产，作为村民的"口粮田"。"一下子交出去这么多地，那万一这大户不告而别，留下的烂摊子谁来负责。"对于部分村民的狐疑，孟卫东书记解释道："咱们孟庄村之前有搞大棚失败的经历，极少数村民有这样的想法也是能理解的，但咱大多数村民还是支持的。还有咱们流转的时候为什么给每个人留下了半亩地，就是因为怕咱们村民反对，先搞了实验性质的，让大家有个底。"

（2）村委、村民、大户达成共识

这个发展方案充分考虑到了农民的利益，但是要彻底说服村民依然是件不易之事。孟庄村发扬了其民主意识的"老传统"。首先，召开村"两委"班子会议，就方案的具体细节进行讨论，反复论证，最终统一思想；其次，召开党员代表和群众代表会议，将"两委"的决议告之村内党员和群众代表，征求他们的意见，并针对发展方案做出修改；再次，由党员和群众代表率先对村民"放口风"，让群众对即将开展的土地入股和土地股份合作社有个大致的了解；最后，召开户主大会，采取算账的方式为群众做工作。在动之以情、晓之以理的说服工作之后，村民最终同意了村委的发展战略。

过了村民这一关，仍需进一步与大户进行协调。大户来孟庄村投资最重要的还是为了挣钱，如果无利可图，大户势必不会轻易进入孟庄村。通过协调和沟通，沙河站镇包括孟庄村在内的11个村庄就大棚的承包价达成一致，按每"大棚亩"（棚所占面积）计算，每亩大棚可分得1300元"保底"租金。同时，根据大棚每年的效益情况，每年每亩可分得100元—300元的"分红"。而孟庄村以土地入股农民亦可以获得 1100 元土地租金，同时通过土地合作社的方式，农民还能获得适量的分红。

（3）土地股份合作社的正式成立

在与大户和合作社达成一致意见之后，联润土地股份合作社一切筹备工作顺势开始。从 2013 年 4 月正式开始申请到 2013 年 7 月，历时三个月，合作社正式成立。在此期间，也可以说是土地股份合作社成立之前，孟庄村就已经完成了 320 亩土地的流转，并历时 4 个月，花费近 20 万元平整土地。在土地平整完成之后，土地股份合作社成立筹备小组组织工作人员和群众代表，对入股的户数、人口、土地面积等基本情况进行摸底调查；涉及争议地域则聘请县国土部门专业技术人员勘测定界。在初步确立入股人选的基础上，发出《倡议书》，引导农民在入股倡议书上签字同意，并向村民发放了统一印制的《委托书》，委托人和被委托人均要在《委托书》上签字按指印。通过划界、丈量、计算，筹备小组最终确定了村前这块土地的实际面积以及建设大棚的实际面积，并以大棚占地面积为准（276 亩）按照村上人口平均分配。通过计算，最终确定了每个人占有面积为 0.529 亩。

2013 年 7 月合作社正式成立之后，合作社迅速召开了全体股东大会，确立了"积极探索农村集体承包土地流转机制，促进土地资源的优化配置，提高土地使用价值和经济效益，充分发挥集体经济组织及成员两个积极性，保护农民长远利益，增加农民经济收益"的核心宗旨；明确了"以土地为基础，统一进行种植、养殖、农副产品加工、销售，引进新技术、新品种，对成员进行技术培训"的经营范围和经营方式；规定了合作社股份分为集体股和个人股两种形式。"合作社的总收入扣除费用后为净收益，净收益在提取公益金和公积金后，按股进行盈余分配。而且个人股无权退出，个人股权的变动以本村村规民约关于土地调整的规定为准"。

合作社成立的当日还选出了合作社理事会成员和监事会成员。根据《合作社章程》规定，合作社成员代表大会为最高权力机关，由拥有土地承包权入股的农民每 15 股选举产生一名代表，共设 35 名代表。理事会是合作社的经营决策机构，对成员代表大会负责。理事会成员从成员代表中选举产生，理事会由 5 人组成。设理事长 1 人，理事 4 人，任期 3 年，可连任。理事会被选举人表决超过半数以上（含半数），始得当选。获得半数以上选票的人数，若超过应选人数，以得票多少依次当选。此外，合作社还设置了监事会，与理事会类似，监事会设置监事长1人，监事2人，任期3年，可连任。因为土地股份合作社主要由村委会主导，因此合作社两会成员也基本上是村两委成员。其中，该村支书孟卫东任理事长，该村会计孟召栋兼任监事长，其他村委成员也分别就职于合作社的监事会和理事会之中。除了"两委"外，还有3位群众代表。同时，由于大量的年轻人外出务工，就职于合作社的村民大多年龄偏大。两会成员中年龄最小的是理事长孟卫东，为48岁；最大的是村上的老会计孟召玺，为71岁（见表2）。

表2　　　　联润土地股份合作社理事会与监事会人员构成　　　（单位：岁）

理事会职位	姓名	年龄	身份
理事长	孟卫东	48	村支书
理事	韩广勤	57	副支书
理事	孟召东	61	群众
理事	孟召玺	71	群众（原会计）
理事	刘桂香	49	计生委员
监事长	孟召栋	60	会计
监事	刘曰刚	63	群众
监事	苗夫德	48	群众（原小组长）

　　就土地股份合作社的实际功能而言，合作社一方面组织农民进行土地入股，确定农民股权，并为每户入股的村民发放了《股权证》。另一方面是对接大户，为大户提供各种农业设施服务，帮助大户进行经营。就为大户提供的服务而言，联润土地股份合作社为276亩大棚都接上了地下喷管，埋下了地下电缆。农民可以通过入股委托合作社管理，合作社再委托鑫源田农业有限公司经营的方式，获取每亩1100元的"保底"分红，实现了"双重委托"的经营模式。此外，合作社通过为大户提供服务适当收取一部分服务费。具体而言，合作社从大户销售的农产品中，每一市斤提取0.05元。这部分提取的服务费再按照合作社和农民50%的分成机

制，进行分配（见表3）。

表3　　　　　　　　　土地股份合作社与大户、农民对接方式

	主体	对接方式	分配方式
土地合作社	与大户	提供服务	收取服务费
	与农民	土地入股	收益分成

　　土地股份合作社，是将一盘散沙的农民凝聚成一个组织化的集体的有效途径。在这一过程中，借助集体土地的利益关联，原子化的小农与村集体形成一个利益共同体。同样，通过组织、协调服务的提供，经济能人、经济大户与村集体相互依赖。对于村庄治理而言，村庄利益共同体的形成破解了长期困扰农村的农民原子化难题，使农民的利益诉求与村集体的发展有机结合起来。同时，村集体通过自身的管理协调服务，获取了稳定的经济来源，提升了村集体组织的治理能力。由此，以往政府的支持从面对原子化的农民变为组织化的农民，为政府支持的效率提升奠定了基础。

　　2. 成立瓜菜产销合作社

　　在社会治理过程中，政府的有效支持是社会良性治理的重要条件。在孟庄村，由于缺乏有效的组织载体，政府对村庄资金的支持长期得不到有效利用，难以发挥应有的作用。

　　（1）资金入股的难题

　　2012年沙河站镇成功说服孟庄村以及孟庄村周边的韩村、林海村、西张圈村、二郎庙村、李村、三庙南村、三庙北村、蔡庄店村、华堂村、西李庄村共11个村将移民资金投入到孟庄村，发展现代农业产业。

　　但资金入股必须有一定的承接平台，如何确立这个承接平台就是一个重大的问题。鑫源田农业科技发展有限公司，曾在公司所在地建立过鑫源田瓜菜产销合作社的尝试，创立了"农业公司＋合作社＋农民"的模式。成功的经验，使得鑫源田希望能在孟庄村的项目中复制之前的模式，同时，对其进行适度的创新，让合作社成员不仅仅局限在孟庄村，农业公司和其他村庄的农民都可以加入合作社。

　　但鑫源田农业公司曾遇到过在外地投资失败的经历。由于人生地不

熟，加之缺乏与政府、村两委、村民的沟通，造成了鑫源田在掌握市场信息、组织农民生产、进行经营管理方面的严重困境。鉴于这种情况，鑫源田提出了以合作社为平台，承接政府资金投入的方案。这个方案的提出，得到了沙河站镇以及各村的一致赞同。一旦成立合作社，资金入股，对接项目就有了承接平台。此外，合作社也成为与大户沟通的平台，疏通了对话渠道。

（2）嫁接瓜菜产销合作社

经过一番努力和探索，瓜菜产销合作社的模式终于被移植到了沙河站镇。因为瓜菜产销合作社的模式是由鑫源田农业有限公司提出的，所以也以鑫源田的名称命名了瓜菜产销合作社。

自此，沙河站镇开始了正式整合孟庄村等11个村的移民资金。11个移民村移民数多少不一，因此，投入的资金数量也不尽相同。具体而言，西李庄村出资最多，为33.8万；华堂村最少，为8.4万。韩村、林海村、二郎庙村均出资30万，西张圈村和三庙北村各出资25万，李村出资18万，三庙南村出资15万，孟庄村出资14.8万，蔡庄店村出资10万，合计240万。孟庄村、韩村、林海村、西张圈村、二郎庙村、李村、三庙南村、三庙北村、蔡庄店村、华堂村、西李庄村出资所占股份比例分别为6.17%、12.5%、12.5%、10.4%、12.5%、7.5%、6.25%、10.4%、4.17%、3.5%、14.08%（见表4）。瓜菜产销合作社的运行也标志着孟庄村"资金委托"模式的施行。孟庄村等11个村集体移民资金通过委托经营的方式交由鑫源田瓜菜产销合作社，合作社以采取股份合作的模式与鑫源田农业科技发展有限公司进行合作。

2012年12月底，资金到位之后，大棚的搭建工作在孟庄村的土地上如火如荼地开展了起来。经过近5个月的建设，2013年4月，276亩大棚全部建设完成。这些大棚最大的为4亩，最小的为2亩，平均每个大棚占地3亩。随着大棚搭建的完工，瓜菜产销合作社也开始了运作。

瓜菜产销合作社的理事会由鑫源田农业有限公司经理唐家民及共同出资的11个移民村构成，林海村支部书记林敬安任理事长。而监事会则由孟庄村会计孟召栋出任监事长，其他10个出资移民村村会计担任监事。除此之外，双方还在合作社设有专职会计，双方独立结算。

表4	各村投入资金及所占比例	（单位：万元，%）
行政村名称	投入资金金额	所占比例
韩村	30	12.5
林海	30	12.5
西张圈	25	10.4
二郎庙	30	12.5
孟庄村	14.8	6.17
李村	18	7.5
三庙南	15	6.25
三庙北	25	10.4
蔡庄店	10	4.17
华堂	8.4	3.5
西李庄	33.8	14.08
合计	240	100

瓜菜产销合作社一方面可以看成是大户与农民、各村的沟通平台。合作社为大户提供用工、用地、基础设施以及协助管理等各项服务，让大户在发展上没有了后顾之忧，将大户的发展、产业项目的发展同自身的发展三者紧密联系在一起。另一方面也可以看成是农民对大户生产的监督机构。合作社监事会通过统计大户销售数量、销售价格，确定大户本年经营的情况，从而确定各村的农民分红状况。此外，监事会成员可以通过监督，防止大户因经营不善或者其他状况而突然携款撤离。就监督情况，合作社监事会成员反映道：

成员一："他们销售蔬菜、水果，我们每次都有人在这盯着，他想作假是不可能的"。

成员二："我们监事会成员每天都能看见公司的人在这，唐家民也会时常来这，如果哪天他不经常来了，那真要担心一下了"。

成员三："我们经常和公司老板唐家民聊天，人家态度很积极，要做什么也会给俺们说。看他的状态也不会有什么问题"。

3. 资金委托大户经营

　　孟庄村过去以小农为主的经营方式和以小麦、玉米为主的种植方式，在市场化浪潮的冲击之下，很难创造出巨大的效益。而农业公司的加入则改变了这一状况，企业化的管理方式、现代农业的种植技术、充分的信息资源促进了农业生产从生产、加工到销售三个环节的有效衔接，在农业、农村、农民和市场之间搭起了一座桥梁。

　　自 2013 年联润土地股份合作社将农民入股的土地委托给鑫源田农业科技发展有限公司开始经营以来，鑫源田便开始了甜瓜、菜花、西兰花等经济作物的种植。2013 年鑫源田还处于试生产阶段，因此仅生产两季，种植了甜瓜和菜花两种作物，但收益却相对可观。就菜花而言，2013 年销售价格最低为 1 元/斤，最高为 2.5 元。2013 年菜花的销售量大约为 40 万斤。甜瓜的销售量更大，大约达到了 80 万斤。甜瓜的销售价格最高为 3.5 元/斤，最低为 1.5 元/斤。据粗略估算，2013 年每亩大棚毛利润在 14000 元以上。这还仅是试验种植，大棚利用率还没达到峰值。相较于过去的每年每亩地毛利润在 2000 元左右，2013 年的种植收益达到了过去的 7 倍以上。据保守估计，如果大棚被最大化利用，即种植三季，那么每亩毛利润至少能达到 4 万元。

　　高收益也带来了相当数量的分红。合作社与承包大户签订协议，不论大户的效益如何，每年每亩拿出 1300 元作为大棚建设方的保底收入，同时大户再根据每年的收益状况，自愿拿出 12% 的利润用于资金投入的移民村分红，作为对合作社给予各项服务的酬劳。孟庄村、韩村、林海村、西张圈村、二郎庙村、李村、三庙南村、三庙北村、蔡庄店村、华堂村、西李庄村收到的效益分红分别为 0.84 万、1.71 万、1.71 万、1.42 万、1.71 万、1.03 万、0.86 万、1.42 万、0.57 万、0.48 万、1.93 万（见表5）。各村的效益分红占到了保底租金的 66%。

　　孟庄村民也享受到了鑫源田菜瓜产销合作社经营带来的好处。联润土地合作社按每斤 0.05 元的价格获得服务费。如 2013 年产量按 120 万斤计算，那么联润能收到的服务费为 6 万元。这 6 万元采取农民与合作社"五五分账"的模式在村民和合作社之间进行分配，孟庄村民至少可收取 30000 元分红。孟庄村民每人在合作社内均占有一股，按每股 0.529 亩计算，那么村民每股能得到的分红为 30000 元除以 276 亩再乘以 0.529，即 57.5 元。单就土地收益来说，村民每亩地能得到纯利润 1200 元左右。但这仅仅是农民土地的收益，还没有计算农民给鑫源田农业科技发展有限公司打工的收入。

表5　　　　　　　　2013年各村保底分红、效益分红　　　（单位：万元）

行政村名称	保底分红	效益分红	合计
孟庄村	1.28	0.84	2.12
林海村	2.6	1.71	4.31
西张圈村	2.17	1.42	3.59
二郎庙村	2.6	1.71	4.31
李村	1.56	1.03	2.59
三庙南村	1.3	0.86	2.16
三庙北村	2.17	1.42	3.59
蔡庄店村	0.87	0.57	1.44
华堂村	0.73	0.48	1.21
西李庄村	2.93	1.93	4.86
合计	20.81	13.68	34.49

总的来看，政府的支持需要有效的组织和承接载体。以往撒胡椒面式的政府支持方式让农民得到的是少许"雨露"，政府庞大的资金支持因分散化的农民而难以形成涓涓细流。孟庄村通过成立土地股份合作社以及瓜菜合作社，将以往政府一投了之的资金变成不断增殖的产业，从而改变了政府的投入方式和支持成效。就社会治理而言，这就意味着政府的支持能够借助合作社这一载体，对于村庄治理产生真正的影响，能够作用于村庄的发展。

3. 成立劳动力资源合作社

（1）劳动力服务队的初步尝试

之前鑫源田农业有限公司在其他村庄尝试发展农业产业的失败，一个非常重要的原因就是难以有效组织劳动力进行生产。在孟庄村发展大棚，难以使用机械辅助生产，因此公司的经营仍需要大量的劳动力。鉴于之前的经验，鑫源田希望能够在孟庄村组建劳动力服务队。

虽然孟庄村有大量的年轻劳动力外出务工，但也有相当数量的在家照顾孩子的中青年妇女和 55 岁以上外出不容易找到工作但身体健康的村民。这部分农民是依旧能够从事农业生产的劳动力。如果能有效将其组织的话，就能为孟庄村大棚果蔬的顺利生产提供大量的劳动力。

2013 年 4 月以来，劳动力服务队在村干部的引导下，开始了运作。这期间，农业劳动力得到了有效组织，但缺乏正式机构的弊端也在逐渐显现。同时，土地股份合作社以及瓜菜产销合作社的顺畅运行也使得孟庄村有了组建劳动力资源合作社的想法。

（2）服务队的全面升级

有了好想法，如何进一步推进是一个不小的难题。在管区胡书记的指导之下，合作社的框架迅速搭建了起来。但劳动力资源合作社并没有正式注册，仅仅是以合作社的形式存在。合作社共设理事三人，即韩广勤、孟召东、苗夫德，且没有设置监事会。此三人亦是联润土地股份合作社的理事和监事，因此，一定程度上，劳动力合作社是将土地股份合作社的部分服务功能分离出来，使其更加专业化。

合作社成立之后，除了苗夫德，另外两位理事韩广勤和孟召东几乎天天都在大棚负责组织劳动力。同时，土地股份合作社两位理事还受了村里委托去学习现代农业经营和管理的先进技术。由农民委托合作社，再交由农业公司经营的"双重委托"模式，虽然极大地降低了风险，但也拉长了生产链条，村民获得效益也随之减少。孟庄村并不是不想由自己来经营，但是面对市场经济，村民在没有掌握如何和市场打交道之前就亲自去经营，必定是"摸着石头过河"，稍有不慎便会"头破血流"。因此，先学习后实践对于该村来说是一条切实可行的道路。同时，委托经营也存在一个隐患。如果农业公司在亏本的情况下不告而别，农民定会血本无归。为了增加农民收益，也为了避免最坏的状况出现，该村一是希望能学习技术，二是自己尝试经营。该村拿出 9 亩机动地，繁育了龙柏、速成柳、法国梧桐等几个品种的作物。增加集体收入的同时，也在为日后的自我经营做准备。

（3）与农业公司的协作

鑫源田农业公司在用工方面体现的最大的特点就是灵活管理与定岗定诺相结合。合作社在其中一方面起到了为合作社有效组织劳动力的作用，另一方面也起到了保护农民权益的作用。

　　农业公司一是要严把生产质量关。在生产管理中实行"三定"政策，即定棚、定人、定产，在每人每天 30 元保底工资基础上，根据本季的大棚长势定下基础产量，超出规定产量的收益部分，50% 作为"分红"发放给包棚的村民。在为工人记工时，还要记下每个棚里的瓜菜日销售量，以便以后计算工资和绩效分红。人力资源委托给合作社，由合作社出面统一协商调配，避免了单个劳动力面对承包大户时可能遭受的不公平待遇，最大限度地提升了工作效率、实现了劳动力价值。过去，在大棚里工作的村民因为人数众多经常有漏记、误记的现象，也因此发生过摩擦。而合作社采取每日记工、定时审查、定期结算的方式将可能错记的情况降到了最低，极大地保障务工农民的利益。

　　二是严守管理制度。鑫源田将现代企业的管理制度移植到了孟庄村项目的管理上，对每位上工的村民都进行严格的时间把控。夏天上午上工时间为 7 点至 11 点半，下午上工时间为 1 点半到 7 点钟。冬天上午上工时间为 8 点至 11 点半，下午上工时间为 1 点半到 6 点钟。同时鑫源采取分层激励的方式，村民上工每月达到一定天数便可领取一定的额外奖励。实行企业化的管理，就需要详细的上工时间记录。这就要求合作社把记录的工作做细致、做详尽，为公司发放工资提供依据。因此，合作社记工不仅要记录每天都有谁上工，还要记录今天上工的人谁迟到了、谁早退了。为了方便管理，合作社为每个人建立一个专门记录表，使记录一目了然，便于查询。

　　三是采取灵活的处理方式。农业生产与工业化大生产的一个不同点在于农业生产的自由性。完全采取公司化的管理方式一时难以与孟庄村传统的生产方式相衔接。同时，农业依然是"靠天吃饭"，受气候条件影响较大，什么时候播种，什么时候施肥，什么时候收成都受到严格的限制。加之，孟庄村村民并没有将土地全部流转出去，各家各户依旧保留了一定的"口粮田"，农忙时农民依旧要在自家的田里奔波和劳碌。因此，农业生产农忙和农闲，天长和天短对劳动力的需求量和工作的强度是不一样的。基于上述考虑，农业公司对每天生产的保底工资进行了灵活设置。合作社理事孟召东和韩广勤可以根据情况与公司进行协商，在 30 元保底工资之上，适当加上一些。农民上工的保底工资是每天 30 元，但农忙时甚至可以达到 60 至 80 元。同时，根据每天工作量的多少和天气情况，合作社还可以要求公司提供午饭和饮品等福利。

从孟庄村土地股份合作崛起的案例来看，政府的支持有其必然性和内在动力。对于乡村治理而言，其困境必然影响到政府的有效管理。如在孟庄村，由于村庄经济发展的滞后造成村民贫困和村集体空壳化，使村庄治理陷入"村乱民穷"的困境，这在很大程度上限制了政府的行政管理的落实和农村社会的和谐稳定。但是，政府的支持很大程度上又仅仅是一种外在因素，其作用的有效发挥还需要借助乡村自身内部因素的作用发挥。在孟庄村土地股份合作崛起过程中，土地股份合作通过对村庄土地、劳动力等资源的整合，为村庄的有效治理提供了基础，同时也为政府作用的发挥提供了有效的平台和载体。

（三）土地股份合作崛起中的政府支持

"要使集体劳动在农业本身中能够代替小土地劳动这个私人占有的根源，必须具备两样东西：在经济上有这种改造的需要，在物质上有实现这种改造的条件。"[①] 在当前农村社会，家庭联产承包责任制下的农业经营呈现分散状态。农民有合作经营的需要，但是却缺乏促进合作经营的组织、资金等条件。在此背景下，政府的支持成为提供这一条件的重要主体。

1. 农民的呼声：不断增强的合作需求

政府的支持并不是政府的盲目作为。政府的盲目干预往往会事倍功半，甚至会产生事与愿违的问题。在孟庄村土地股份合作发展过程中，政府的支持更多的是源于农民的合作需求。

（1）农业收入的逐步下降

在孟庄村，外出务工收入早已成为农民家庭的主要收入。该村年纪在20岁以上55岁以下的村民如果没有特殊原因，基本上都已经外出务工，外出务工者占到了村庄总人口的60%以上。在孟庄村更是形成了"壮年不外出打工就是没本事"的观念。

虽然"种地吃饭"的传统观念依然存在，但农民的种田意愿却在不断下降。20世纪90年代，随着村民不断外出务工，农民的农业收入也由

---

① 《马克思恩格斯全集》第19卷，人民出版社1963年版，第438页。

20 世纪 90 年代占孟庄村收入的 80%，逐渐下降到了 21 世纪的不足 40%。加之，农业种植的成本正在不断升高，而种植粮食的收购价却相对较低，农民生产的积极性进一步降低了。如小麦，一般一亩地种子的成本大约为 25 元，化肥成本大约为 150 元，灌溉成本约为 20 元，农药约为 10 元，机耕费和秸秆还田成本大约为 120 元，机械收割成本大约为 70 元，合计 395 元。与此类似，玉米种成本大约为 105 元，施肥大约为 180 元，除了没有机收成本外，其他成本与小麦类似，总计每亩玉米生产成本大约为 435 元（见表 6）。而 2013 年小麦和玉米的收购价约为 1.2 元和 0.99 元，2013 年孟庄村小麦和玉米每亩平均产量在 1000 斤左右，孟庄村村民从每亩土地上能得到的毛利润约为 1200 元和 990 元，除去小麦和玉米生产成本 395 元和 435 元，净利润大约为 805 元和 555 元（见表 7）。当然这还没有计算农业生产过程中的机械磨损的费用和误工费等其他相关成本。加之本村在分地之前，先按照土地质量从好到坏把地分成一、二、三等，再分别将三等地按照人口平均分配。原则上说，村民分到一等地按 1.2 亩计算，三等地按 0.8 亩计算。通过这一原则，村民分到的土地几乎都不是完整的一块，几乎每家都有 2 至 3 块土地，人口多的家庭甚至有 3—4 块的。而据了解，孟庄村村民外出务工女性月收入至少为 2000 元，男性则为 3000 元。农业收入较务工收入来说，对于该村家庭的影响正在逐渐下降。

表 6　　　　　　孟庄村居民每亩地种植作物成本　　　　　　（单位：元）

种植物	种子	化肥	灌溉	农药	机耕	机收	合计
小麦	25	150	20	10	120	70	395
玉米	105	180	20	10	120	0	435

表 7　　　　　　孟庄村居民每亩地种植作物利润　　　　　（单位：斤，元）

种植物	产量	收购价	毛利润	成本	净利润
小麦	1000	1.2	1200	395	805
玉米	1000	0.99	990	435	555

（2）农民自发流转的尝试

此外，该村早已形成了不留余粮的生活方式，平时每年丰收之后，所收粮食几乎全部按照收购价销售出去。农民平时以购买馒头、面条等面粉加工成品为主。随着村庄留守老人年龄的不断增大，从事农业生产对他们来说也越来越是件难事。

因此，部分农民就开始动起了将土地包给别人种的念头。农民的这种行为开始主要是集中在亲戚朋友之间。随着时间的推移，农民包地的对象也有随之出现扩大的趋势。但长期以来，农民自发的土地流转效益不高，一般承包者支付 300 斤至 400 斤小麦即可租种一年。村民胡衍文表示："一般有能力的都愿意外出打工，这每年种、收都很耽误时间。年轻人都不愿意种了，如果家里老的种不动了就包给别人种。现在年轻人一是不想种地，二是也没几个会种地的。"

2. 政府的推动：移民资金的使用创新

政府对农业合作的支持是必不可少的要素之一。但同样，政府以何种方式支持则深刻影响着政府支持的成效。恩格斯对传统小农改造曾进行了区分，认为："我们对于小农的任务，首先是把他们的私人生产和私人占有变为合作社的生产和占有，不是采用暴力，而是通过示范和为此提供社会帮助。"①

（1）"移民村"散布的沙河站镇

沙河站镇共有行政村 65 个，这其中移民村庄 48 个，基本上都属于"半移民村"。自 2005 年国家移民局对移民村实施补贴和扶持以来，各移民村在生产设施、基础设施建设、整洁村容等诸多方面都取得了突破。

因为在"半移民村"中只有移民才能享受到这 600 元的政策性补贴，为了避免不必要的矛盾，每位移民所享受的移民补贴是不直接分发到户的。原则上来说这笔钱的主要用途是支持"半移民村"新农村建设。同时，为了避免资金滥用，强化资金监管，发挥资金效能，这笔钱也不是直接发放给村集体的。村集体若想使用这部分资金首先要经过项目申报，待项目审核通过之后，再由移民局直接支付。在这整个过程中，各级政府和各"半移民村"是见不到"移民资金"的，只能享受移民项目带来的实惠。然而，随着沙河站镇各村庄基础设施的不断完善，移民资金可投入的项目正在逐步缩小。如不积极找寻资金投入的新领域，这笔钱必将变成

---

① 《马克思恩格斯选集》第 4 卷，人民出版社 1995 年版，第 498 页。

"死钱"。

（2）从"分散使用"到"抱团使用"

面对困局，沙河站镇曾努力地改变这一困局，沙河站镇曾试图引导各村发展集体经济。但利用移民资金发展集体经济也有着不小的困难。沙河站镇各移民村，移民数量不等，扶持资金多少不一。有些虽有发展思路，但因资金太少，根本办不成大事。

沙河站镇经济虽在东平县尚属中游，但仅凭农业为支柱产业的状况，也让镇上难以掏出现金来支持各村发展。退一步说，就是沙河站镇财政上有这笔钱也很难投入到有思路的村庄上去。如果真将资金投入到这些村庄的项目中去，其他村庄就会质疑镇政府不能"一碗水端平"，对镇政府下一步推进各项工作产生极大的阻碍。

鉴于此，2010年在国家推动土地流转的大背景下，沙河站镇曾尝试在本镇吴桃园村进行土地流转，利用土地资源发展冬暖式大棚，吸引"龙头企业"前来经营。为了流转土地，沙河站镇集合吴桃园村及周边共11个村庄的"移民资金"流转土地200亩，并将其承包给了济宁客商耐特食品有限公司。但当时沙河站镇主要的考虑是"在保证经济效应、产出效率，实现村集体和村民增收的基础上打造农业示范园区，以此带动周边群众。农民长期种植传统作物，对经济作物种植积极性并不高，通过搞示范园区不仅能增加土地收入，还能培养一大批具有农业技术的专业农民。"在这样背景之下，吴桃园村的土地及大棚主要是采取租赁的方式。耐特公司只出资租赁大棚和土地，投资各村以及流转土地农民只收取租赁费。

（3）模式的复制

基于之前在吴桃园村招商引资的成功，沙河站镇当即开始寻找符合孟庄村条件的大户。经过多次考察，最终确定与梁山鑫源田农业有限公司进行合作。经过几番磋商，大户同意入驻孟庄村经营现代农业，但为了降低风险，大户不会对孟庄村进行硬件投资。鑫源田农业有限公司原本打算利用大棚种植反季节果蔬，然而远道而来的鑫源田一是人生地不熟，不敢一下投入太多；二是由于农业天然的弱质性，农业投资存在着风险较高、投资周期较长、回报率不稳定等特点，富有经营和管理现代农业经验的鑫源田也不愿意将资金一下子全部投入孟庄村。

鑫源田的做法，在市场经济体制下虽然是无可厚非的，但却将难题又抛给了沙河站镇和孟庄村。2011 年修建晋冀鲁豫铁路时，铁道部征用了村上土地 27 亩，每亩被征用的农田铁道部给予了 3 万元补贴，共计 81 万。这部分钱虽然被留在了村集体，但对改革开放之后长期负债的孟庄村来说，还清欠农民的 22 万和欠银行的 4 万，就已经去掉了 26 万。此外，2012 年该村修建休闲广场、种植植被美化村容、修建 3 眼机井等花费达 19 万，这 81 万只剩下了 36 万了。而 36 万拿来建设大棚可以说就是杯水车薪。

面对这么好的发展机遇，沙河站镇和孟庄村都想极力促成与鑫源田的合作。沙河站镇在通盘分析实际情况后，将目光聚焦在了移民资金上。既然有了之前的成功经验，何不再一次聚合"移民资金"？

经过反复的商讨和论证，沙河站镇在村级自愿的基础上，成功与孟庄村周边 10 个村达成一致意见。各村最终同意拿出移民资金，集中投入到孟庄村建设大棚。如前文所述，沙河站镇各村基础设施建设已经逐步完备，"移民资金"可以投入的项目正在逐步减少。加之之前吴桃园的例子，各村对于资金整合使用还是表现出了极浓厚的兴趣。

但这同时又衍生了另一问题，即如何进一步增加投入的效益。沙河站镇在吴桃园建立农业示范园区主要是出于带动示范效应，为了留住大户长期经营，沙河站镇当时采取的是与大户签订长期流转合同的模式。在履行合同期间，农民每年租金固定为每亩 1200 元，这略高于农民自身经营收益，但却相差不大。同时，村集体除了大棚的租赁费之外也无其他收入。显然，这不能促进"农民和村集体增收"目标的进一步实现。

近些年来，东平县着力打造土地股份合作社，引导农民以土地入股合作社。结合东平县既定的"大方向"，沙河站镇提出了农民土地入股合作社，推动资金入股的想法。通过入股，各入股村集体和农民不仅能收到土地租赁费，还能进一步根据大户的经营情况收到相应的"分红"。

无产阶级"将以政府的身份采取措施，直接改善农民的状况……让农民自己通过经济的道路来实现这种过渡。"[①] 总体来看，孟庄村土地股份合作过程中，政府的支持起到了较大的作用。特别是从政府支持的方

---

① 马克思：《巴枯宁〈国家制度和无政府状态〉一书摘要》，《马克思恩格斯选集》第 2 卷，人民出版社 1995 年版，第 635 页。

式、支持的过程来看，都突破了以往政府大包大揽的方式，实现了政府支持机制的创新。

其一，孟庄村土地股份合作崛起过程中形成的是一种渐进的政府支持方式。任何新生事物都有一个为人们所认识、接受和适用的过程。土地股份合作作为区别于专业合作、股份合作的新型合作形式，其发展过程也是一个逐步为农民所认可、接受和参与的过程。孟庄村土地股份合作社的发展源于农民的自愿，源于农民对土地流转的强烈需求，是适应农业经营效益低下，解决农民增收难的现实需要，而非政府强制建构的结果。同时，在土地股份合作社的具体运行过程中，通过发展劳动力合作社、瓜菜合作社等专业合作社作为农民与土地股份合作社之间的联系桥梁，使土地股份合作社能够以更加有效的方式为农民所接受。

长期以来，政府对经济发展的支持主要是短期的、甚至是"一次性"的。这种支持方式以资金投入为主，但往往"一投了之"，而忽视资金投入的实际运行成效。同时，随着政府发展目标和任务的变化，政府的投入对象也会不断变化，从而处于不断寻找新的支持目标过程中，而忽视长期的支持。在孟庄村土地股份合作社发展过程中，政府的支持并非是一种一次性的投入，而是借助土地股份合作社这一形式，以股金的方式使政府的资金投入能够成为一种投资，不断产生新的价值，从而实现对土地股份合作社发展的长期支持。

其二，孟庄村土地股份合作崛起过程中形成的是一种间接的政府支持方式。间接控制是一种复杂而高级的控制方式，它以大批充满活力的自组织为基础，但它并不直接干涉自组织的具体运作，而是通过改造其运行环境来达到控制目标。① 长期以来，我国大力发展农民专业合作社等合作形式，但往往由于政府大包大揽，农村大量专业合作社成为政府或者村委会的"温室培育品"，空有形式而难以产生实效，农民难以有效参与并受益。在土地股份合作社发展过程中，政府并未直接参与组建土地股份合作社，而是通过资金入股的形式为土地股份合作社提供资金支持。换而言之，在土地股份合作社发展过程中，政府是发起的股东之一，而非合作社的控制者。

与传统的直接控制不同，传统的直接控制依靠的是强有力的行政动员

---

① 符国栋：《经济体制改革与政府调节机制变化》，《政治学研究》1987 年第 2 期。

能力，以此在较低的经济发展水准上为达到一个明确的目标而调动所需要的物质的和人力的资源。[①] 传统的直接控制在我国历史上也发挥过极其重要的作用。如新中国成立后我国推出的"一五计划""二五计划"等五年计划，就是在当时全国经济发展极为落后的情况下，推动经济发展的重要方式。然而，这种行政化的直接推动方式往往也容易导致经济发展走弯路，出现不符合经济发展规律的问题。如人民公社时期的政权合一，就忽视了政治与经济的不同发展规律。

其三，孟庄村土地股份合作崛起过程中形成的是一种发展的政府支持方式。在经济发展过程中，地方政府往往有着强烈的经济发展意愿，成为经济发展的重要参与者和推动者。且地方政府具有推动经济增长的迫切性、灵活性和有效性，它们能够结合本地区实际，运用更灵活的政策来挖掘当地人、财、物等资源的潜力。[②] 在孟庄村土地股份合作社过程中，政府正是通过整合移民资金这一方式，调动了资金、土地、劳动力等大量资源的投入。同时，在东平县的改革探索取得明显成效后，土地股份合作的做法也得到了中央层面的高度认可。在 2014 年 11 月 20 日中共中央办公厅、国务院办公厅印发的《关于引导农村土地经营权有序流转发展农业适度规模经营的意见》中，土地股份合作被正式写入文件并在全国大力推广。

长期以来，特别是计划经济时期，我国政府对经济的计划与控制色彩浓厚，往往是上级政府先有政策、计划，下级政府执行和落实上级政府的政策与计划。改革开放以来，政府对经济的调节方式进行了转变。政府的计划逐步让位于市场的自发行为，市场机制逐步起决定性作用。但在这一过程中，政府仍然起着补充、保障的作用。在孟庄村土地股份合作社发展过程中，土地股份合作的崛起并非是政府一手塑造的产物，而是一个村民认可、支持和推广的过程。在这一过程中，先有市场机制的触发，政府仅仅是这一市场活动的参与者、服务者之一。

（四）土地股份合作的治理绩效与新情况

1. 土地股份合作的治理绩效

借助于土地股份合作社的发展，孟庄村有效实现了对土地资源、政策

---

① 符国栋：《经济体制改革与政府调节机制变化》，《政治学研究》1987 年第 2 期。

② 周立群、白雪洁：《地方政府行为研究述评》，《学习与探索》1996 年第 3 期。

资金、工商资本的整合，从而搭建起农民、政府、市场"三位一体"的合作经济新平台，解决了土地资源有效增值、政策资金长期增效、资本下乡有机融合的问题，产生了良好的社会成效。

一是村集体经济有效发展。在公共财政尚不能全面覆盖农村的情况下，村级集体经济在保障村级组织正常运转、服务农民生产生活、逐步实现基本公共服务均等化等方面发挥着重要作用。随着改革开放，市场化浪潮的到来，国有经济、私营经济、外资经济等得到了飞速的发展，但是村集体经济的发展却相对滞后。特别是像孟庄村这样处于粮食主产区的普通村庄，因缺失可有效利用的自然资源，欠缺成熟市场的带动，缺乏工业的反哺能力，集体经济一直难有重大起色。孟庄村作为一个在人民公社时期村企曾活跃一时的"老先进"，在社会主义市场经济时期却表现得异常暗淡。面对村庄公益事业、公共服务、大众福利，除了依靠政策性资金支持外，别无他法。面对现实困境，孟庄村"两委"变"固守成规"为"大胆突破"。在政策性资金的支持下，利用村庄较丰富的土地资源和人力资源，将发展的想法、发展的思路、发展的规划逐步变为了现实，将本不能轻易组合的各种生产要素进行高效整合。2013年，孟庄村土地入股的收入为2.12万，通过联润土地股份合作社为大户提供服务，所收取的服务费为3万元。仅这两项就为孟庄村增收5.12万。同时，随着鑫源田合作社在孟庄村项目经营的逐渐成熟，合作社还打算重新与鑫源田公司商定服务费提取比例。此外，项目的引进对孟庄村来说，不仅仅是带来一个大户，还给孟庄村提供了一系列的经营理念、管理技术和生产经验。

二是促进了农业产业化的发展。农业产业化是农业经营方式和组织方式的重大创新。其以市场为导向，以家庭联产承包制为基础，以富有经营经验的农业产业公司及各种中介组织为依托，将农业产前、产中、产后诸多环节连接成完整的产业链条。可以说农业产业化是农村集体经济实现的重要途径。2010年沙河站镇曾为了"农业增效、集体增收、农民增收"这个目标，尝试过产业调整。本镇吴桃园推行了土地流转，发展农业大棚，并通过招商引资，建立起了农业产业园区。这种尝试无疑是对孟庄村的一种启发。通过鑫源田农业科技有限公司这个农业"龙头企业"的引进，以规模化、标准化的模式进行生产，把孟庄村土地资源、人力资源、管理资源有效整合到了产业链条上，极大地提升了农业的产出效率。同时，"孟庄村模式"与吴桃园最大的不同就在于将土地股份合作社、劳动力资源合作社、瓜菜产销合作社与农业产业衔接。三个合作社以各自专业化的服务共同辅助大户经营，而又各自独立，各自运转，避免了摩擦，提高了服务效率。首先，联润土地股份合作社的建立有效引导了土地承包经营权的流转，稳定和发展了统分结合的双层经营体制。其次，为了承接政策性资金，实现政策性资金的对接落地，沙河站镇嫁接了瓜菜产销合作社的模式。瓜菜产销合作社的正式运营既可以看作是政策性资金的入股平台，也可以看作是政策性资金的管理平台。最后，为了有效组织劳动力资源，孟庄村还组建了劳动力资源合作社。劳动力资源合作社的创立使劳动力服务逐渐专业化。

三是乡村治理得到了明显改善。长期以来，由于老年人除了土地之外没有其他收入来源，孟庄村许多老年人的收入主要靠子女在外打工收入的补贴。因此，老人在家说话也不"硬气"，在子女面前没地位。这在一定程度上造成了孟庄村不少的家庭矛盾，特别是婆媳关系的不和谐。而孟庄村大棚建成之后，通过劳动力合作社的组织，手脚方便的老人们再次找到了活干。只要能天天去，一个月至少有 1000 元的收入。手上有了钱的孟庄村民在子女面前也挺直了"腰板"。村会计孟召栋介绍道："过去老人们手上没钱，出来进去的都不敢喘大气，还要看媳妇脸色，想干个啥还要求着孩子。现在手上有钱了，老人们想干啥干啥。婆婆还能拿钱给媳妇买个衣服、给小孩子买点吃的，跟媳妇的关系也缓和了。"家庭和睦营造了孟庄村和谐的社会环境，"现在要说村里的事情少多了"，孟召栋补充道。社会风气的好转也极大降低了村"两委"的工作压力，干部们都觉得现在村子更好管理了。同时，通过股份合作的形式，家家户户都入股，村民被共同利益纽带拴在了一起，为村子征求群众意见、执行决定、推动村庄公益事业带来了便利。就此书记孟卫东说道："越统一，越好管理"。此外，联润土地股份合作社在成立运行的过程中还渗透着民主的因素，虽然还只是些民主的片段，但可以肯定的是合作社已经成为孟庄村民一个锻炼民主的平台。经济民主必定会推动政治民主的发展，为集体经济下的村民自治发展奠定基础。

2. 土地股份合作的治理启示

土地股份合作社的发展，不仅对孟庄村经济发展和社会治理产生了深刻的影响，同时对当前有效处理政府与农村合作组织的关系也带来了诸多启示。

　　其一，土地股份合作社是政府引导农村经济发展的重要桥梁。孟庄村重振集体经济的历程整合了各方资源：首先，以联润土地股份合作社为基础，有效推动了该村土地的集中，实现了土地资源的有效利用；其次，以鑫源田瓜菜产销合作社为纽带，确保了政策性资金的顺利入股；最后，以劳动力资源合作社为依托，保障了劳动力资源的快速调动。同时，在整合本地资源的基础上，也为承接"资本下乡"创造了条件。三个合作社分别以基础设施、劳动力、资金管理等专业化服务的提供，有力地推动了鑫源田农业有限公司的长期经营，推进了外部资源的整合。

　　由以上分析可知，无论是外部资本，还是内部的土地、劳动力等资源，都是通过土地股份合作社这一平台进行整合的。区别于以往依靠政府直接干预农村经济发展的支持方式，借助土地股份合作社这一平台，政府支持实现了由直接支持到间接支持、由短期支持到长期支持的转变。即通过土地股份合作社，政府直接面对的并不是单个的原子化的农民，而是凝成一块的农民合作组织，有效降低了政府支持的成本，也使政府的扶持能够更集中地发挥作用。同时，政府借助土地股份合作社，改变了以往资金一拨了之的局面，通过土地股份合作社不断产生新的经济效益，使政府投入能够不断再生。

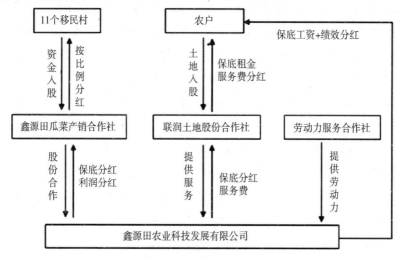

图一　孟庄村合作社运作模式

其二，政府有效支持需要实现支持形式、方式的创新。在孟庄村土地股份合作过程中，政策性支持资金经历了由"输血"到"造血"的演变。"造血"是指以政策性资金为基础，通过改善生产和生活条件、发展产业项目、提高经营管理水平，使农民逐渐走上共同致富的道路上。"授人以鱼，不如授人以渔"，只有增强农村社会内部发展能力，激活农村内部发展动力，才可以促使农村跨越式发展。以往仅靠政策性资金的"输血"是远不能满足农村社会发展需求的。这主要是因为：政府支农投入资金来源渠道多，但资金使用效益欠佳、资金整合工作效果不明显等问题仍然存在，这些问题严重影响了财政支农资金的使用效率。

东平县沙河站镇通过移民资金入股，激活零散资金，进一步激活了资金投资的"活血"功能。东平县一方面通过在土地股份合作社这一最基层一级进行整合，使国家移民资金的杠杆作用最大化，有效调动社会资源的参与。另一方面，通过土地股份合作社的经营，国家投入能够变为一种投资，且能够使国家投入不断"再生产"。借助土地股份合作社的现代化经营，国家投入成为一种经营资源，实现了政策性资金由"输血"向"造血""活血"的转变。

其三，农民组织化是农业经济发展的重要基础。农业的市场化实质上是农业生产的有序化和农民的组织化，而农业生产的有序化有赖于农民的组织化。[①] 但在当前分散经营的农村经济体制下，加之市场经济的不断冲击，农民不可避免地走向"原子化"。农村商品化、市场化、产业化空间不断扩大，小农户分散经营体制的弊端逐渐暴露，小农户与大市场对接的矛盾突出，分散经营的农户在农产品市场、资金市场、技术市场中存在劣势，进而在市场竞争中处于劣势地位，"小农户"与"大市场"的裂缝一时难以弥合。同时，面对庞大而分散的农民，国家政策性资金"撒胡椒面"一般的投入方式，不仅难以达到政府预期的效应，还会让农民觉得很不解渴。因此，这就产生了重新组织农民的需求，要将农户纳入统一的国家支持和保护体系。而土地股份合作社的搭建就恰到好处地解决了农民组织化的问题，以组织化形式承接国家支持，促进了国家支持和保护体系

---

① 郭翔宇主编：《经济管理与"三农"论丛》（上册），中国农业出版社2008年版，第547页。

的建构。

孟庄村土地股份合作社的建立，一方面构建了新的利益共同体。农民基于"利益相关"，被重新聚合在相同的利益之下，为承接国家投入，发挥国家支持的带动和提升效果奠定了基础。另一方面，合作社的建立也为有效调配人力资源、土地资源、基础设施等创造了便利，有效提高了集体经济经营管理水平和产业化水平。这些都为孟庄村实现集体经济的复兴、发展和繁荣做出了重大的贡献。

3. 土地股份合作的新情况

一是政府的能力限度问题。政府的引导与支持是促进经济发展的重要条件。集体经济作为人类初生和新型的经济形式，作为产权制度变革的产物，更需要政府的支持。[①] 然而，政府作为外生于经济活动的政治组织，其能力有一定的限度，简单的替代、包办经济活动往往只能是适得其反。恩格斯在谈到改造传统小农经济时说："我们对于小农的任务，首先是把他们的私人生产和私人占有变为合作社的生产和占有，不是采用暴力，而是通过示范和为此提供社会帮助。"[②] 在人民公社时期，尽管政府以空前的行政力度管控农村的经济活动，将几乎一切农村经济行为都纳入政府的行政计划之中，但最终还是因为违反经济活动规律而导致人民公社制度的废除。

在东平县孟庄村土地股份合作社的发展过程中，政府移民资金的整合利用是推动孟庄村土地股份崛起的重要因素。那么，没有政府资金的支持，土地股份合作社能否崛起呢？从东平县土地股份合作社的发展来看，能人带动、市场牵引、产业发展等等都是促进土地股份合作社兴起的重要因素，政府扶持仅仅是因素之一，而非决定性因素。孟庄村土地股份合作过程中的政府扶持不仅体现了政府扶持的限度问题，同时也启发我们，政府应该以适当的形式、方式实现对经济发展的有效支持，而非传统大包大揽的简单化支持。

二是农民主体性发挥的问题。市场经济背景下，集体经济的培育与发

---

① 徐勇、赵德健：《创新集体：对集体经济有效实现形式的探索》，《华中师范大学学报（人文社会科学版）》2015年第1期。

② 《马克思恩格斯选集》第4卷，人民出版社1995年版，第498页。

展理论上应以农民为主体，实施自主创新。具体到实践中，我们看到各级政府的服务与引导，往往是各类集体经济组织之所以能发展壮大的重要外部条件。这主要由于集体经济与个体经济不同。作为弱势农民为提高自身经济地位和社会地位而形成的自救组织，集体经济组织的成立和运行不仅为其成员提供与强者进行对话和竞争的平台，同时还承载成员的福利、保障以及基本公共服务等多种社会职能，可以"替党和政府分忧，为农民群众解难"，政府有责任和义务在其起步之初进行有效帮助、起步之后进行合理规范，为其发展创造一个良好的外部环境。

对此，马克思曾进行专门分析，认为"如果他们下了决心，就使他们易于过渡到合作社，如果他们还不能下决心，那就甚至给他们一些时间，让他们在自己的小块土地上考虑考虑这个问题。"① 列宁指出，"我们十分清楚，要影响千百万小农经济，只能采取谨慎的逐步的办法"。② 毛泽东也表达了发展互助合作要尊重农民意愿、反对干涉过多的观点，并对何谓干涉过多进行了诠释，认为"不顾需要和可能、不切实际、主观主义的计划，或者计划倒合实际，但用命令主义的方法去做，那就是干涉过多。主观主义、命令主义，一万年也是要不得的。不仅是对于分散的小农经济要不得，就是对于合作社也是要不得的。但是，不能把需要做、可能做的事，做法又不是命令主义的，也叫作干涉过多。"③

三是农民合作能力培育的问题。现代社会是一个组织化的社会，通过公民组织参与政治、影响政治体系决策是现代民主国家政治参与的普遍现象。④ 农民的参与和政府的引导是农村发展的两个重要组成部分。在土地股份合作社发展过程中，政府引导和支持是促进土地股份合作崛起的重要因素。同时，孟庄村土地股份合作社的发展过程从产生、选举、运行、监管等多个方面都体现了民主的因素，体现了对农民自愿的尊重，充分激活了群众参与。然而，政府引导与农民参与也存在一定的冲突，过度的政府支持、政府干预往往会忽视农民参与的主体性，甚至出现为了政府行政管

① 《马克思恩格斯选集》第4卷，人民出版社1995年版，第310页。
② 《列宁全集》第4卷，人民出版社1995年版，第106—104页。
③ 《毛泽东文集》第6卷，人民出版社1996年版，第303页。
④ 张百顺：《和谐社会构建中农民政治参与制度化研究》，世界图书出版公司2012年版，第120页。

理的任务与目标而采取行政化推动、政府包办的问题。这种行政化推动手段往往对农民合作能力的培育有百害而无一益。

在孟庄村土地股份合作发展的过程中，虽然合作社在很大程度上尊重了农民的主体性，但实现全面参与仍有相当长的一段路要走。特别是对于大多数村民来说，合作社如何运行几乎不是他们的事情。只要加入之后能获得比自己经营多的利润，他们就足够满足了。同时，大多数青壮年外出务工，留守的多是老人、妇女和儿童，这部分人接受能力相对较差，对合作社如何运行很难弄明白。在现实的条件下，只要不影响村民的利益，村民根本不会去关心集体经济的运行，农民的合作基础相对薄弱。

四是股份合作社的后续发展问题。由于瓜果蔬菜种植成本高、风险大、利润低，是否可以复制与鑫源田农业公司的合作模式，发展高价值高利润的作物种植呢？2015 年，联润土地股份合作社通过招商引资，引进枫彩生态农业有限公司，经营现代农业产业示范园。枫彩公司进驻后，投入 60 万元对灌溉管道、电缆、道路、喷灌系统等基础设施进行了改造，村集体组织人员为公司提供用工服务，不仅保证了大棚中枫树苗的成长和基础设施正常运行，又能为务工群众增加收入。按照约定，公司用工绩效为 50 元/天。

枫彩公司的入驻，为孟庄村带来了新的技术和信息，还有大量的资本，公司先后投入 3000 万元，用于育苗、肥料、人工和市场开发销售。公司负责生产经营，参与整个产业的市场经营，包括田间管理、生产技术、市场销售等各个环节，解决农民经营经验不足，缺少技术和市场渠道的问题；合作社负责提供土地和生产经营过程中的各种服务，劳务合作社负责提供劳务；11 个移民村参与资金使用和生产经营的监督管理。土地入股促进了土地股份与新型经营主体的合作经营，实现了多赢发展。

（五）案例小结

政府是乡村社会治理的重要主体，也是市场经济发展中重要主体和力量之一。在农村社会，土地资源、劳动力资源是乡村经济发展的重要依托。但由于资本、技术的短缺，农村的固有资源难以有效利用，严重制约了农村的经济发展，使农村乡村治理能力受到极大制约。在现有情况下，市场往往难以为农村经济的发展注入必要的资金和技术支持。因此，作为市场缺位下的重要补充力量，发挥政府的推动作用，是促进农村经济发展和改善乡村治理环境的重要选择。但在这一过程中，在什么条件下、什么时间里给予什么支持，则是政府有效支持需要解决的难题之一。

小农的经营发展资源有限，需要政府的支持和拉动。如恩格斯对如何进行小农改造说明时曾指出："我们对于小农的任务，首先是把他们的私人生产和私人占有变为合作社的生产和占有，不是采用暴力，而是通过示范和为此提供社会帮助。"① 政府的过度干预，往往会适得其反。人民公社时期，实行"政社合一"，以政府代替社会、代替市场，压制了社会和市场自身的活力，最终使人民公社走向没落。在东平县土地股份合作过程中，政府的支持一方面源于自身移民扶持资金利用率低的困境，政府亟需新的资金利用方式，以提升资金的利用效率。另一方面，政府的支持源于农民的需求。对从事农业生产的农民而言，其自身资金资源有限，在开展土地股份合作过程中需要来自政府的资金支持。

村庄经济发展的困境和治理的困境，深刻影响到村庄社会的有效治理和政府的有效管理，也影响到政府自身的统治利益。正因此，政府也有动力对村庄经济发展进行调节、干预。

但土地股份合作过程中政府的支持更多的是作为一种外部条件，政府通过资金支持的方式起着补位的作用。政府支持作用的有效发挥，还得益于土地股份合作对村庄资源的整合，并为此提供了政府作用发挥的有效载体，使政府支持不必干涉到土地股份合作的具体运作和日常管理，收到"事半功倍"的效果。

四 农民主体：南堂子村的土地股份合作

农民是乡村治理的主体。农民主体性的发挥是乡村治理与乡村经济发展的重要影响因素。恩格斯在《自然辩证法》中，将主体性活动视为区分人的活动与动物活动的关键所在。"动物仅仅利用外部自然界，单纯地以自己的存在来使自然界改变；而人则通过他所做出的改变来使自然界为

---

① 《马克思恩格斯选集》第 4 卷，人民出版社 1995 年版，第 498 页。

自己的目的服务，来支配自然界。"① 农民的主体性作用对社会的发展和经济的变迁起着极为重要的作用，马克思主义非常早地认识和利用了农民这一主体性的作用。在谈论法德农民问题中，恩格斯敏锐地指出，"在还是农民时就能被我们争取过来的农民人数越多，社会改造地实现也就会越迅速和越容易。"②

但事实上，作为农村主要治理主体的农民却长期处于被遮蔽的状态，农民的主体性难以发挥。对此，马克思曾指出，农民"不能代表自己，一定要别人来代表他们。他们的代表一定要同时是他们的主宰，是高高站在他们上面的权威"。③ 将被遮蔽的农民主体性挖掘出来，则需要一定的条件。马克思曾从历史发展的角度认为，"只有资本的瓦解，才能使农民地位提高；只有反资本主义的无产阶级的政府，才能结束他们在经济上的贫困和社会地位的低落"。④ 我国长期的革命斗争和社会建设过程，事实上也是调动农民主体性和积极性的过程。在革命斗争时期，走工农联合路线，就是结合农民占社会主体的多数的实际，发挥和调动农民的主体性。近年来，"中国奇迹"的产生，也是农民主体性发挥的重要体现，是数千年农业文明传承下来农民理性的扩张。⑤

在我国农村改革发展历史上，由于农民长期依附于小块土地，处于自给自足的状态，就像一袋马铃薯，相互之间毫无关联，难以形成合力。新中国成立以后，通过集体化的途径走向了农民改造的路径，农村自给自足的经济逐步走向"统一经营"的集体经济。集体经济是众多主体共同参与和互动的经济形式。⑥ 农地集体化经历了"初级社—高级社—人民公社"几个阶段最终得以确立，为新中国农业经济发展奠定了基础。然而，传统集体经济存在的经济低效性、政治动员性、人身约束性、命令强制性等特征，对农民主体性发挥起到了阻滞作用。改革开放后，"分田到户"

---

① 《马克思恩格斯选集》第4卷，人民出版社1995年版，第383页。

② 同上书，第500页。

③ 《马克思恩格斯选集》第1卷，人民出版社1995年版，第678页。

④ 同上书，第456页。

⑤ 徐勇：《农民理性的扩张："中国奇迹"的创造主体分析》，《中国社会科学》2010年第1期。

⑥ 徐勇、赵德健：《创新集体：对集体经济有效实现形式的探索》，《华中师范大学学报（人文社会科学版）》2015年第1期。

的经营方式极大调动了农民的生产积极性。然而，个体化经营造成了村集体"虚化"，村庄管理、协调难度增加，整体利益难以体现。因此，探索集体经济的有效实现形式，使其充分发挥农民的主体性和积极性，同时促进集体的发展，成为当务之急。

但对于纯农业的农村地区而言，其农民主体性的调动难度更大。在长三角、珠三角等经济发达地区，由于土地利用价值较高，农民通过土地资源的整合，如发展出租产业、兴建厂房等能够迅速产生较高的经济效益。但在中西部的纯农业地区，土地利用价值有限，难以迅速转化成为较高的现实利益，农民往往难以自愿合作。因此，农民合作的达成不能仅仅依靠经济发展自身的带动，还需要乡村治理因素的主动介入。在东平县银山镇的南堂子村，其通过土地股份合作这一形式，极大地调动了农民合作的积极性，并促进了村庄治理显著改善。下面以南堂子村为个案，分析土地股份合作社发展过程中农民如何自愿合作，农民这一主体发挥了怎样的作用。

（一）南堂子难题：治理困境

长期以来，南堂子村临近湖区，三面环山、一面临水，既是典型的山村，也是渔村。村内地形多为山地，耕地面积较少，且土壤肥力不足，缺乏传统农业发展的自然条件，村民大多通过捕鱼养家糊口。有限的农地由于分割、分散，难以为农民的农业生产提供有效的增收源泉。村穷民贫的状态给村庄治理带来了极大的困难和挑战。

1. 资源低效利用的村庄

南堂子村全村耕地不足 800 亩，其中本村地不足 400 亩，外村地约合 400 亩，村集体没有机动地。外村地来自于新中国成立之前，村里经济条件较好的村民从邻村购买得来，故而分散在邻近的其他 5 个不同村庄。"靠山吃山、靠水吃水"是我国传统农业的一大特点，南堂子村亦不例外，依山傍水的村民们世代以传统的种植业和捕鱼业为主要营生。然而在农作物种植方面，与其他村庄不同，因为特殊的地理位置，村里仅有的 400 亩耕地绝大多数都是山坡地，几乎没有大面积而又平整的土地，为典型的中低产田。山坡耕地土层单薄，无法种植玉米、小麦等粮食作物，只能以地瓜、高粱、小米、棉花等耐旱作物为主要种植作物。

20 世纪 50 年代，人民公社制度在全国范围内展开，南堂子村也开始人民公社化运动的进程。1957 年 7 月，全村被分为两个生产队——生产一队和生产二队。1961 年，两个生产队又分别划分为三个生产小队。该村现有的六个村民小组便是从当时的六个生产小队延续而来的。1985 年初，家庭联产承包责任制和村民自治制度开始在全村推行，南堂子村将本村地和外村地先在各村民小组之间进行平均分配，再在小组内按照人口进行平分，当时全村人口约为 800 人。其中，本村地在分地之前，先按照土地质量从好到坏分成一、二、三等，再分别将三等地按照人口平均分配。也就是说，每个村民都分别拥有一块一等地、一块二等地和一块三等地。之后的几次土地调整均在各小组内进行微调，也均是采用这种"好地孬地搭配均分"的方法。

随着时间的推移，南堂子村的人口也在不断增长，由 1985 年的 800 余人增长到目前的 1400 余人，人口翻了将近一番，人均耕地数量也从原来的近一亩减少为半亩左右。同时，由于各小组内人口增长速度不同，新增人口对耕地的占用情况也不尽相同，主要表现在宅基地对耕地的挤占数量因组而异。原来的 400 余亩耕地也逐渐减少为如今的不足 400 亩。这就使得组与组之间耕地数量日趋出现差异。不仅如此，户与户之间的土地也开始出现明显分化。比如，分田到户时有一户人家有夫妻两人和三个女儿，之后三个女儿先后出嫁，夫妻两人就耕种了五个人的耕地；还有一户也是夫妻两人，三个儿子，之后三个儿子分别成家，又有三个孙子先后出生，则是十一口人耕种五口人的耕地数。

基于上述原因，南堂子村的人地矛盾日益突出，土地细碎化现象愈发严重，传统种植业对村庄发展的制约日渐凸显。每到种植季节，因家家户户种植的作物都不一样，远远向田里望去，谷子、高粱、棉花、红薯什么都有，村民们将其戏称为"花花田"。更有村民调侃，"那片山坡上不是有 30 块地吗？怎么只看到 29 块？""你没看见山上有人在干活吗？还有一块就在他草帽底下盖着呢！"三个等级地中最好的一等地总面积不到 100 亩，能种活的也只是红薯，二、三等地则连红薯都种不活，只能种高粱，而高粱也仅是在极少数好的年景下可以产出高粱米，多数平常年份则只能长到小手指那么粗，村民都"不指望这种地还能收粮食，能收个笤帚就不错了"。

耕地资源的紧张迫使村民们不得不抓住每一块可以种植的土地和每一个可以收获的机会。东平湖古时又称蓼儿洼、梁山泊，总面积627平方公里，常年水面面积209平方公里。据村里人讲，东平湖每逢60年即一个甲子湖水就会干涸一次，每次干涸时间持续一年，干涸时湖中滴水不留，最近一次枯水就发生在1988年。因湖底土质优良，小麦高产，在民间又流传着"东平洲十年九不收，收一收养九州"的俗语。因此，每逢湖水干尽，村民便下湖抢种一季的麦子，甚至湖底的地片也被每家每户划分过，至今仍有许多村民保存有湖底土地的地契。

南堂子村难题的形成不仅仅是资源稀少的难题，更是社会治理的难题。薄弱的社会治理难以将分散的农民组织起来，难以将有限的资源整合起来，使人口的增长和有限的资源发挥最大的价值，得到最有效的利用。也正是社会治理的困境，使村庄人口的极大增长导致南堂子村有限的土地资源事实上难以承载村庄人口的发展需求。因此，如何提高土地的经营效益是破解村庄人地矛盾的关键。但要实现合作经营，关键并非简单的土地的整合，而是在村庄治理上促进农民合作行为的形成。

2. 经营能力受限的农民

"只有在集体中，个人才能获得全面发展其才能的手段，也就是说，只有在集体中才能有个人的自由。"[1] 走向分散经营后，农民虽然迅速解决了温饱问题，但走向富裕的道路却困难重重。

在南堂子村，除传统的农作物种植以外，捕鱼是村民们维持生计的重要补充。由麻绳手工编制的简单的地笼、渔网和简易的小木船这类传统的捕鱼工具一直是绝大多数村民们进行捕捞的主要工具，直到近几年才逐渐有个别村民在经济条件好转的情况下更换大的渔网和非人力驱动的渔船。购买一套化学纤维制成的大型渔网需要花费两万多元，这个价格不是一般村民可以承受的。随着山东省各级政府对东平湖水文生态保护措施的逐渐增强，2004年东平湖开始实行分时段的封湖禁渔，每年四月至七月的四个月时间为禁渔期，这促使当地村民除在本地东平湖捕鱼之外，还通常有男劳力或是举家外迁到外地捕鱼，以出卖捕鱼技艺的方式获取提成。这种收入来源极不稳定，运气好时一年可能赚到上万块钱，运气不好时可能不

---

① 《马克思恩格斯选集》第1卷，人民出版社1995年版，第119页。

但荒废了一年的时间，土地上打不出粮食，捕鱼也分文不赚。

恶劣的自然条件和贫乏的自然资源使得南堂子村成了十里八乡有名的穷村。取消农业税之前，400 亩外村地产出的粮食缴完"三提五统"之后所剩无几，遇到灾年粮食歉收时，村民交不上粮食便要按市价用现金折成粮食上交。村民们算过一笔账，就本村地而言，仅拿能够种红薯的一等地来说，按每亩地种植两千棵来算，需要种子钱 50 元，化肥 100 元，农药 20 元，按高产时每亩产出红薯 2000 斤、2 毛钱一斤卖出计算，一亩地毛收入 400 元，净收入仅有 200 元。直到 20 世纪 90 年代，别的村早就吃上了白面馒头，南堂子村人手里拿的粮食还是黑的：山芋面的窝头是黑的，地瓜粥、咸菜疙瘩也是黑的，被邻村戏称为"一刮风都是地瓜味儿"。2007 年时，村内人均收入还不足 3000 元。

有一次书记外出办事，"书记卷了钱跑了"的说法立刻在村庄蔓延开来。因此，村集体成了没收入、没地位、没权威的"三无"村集体，无法得到村民的尊重与信任。村干部就算去村里的小卖部赊一盒烟，店主都不会同意赊账，去村里的饭店请客吃饭，都会被要求先付钱，不然就到别处去。

这种状况下，政府各项政策的落实在南堂子村更是成了"老大难"。以计划生育政策为例。如果说普通农地里的农活对女性劳动力还尚存有一定程度的包容性，那么捕鱼这项劳动则对女性劳动力表现出完全的排斥，因为渔网的重量和驾船的技术往往只有男性劳动力能够驾驭，女性往往划不动船，也拉不动几十斤的渔网，离水面远的人家甚至有时要在湖上自己搭的简易小窝棚连续住一段时间，对于女性来说不但不方便，还有危险性，男性则不存在这些问题。在南堂子村，家家户户都有船有网，捕鱼是不可或缺的劳动技能，"虽然赚不上大钱，但是在粮食绝收的时候好歹打上点鱼就不至于饿死。"因此，没有男孩则意味着生活会变得尤为艰辛，村民对男孩的重视程度也可想而知。

同时，南堂子村每年有八成以上的夫妻结对外出捕鱼赚取收入，这在一定程度上加大了村里对这类夫妻是否遵守计生政策的管控难度。从 2004 年开始就担任村计生主任的卢主任，曾多次去村民外出捕鱼的新疆、上海、大连等地，将在外地偷偷怀孕的夫妻"缉拿归案"。

在上述情况下，南堂子村的村干部在村民眼里就成了典型的"要钱、要粮、要命"的"三要"干部，村民信任极度缺乏；在乡镇政府眼里，"再难难不过南堂子村"便成了一种无奈的叹息，"南堂子村都做好了，你们村还有什么理由做不好"也成了催促其他村工作时常挂在嘴边的一句话。

村民收入水平持续低下，村集体更是"揭不开锅"。2008 年之前，南堂子村是一个"一穷二白"、债台高筑的"烂摊子"，村集体不但没有收入，还背负了七十几万元的债务，属于典型的"空壳村"。村"两委"组织架构极不完善，成员仅由书记、会计和计生主任三人组成，直到 2007 年，村干部才开始发工资，但一年仅发了 500 元，而且由于上级政府财政同样困难，工资往往由村集体支付，拖欠工资现象由此成了"家常便饭"。2007 年前，村干部从未发过工资。往届村"两委"从未召开过村民大会或村民代表大会，村民的脑子里几乎没有"集体"这一概念，更谈不上对集体的归属感、忠诚度，"除了收钱的时候，谁知道村集体是干啥的！"

由此可见，在南堂子村，由于缺乏政府的扶持和市场力量的介入，其外部资源极为有限。村庄发展的关键在于挖掘自身内部资源，但村庄的资源集中在分散的农民手中。分散在农民手中的土地资源因其规模有限，往往难以产生应有的价值。农民难以从小块的土地获取较高的经济收益，往往对土地进行荒置。因此，发挥农民的主体性作用，将农民组织起来，调动农民的积极性成为南堂子村发展的突破口。但农民主体性的发挥光靠经济自身发展的带动往往难以实现，在此情况下就特别需要乡村治理因素的积极介入，将农民的主体性调动起来。

（二）土地股份合作的崛起

南堂子村治理难题的化解，需要充分调动农民的积极性，通过农民的广泛参与来整合农村的资源，而土地股份合作则提供了这一契机。土地股份合作以土地为核心要素，所有拥有土地的农民都能广泛加入，因此，能够最大限度地发挥农民的主体性。而通过土地资源的整合，以往对农民而言的小块土地能够有效集聚起来，为村庄的整体开发提供基础。在此情况下，2013 年 6 月，经村集体研究决定，"最美乡村土地股份合作社"正式成立。

（1）机构设置

合作社已经成立，它的运行就成了全村村民关注的焦点。首要问题就是合作社日常的重大决策该由谁来处理。为解决这一问题，村委会召集全体村民召开村民大会，最终商议决定，为秉承"公平""合作"的一贯理念，合作社实行"社员代表大会制度"，即确定成员代表大会为合作社重大事务的决策机构，设成员代表60名，每50股产生一名成员代表。成员代表在村庄的各大家族中产生，由每个家族按家族成员所持股份多少推选出成员代表。例如，如"杜"姓家族所有成员共持有100股，则选派两名家族成员进入成员代表大会。

社员代表大会的职权主要包括：通过、修改合作社章程；选举、罢免理事会、监事会成员；审议、批准理事会、监事会工作报告；审议、批准合作社发展规划、资产经营计划、年度财务预决算报告、资产经营管理方案等。南堂子村土地股份合作社的机构设置，是对农民主体和精英带动关系的重要体现。社员代表大会作为合作社重大事务的决策机构，是农民参与合作社管理的重要载体。

有了重大事务的决策机构，接下来的问题就是这些日常管理事务由谁来贯彻和执行。同样经村民大会商议决定，合作社成立理事会，其成员由社员代表大会选举产生。其中设理事长1名，副理事长1名，理事3名，每3年进行一次选举，可连选连任。根据合作社第一次成员代表大会选举结果，由村主任杜恒顺出任理事长，主持合作社的全面工作；杜召旺任副理事长，负责合作社日常经营管理；郑西顺、赵广法、陈云才三人出任理事，分别负责对外业务联系、技术指导和财务管理工作。

理事会主要行使以下职权：组织召开成员大会或成员代表大会并报告工作，执行章程和成员代表大会决议；制订合作社发展规划、资产经营计划、资产经营管理方案、内部规章制度、管理人员工作职责、财务收支报告、分配方案等，供成员大会或成员代表大会审议，并在通过后执行；对重大投资项目进行可行性论证，提出投资决策方案；负责日常生产经营、培训、管理工作，代表合作社处理对外事务；确定成员的生产经营规则，组织制定合作组织的作业服务标准和作业范围，推广应用先进技术，负责产品对外宣传营销；管理合作社资产、财务；接受、答复、处理执行成员提出的质询、建议；决定聘任或解聘合作社经理、财务会计人员和其他专业技术人员；决定成员入社、退社、继承、除名、奖励、处分等事项。

决策和执行的机构都有了，接下来还要成立监事会作为执行机构推行具体工作的监督机构——监事会，其成员同样由成员代表大会选举产生，设监事长 1 名，监事 3 名，主要行使下列职权：对理事会及其工作人员的工作行使监督职能，提出建议和批评意见；监督日常生产经营、管理工作和财务收支状况；每季度至少审查一次合作社财务，并向成员公布；必要时提议临时召开成员代表大会；列席理事会会议等。

为了调动农民的积极性，尊重农民的主体地位，土地股份合作社在机构设置上需要考虑民主的因素。在这一过程中，南堂子村结合自身实际进行了创新。一是在土地股份合作社的成立过程中发挥村民大会的作用，使村民广泛参与土地股份合作社的筹建过程。二是在土地股份合作过程中发挥社员代表大会的作用，通过将社员代表大会设定为合作社重大事务的决策机构，使村民能够尽可能参与土地股份合作社的日常管理决策过程。三是结合家族的特点。"社会单元是家庭而不是个人，家庭才是当地政治生活中负责的部分"。① 在土地股份合作过程中，南堂子村将家族视为参与土地股份合作社管理运行的重要主体，如以家族为单位产生社员代表大会的社员代表等。

（2）股权配置

土地是农民的"命根子"，如果说"合作"精神是土地股份合作社的基础，那么公平合理的分配股权就是能够维持"合作"稳定的灵魂。为了维护合作的灵魂，合作社对股权设置尤其是原始股权设置做出了精细而长远的设计。

首先，以土地入股的普通农户而言，合作社将土地股以人口为单位，将已集中的土地平均分为 1453 份，每口人应分得的承包土地亩数折算原始股 1 股，共计 1453 股。合作社于 2013 年成立之时，以户为单位为社员颁发了股权证，作为领取保底金、分红的凭证。

之所以采取这样平均土地股数的做法，源自村民对于平等的强烈追求，以及村干部对这一需求的准确把握。"本来分田时候，地分得还算公平，家里人多的地就多，人少的地就少，但是这些年来都没动过，有些人

_____

① ［美］费正清：《美国与中国》，张理京译，世界知识出版社 2006 年版，第 21 页。

家老人'老了（即去世）'，闺女多的都嫁出去了，一家就剩两个人，占的地比我们一家五口人占的还多，这是啥道理？"土地分配不平均，使村民颇有微词，土地较多的农户引起了其他农户的普遍不满，甚至成为引发村民冲突的口实。因此，合作社决定采取平均的方式分配股份，以最公平的手段实现公平的目的，"一碗水端平了，老百姓才会更支持你。"

二是对于那些在合作社成立之初，以资金入股的大户和村集体而言，则是以200元每股的换算方式将资金折合成股数。如，60个大户成员，每人3000元，投资额同样折合成股份，200元为1股，每个大户成员15股，共计900股。按照规定，大户成员只能享受分红，不享受每年200元的保底金。但村干部说，当初选择大户成员时，选的都是一些"想得远、看得开"的人，因此他们并不介意每年少获得200元钱，"只要村里发展好了，我们分到的钱肯定比200块多得多，没有也就没有吧！"合作社成立之时，村集体投入了133000元的启动资金，将村集体投入总额折合成虚拟土地亩数计算股份，200元算1股，共计665股。至今，村集体向经济林投入总额约50万元，大部分资金是以村庄的名义向村民借贷的。但后期追加的投资并未计算为新的股份，"之所以这样做，是因为如果村集体的股份增加，那分红时肯定也要多拿一部分，那老百姓就少拿了一部分，还是尽量让利给老百姓吧！"

第三，关于合作社股权变更，则是以"人口有其股，增人增股，减人减股"为原则，只要户口落在本村，无论新增人口、从外地迁入人口，均具有合作社成员资格，持有股份。合作社的股权变更情况由副理事长及合作社会计负责审核，每年重新统计一次。但原始股3018股保持不变，新落户的成员只能享受分红，不享受保底收益，因为"新落户的既没有土地，也没像大户一样投资，所以不给保底"。但是，若持股人因外嫁、去世等原因将户口迁出或注销，则视为自动退股，其退出的股份由新增落户人口进行补充，补进后即可享受保底金及分红。补进的顺序以落户的时间顺序为准，如当年有两人退股，则落户最早两人可以补进土地股，每人1股。未能补进的，只能等待下一次有人退股的机会。据一位从外乡嫁过来的妇女说，当初因为觉得南堂子村的地太少，而且娘家所在的村庄还有每年600元的移民资金，南堂子村一年只有200元，所以不想把户口从原来的村转到南堂子村，十多年都没有落户。现在看见合作社开始挣钱了，心里就有点儿痒痒。抱着同样的想法，村民的眼光都越来越长远，一年之内就落户四十多人。

此外，合作社对于几类社员的管理体现了"以人为本"的原则，第一是外嫁女，只要户口还在本村，就继续持有合作社股份，但在外村已拥有土地的则需退出股份。第二是在校学生，在其上学期间，或毕业后的待业期间，合作社都保留其股份。一旦找到工作，有了稳定的收入来源，则自动退股；第三，为现役军人保留股份，而且在入伍前的体检期间，合作社每天支付其 100 元的补助。对军人的优待，来自村书记郑灿宾儿时就有的军人情结。他从小就崇拜军人，理想就是长大了以后去当兵，后来因为腿疾未能实现，但是深知部队生活的艰苦，因此对本村的服役军人有所关照；第四，为服刑人员保留股份，服刑期间不发保底及分红，待服刑期满回到本村，重新开始发放。

按照"入股自愿、退股自由"的原则，成员可以撤出股份，但为了保障经济林的整体性，只能服从合作社的统一规划与安排，可以只退股不退地，按照土地承包的形式继续进行承包；也可以退股退地，但退地的空间位置有所改变，地亩数保持不变。合作社成立不到一年时，社员并没有见到当初村干部承诺的分红，几个村民便有了退股的想法，于是去质问村干部说话还算数不算数。当听说合作社财务亏空过大，目前还无法收回成本进行分红，但现在景区收入不菲，一年就还了 100 多万的欠款的"天文数字"，社员大为震惊，同时也开始相信合作社的确有获得巨大经济收益的能力，慢慢化解了顾虑——"那就再等等吧，起码现在还有一年 200 的保底钱，退了连这也没了。""既然经济林几百万的欠款都能还清，分红还是挺有希望的"。直到现在，合作社还未出现社员退股的现象。

表 1　　　　　　　　　合作社股权配置方式

股权类别	持股人	确股方式	股份数量
土地股	全体社员	人均 1 股	1453 股
集体资产股	村集体	200 元投资 =1 股	665 股
资金股	60 个大户成员	200 元投资 =1 股	900 股
合计	—	—	3018 股

　　由表 1 可见，在股权配置上，为了能够有效激发农民的主体积极性，土地股份合作社甚至通过牺牲经营效率来增强公平，以此来满足农民对公平的需求。这主要体现在三方面。一是通过土地股份的重新划分，借助"一人一股"，按人口平均分配的方式满足农民对土地的需求，化解农民因土地分配不均而形成的不公平感。二是通过压缩资金投入所占股份比重的方式，使拥有土地优势而非资金优势的农民能够在土地股份合作过程中拥有更大的决策权。南堂子村土地股份合作的股权配置虽然在法律意义上存在不合理的可能，但在调动农民积极性方面却发挥了积极作用。

　　（3）经营管理

　　社会治理的有效运行，离不开良好的激励机制。在南堂子村土地股份合作过程中，合作社采用目标管理模式，即通过营业额目标、利润目标、成员满意度评价目标三个方面目标，对合作社各项事务进行管理、考核，为乡村治理的有效实现和土地股份合作的良性推进提供了积极动力。

　　合作社的目标管理主要包括三大部分。一是营业额目标，即合作社营业额目标根据市场行情及果树产出计算得出，并由成员代表大会通过。每年临近盛果期，合作社会委派管理人员对果树的产出进行估算，并对当年产品的市场行情进行考察，结合近几年的价格趋势，大概计算出当年的销售收入，作为当年的营业额目标。由于经济林 2013 年才产出第一批果实，收入为 100 万左右，因此成员代表大会决定 2014 年暂时将 100 万作为营业额目标。今后，随着经济林经营状况的好转，营业额目标将逐年稳步提高。二是利润目标，即实际收入超出营业额目标的部分。例如，设定年度营业额为 100 万，实际收入 120 万，则对超额完成的 20 万进行二次利润分配。三是成员满意度目标。为了使成员对合作社的经营管理进行全面、有效的监督，合作社设定了成员满意度目标，对合作社管理者进行评价。按照制度设计，成员满意度每年评定一次，由 60 名社员代表对理事长、副理事长、三名理事、监事长、三名监事的评价依次进行举手表决，若对管理者的工作满意，则举手，若不满意，则不举手。理事长随机在社员代表中选择一名代表当场统计得票率。若某名管理者的得票率不足半数，则可对其进行罢免，随后由理事会择期召开全体社员大会，以无记名投票的方式进行重新选举，得票多者则当选为新的合作社管理者。

　　由于合作社目前尚在起步阶段，成员满意度评定尚未真正执行过。合作社管理者表示，合作社成立时间不算太长，收益也不多，运作机制不够完善，各项制度还要在实践中验证其正确性、合理性。因此，此时一旦改选，选出的管理者未必了解合作社业务，短时间内也难以熟悉。贸然进行改选，在合作社发展的关键阶段，必定影响组织的正常运转，因此，短时间内还需要现有的管理者进行组织管理。"等过几年，合作社慢慢'上道儿'了，大伙儿都明白这里的事儿都是咋回事儿了，到时候万一要换人，换上来的也不至于'抓瞎'啊！"

（4）利润分配

"蛋糕好做分来难"。合理分配社会发展的财富是社会治理的重要内容。在合作社正式盈利之后，利润如何分配则直接影响合作社的稳定和发展。而利润的分配与合作社的股权设置、管理模式密切相关，合作社主要将利润分为营业额分配和超额利润分配两个部分。当经济林收入能够达到营业额目标时，则将营业额、超额利润分别进行分配；反之，当收入达不到营业额目标，则按照当年实际的营业额进行分配，这也是最大程度上体现公平的分配方式。

关于营业额的分配，在当年的总收益中，首先，扣除当年的每人200元的土地保底租金、农业工人工资、树苗、化肥开销等基本生产成本。其次，剩余的净利润则再扣除20%的风险金。县里示范章程规定，土地股份合作社每年都要拿出利润的20%—30%作为风险金。"最美乡村土地股份合作社"的风险金为20%，是县里规定的最低标准。一方面是因为景区和经济林的总收入在乡镇甚至县域范围内都属上游，总收入的20%并不算小数目，另一方面是想尽量让村民获得更多收益，因此将80%的利润收入全部用于分配。再次，扣除风险金的剩余部分按照三大类原始股占股份总数按比例进行分配。根据合作社的股权设置，原始股共3018股，社员人均一股的土地股为1453股，占总股数的比重为48.14%；村集体的资产股为665股，占比为22.04%；大户成员共占900股，占比为29.82%。例如，2013年，合作社净利润为100万元，则全体社员获得481400元（100万×48.14%），平均每人获得331.31元；村集体获得220400元（100万×22.04%）；60个大户共获得298200元（100万×29.82%），平均每个大户2970元。

关于超额利润的分配，为了避免"百分制"的种种弊端，合作社组织召开了社员代表大会。经过讨论决定，采用"超额累进"的方法首先分配给管理人员。例如，当年超额利润为 30 万（据估计经济林超额利润应小于等于 30 万），则在 0 万—5 万部分提取 30%，在 5 万—10 万部分提取 40%，在 10 万—20 万之间提取 50%，在 20 万—30 万部分提取 60%，共计 14.5 万元，将其平均分配给合作社管理人员。至于平均分配的原因，村书记、监事长郑灿宾认为，管理层的人员虽然分工不同，但是工作时间是一样的，工作强度也差不太多，很难以量化标准决定绩效，即个人分配多少的依据，为了服众，因而采取平均分配的方式。余下的 15.5 万元按目标利润的分配方式，根据普通社员、大户社员、村集体的股份所占比重进行分红。"这样一来就简单多了，而且集体、农民、管理人员、大户都能拿到钱，大家伙'利益均沾'，谁也不用说谁占谁便宜了"。

其中，景区收益归为合作社收益统一分配。土地股份合作社成立后，旅游公司仍保持独立运作，负责景区的日常运行管理，但每年扣除员工工资等成本后的净收益归合作社统一分配。目前，景区门票为每张 50 元，年收入在 100 万到 150 万之间。由于前期投入过大，景区近几年还处于亏空状态。2010 年底，债务高达 1000 多万元，截至目前，欠款减少至 600 万元左右。合作社计划，等到景区建设所欠的债务还清后，旅游公司的收益会留 20% 作为景区设施修缮维护费用，其他 80% 则按当年的全村人口数量平均分配。

总的来看，在南堂子村村庄治理过程中，农民主体性的调动得益于以下几个方面的努力。一是尊重农民的自愿自主。土地股份合作社通过入社自愿、退社自由的方式，既能使农民广泛参与到土地股份合作过程中来，又能使农民打消后顾之忧。二是建立激励机制，通过划分营业利润和超额利润，一方面能够保障几乎所有入社农民享有一定的经营收益，另一方面也能够激励积极参与土地股份合作社管理的农民，使土地股份合作社在保障公平的基础上有效提升效率。三是利用了土地这一核心要素。通过土地资源的整合，使所有拥有土地的农民都能够成为土地股份合作社的社员，与村集体的利益有效关联起来。而以往的专业合作社或股份合作社，往往只是部分拥有技术、拥有资本的农民加入，难以广泛调动农民的参与。

（三）　土地股份合作崛起中的农民主体

家庭联产承包责任制下的农村村集体虽然以土地的集体所有权为基础，奠定了其集体属性，但"农民集体"的构成要素和运行原则却缺乏明确的法律规定，村集体与农民个人的利益关系并未明确区分，是一种"虚化集体"。[①] 因此，让虚化的集体走向实化，需要在农民的参与、利益保护等深层次予以推动。但是，将农民组织起来，则需要借助一定的手段。杜赞奇曾对国民政府时期国家政权对乡村社会的重组进行了分析，认为"权力的文化网络"是乡村治理的基础，国家对乡村社会的有效治理需要借助"权力的文化网络"这一中介。[②] 在杜赞奇看来，乡村社会是一种文化性治理。然而，权力的文化网络，如宗族、庙会、水利组织等在新中国成立以后遭到了极大的破坏，甚至不复存在。[③] 特别是改革开放以来，农村社会的社会治理逐步由文化治理转变为经济治理，经济利益、经济组织在社会治理过程中发挥着巨大的作用。

1. 乡土能人：农民主体性的激活

农民积极性的调动，特别是让农民积极参与到乡村治理过程中来并非易事。在社会治理过程中，由于农民的文化素质有限，其对新兴事物的接受和认可能力也有限，因此，在乡村治理创新过程中，一部分文化知识水平相对较高、经济能力相对突出的乡土能人往往能够先知先觉。这些乡土能人的宣传、示范、带动对农民主体性作用的发挥起着极为重要的作用。在南堂子村，经济发展水平落后、国家政策难以推进，村民心急如焚想改变现状又势单力薄、力不从心，县乡政府有心帮扶又苦于村"两委"空置、空壳村现象日益严重而有心无力。2007年，在乡镇政府多方了解情况和村民推荐的基础上，村庄能人郑灿宾逐渐走入了乡镇领导和南堂子村村民的视野。

郑灿宾出生于1974年，是土生土长的南堂子村人，从小到大亲身感

---

① 于建嵘：《农村集体土地所有权虚置的制度分析》，载于《论中国土地制度改革》，中国财政经济出版社2009年版。

② 杜赞奇：《文化、权力与国家：1900—1942年的华北农村》，江苏人民出版社2004年版。

③ 郭正林：《中国农村政治研究的理论视野》，载徐勇、徐增阳主编《乡土民主的成长》，武汉：华中师范大学出版社2007年版，第524页。

受着南堂子村民生活的贫苦与艰难。据他回忆，小时候他跟随父亲出去卖盐，当被人问起他是哪里人，他回答是南堂子村人时，别人都会略带嘲讽地问"那你们吃什么？喝什么呀？"这样的问题，让郑灿宾觉得自尊心受到伤害，因此经常与发问者起冲突，却往往会遭到父亲的训斥："咱们出来卖盐赚钱要紧，跟人家吵什么？""他们笑话咱们您没听出来吗？"每每此时，郑灿宾就暗暗立志：将来即使付出再大的代价也要发展南堂子村，让村民活得更有尊严，更理直气壮。至今，"把不可能变成可能，做一个有意义的人"仍是郑灿宾经常与人共勉的座右铭。

1995 年开始，郑灿宾先后带领一部分自愿跟随他打工的村民经营红薯粉加工、湖沙开采等项目。此外，郑灿宾还曾开过美容院、开过出租车，有了一定积蓄，当时在县城里买了商品房，成了银山镇上小有名气的致富能人，也结交了不少社会上的朋友，建立了广泛的人际关系网，当初跟随他的村民现在好多也发家致富了。2007 年，乡镇领导找到郑灿宾，极力劝说其回南堂子村工作。当时的郑灿宾刚刚买了一套全新的设备在河北张家口开铁矿，不舍得丢下刚购进的设备和刚刚步入正轨的事业。但在镇领导多次做工作，同时对郑灿宾尚在村里居住的老母亲多次动之以情、晓之以理的游说以及村民的深切期盼之下，正在河北省张家口市经营铁矿生意的郑灿宾最终决定低价转卖上百万元的铁砂开采设备，回乡慢慢尝试参与村两委日常工作，以实现其长久以来带领村民共同致富的愿望。

2007 年之前，村里的村主任一职一直无人担任，村庄能人郑灿宾回村之后，便在当年的村委会选举中高票当选为村民委员会主任。郑灿宾上任之后的第一件事，便是着手完善村里基础设施建设。因地处山坡，从前的南堂子村一下雨道路便泥泞难行。在郑灿宾的多方协调和带领下，结合"村村通"政策，村里利用 30 万元的政策性移民资金，加上向村民每人筹资 200 元（筹得 25 万，当时村民约有 1200 人左右）共花费 56 万元，修建了一条 6000 米长、4 米宽、20 公分厚的公路。公路还特意延伸通向昆山小学，去除了村里适龄儿童上学"行路难"的一大心病。与此同时，郑灿宾自筹经费，为村庄修建自来水管道，解决了村民的饮水安全问题。

新型农村合作医疗制度从 2003 年起就已在全国范围内逐步建立完善。而直到 2007 年，"新农合"在南堂子村仍没有落实，主要原因是村民对这一新生事物的不信任，认为国家政策是不可靠的，"天上不会掉馅饼"。

但作为村主任，郑灿宾比普通村民更能够意识到"新农合"的意义所在。因此，他开始着手落实"新农合"，向村民收取每人10元的参合费用。对于不愿意缴纳的村民，郑灿宾的态度是"有钱就给，没有就算了"，但无论如何还是要落实这项政策。因此，郑灿宾还自垫了9000多元，使"新农合"覆盖了全村。

村里原来的村民委员会所在地是三间破旧不堪的平房，其中一间因为年久失修已经成了危房，村"两委"成员也很少愿意前来办公。目睹这一现状，郑灿宾认为，要重新树立"两委"班子成员热衷集体的信念，同时也是重新树立"两委"班子在村民心中的形象，就要从重建村民委员会办公场所开始。"我就是要让他们知道，我们这些人不是白吃饭的，我们要重起炉灶了，说什么都得干出点成绩来！"在他的建议下，村委会决定将原来办公所在的破旧的宅基地卖给个人，又向村干部每人集资3300元，筹得2.31万元，郑灿宾则主动捐出自家的宅基地，同时垫付16万元（向村集体借款的形式），新建了现在的村委会，共花费57万元。

2008年，已经在任十年有余的老村支部书记提出因自己年纪较大、身体状况无法支撑日常工作而卸任支部书记职务。在接下来召开的全体党员大会上，郑灿宾正式以高票当选为新的村支部书记，同时卸任村委会主任一职。正是郑灿宾等乡土能人的积极带动，使农民认识到发展合作经济的必要性与好处，有效地唤醒了农民的主体性。

2. 筹建景区：利益诱发下的农民主体性

在社会治理过程中，农民主体性的调动不能只靠宣传带动，还需切切实实的利益进行诱导。而东平县旅游开发的战略部署则为南堂子村提供了农民合作的诱导利益。

（1）发展契机：新《水浒传》拍摄场地的选定

早年，当郑灿宾还是一名出租车司机时，他经常搭载去不同景点旅游的游客，有时客人也会给他买一张门票邀请其同游。想到自己的家乡南堂子村同样山清水秀，郑灿宾当时就萌生过在南堂子村发展旅游业的灵感。恰逢当年，东平县响应全省大力发展旅游业的号召、在县委县政府的带领下开始全县探索旅游兴县的全新发展道路。东平县向来以水泊梁山、水浒之乡著称，有国家4A级景区2处，3A级景区10处，已建成的水浒影视城、戴村坝等景点常年吸引多部电影、电视剧前来取景拍摄。

2008 年初，长春电影制片厂的美术设计师靳喜武在南堂子村考察中意外地发现，村里原始山体和山林保存十分完好，非常适合《水浒传》中所描述的祝家庄、宋家老宅的选址要求，并当场决定把祝家庄、宋家老宅的拍摄地点选在南堂子村。见此，郑灿宾当天便组织召开村"两委"会议并征求大家意见。会上他提出，如果能够在该剧开始拍摄之前将景区建成，不但能在拍摄期间收取设施维护费和卫生费作为村里收入，还能在该剧拍摄结束之后将景区长期保存、加以维护并向外界开放，从而通过景区门票赚取长久收益。这一提议在"两委"成员中获得认可并达成一致后，他便亲自前往镇政府争取项目资金，并向乡镇领导承诺会以最快的速度建成景区、配合拍摄，表达了攻坚克难的决心。镇领导当天就给了村里答复，决定全力支持村里这一想法，并给予 200 万元的资金支持。郑灿宾手捧滚烫的 200 万元第一桶金，回村正式开始筹备景区建设。

（2）农民疑虑：村庄第一次土地流转

农民对于合作发展有着自身内在的需求，但这一需求变为现实，则需要一个发展过程。对此，邓小平曾指出："关于农业问题，现在还是实行家庭联产承包为主的责任制。我以前提出过，在一定条件下，走集体化集约化的道路是必要的。但是不要勉强，不要一股风。如果农民现在没有提出这个问题，就不要着急。条件成熟了，农民自愿，也不要去阻碍。"①因此，尊重农民自愿、创造有利的合作条件，是走向合作发展的有利途径。南堂子村在这一走向合作化的发展过程中迎来了契机，但仍然需要有效化解农民的疑虑，使农民自愿走向合作。

在南堂子村，要建景区首先要解决的是占地问题。两个景点虽说都建在山上，除需占用一部分新开荒地之外，还涉及占用 150 多户农户的 100 余亩耕地的问题。在村"两委"与占地农户的多次协商之下，最终决定以土地流转的形式先将 100 亩耕地流转到村集体名下，租金则以每年 1000 元/亩的价格支付给农户，这一流转价格水平在全国范围内同等质量水平的土地流转先例中已经算是很高的。

然而，在景区规划中被占用耕地的村民表现出传统而强烈的"恋地

① 《邓小平年谱（1975—1997）》（下），中央文献出版社 2004 年版，第 1349 页。

情结"，不愿把自己世代耕种的土地一下子拿出来。面对这一现实，村"两委"决定在土地流转方面不搞"一刀切"，成熟一户流转一户，同意一户流转一户，一边进行景区建设追赶工期，一边推进土地流转。确实不同意流转的则以土地置换的形式来保证景区整体规划的完整性。

除了对土地的依赖，由于对旅游业这一现代产业的陌生感，许多村民对村"两委"的这一设想和举动充满了怀疑的心理。在村民看来，旅游业是一种"富人经济"，"有钱人才能搞旅游呢，咱连饭都吃不饱，这不是天方夜谭嘛！"但在郑灿宾看来，在南堂子村搞旅游业，恰恰是对本村特色的挖掘、对资源的合理利用，既能增加收入，又具有可持续性，是"造福子孙后代"的产业，不像其他以开发山石为收入来源的村庄，虽然收入颇丰，但实际上对资源的过度开发具有破坏性，这种"涸泽而渔"的发展方式终不是长久之计。宋家庄与祝家庄两个主景点的修建还需搭配修建一条环山公路才能够顺利通行。就在该路修建时，很多村民私下里议论："咱村好路都这么难修，那上山的路哪那么容易就修成呢？"

郑灿宾因在儿时患有腿疾，至今仍留有后遗症，行走不及常人便利，步速也较慢。为了保证景区能够在电视剧开拍之前顺利完成建设又能节省成本，在其施工的五个月时间内，他多次先行示范，搬砖头、推小车，带领村"两委"成员奔走在工地上，成为建筑公司的"免费劳工"。后来很多村民眼见着他腿脚不便还一趟一趟地往来于工地与村委会之间，有时候一忙起来连午饭都顾不上，干脆就在村里的老母亲家吃，也自动加入了赶工的队伍。同样的情景也被之前一些对土地流转尚存犹疑的村民们看在眼里，让他们逐步打消了心中的疑虑。在2008年10月景区全部竣工之前，涉及景区土地的150多户农户全部自愿将土地流转给村集体。

（3）资金问题：能人社会关系的利用

土地的问题解决了，接下来便是资金问题。200万的资金还远远不够支付景区的全部建设支出。一期两个景点的建设虽然工程量不大，但是为了要赶在电视剧开机之前完成建设，就要在短短的五个月时间内完成全部工程。面对如此紧张的时间，建筑公司在第一轮谈判中便向村里提出了1100万元的工程款要求。经过多轮拉锯式谈判，最终该公司在承诺保证工期的情况下，与南堂子村以600万元的价格达成了建设协议。而这多出来的400万元则由郑灿宾及两委成员的个人积蓄以及利用私人关系以村集体名义向外界借贷而来。其中，村两委成员的个人积蓄不计利息，其他计算利息的部分则在景区收益之后连本带利进行偿还。郑灿宾为了凑这些钱，把能想的办法全都想尽了，借钱甚至借到了自己妻子的娘家去，包括妻子二姐的 4 万元，四妹的 3 万元，五妹的 2 万元，有些钱至今也没能还上，但是家人对其工作表示理解，从未因此而催债。

一期工程的两个景点终于在电视剧开拍之前顺利竣工。村集体以每天 500 元的价格向剧组收取场地费和卫生管理费，收益得以填补了一部分之前所欠的债务。为完善景区的设施建设，提升景区整体档次，就在电视剧拍摄的过程中，景区的二期工程紧随其后开始投入建设，又先后建成七星山寨、七星潭、月岩寺、石雕艺术公园、望湖亭、生态采摘园、旅游码头、文化休闲广场等八大景点，先后共投资近 3000 万元，集体经济在南堂子村迈出了宝贵的第一步。

"天下熙熙，皆为利来，天下攘攘，皆为利往"。利益既是触发农民合作的重要途径，同时农民合作也是保障农民利益的重要途径。但对于"停驻于原子化状态的个体农民而言，其自身利益是难以保障的。唯有促成农民合作，才能不断增进农民利益 。"[①] 在南堂子村，正是通过土地股份合作，将农民"弃之可惜"的土地资源整合起来，使农民的土地才能够发挥最大的效益。同时，在南堂子村土地股份合作过程中，农民主体性的发展的重要原因也在于利益的诱导。由于《新水浒传》拍摄场地选定在南堂子村，因此农民能够直观感受到合作可能带来的收益。

3. 专业合作社：组织撬动的农民主体性

（1）吸引大户入股

为配合景区的整体发展，郑灿宾与村"两委"班子成员协商决定了一个大胆的想法，就是"趁热打铁"将全村土地全部流转起来，种植经济林。2007 年，郑灿宾上任村主任时，就曾萌生过种植经济林的想法，只是当时困难重重。一方面，土地集中之前，村里也曾有人种植过石榴、香椿等树木，但由于缺乏统一管理，且树木的生长周期长、收益见效慢，因此，还未等树木长成就被砍掉了，处于萌芽状态的"经济林"最终以

---

① 孙迪亮、肖芳：《农民合作：农民利益困局的破解之道》，《当代世界与社会主义》2011 年第 3 期。

失败告终。另一方面，村干部当时对土地流转也没有足够的信心，又要先忙于完善村里的基础设施建设，因此没有将该想法付诸实践。如今在景区建设中能够顺利将 150 多户的土地流转，尤其是后期还得到了全村绝大多数村民的理解，这给了郑灿宾和村"两委"班子成员极大的鼓舞。

为解决资金来源问题，一方面，郑灿宾从林业局争取到了 24 万的项目投资。另一方面，引进大户成员投资。为扩大资金来源，村"两委"召开会议决定引入"有干事创业的决心、无私奉献精神、信任村'两委'"的大户成员，随后挨家挨户地统计有意愿的大户成员，最终产生了 60 个大户成员，每人投入了 3000 元，为经济林的建设增加了 18 万元资金，用于育苗、人工等支出。在这些大户成员中，有 3 人是村里的低保户。当一位享受低保的村民谈及为何要在自己尚难以丰衣足食的情况下拿出一笔"巨款"投资时，他表示自己"吃低保吃了那么多年，现在国家政策那么好，书记又是实实在在为老百姓服务的，也该为村里做点事了"，所以他将自己子女给的 3000 元拿出来投入了经济林建设。

（2）集中全村土地

与资金问题相比，集中土地的工作更为棘手。尽管村民们在本村仅有几分土地，土地对于村民改善生活条件、增加经济收入的作用并不明显，但仍然有一些村民对土地流转持有异议。主要原因在于，土地流转之后是按照人头来发放每人 200 元的保底金，而从分田到户至今，不但各组的土地出现了不平均的现象，各家各户的土地也由于人口的变更而出现差异。村里有两户人家，其中一户只有两位老人，共有承包地 1.5 亩，人均0.75 亩，儿子在外地上班，女儿外嫁，儿女的户口都已迁走。两位老人都已年过六十，虽然还能下地劳动，但已明显力不从心。"种地不过是为了有点事干，我们存的钱加上儿女们再给点儿，差不多就够了"；而另一农户家共 5 口人，户口均在本村，土地面积也是 1.5 亩，人均才 0.3 亩。

这两家人恰好是邻居，却因为土地不均这一在周围人看来并不算什么大事的问题，引发了重重矛盾。据两家人的邻居说："平时两家人照了面就跟谁都不认识谁似的，背地儿里谁也不说谁半个好字，跟有多大仇似的。要是真像电视里演的那样，两家的孩子相好的话，估计能打起来！"而土地流转之后，两个农户人均土地面积不同，流转后享受的保底金却没有区别。"本来，是人多的看人少的不顺眼，现在可好，人少的又不乐意了，说凭啥我家跟他家出的地一样多，他家拿的钱就多？但是村上说了，就是要按人分，你能咋呀！"总之，人均土地面积较大的农户对这种"平均化"的分配方式多有不满。基于上述复杂的原因，流转土地的过程并非一帆风顺。

由于村民从未经历过土地流转，郑灿宾认为一定要让村民真正理解土地流转的含义及作用，不能强制执行。因此，当时郑灿宾带着村两委成员及各队队长十几个人挨家挨户做工作，与同意流转的农户签订《南堂子村山坡土地流转协议书》。

复杂艰巨的土地流转工作从 2008 年初开始直到 2009 年底整整持续了两年之久。从起初大概有 20 户不同意流转，到 2009 年只有三户不同意（这三户已于 2013 年完成流转）。据村妇女主任介绍，在所有村民中，年轻人的工作是最好做的，因为他们与土地的关系没有父辈那么密切，因此"恋地情结"并不严重。由于务农收入极为有限，"地种出花儿来也不能养家糊口"，本村的年轻男性多选择外出打工，而女性大多留在家里操持家务，抚养孩子，精力、体力上都难以承担繁重的农业生产，因此年轻人中反对声并不高。"反正地闲着也是闲着，一年啥都不用管就给 200 块钱，那就交呗！"然而，对于一部分没有劳动能力，又与土地打了一辈子交道的老年人，工作做起来比较困难。对于这些老年人，村干部采用的主要方式就是"算账"——"如果你自己种地，一年一亩地也就能挣 100块，现在我们一年给你们家一人 200 块。如果你愿意干活，还可以到合作社来，做做除草这样的活儿，做了每天就有三四十块钱，不比你自己种强？"村干部通过摆事实、讲道理，明确地将土地流转的利害关系向村民说明，使大部分村民同意将土地流转到村集体。

（3）成立专业合作社

在获得了启动资金、村庄土地已完成集中、规模扩大的条件下，经济林正式进入具体运作阶段。"如果土地不集中，你自己种自己的，自己卖自己的，那样合适吗？村里管不了，老百姓管不好，你把这一小块一小块的地统一成一大块，有人替你管着，你啥心都不用操，等着拿钱就行，这多好啊！"因此，为了对经济林实行统一化、专业化的管理，2009 年，"七星林果专业种植合作社"正式注册成立。

专业合作社成立之初，南子堂村在 1200 亩的土地上种植了石榴、桃、核桃、油杏等作物，结果后由合作社统一过秤、储存、销售、管理收益。这些树木品种的选择，是在结合当地自然、社会条件的基础上，经过严格的考察、论证的。例如，大片石榴树开花、结果时的景色美不胜收，蔚为壮观，可以助力村庄旅游业的发展，成为一个新的景点，因此选择栽种石榴；核桃的保质期较长，且市场前景看好，保值、增值潜力较大，且具有深加工的价值，可以增加收益；合作社曾专门聘请林业专家对当地进行考察，专家认为当地的土壤适合桃树的生长；由于土壤肥力不强，且气候干旱，因此选择栽种抗旱能力较强的珍珠油杏。经济林的树木先后分两批进行种植，截至目前，共栽种了核桃树三万五千多棵，桃树一万多棵，珍珠油杏一万七千多棵，石榴四千多棵，樱桃树五百多棵，枫树一万五千多棵，香椿五千多棵，同时，还在经济林下面套种地瓜，避免了烦琐低效的除草工作，又能供游客采摘，售价为 1.5 元/斤，村民也可以购买，售价为 0.8 元/斤。

与此同时，为保证经济林经营专业化、科学化、现代化，合作社成立一支专业的经济林服务队。服务队队长负责团队管理、安排劳动任务、技术培训等，聘请专家教授剪枝、嫁接等技术，并定期带领若干团队成员参与上级政府举办的技术培训，培训后将所学技术向整个团队普及。服务队队长由成员大会选举产生，是村里的六个生产队队长之一，具有较强的组织、领导、协调能力。服务队队长从本村挑选了 30 名勤快、有时间、有劳动能力的种植能人，专门负责经济林打药、锄草、剪枝、采摘等工作，其中女性 25 名、男性 5 名，工资为女性每天 40 元，男性每天 50 元。服务队队长工资为每年 15000 元，需要亲自参与劳动，但不享受普通团队成员每天 50 元的工资。

"七星林果专业种植合作社"的成立，实现了果树的统一经营，专业管理。但专业合作社属于企业性质，需要承担市场风险，因此组织稳定性不足，不利于村集体、农民增收，且村"两委"成员对于合作社发展的责任心不强，村干部都觉得不是自己的事，因此不愿在合作社的事上花费精力。在专业合作社中，农民并没有股份，只享受每年每人 200 元的保底金，因此，"除了跟村里那些专业的技术人员有关外，跟老百姓也没啥关系，没法把他们也调动起来，他们有劲也没处使去"。此外，果树有一定的生长期，所以，2013 年前，合作社基本处于"只投入、无收益"的状态。直至 2013 年，部分果树开始结果，合作社才开始进入收益阶段。专业合作社获得了第一笔收益的主要来源为三个品种的桃子——"中华寿桃"10000 斤，售价 1 元/斤；油桃 10000 斤，售价 6 元~8 元/斤；"中原五号"10000 斤，售价 2 元/斤，扣除成本，净收益约为 70000 元。此后，随着越来越多的果树结果，收益还会不断增加。如何分配收益，成为摆在村集体面前的新问题。正是基于此，2013 年，村集体正式组织农民成立土地股份合作社。

单个农民往往由于自身力量有限，在集体行动中往往缺乏话语权，其利益往往难以有效保障。只有分散的个体"小农"联合为"大农"，将农民组织起来，才是有效保护农民利益的重要条件。[①]在南堂子村土地股份合作过程中，正是通过成立专业合作社、股份合作社等形式，将分散的农民聚合起来，农民的积极性才得以调动。一方面，在合作组织中，农民的集体行动得以有效协调，农民能够通过资源聚合在经济发展中发挥巨大的作用。另一方面，农民的组织化有效增强了农民的主体地位和利益表达能力，使农民的利益能够得到有效保障。

（四）土地股份合作的治理绩效及新情况

土地股份合作社的发展，改善了村庄的经济环境，为南堂子村的社会治理注入了新的活力。特别是，在这一过程中，农民的主体性得到充分激发，成为乡村治理的重要力量之一。

1. 土地股份合作的治理绩效

一是农民增收渠道增多。据统计，2007 年，村庄人均收入不足 3000元，2013 年，人均收入已接近一万元。村民吴德玉一家有 12 口人，3 个孩子在外打工，以前地全靠他一个人耕种，每年的纯收入仅 1800 多元，要靠孩子们接济才能维持生活。加入股份合作社后，吴德玉一家每年的保底收入为 2400 元，加上其本人在合作社工作的工资约 4600 元，年收入7000 元左右，"挣的钱翻了好几倍，还比以前自己干活轻快多了。"同时，旅游风景区也吸纳了南堂子村 50 名劳动力，负责在景区看守景点、驾驶

---

① 万秀丽：《农民专业合作组织：发挥农民主体性作用的重要载体》，《宁夏社会科学》2011 年第 3 期。

观光车、清理景区垃圾等，月收入1500元左右。此外，从土地的束缚中脱离出来的农民，开始有机会外出务工，获得比务农高出几倍的收入。据村里的老书记说，现在全村的劳动力几乎都有几千到几万元不等的收入。不仅如此，村民的收入还有一定的提升空间，来自合作社盈利后的分红收益。合作社的产品销路有牢靠的保障，以油桃为例，良好的口感为其赢得了广阔的市场。"在城市里卖8元一堆人抢着买，卖到15元还是抢着买，还有，年年有公司来跟我谈按市场价收购油杏、核桃的事，钱肯定是越挣越多，这可是一棵棵的摇钱树啊！"

在农民增收的同时，村集体的财政状况也大为好转。除各级政府的补助外，村集体自己已投入三千多万元资金用于景区及经济林建设。前些年，为了筹措资金，村干部只能自己垫资，或通过公共、私人关系，向银行贷款，向村里的大户、亲戚朋友等借款，导致村集体陷入财政危机。"最吓人就是2011年，大年二十六，要账的多得跟赶集的一样挤在村委会大院里，不还钱年都没法过。可我们一点办法也没有，实在拿不出钱了。"大年二十八，村"两委"召开联席会议，村委委员纪连顺给上级政府写了一封信，表达了村"两委"一年来的付出、困难，使在场所有人抱头痛哭。"散会了以后，我又一个人在村委会，一边哭一边想到哪儿弄点儿钱去，正好我们村的李玉芳也来找我要钱，把她吓了一跳，说'你咋啦？从来没见过你这样'。我就跟她说了，她听了就很同情我们，说'你别哭了，我再给你支几万，你欠我的钱慢慢再还'，这才解了燃眉之急。"2010年，村集体所欠债务约为1000万元。经过几年的苦心经营，目前村集体仍欠施工单位600万元。但是村集体这几年收入比较稳定，预计2015年，经济林可收入130万，景区可收入150万。"用不了三年，外债应该能还清，我们就可以给老百姓分红了，已经让他们等了好几年了。"

二是农民的民主参与意识增强。经过合作社长期经营，社员的收益权、管理权、知情权、监督权等社员权益受到全面保障，使合作主体能够有依据、有渠道、有秩序地参与到合作社的各项事务中来。例如"以前开村民代表大会，通知十点到，结果十一点也开不起来，开始了也是村干部自己在那说，嗓子喊破了底下人也没几个听的，也说不了多长时间就完事了"。而现在，虽然合作社的成员代表大会主要负责讨论经济林的相关事宜，村民代表大会负责讨论范围更大的村务，如修建文化广场等，两种会议的分工不同，但在村小组长通知后，党员、村民、成员代表的出席率与之前相比有所提升，没有特殊情况基本都能出席。"开会说的都是咱穿衣吃饭的事儿，咱自己咋能不关心呢？"以村民代表大会为例，南堂子村每年至少召开三次村民代表大会，每次开会需要至少半天时间。会议首先由书记或主任宣布议程，随后村民代表轮流口头发言。会上经常能够形成激烈讨论，争得面红耳赤，有人甚至站到桌子椅子上发言。但无论会上争吵如何激烈，都不会对村民间的关系造成不利影响。"大家都是为了村里好，村里好了老百姓才能好啊，谁能因为这结仇呢！"也正是在激烈的讨论中，产生了不少对村庄具有建设意义的意见。村主任杜恒顺表示："虽然他们说的村里边听不听，按不按他们说的办，咱会有自己的考虑，但咱们一定要给老百姓一个平台，让他们把想说的话说出来，他们才会甩开膀子和咱一起干。"

在积极参与合作社管理事务的同时，村民的监督意识也开始确立。起初还有人因为对土地入股心存不满而砍倒了经济林的核桃树，但当时村民都不愿意多管闲事。现在村民看到了经济林的发展，也认识到了合作社的收益与自家的收益息息相关，保护意识因此而逐渐树立。据村民反映，2013 年，有一名在合作社专业技术团队工作的村民，偷偷将合作社的果实据为己有而私自卖出，被村民发现之后，又将声讨他的大字报在村里到处张贴，迫使其最后归还了销售所得。从此以后，再也没有人敢打果树的主意了。"现在就算谁偷吃一个桃，其他人都不乐意，林子是大家的，你凭啥自己拿去吃啊！"

三是集体认同与归属感的增强。2013 年，村庄的路灯出了故障，路灯不亮给村民的生活带来了诸多不便，村民第二天就向村委会反映了这一情况："这黑灯瞎火的一个大活人被绑走了谁也看不见，别说这了，就是谁绊上一跤也够呛啊"。村委会立刻派人将路灯修好，设定路灯每天下午四点开始照明。但是，村民认为亮灯的时间过早，于是再次找到村委会，"四点钟天还没黑呢就亮灯，这不是浪费电嘛，村里得多掏多少电费？有钱也不是这么个花法啊！"村两委对这一意见表示认可，再次派人调整了路灯的照明时间。可见，如今村民都以集体壮大、村庄发展为己任，"把村里的事当成自己家的事，自己家的事当然就要管。"

随着土地股份合作社的不断发展壮大，农民对村集体的态度也随之有了转变，"以前的村干部都是要钱的，现在改发钱了，那可不比原来好太多了！"但仍有部分农民对土地股份合作社认识不够深刻，也难以真正理解合作社的优势所在。例如，笔者问一位村民："您在咱们村的土地股份合作社有股份吗？"该村民回答："没有，地都不是自己的了，哪儿有股份啊"，但笔者了解到的事实是全村村民都已加入合作社，于是追问："那您的地交出去了以后，村里是不是每年给您发 200 块钱呢？"该村民回答："那是啊！"这 200 元正是这位村民入股后每年的保底收益。

也有村民的"恋地情结"并未完全消除。如在另一位受访农户家中，笔者问"自己家的地被村集体统一管理，您愿意吗？""谁愿意呀，地都是一辈一辈传下来的！现在去山上上个坟都不方便。还有人专门看着，不能随便去，你说给自己家老人上坟，还得别人同意了？"但这位村民同时也表示，"书记和主任都是好人，忙前忙后的，确实是给老百姓办了不少好事，咱既然跟着沾了光。做人嘛，得知道感激，自己有啥不满意的也不能多说啥。"

一位经历过人民公社时期的农民不无感慨地说道："本来分田到户之后，觉得土地是自己家的了，心里还是挺踏实的，所以最开始入股的时候，也不完全明白咋回事。前几年看着小苗只有筷子那么粗，心里也'犯嘀咕'。现在看到果树慢慢长起来了，开始挂果了，村里欠的债也慢慢还上了，才觉得有信心了，将来我们应该能分着不少钱吧。"

早在村集体进行土地流转、集中时，有两个农户坚决不同意将土地流转到集体，直至 2014 年初才同意的。其间，村干部选择尊重其意见，并未强行将其土地进行流转，在合作社向其颁发股权证后，也将 2010 年到 2012 年的保底金补给了他们。这一举动使两个农户深受感动，至今提起仍对村集体感恩戴德："前些年，我们跟村里对着干，他们还把这些年的钱都给我们，想想那时候真是不识大体"。

四是村集体治理能力的提升。即使是相对于普通村民眼界更开阔、思维更具前瞻性的村干部，也有一个思想转变的过程。一位村干部私下说，自己文化程度不算高，起初自己也很不理解土地入股，做工作时压力很大。"最开始连话都说不明白，人家问我为啥要入股，我除了说能多挣点钱，别的就啥也说不清楚了。"土地股份合作社成立之后，村集体对于村庄事务的管理能力有所增强，在村民中树立了更高的威信，不仅带来了"经济效应"，还带来了"管理效应"。2012 年，全县开展"清四堆"工作，即清理村庄的柴草堆、粪堆、垃圾堆、杂物堆，以实现"村容整洁"的目标。据银山镇政府一位工作人员介绍，其他村庄的工作较难开展，村民往往不认为村容整洁和自己有什么关系，因此并不热心。而南堂子村的清理工作则是全镇进展最快，效果最好的。"说明郑书记确实能干，不管农民是出于信任，还是感激，还是什么，总之都听他的。"

土地股份合作社这一新的组织形式，把农民的核心利益与民主管理权更加有效地连结在了一起，他们在组建农民自组织的过程中逐渐与体制精英接触，甚至相互融合和转变，形成了村庄多元共治的基础。[①] 从东平县的实践来看，合作社为社员提供了优先就业权，成立了专业的技术团队，从事经济林维护、采摘、销售等工作，不仅增加了经济收入，而且增强了社员之间的互动与融合，使社会关系更加和谐。"农民交往的圈子很小，也就那几个人聚一块儿拉拉话、打打麻将……在合作社干活、挣钱，以前不认识的人现在都互相认识了，多交点人总不是坏事吧，谁家里有个什么事还能多几个人帮忙。"对此，村干部也认为，"找点儿事让他们忙活，他们就没空说那些张家长李家短的事了，农村的多少矛盾就是因为这些鸡毛蒜皮的小事。"

此外，本届"两委"班子上任后，经村民代表大会同意，在村里修建了一个文化广场，丰富了村民尤其是留守老人、妇女的精神文化生活，也为村民提供了交流的平台，打破了固有的交际"小圈子"。当笔者问一位子女都在外工作的老年人平时都干些什么时，老人回答"这么大岁数还能干啥呀，也就自己在家种种花啥的呗，有时间去广场溜达溜达，跟人随便拉两句，听听人声儿也比在家干待着强。"后来，村民利用文化广场自发开展了广场舞活动，如今已发展成为 30 个人的"小团队"，亲身参与的人乐在其中，旁观者也看得津津有味。"你说现在不用种地了，闲着干嘛呀？再不活动活动就不会动了！大家一块儿动弹动弹，不比往一堆儿一坐，拉那些婆婆媳妇儿的事儿强多了？反正我现在晚上出来跳舞，白天

---

① 陆道平、钟伟军：《农村土地流转中的地方政府与农民互动机制研究》，清华大学出版社2012 年版，185 页。

没啥事也跟家里比划比划，听听歌儿记记动作啥的，那些糟心的破事我懒得琢磨！"

2. 土地股份合作中的农民主体

在一个农村人口占大多数的国家，农民问题始终是影响社会运转的重大问题，解决农民问题是化解当前农村社会发展困境的重要力量。当前农村出现大量专业合作社等经济组织形式，但由于农民参与不够，农民主体性往往难以有效发挥，从而导致部分合作社异化为"部分干部经济"，出现"挂羊头卖狗肉"等现象。[①] 而如何在合作过程中发挥好农民主体性这篇"文章"，南堂子村进行了大胆尝试。

其一，农民主体性激发需要尊重农民自愿。农村集体经济是农民为追求共同利益而联合形成的组织形态。在集体经济中，个体借助集体这个共同体获得个体经营所不能获得的好处。如马克思所言，"只有在集体中，个人才能获得全面发展其才能的手段，也就是说，只有在集体中才可能有个人自由。"[②] 农民在集体中能够获得更多的好处并不意味着可以强制农民加入集体。真正的集体是"自由人的联合体"，是"建立在个人全面发展和他们共同的社会生产能力成为他们的社会财富这一基础上的自由个性"[③]。在实际操作过程中，马克思主义者也特别强调个体自愿的重要性。如列宁在推进俄国的合作化过程中认为："只有那些由农民自己自由发起的、经他们实际检验确有好处的联合才是有价值的。在这件事上过分急躁是有害的，因为这只能加深中农对新事物的成见。"[④] 在人民公社发展过程中，由于集体化推进过快，农民意愿未能得到有效尊重，其结果是农民主体性长期得不到激发。南堂子村的土地股份合作源于农民对土地整合利用的强烈需求，在推进过程中根据农民的发展需要，逐步从土地流转过渡到专业合作社，从专业合作社发展成为土地股份合作社，从而让农民充分接受土地股份合作这一新型合作形式。

其二，农民主体性激发需要适当的激励机制。"搭便车"问题是集体行动和集体组织运行过程中需要化解的重要问题。在我国集体经济的发展

① 熊万胜：《合作社：作为制度化进程的意外后果》，《社会学研究》2009 年第 5 期。
② 《马克思恩格斯全集》第 3 卷，人民出版社 1972 年版，第 84 页。
③ 《马克思恩格斯全集》第 46 卷上，人民出版社 1979 年版，第 104 页。
④ 《列宁全集》第 36 卷，人民出版社 1985 年版，第 197 页。

历史上，公共财产名义上为社员共有，实际上则是所有者缺位，缺乏有效的激励机制，直接导致了集体经济的效率低下，"搭便车"现象普遍。为避免重蹈覆辙，南堂子村成功地建构了一套立体化的激励机制，即：首先牢牢把握关键的激励因素，也就是农民最迫切的需求——增收和公平，以保持集体成员对集体的积极性。同时还兼顾集体收入稳定、合作社管理者收入增加等目标；在激励手段上，不仅考虑到最直接的经济激励，还考虑到农民"日益增长的物质文化需求"，融入思想激励、制度激励等手段，从不同角度构建"全方位"的激励机制；同时，合作社还采取现代科学管理方式，允许管理入股、技术入股，在集体经济"现代化"的过程中充分体现其"现代性"。

其三，农民主体性激发需要适当的能人带动。"上所谓文明之进化，成于三系之人：其一，先知先觉者即发明家也，其二，后知后觉者即鼓吹家也，其三，不知不觉者即实行家也。"[1] 由于人们对事物的认知程度不一，从而对事物的接受、施行程度也不一。因此，对于不知不觉者而言，先知先觉者的带动显得极为重要。"集体经济之所以有效发展……是因为这些村域都有一个出色的精英式领头人物和一个团队、坚强的领导集体"。[2] 在南堂子村土地股份合作发展过程中，农民虽然是土地股份合作的主体，但农民的主体性发挥却面临着各种各样的难题。其中最为核心的问题在于农民往往难以认识到土地股份合作带来的好处，特别是潜在好处，因而抱以观望甚至怀疑的态度。而只有在乡土能人的带动下，农民真真实实尝到了土地股份合作的好处时，才真正积极参与到土地股份合作社的管理、运行过程中来。

3. 土地股份合作中的治理启示

其一，乡村治理中的资源禀赋难题。一方面资源禀赋是制约乡村治理的重要因素。我国是"以农为本"的农业大国，传统农业的发展对于气候、地形、土壤、水源等自然禀赋有着较高的要求。对于"靠天吃饭"的中国农村，自然禀赋优良的村庄，农作物的高产量保证了农民的收入基础，也是村庄经济持续、稳定运行的内生动力。但在千差万别的中国农

---

① 《孙中山选集》，人民出版社1981年版，第674页。
② 参见王景新《村域集体经济：历史变迁与现实发展》，中国社会科学出版社2013年版。

村，存在着大量类似于南堂子村的村庄——地形起伏、地块分散、产量低下。资源禀赋较差的村庄，农业产量仅能甚至不能满足农民的生存需求，农民生活水平始终沿着生存线浮动，既有的内在条件远不能满足村庄发展、农民致富的需求。但另一方面，乡村治理对乡村经济发展也有重要的推动作用。通过良好的社会治理，一定程度上也能化解资源禀赋不良的困境，并挖掘已有资源的巨大价值。长期以来，人们将乡村治理的困境归咎于乡村治理的经济条件差、资源禀赋不好等原因。这种认识有其合理性，但却并不完全准确。如在集体经济发展过程中，集体经济所独具的凝聚、整合功能，恰恰能够弥补生产效率低下、经营分散的弊端。

其二，"农民善分不善合"问题。关于中国农民的行为逻辑是否是"个体主义"或"自我主义"的争论一直在持续，但这并不妨碍当代小农渴望抱团发展，特别是在当前改革深化、现代化进程加速的背景下，市场化让农民面临更繁杂、更多变的市场风险与社会风险，城镇化则客观上加深了农民的社会化。无论是客观压力还是主观需求，农民都深知在当前环境下，个体力量只能是"独木难支"，谈不上持续发展。社会化的小农希望集体力量塑造社会保障体系以抵御风险，搭建经济发展平台以扩大权益。当前一些村民会情不自禁回忆起人民公社。当然，他们渴望的不是回到那种政治、经济、社会自由受束缚的时期，而是希望一个强有力的集体能带领他们走出困境，实现发展。土地股份合作社正是迎合农民渴望抱团发展这一心理需求的有效载体，通过土地、资金集中，农民实现了共同参与；通过社员代表大会，农民实现了共同经营；通过入股分红，农民实现了利益共享。南堂子村个案再次证明，"善分不善合"并非中国农民特质，只要存在一个有效的集体形式或载体，让农民的抱团发展心理"有的放矢"，就能实现互利共赢与共同发展。

其三，充分挖掘经济发展中的治理因素。在南堂子村的土地股份合作崛起过程中，南堂子村并不具有良好的土地资源条件和经济条件为其发展提供基础。然而，乡村治理机制的调整，则激发了有限资源的无限价值。一是对土地权益的调整。在处理土地问题的过程中，南堂子村率先迈上了一条"确权确股不确地"的道路，从而进行土地整合、求得发展。因为对于南堂子村这样"人多地少地瘦"的村庄而言，确地基本无益于村民增收，而以平均为原始理念对土地确股、确权，反而有利于激发农民的积极性。二是因地制宜引进适当的产业。传统农业的微薄收益与市场经济发展背景下农民的发展需求越来越格格不入，这一矛盾决定了中国农村不能再依靠单一的种植业走"内卷化"的老路。南堂子村以其自然资源为基础，以收益远高于传统农业的经济林种植、旅游资源开发为主导产业，起到了扬长避短的作用。

（五）案例小结

农民是乡村社会的主要人群，也是乡村治理的主体。在某种意义上，农民甚至在社会治理过程中起着决定性的意义。如巴林顿·摩尔指出，在印度和中国两个国家的命运发展中，起决定作用的是两国农民的政治行为。[1] 亨廷顿认为，"在现代化政治中，农村扮演着关键性的'钟摆'角色"。它不是稳定的根源，就是革命的根源"。[2] 由此可见，在现代社会发展过程中，发挥农民的积极性、主动性是实现社会有效治理的关键。

人民公社时期，农民虽然在经济社会建设过程中发挥了巨大的作用，但这种作用的发挥更多的是被动地发挥，是行政组织下的作用发挥。这一阶段，农民的生产经营主体地位事实上处于"虚置"状态。[3] 家庭联产承包责任制的推行，其实质是将权力下放给农民。"我们农村改革之所以见成效，就是因为给农民更多的自主权，调动了农民的积极性。"[4] 家庭联产承包责任制下农民主体性的调动，实际上是由行政调动向经济利益调动的转型。人民公社制度下农民独立利益主体的缺失和高度集权的管理方式，使公社成员民主管理的权力难以实现。家庭承包责任制使农民成为利益主体，这使得村民的参与开始向自主性参与转变。[5]

在当前我国农村社会，农民依然是主要的社会群体，但农民的主体性作用却难以长期有效发挥。这主要受制于两个方面。一是家庭联产承包责

---

[1]　［美］巴林顿·摩尔著，拓夫、张东东等译：《民主和专制的社会起源》，华夏出版社1987年版，第368页。

[2]　［美］塞缪尔·PP.亨廷顿著，王冠华等译：《变化社会中的政治秩序》，上海：生活·读书·新知三联书店1989年版，第266-267页。

[3]　徐勇：《中国农村村民自治》，武汉：华中师范大学出版社1997年版，第25页。

[4]　《邓小平文选》第3卷，人民出版社1993年版，第78页。

[5]　张厚安、徐勇、项继权：《中国农村促村级治理：22个村的调查和比较》，武汉：华中师范大学出版社2000年版，第5页。

任制下农业分散经营，使农民缺乏横向的社会联系，农民呈现原子化的倾向，难以产生合力。正如马克思描述的，"拥有小块土地的小农能够自给自足而缺乏社会交换，导致广大农民就像一袋马铃薯，仅仅是个体的简单相加而缺乏有机的联系"①，这样的农民往往"不能代表自己，一定要别人来代表他们。他们的代表一定要同时是他们的主宰"②。二是农民之间缺乏共同的利益，难以为共同的奋斗目标达成集体的行动。可见，当前村民主体性的调动，不能依靠行政的强制命令，而要特别注意对农民分散利益的整合和引导。

家庭联产承包责任制的土地所有权为集体所有，是一种集体经济形式，但由于共同利益少、比较利益更少，这种集体经济实质上是形式上的，无法实现合作办大事。③ 重新"找回农民"，需要创造有效的组织形式，重新将农民组织起来，并为农民创造共同的集体利益。在东平县土地股份合作中，农民主体性的发挥得益于两个方面的努力。一是以土地股份合作社的形式为农民创造了合作的组织载体。土地股份合作的一重要特点就是以土地为核心，由此，就能最广泛地将农民凝聚在合作社周围，实现农民的再组织化。二是通过土地入股、统一经营、统一管理的方式，让农民的经济利益通过土地股份合作社关联起来，由此形成了农民之间的共同利益。

五　利益协调：周林村的土地股份合作

在社会治理过程中，利益问题是治理的核心问题。"人们奋斗所争取的一切，都同他们的利益有关。"④ 集体经济作为人们的经济利益结合体，是集体成员为获取个体所不能获得的共同利益而形成的一种组合形式。从马克思主义的经典论述来看，集体经济并不是集体吸纳个体形成，而是个体因利益联结的需要而形成。马克思在对原始公社制度进行分析时指出：

---

① 《马克思恩格斯文集》第 2 卷，人民出版社 2009 年版，第 566、567 页。

② 《马克思恩格斯选集》第 1 卷，人民出版社 1995 年版，第 678 页。

③ 邓大才：《产权与利益：集体经济有效实现形式的经济基础》，《山东社会科学》2015 年第 1 期。

④ 《马克思恩格斯全集》第 2 卷，人民出版社 1957 年版，第 103 页。

"原始类型的合作生产或集体生产显然是单个人的力量太小的结果，而不是生产资料公有化的结果。"① 可见，在人类社会早期的这种集体经济中，是个体为了自身生存与发展的利益需要才有了共同生产、生活的行为选择。在苏联发展集体经济过程中，列宁也强调农民对自身利益的诉求是农民加入集体经济组织的主要动力。他曾指出，"掌握政权的工人阶级，只有在事实上向农民表明了公共的、集体的、共耕制的、劳动组合制的耕种方法的优越性，只有用共耕制的、劳动组合制的经济帮助了农民，才能真正向农民证明自己正确，才能真正可靠地把千百万农民群众吸引到自己方面来。"②

亚当·斯密就曾指出，"每个人只想得到自己的利益，但是又好像被一只看不见的手指导去尽力达到一个并非他本意要达到的目的，他追求自己的利益，往往使他能比在真正出于本意的情况下更有效地促进社会的利益。"③ 同样，约翰·穆勒也提出，"一般来说，生活中的事务最好由那些具有直接利害关系的人自由地去做，那些这样做的人或其中的某些人，很可能要比政府更清楚采取用什么手段可以达到他们的目的。"④ 可以说，利益的联结是促使人们关心和参与集体经济的直接动因。这一观点在理性选择理论的研究中也得到映证，如相关理性选择学派学者指出，"集团成员身份的吸引力并不仅仅在于一种归属感，而在于能够通过这一成员身份获得一些什么。"⑤

国内学者如黄祖辉在对我国集体经济的研究时指出，农民之间联合的主要动因就是使公共产品的外部效应内部化，降低交易费用，获取经济发展的规模效应。⑥ 徐青明等人认为，"劳动者对生产活动的关心和努力程度，要取决于能够满足其谋生需要的程度。也就是说，这种生产活动对劳

---

① 《马克思恩格斯全集》第 19 卷，人民出版社 1963 年版，第 436 页。

② 列宁：《列宁全集》第 34 卷，人民出版社 1985 年版，第 167 页。

③ ［英］亚当·斯密：《国民财富的性质和原因的研究》（下卷），郭大力、王亚南译，商务印书馆 1974 年版，第 27 页。

④ ［英］约翰·穆勒：《政治经济学原理》（下卷），胡企林、朱泱译，商务印书馆 1991 年版，第 542 页。

⑤ Leon Festinger. "Group attraction and Membership", in Group Dynamics, ed, Dorwin Cartwright and Alvin Zander (Evanston Ⅲ；Peterson, 1953), p93.

⑥ 黄祖辉：《农民合作：必然性、变革态势与启示》，《中国农村经济》2000 年第 8 期。

动者的利益关系越紧密，便越能焕发其在生产中的积极性和创造性。"①近年来，中国共产党的一些文献表述也特别强调集体经济对组织成员的利益作用。如党的十六大报告曾指出："集体经济对实现共同富裕具有重要作用。"党的十七届三中全会则强调："发展集体经济、增强集体组织服务功能"。

从以上分析来看，在集体经济发展过程中，特别需要进行利益协调。但在当前农村社会，一是缺乏有力的利益协调者。作为农村利益重要协调主体的村集体组织因自身能力受到限制，往往难以对村民之间的利益进行有效协调；二是农民之间缺乏共同的利益。在农民呈现原子化的今天，特别是在市场经济条件下，农民的利益诉求日益多元化，而共同利益却日益削弱。因此，当前农村社会虽然需要利益协调，却缺乏有力的利益协调，从而往往使农民的经济合作难以有效实现。东平县周林村，偏居老湖镇一隅，自20世纪80年代人民公社制度废除后，由于缺乏有力的利益协调者，其集体经济就开始衰败，村级事务负债运行，加之传统农业种植收益较少、风险大，村民难以摆脱贫困，周林村成为典型的"空壳村"和村庄治理的"老大难村"。

近年来，通过周林村村民王瑞青的引导，借助玫瑰产业的发展，村民的利益逐步与玫瑰产业相衔接。周林村的玫瑰产业由一人种植发展到多数人种植，并以玫瑰产业发展需求为引领，成立了玫瑰种植专业合作社和土地股份合作社。在这一过程中，周林村通过对村民之间的利益协调，促进了玫瑰产业的发展，为玫瑰产业发展提供了资源和组织条件。同时，共同产业的发展，特别是土地股份合作，使村民之间的利益得到有效整合，并强化了村民之间的共同利益，实现了公平与效率的有效协调。对此，我们以周林村为研究对象，试图分析土地股份合作社如何通过利益协调促进集体经济的发展和乡村治理的改善。

（一）周林不宁：治理困境

周林村位于东平县的西北部，偏居老湖镇一隅，全村有10个村民小组，共有农户330户，约有1300人，1800多亩耕地，且多为山地。在王

---

① 徐青明：《"利益相关"论》，《吉林大学社会科学学报》1990年第2期

瑞青将玫瑰产业引进周林村前，周林村还是一个集体经济衰败，村级事务负债运行，村民生活贫困的穷村、破村。

1. 衰落的集体经济

传统的社会治理依赖于强有力的集体经济。但家庭联产承包责任制推行后，农村虽然名义上以集体经济为主，但事实上分的因素似乎更大，甚至部分国外学者将之视为集体经济的大倒退。如 Daniel Kelliher 就认为家庭联产承包是"历史上最大范围的一次私有化行动"[①]。这种分的过散的状况对于农村的现代化而言，存在着天然的障碍。在周林村，集体经济的发展同样呈现衰落的状态。1978 年前，在大办"社队企业"的背景下，周林村依靠山地和种植地瓜的优势，将集体经济发展得如火如荼。到 80 年代初，村集体资产基本分光，曾经的辉煌不再，转而成为"空壳村"。

（1）集体经济缺乏收入来源

1982 年，周林村开始"分田到户"，推行家庭联产承包责任制，也就是周林村民口中的"大包干"。家庭联产承包责任制的实施，激发了周林村村民的生产热情，但同时村集体经济的衰落也随之而生。"春播夏种，早五晚六，自家田自家种，自家粮食自家用，集体经济没法弄"，村民赵相芝口中的顺口溜就是对这一情况的写照。在当时，周林村保留的集体机动土地的租金和村民上交"公粮"中的地方附加税，就是村庄集体经济微薄的收入来源。

但进入了新世纪后，农业税被取消了，周林村民不用再交公粮，地方附加税也消失了，并且 2003 年国家加强了对农村机动土地的限制，规定了"大稳定，小调整"的原则，农村机动地不得再增加。随着周林村人口的增多，到 2003 年底，全村机动土地已分配给新增村民 50 多亩，周林村集体经济的收入来源变得更为缺乏。村支书王玉贵说："那时候村集体基本没有了稳定的收入来源，每年就等县里部门或者乡镇给一些财政贴补，或者从村里收取计划生育的超生费中，反补一些给村集体使用。"缺少了集体经济收入来源的周林村，成为名副其实的集体经济"空壳村"。

---

① Daniel Kelliher, Peasant Power in China: The Era of Rural Reform 1979—1989. Hew Haven and London: Yale University Press, 1992, William Hinton, The Great Reversal: The Privatization of China, 1978—1989. New York: Monthly Review Press, 1990.

（2）村级事务负债运行

村庄集体经济收入来源缺乏，可是农村发展工作却在增多。随着社会经济的发展、村级公益事业覆盖面的扩大，村级组织的各项开支也相对增多，特别是随着新农村建设工作的深入和开展，村级事务负担也越来越重。为了促进新农村建设，2004年前后，周林村硬化道路7公里、完善水利设施11处，并进行了绿化道路工作，这些工作都是通过欠企业款、银行借贷、村民筹资、干部垫付等途径开展的，里里外外的欠款加起来将近30万元。周林村会计刘再臣说："那些年村干部都没有人愿意当，一堆债务搁在谁身上谁不闹心？到了年关，企业、工程队、村民都来上门要账，躲都躲不了，整个年都过不好。"

不仅村庄建设工作需要负债，就连村部的正常运行管理都要四处举债。周林村级事务多年负债运行，常常是"拆了东墙补西墙"。一位村干部算了笔账，一年下来，不单没有工资和补贴拿，就连工作中的电话费、办公用品费都得干部自己垫付，一月按50元算，一年下来就600元。村书记王玉贵不到三年时间就"自掏腰包"3万多元。周林村集体经济的债务呈现出两个特征，一是债务成分比较复杂。既有施工的拖欠款，又有银行贷款，同时还有拖欠村民、村干部的劳务费等。二是债务缺口不断扩大。由于集体经济收入来源缺乏，每年不单入不敷出，并且随着村级事务的增加，每年的债务缺口也在不断扩大。

由此来看，分田到户后的分散经营，使村集体的集体利益受到削弱。一方面，农民因关心自己家庭的"一亩三分地"而无心顾及村集体的发展。同时，家庭联产承包责任制使农村集体土地的所有权虚置，村集体的集体属性弱化。另一方面，分田到户后，分得过散的经营形式使集体经济的发展缺乏基础，大量村级集体经济走向衰弱，从而使村集体发展缺乏必要的经济支撑。这些村庄经济发展的问题，最终使农民之间的合作缺乏必要的经济基础，村集体组织的村庄社会治理能力也受到极大限制。

2. 艰难的农业生产

在乡村治理过程中，乡村治理的衰弱导致村庄公共服务难以有效组织和供给，从而在一定程度上也放大了农村农业生产环境的恶劣性。如土地难以平整，农田水利年久失修，土地贫瘠、靠天吃饭的问题长期难以解决。东平县地处山东省西南部，总面积1343平方公里，山区、平原和库区各占了三分之一，有着"一山，一田，一湖水"的说法。全县总人口约 80 万人，其中农业人口约 69 万人，占到了总人口的 86%，总耕地面积 102 万亩，人均 1.41 亩，土质肥沃、水源充沛，是典型的传统农业大县。与此相反，周林村的农业生产水平却难以符合"农业大县"的发展要求。贫瘠的土壤，农业基础设施的匮乏，以及农业生产的高风险，使得周林村成为东平县农业发展工作中"一块难啃的骨头"。

（1）贫瘠的山地

周林村全村多是山地丘陵，处于鲁西南平原与鲁中南低山丘陵交界边缘。村子里的一位老人说："小时候听家里的老人讲，建村前村里的山地上长满了树，远远地望去，村子的四周像是被树林包围了，这可能就是周林村名字的由来。"后来随着村子人口的增多，在 20 世纪 60 年代的时候，开始"毁林造田"，并且村子是"半移民村"，人口的不断增加，使得山地被开垦，周林变成了"周地"。但是与平原村庄相比，周林村的田地土层较薄、肥力低、土壤含水率、含磷量低，整体质量较差，土壤较为贫瘠。

据一位曾经在农场工作多年的农技员介绍，周林村的田地贫瘠，除了自然的先天原因，还有两方面的后天人为原因。一方面，长期以来村民的科学种植意识较为淡薄，为了提升产量，施加了过多的化肥，大量氮元素化肥的养分不能被作物完全吸收利用，造成了氮、磷、钾等一些化学物质被土壤固结，以各种化学盐分形式在土壤中积累，使得土壤的物理性状变差，导致土壤性状恶化。另一方面，由于周林村的山地上曾是经济林，在 20 世纪 60 年代初，村民为了获取经济效益，曾用过炼山、垦挖等过度人为开采措施，因而造成了水土流失的加剧，使得原本就不肥沃的山地，出现了肥力的进一步退化。贫瘠的土地，限制了周林村的农业生产，家庭联产承包责任制实施以后，周林村民多是种植较易成活的地瓜，有的村民干脆种植起了核桃树。

（2）农业基础设施匮乏

2004 年前后，周林全村 1800 多亩耕地，却只有 11 口机井，平均每个村小组一口。但是由于常年失修，并缺乏专人维护，加上山地的水位较深，11 口机井中仅有 5—6 口是可以正常使用的，将近一半的机井被废弃。一个村小组只有一口机井，远远满足不了村民田地灌溉的需求，到了灌溉时节，由各村小组长召集户主进行抓阄，来确定浇地的先后顺序，能抓到一个靠前的号，常常是一家老小都期待的事情。由于机井的深度不够，加上地下水位低，村民的4—5亩地，需要灌溉一天一夜，赶上雨水较少的年份，许多农户等不及排队，便用三轮车从自己家里运水到田里灌溉。村民王大爷就抱怨道："浇地真愁人，从家运水到田里，真能累死个人。"

周林村不仅农田水利设施较差，农业生产用电也是薄弱环节，存在着电路严重老化、电压不稳、私拉乱接线路等问题。并且村里的电是从相邻乡的一个变电站引进来的，到了夏季用电的高峰期，由于是外村，周林村常常会由于高峰期的限电而被停电。"电的问题忒头痛，你有钱都不一定能用得上电。"李大婶感慨道。特别是到了夏季灌溉的时候，没有电或者电路老化造成的跳闸、短路等问题，困扰着周林村民。能够拥有自己村庄的变电站，是周林全村人的愿望，但对当时的周林村来讲，这一愿望的实现较为渺茫。周林村农业生产基础设施的匮乏，加剧了农业生产的艰难性。

（3）农业生产风险大

随着市场经济的深入发展，农产品的价格波动，受到市场因素的影响较大。一家一户的农地经营方式面临着越来越大的风险。在社会化大生产面前，传统小农生产显得势单力薄。除了市场对农产品价格的影响，周林村的农业生产还面临着农资价格上涨，造成的生产成本增加，成本难以捞回的风险。在村里有着近30年种植经验的刘大爷回忆说："2000年，由于农药、化肥、种子的价格上涨，每亩成本就比上年高出了30%—50%。而当年的农作物价格却没涨，没有卖出好价钱，许多村民都亏本儿了。"

周林村的农业生产，不仅受到农资价格和农产品价格波动的影响，还受到天气条件的影响。由于地处山地丘陵，全村年降水量较少，比全县平均的640.5mm低了将近20%。土壤的贫瘠、农业生产设施的匮乏使周林村的农业生产处于"看天吃饭"的窘境中。赶上天气条件不好的年份，许多村民辛辛苦苦忙了一年，到头来的收益十分有限，刨去人工成本，甚至连生产的成本都捞不回来。2001年，周林村遇到了大旱，地里的棉花和地瓜都收成减半，村民们叫苦不迭。在周林村从事农业生产，用周林村民的话讲就是"赔本儿赚吆喝的买卖"。

在社会治理过程中，集体利益与个体利益并非完全冲突。相反，集体利益的削弱也可能影响到个体利益。在周林村的社会治理过程中，集体利益的削弱也对其社会治理形成一定的挑战。一是村集体组织难以为村民提供必要的公共服务。如在周林村，因村集体缺乏有力的经济支持，农民农业生产所需要的农田水利设施服务等难以得到有效供给，使农业生产只能"看天吃饭"，从而极大地限制了农民的农业生产收入。二是村集体难以将分散的农民组织起来。在市场化、社会化不断深入的今天，原子化的农民往往难以适应社会大生产的需要，其抵御市场风险能力也极为有限。

3. 低下的农民生活水平

"发展中的东平县，落后的周林村"。老湖镇的干部这样形容当时的周林。东平县的许多村庄，依靠区位优势或者资源优势，通过搞水产养殖、动物养殖、特色苗木种植等，都帮助村民实现了致富愿望。而对于没有区位和资源优势的周林，村庄发展、村民致富成为了难题。跟周边的村庄相比，周林村民的农业收入低、生活条件差、致富渠道少，村民的生活水平在全县属于落后水平。

(1) 村民农业收入低

1982 年，周林村开始"分田到户"，推行家庭联产承包责任制。到了 20 世纪 90 年代，当初"分田到户"的种田热情变淡了。由于周林村地处山地，加上地下水缺乏，村民多是种植地瓜、小麦，有的农户干脆种上了核桃树。当时全村种植地瓜 800 多亩，地瓜的产量虽然不低，但是销路却成了问题，收获的地瓜只能销售给周边的粉条加工作坊，每亩的收成仅在 600 元左右。一个四口之家，种 4.5 亩的地瓜，一年下来只有不到 3000 元的收入，如果除去生产成本和人力成本，土地的收益就更少了。"种地瓜的收益太少，当时外地的姑娘不怎么愿意嫁到周林来，本村的姑娘大多愿意嫁出去。"周林村现任支书王玉贵这样描述当时的情况。

2000 年前后，周林村民逐渐开始种植棉花，全村种植面积可达400—500 亩。起初棉花的价格较高，到了七八月份，许多外地的收购商都来周林收购棉花，当时收益比种植地瓜相对要好，好的地块毛利润可以达到2000 元每亩，差一些的地块毛利润每亩也能达到 1000 多元。可是随着外出务工人数的增多，土地多是留给了老人和妇女，由于种植棉花需要打药、打枝，赶上缺水的年份，还需要运水浇地，十分消耗劳力，种植棉花的农户逐渐变少了，棉花的产量和销量减少。当时东平县农业人口的人均年纯收入是 4235 元，而周林村的人均纯收入只有 3200 多元，低了 2 成多。村子里几个较为富裕的农户，都是懂技术和搞建筑的，种田已不是村民致富的选择。用村会计刘再臣的话说："村里开始种植玫瑰花之前，没有现在这个合作社，种地瓜和棉花，地瓜销售没渠道，价格低，棉花经常缺水，产量不好，镇里的干部都说在东平县'再穷都穷不过周林'。"村会计的话透露出村民对周林农业发展的期望与无奈。

（2）村民生活条件差

农业种植收入无保障，直接影响了周林村民的生活条件。20 世纪 90 年代，周林村是老湖镇里典型的"脏乱差"村。当时村里的房屋都是土木型的平房，村民多是用小麦的麦秸和泥土混合，制作成方形的"土坯"。用"土坯"做成的房子，当地称作为"土坯房"，这是当时村里最常见的房子，占了全村房屋的 80%。能用得起砖瓦的农户，就是富裕户了。据老湖镇的乡镇干部说，站在山坡高处往四周看，哪里的房屋最破旧，哪里就是周林村。村庄的道路两旁，堆积着农户家里牲畜的粪便和各种秸秆。到了夏天，苍蝇、蚊虫漫天飞，气味十分难闻。一位李姓村民说："先前农户养的鸡鸭，都是散养的，粪便拉得到处都是。"

根据村里的老会计介绍，2000 年前后，村里才有人买了小汽车，而当时多数农户连彩色电视机都没有。农户的家里除了电视、电扇，就没有什么家用电器了。当时只有村里谁家娶媳妇，才会买台洗衣机，洗衣机买回家里，村民怕费电，往往也很少使用。而当时周边的村子，有的就已经通了互联网，许多农户家里都还装上了电脑，这在周林村是难以想象的。"当时村里有小伙子娶媳妇，给女方的彩礼是老湖镇上较少的，周边的几个村子都比我们多，当时生活条件差，没有办法。"村里统计情况显示，当时村里只有 2 台小汽车，拖拉机全村也只有 5 台，彩电的普及率不到 40%，家用电话共有 76 部，不到全村农户的 1/5，只有 1 个农户安装了空调。

（3）村民致富渠道少

周边村子的村民生活水平都在提高，收入也在不断增多，周林村民看在眼里急在心头。"当时走在路上，碰到村民下地干活儿，村民还会问我，说别的村民都富了，书记也想想法子带我们致富吧"，王玉贵书记回忆说。可是，周林村既没有资源优势，又没有区位和政策优势，说起带领村民致富谈何容易。王瑞青在村里种植玫瑰前，有的干部想在村里搞大棚蔬菜种植，可是一个大棚需要近 2 万元的投入，四五个大棚就要花去近 10 万，前期的启动资金就是一个大难题。虽然有农业合作银行，但是没有抵押凭证，并且由于农户势单力薄，抵抗风险的能力较弱，银行就拒绝了贷款的申请。希望通过蔬菜种植致富的愿望，就这样被打破了。

　　除了资金的限制外，周林村的致富路还受到信息、技术、劳动力等多种因素的制约，村民致富的门路很少。周林村里收入较多的，多是有着一技之长的农户，有的是会电焊技术，有的会汽车修理，还有的是在搞建筑。村民想通过搞养殖、特色种植实现致富的，大多由于掌握不到市场信息和相关技术而以失败告终。一位李姓的村民当初搞金银花种植就是这样。对金银花的价格行情不了解，以及缺乏专业的种植技术，金银花的产量和销售都出现了问题，并且到了金银花采摘的季节，由于一时间难以找到较多的劳动力，而错过了采摘的最佳时机。2004 年前后，周林村民不断有人外出打工，到后来已有 400 多人常年在外务工。对周林村大多数人来讲，到大城市去打工，成为他们增加收入的唯一渠道。

　　总的来看，周林村的村庄治理困境源于两个方面的问题。一是村庄集体经济的薄弱。由于集体经济的薄弱，村集体缺乏必要的经济来源，甚至处于负债运行状态，由此导致村集体缺乏能力对村庄进行有效治理。同时，由于共同利益的减少，村民与村集体之间缺乏必要的信任。二是农业经营效率的低下。农民对土地的利用局限于传统的耕作方式，而难以寻求新的或者合作经营的方式，导致农民长期处于相对贫困的状态。这在很大程度上与农民"求稳"的特质有关，农业社会是一个稳定而不是变革的社会，农村没有多少资本供农民折腾。[①] 因此，在农村发展过程中，一方面需要保障好农民的收益，使农民能够创新经营；另一方面，也需要协调好集体共同利益，增强集体组织治理能力。

（二）土地股份合作崛起中的利益协调

　　邓小平曾指出，"要提高机械化程度，利用科学技术发展成果，一家

---

　　① 徐勇：《农民理性的扩张："中国奇迹"的创造主体分析——对既有理论的挑战及新的分析进路的提出》，《中国社会科学》2010 年第 1 期。

一户是做不到的……仅靠双手劳动，仅是一家一户的耕作，不向集体化集约化经济发展，农业现代化的实现是不可能的。"① 但从分散重新走向合作，不能光依靠宣传号召。"一切空话都是无用的，必须给人民以看得见的物质福利。"② 周林村社会治理困境的破解，需要协调好集体共同利益和农民的个体利益。而该村玫瑰产业发展，则为这种利益协调提供了契机。周林村最初仅有王瑞青一人种植玫瑰，后来逐渐带动了村民种植，并以玫瑰产业发展需求为引领，成立了农民专业合作社，在东平县大力推行土地产权制度改革之际，他成功抓住契机，以玫瑰产业专业合作社为基础，通过"土地入股，农民入社"的方式，与王玉贵等6位村民共同发起创建了瑞青土地股份合作社。

1. 一人经营到一群人经营

起初玫瑰种植并不被村民看好，王瑞青只能一人摸索着种植，他相信当村民看到玫瑰产业的效益后，村民就能发动起来了。"看得见的效益是最好的说服力。"这是王瑞青常说的一句话，也正是这种执着的信念，使得他的"玫瑰产业梦"最终成功吸引来了村民参与。

（1）"玫瑰产业梦"

王瑞青曾在老湖镇供销社工作，在单位先是做了5年的行政工作，后来供销社鼓励员工发展业务，他结合个人的兴趣，转变为了单位的业务员。由于责任心强、善于钻研，业务工作取得了较好成绩，王瑞青被提拔为业务股长。1998年，王瑞青当上了单位的业务主任。在业务主任的岗位上，他接触到了药材种植产业，这为他的"玫瑰产业梦"的产生做了前期铺垫。可是，好景不长，随着市场经济的发展，原先供销社由于管理运行不当，难以抵抗市场经济的风雨，供销社发展每况愈下，到了入不敷出的地步。危机感触发了王瑞青"下海"的念头。

2001年左右，供销社的效益持续下降，继续走滑坡路，王瑞青终于定了"下海"的决心。"女怕嫁错郎，男怕入错行。到底选择做哪一行，是首要考虑的问题"。王瑞青沉下心来，仔细地梳理了在供销社工作期间的业务积累，希望从中能发现商机。正在王瑞青难以抉择的时候，时任周

---

① 中共中央文献研究室：《邓小平年谱》，中央文献出版社2004年版，第1349—1350页。
② 《毛泽东文集》第2卷，人民出版社1993年版，第467页。

林村支书的王玉贵，通知他一块去山东济南平阴的玫瑰研究所参观学习。原来，2001年的时候，周林村遇到了大旱，村民种植的棉花、地瓜严重减产，损失过半。老湖镇响应县里的农业结构调整号召，便组织村庄能人去外地参观学习。去玫瑰研究所参观学习后，王瑞青发现搞玫瑰种植产业，不仅能够自己致富，而且能够带领村民一同致富，加上工作期间对药材种植产业较为熟悉，"玫瑰产业梦"在他心中油然而生。可是，当王瑞青挨家挨户，将种植玫瑰的潜在效益告诉村民时，村民并没有表现出种植的热情，这无疑给了王瑞青"一盆冷水"。

王瑞青逐渐摸透了村民的心理，他知道对于村民的担心，仅靠他一人用嘴去说，是没有用的，必须让看得见的收益说话。于是，他将自己多年来的积蓄拿出来，又向朋友和同事借了钱，跑到济南平阴购买了玫瑰苗，在周林村承包了167亩山地，开始了一个人的玫瑰种植。王瑞青跑到平阴的玫瑰种植田，实地跟种植户学习种植经验，通过两年的不断摸索，花期、丰产期，以及如何插根、埋条、剪枝、施肥、打药等等玫瑰花知识和种植技术，他已经了如指掌了。

（2）与农户签订承诺书

经过两年的种植，一百多亩的玫瑰花都成活了，这打消了当初村民担心玫瑰不易成活的顾虑，开始不断地有农户找到王瑞青，表示希望跟着他一起种植玫瑰。2002年，一共有30多户村民开始种植玫瑰，玫瑰种植面积新增了一百多亩。到了2003年，玫瑰苗已经成长起来，有了花骨朵。王瑞青和30多户村民看在眼里，喜上心头，玫瑰花一开放，就意味着辛苦了两年的努力终于要见成效了。当初王瑞青瞒着家里人的30万元投入，也有回收的希望了。

2003年5月份，正是第一茬玫瑰花开放的时间。而此时"非典"疫情也被披露，许多地方为了限制流动人口，都采取了相关防御措施。这样一来，囤积在仓库的大批玫瑰花运不出去了，加上疫情造成的市场波动，花茶的价格受到了严重影响。往年的玫瑰花价格平均可以达到5元—6元/斤，而当年的玫瑰花价格只有0.5元—1元/斤。除此之外，囤积过久的玫瑰花，质量就变差了，更难卖出好价钱。"非典"疫情造成的市场价格下跌，是王瑞青始料未及的，王瑞青感受到一种前所未有的压力正在向他袭来。

　　选择玫瑰种植的 30 多户村民，看到价格的大幅波动，也忧心忡忡，有的村民开始后悔选择了种植玫瑰。到了 2004 年，花茶的市场价格没有回暖，已经开始有农户陆续退出了。这一年共有 11 户村民选择了退出，改种棉花和地瓜了。种植玫瑰的收益与种植棉花的收益差不多，并且要付出更多的精力去管护，当初跟着王瑞青种植玫瑰的 30 多户，仅剩下不到 20 户了。从 2002 年到 2004 年，种植玫瑰花的农户不但没有变多，反而变得更少了。王瑞青顶住压力，为了挽留玫瑰种植户，并为将来吸引更多村民种植做好铺垫，他决定与村民签订玫瑰种植承诺书，免费为村民提供玫瑰花苗，承诺两年后收益可达 5000 元/亩。

　　承诺书的签订，给玫瑰种植农户吃下了"定心丸"，选择"逃跑"的农户开始减少。村民种植棉花每亩仅有 1000 元—2000 元的收益，王瑞青的玫瑰种植承诺书，让村民看到了收益的保障。前两年选择退出的农户，又跑到王瑞青家里，表示愿意继续种植。

　　（3）产业收益吸引村民种植

　　2006 年，花茶市场持续回暖，由 2005 年的 3 元—4 元/斤上涨到了 7 元—8 元/斤。种植玫瑰的每亩收益达到了 7000 元，将近是种植棉花收益的 6 倍。这一年，王瑞青向玫瑰种植户收取了当初的花苗费，王瑞青履行了承诺书，实现了当初对村民的承诺。"玫瑰花迎来价格回暖，我也迎来了更多种植玫瑰的村民"，王瑞青兴奋地说。仅 2006 年一年的收益，就超出了 2003 年到 2005 年三年种植棉花的收益。除了当初"逃跑"的农户回来了，又增加了近 40 户新农户种植。周林全村共有 74 户农户开始种植玫瑰了，种植面积达到了 375 亩，玫瑰种植在周林村形成了不小的规模。

　　玫瑰种植产业的丰厚收益，不仅吸引了散户种植，还吸引到了村里的种植大户。种植大户刘再臣说："我先前在村里种了近 20 亩的棉花。后来选择种植玫瑰有俩原因，一是玫瑰产业确实看到收益了，比种棉花、小麦的收益多许多哩；二是王瑞青是个遵守承诺的人，收益亏损的时候，也没有向农户收取花苗钱，并且还自掏腰包贴补村民经济损失。我相信他能带领村民将玫瑰产业种植搞得更大。"除了村民刘再臣，村里的王玉贵、赵相平、刘再峰、刘西苓 4 位种植大户，也选择了跟着王瑞青搞玫瑰产业种植。

　　除了周林村民，周林周边村庄的农户也开始选择种植玫瑰了。2006

年玫瑰产业的收益吸引了宋村、涧流村、马凉村、桓村、梁林村、教子峪村、单楼村的多户村民开始种植玫瑰。7 个外村种植玫瑰的农户达到了155 户，种植面积达到了170 亩（如下表 1 统计所示），加上周林村的种植面积总共达到了540 多亩，以周林为中心，辐射周边村庄的玫瑰种植产业初具规模。

表 1　　　　　　　　吸引农户种植玫瑰的情况统计

村庄名称	种植户数（户）	种植亩数（亩）
周林村	74	375
宋村	25	50
涧流村	34	68
马凉村	32	64
桓村	22	44
梁林村	10	20
教子峪村	12	24
单楼村	20	40
合计	229	685

　　周林村玫瑰种植从一人种植发展到一群人种植，与玫瑰产业巨大的利益吸引力不无关系，但这一发展过程中，经济能人的利益协调作用也发挥了不可忽视的作用。正是经济能人的利益承诺，使农民在经济收成欠佳的情况下避免了"跑路"的情况。但这种利益协调仅仅是非制度化的利益协调，其利益协调的能力也相对有限。一方面，这种利益协调与经济能人的社会责任意识不无关系，社会责任的强弱可能直接影响到经济能人是否承担利益协调功能。另一方面，由于经济能人的经济能力有限，其利益协调的程度也相对有限。

　　2. 一群人经营到成立专业合作社

　　随着农资价格的攀升，玫瑰种植的利润空间缩小，越来越多的玫瑰种植户有了降低生产成本的需求。同时，种植规模扩大了，玫瑰花销售环节却出现了难题，种植户有了集中统一收购销售的需求。在玫瑰产业种植新需求的促使下，王瑞青带领玫瑰种植户，较早地在东平县成立了农民专业种植合作社——瑞青玫瑰种植农民专业合作社。

（1）降低生产成本的需求

周林村种植的玫瑰品种是平阴玫瑰，有着耐旱、耐寒、适应性强的特点，但是苗株价格比一般玫瑰要高，对肥料需求较多。农业生产物资的价格攀升，特别是农药、化肥价格的上涨，使得玫瑰种植成本增加，挤压了玫瑰种植户的利润空间。据周林村的一位玫瑰种植技术员回忆，2007年化肥价格涨到了125元每袋。那年他家的玫瑰施了三次化肥，分别是萌芽肥、花后肥和秋季基肥，按照每亩每次平均施肥50公斤来算，三次就需要150公斤，大约用去4袋化肥，每亩玫瑰一年就需要600多元的化肥投入。除了化肥，农药也是一项不小的花费。花期前后，是玫瑰花的病虫害防治关键期，每隔10—13天就需要打次农药。赶上雨水少的年份，化肥效力发挥不出，还需要喷打玫瑰营养液，这也是玫瑰种植中的一笔较大开支。

2007年开始，不断有村民找到王瑞青，反映玫瑰种植成本上涨，希望其能想办法解决。一刘姓村民说："种玫瑰花的成本变高了，我就多次跑到王瑞青的家里跟他抱怨，农药、化肥一年的开支太大了，单家独户的在农资门市购买农药、化肥，不单价格太高，而且运输化肥就还花不少油钱，太不划算了。"降低玫瑰种植成本，成为玫瑰种植农户的共同需求。村民们的抱怨点醒了王瑞青，几百亩的玫瑰种植规模，对化肥和农药的需求量是巨大的，有了购买量就有了与农资公司谈价的砝码，不仅能以优惠价格获得生产物资，同时还能够减少农户运输的消耗，是一举多得的好事。自此，集中统一购买生产物资的念头在王瑞青的心中产生了。

（2）统一收购销售的需求

尽管玫瑰种植产业有了规模，但多是一家一户的种植。由于散户较多，玫瑰花采摘后，都是分散单独销售，农户无法与玫瑰收购商进行价格商议，许多利润空间都被中间商占去了。如果外地收购商进村不及时，采摘后的玫瑰花还将面临着变质的风险。对于中间商，用玫瑰种植户的话来说，就是"既恨又怕"。

周林村就曾有几户村民的玫瑰花期推迟了，错过了卖花的"黄金时间"。到了6月份，玫瑰花才采摘完，外地的收购商都不愿再来收购。后来一收购商给出了7元一斤的价钱，可是当收购商到了周林村以后，突然变卦了，原本谈好的 7 元一斤，降到了 5.8 元一斤，并且没给村民一个合理的理由。种植户们明知道是中间商存心"宰"他们，可是又担心错过最后的销售时机，只好无奈地选择了妥协。"当时对那玫瑰收购商，是既怕又恨，怕他们不收购自家的玫瑰花，又恨他们随意降价钱"，一位李姓种植户说。

现任周林村的村支书王玉贵，也曾在玫瑰销售环节让收购商看了"笑话"。2008 年 4 月，原本是"五一"后产花，可是由于当时天气提前变热，王玉贵的 10 多亩玫瑰花的花期提前了半个多月。看着含苞待放的花骨朵，他急在心头，因为玫瑰花的采摘，要赶在花骨朵绽放之前。于是他连忙托亲朋好友帮忙，经过一连三四天的忙碌，终于将玫瑰花采摘完。玫瑰花采摘了之后，销售的问题就来了。王玉贵联系了几个玫瑰收购商，可是都没有愿意提前进村收购的。他只能借来朋友的货车，连夜将玫瑰花打包装车，然后亲自开车拉到了平阴县收购处。可是由于一路颠簸，打包在车厢里的玫瑰花温度升高，花骨朵就自然开放了，变成了盛开的玫瑰花瓣。这下子王玉贵着急了，因为花骨朵可以做花茶，以 7 块每斤的价格销售，而玫瑰花瓣就不能做花茶了，每斤降到了 4 块钱，再加上他一路的车油费，王玉贵那年损失惨重，白白让收购商看了"笑话"。之后，王玉贵就找到了王瑞青，跟他商议如何解决玫瑰花的收购销售问题，提出了对玫瑰花进行统一收购和销售的建议。

（3）成立农民专业合作社

随着越来越多的村民对统一购买生产物资和统一收购销售有了需求，王瑞青与王玉贵、刘再臣等种植大户共同商议，最后决定带领玫瑰种植户成立玫瑰种植的农民专业合作社。于是王瑞青和王玉贵等人，召集种植户代表开会，以"入社自愿、退社自由"和"统一购买、统一销售"为原则，以实现降低生产成本、解决销售难题为目的，经过与会村民举手表决同意，于 2008 年 12 月 20 日在东平县工商局注册登记，成立了"瑞青玫瑰种植专业合作社"。

2008 年入社农户 210 户，其中周林本村 103 户，外村农户 107 户。合作社种植玫瑰面积达到 1200 亩，已栽植玫瑰花苗木 36 万株，年产玫瑰 30 万公斤。为了更好地服务社员，专业合作社修建了办公用房 3 间、厂房 6 间，并设立社员大会，由社员选举产生理事会和监事会，以"三会"制度保障专业合作社的正常运行。经过社员选举，王瑞青当选为理事长，王玉贵为副理事长，王思敬为执行监事，并规定以采购本社员所需的生产资料，收购本社成员种植的玫瑰，同时负责引进种植新技术、新品种，开展成员之间玫瑰种植技术培训、技术交流、咨询和信息服务为业务范围。为了吸引更多的玫瑰种植户入社，增强合作社的吸引力，合作社与社员签订了玫瑰收购合同，通过合同来规约合作社与社员的权利和义务。

以专业合作社为载体，促进了玫瑰种植产业的迅速发展。到了2012年，专业合作社主要营业收入达到了600万元，销售利润51万元。带动了周林村及周边村庄发展，玫瑰种植面积达到了1500亩，玫瑰种植专业户达到了500余户。在此过程中，专业合作社通过统一购买生产物资，降低了农户的种植生产成本，并以20元每公斤的"保护价"统一收购社员玫瑰，然后集中销售，既保证了社员的收益，又提升了合作社与收购商谈价的能力，为合作社的玫瑰种植产业发展打下了基础。

专业合作社的发展，让周林村的利益协调功能得到增强。其一，利益协调得到组织化。从以往依靠经济能人个体化的利益协调，逐步发展到依靠组织化的专业合作组织进行利益协调，使利益协调的功能得到更有效的保障。其二，利益协调得到制度化。通过专业合作社的发展，农民的利益协调从以往依靠个人承诺发展为与专业合作组织签订法律合同，从而使利益协调更具法律效力。

3. 从专业合作社到土地股份合作社

周林村玫瑰种植农民专业合作社的成立，是王瑞青玫瑰种植产业发展的一个新台阶。以专业合作社为依托，玫瑰产业得到了较快发展，并且该合作社还被泰安市评为了"市级经济林示范基地""市级示范专业合作社"。到了2010年，周林村民已由当初的被动加入转变为了现在的主动申请加入。可是，随着玫瑰产业的发展，周林村的玫瑰种植又遇到了新的问题。对此周林村以玫瑰产业发展为导向，以村民收益增长为目标，最终实现了专业合作社向土地股份合作社的转变。

（1）集中连片种植的诉求

到2010年，周林村全村已有一半的农户加入了专业合作社，玫瑰花的种植面积达到了1300多亩，种植棉花、小麦等其他作物面积只有500

亩左右。没有选择种植玫瑰的农户，大致有两种情况，一种是上了年纪的老人，他们习惯了种植传统作物，对玫瑰的种植技术掌握不好，并且没有精力去管理，对种植新型经济作物的接受能力较低。另一种情况是，家里的劳动力多是在外务工，田地只有一人在种，难以担负起种植玫瑰的劳作。这 500 亩左右的土地，分散在玫瑰田之间，给玫瑰种植户带来了问题。

村民一："我种植了 10 多亩玫瑰花，与我紧邻的地块，种的是棉花，大约只有一亩两分地。可是，棉花特别容易生虫，到了 5 月份，蚜虫就从棉花地里跑到我家玫瑰花上。"

村民二："谁家种玫瑰，谁都不愿意挨着种植棉花的，棉花打的药跟玫瑰花的是不一样的，种棉花的打药，药就会被风吹到玫瑰花上，花田就被污染了，真糟心。"

王玉贵书记："不止一两户村民有抱怨了，光去我家找我的就有十几户，都是棉田影响到玫瑰花田的事情，常常是一亩棉，毁了几亩花田，有的还引起了纠纷。这问题让我也头疼。"

正是因为上述问题，越来越多的玫瑰种植户，希望能够实现玫瑰花的集中连片种植。有的村干部提出，以"土地互换"的方式给棉花种植户调换土地。如果是在平原地区，这不失为一个好的办法。但是周林地处山地，地与地之间的土质、地形都有着差异，让双方都同意"互换"，是件不容易的事情。并且，种植上玫瑰花苗的土地，如果要"互换"，就得将花苗拔掉。玫瑰花苗一次种植成活，可以开花 20 年，如果因为互换土地而拔掉，将是一笔不小的人力、财力浪费，并且如果问题解决不好，还会给村庄治理带来新的隐患。如何使玫瑰花集中连片种植，既满足种植农户的诉求，又能让其他农户满意，并促进玫瑰产业发展，成为摆在王瑞青面前的一道难题。

（2）规避合作风险的诉求

不仅玫瑰种植户有了新的诉求，在专业合作社运行发展中，理事会成员和农户代表们也有了新的诉求。"三年赚，六年赔"是玫瑰种植行业的真实写照。一方面是市场价格的波动风险，玫瑰的收购价格，高的时候可以达到 13 元每斤，而低的时候可能只有 3 元—4 元每斤，甚至会更低。另一方面是天气突变、自然灾害带来的风险。2003 年的"非典"

疫情，造成花茶价格的暴跌，让玫瑰种植户刻骨铭心。并且周林村地质差，雨水较少，如果赶上干旱或者其他自然灾害，玫瑰花减产，就会造成巨大经济损失，合作社也会因为无力承担损失，而引起与农户的矛盾纠纷。为此，理事会的成员和农户代表，在理事会上就提出了规避合作风险的诉求。

农民是理性的，他们心里都有自己的"小算盘"。"三年赚"的时候，村民可以跟着一起种植玫瑰，而到了"六年赔"的时候，就可能因为难以承受经济损失，而选择退出合作社，改种棉花或其他作物。这样一来，玫瑰产业的进一步发展，就会失去保障。王瑞青也考虑到了降低产业风险的重要性，为此他通过个人出资、上级补贴等渠道，在玫瑰园里修建了岩心井，以防干旱的年份造成玫瑰绝收的问题。可是，这依然难以满足玫瑰产业对规避风险的诉求。降低农民的专业合作风险，还需要王瑞青进一步探索，通过新的农民合作经营方式从根本上将这一问题解决。

（3）分享土地收益的诉求

周林村开始种植玫瑰前，村民都没有想到"土地也种出了钱"。土地不再仅是农户解决温饱的工具，同时还能满足农户增收致富的愿望。与之前相比，每亩土地的收益由 1000 元—1500 元，增加到了 7000 元—10000元。玫瑰种植农户的收益，其他农户看在眼里，羡慕在心头。周林村的一位六十多岁的梁大爷就说："种玫瑰花有好处，收入增加不少，我也想种，可是像我这种上了年纪的人，对玫瑰种植就有心无力啦。村里像我这样的老人就有几十户呢，我们也想从土地上看点收益。"

在村里像梁大爷一样的老人，有的是将土地出租给了别的农户，有的则依然在种植棉花、小麦等传统作物。在周林村，土地出租出去，质量好的每亩租金 600 元，质量差的每亩租金也就只有 400 元。如果是选择种植棉花，每亩的收益也就 1000 元左右，除去人工成本，收益就只有几百块钱。在玫瑰种植户从土地上获得收益的时候，如何满足其他农户分享土地收益的诉求，是实现全体村民共同富裕的待解之题。

（4）以土地入股进行合作经营

2012 年，东平县先行先试，开始推行农村土地产权制度改革，在

"不改变土地所有权性质、不改变土地用途、不损害农民土地承包权益"的前提下，坚持"依法运行、推行法治，政府引导、农民自愿，自主经营、民主管理，试点先行、稳步推进"的四大原则，以"农地入股、农民入社"的形式推行成立农民土地股份合作社。东平县的这一改革，给王瑞青带来了启示，以土地入股成立股份合作社，根据入股的土地亩数，以一亩一股的标准来确定股数，根据股数对股员进行年终分红，这样就能满足非玫瑰花种植户分享土地收益的诉求。于是在王瑞青的带领下，王玉贵、刘再臣等6人发起成立了瑰青土地股份合作社。土地股份合作社成立不到一年，周林村就已经有89户农民入股，入股土地达到了532亩。

表2   瑰青土地股份合作社理事会成员情况表

理事会职位	姓名	身份	出资形式	折算金额
理事长	王瑞青	群众	土地	465万
副理事长	王玉贵	村支书	土地	14万
理事	刘再臣	村会计	土地	10万
理事	赵相芝	村主任	土地	12万
理事	赵贵成	群众	土地	9万
理事	刘西苓	群众	土地	9万

　　成立土地股份合作社，不仅能够解决农户分享土地增值收益的诉求，而且有助于实现玫瑰花的集中连片种植。非玫瑰种植户，可以自愿将土地入股合作社，然后每年领取1000元的保底钱，并且按照所占股份，还可以获得年终分红。将土地加入合作社的农户，可以在合作社里务工，比如采摘玫瑰、打药、施肥、剪枝等，转变为"职业农民"。这样一来，农民的收入渠道增多了，非玫瑰种植户大多愿意将土地入股，解决了"土地互换"难的问题，从而实现了玫瑰的集中连片种植。除此之外，还能够提升合作社规避风险的能力。

合作社盈余分配制度

第一条　每年的收益扣除应交税收、经营成本和政府提取的流转增值收益、耕地保护基金，作为合作社净收益。

第二条　每年从净收益中提取 5% 的公积金，用于扩大生产经营、弥补亏损或者转为成员出资。

第三条　每年提取 10% 的公益金，用于成员的技术培训、福利事业和生活互助互济。除此之外，提取 20% 的风险金，以防来年价格大跌，或者突发自然灾害，用来弥补农户收益，增强合作社的持续运行的能力。

第四条……

在玫瑰产业发展的引领下，王瑞青由一个人种植，逐渐吸引到了多数村民种植，甚至周边的村民也被带动了起来。村民对统一购买物资、统一收购销售的需求，以及对集中连片种植、规避合作风险、分享土地增值收益的诉求，促使王瑞青带领村民成立了种植专业合作社，并最终实现了向土地股份合作社的转型。以玫瑰产业的发展为导向，促使了土地股份合作社的成立。

周林村社会治理的改善源于土地股份合作的崛起。土地股份合作是一个由弱到强、由小到大逐步发展的过程。从一个人到一群人，从一群人到专业合作社，再到土地股份合作社，这一过程中农民的组织化程度不断提高，利益协调的力度不断增强。在这一过程中，对农民与村集体的利益有效协调是促进土地股份合作崛起的重要因素，也是周林村社会治理由"乱"到"宁"的关键。这一过程有几大特点：一是以玫瑰产业为基础，建构共同的经济利益，并在这一过程中增强村集体组织的经济能力和利益协调能力。二是在尊重农民自愿的基础上逐步发展。通过经济能人的带动，一部分农民率先学习并共同参与玫瑰产业经营，在更多农民加入的基础上组建专业合作社和土地股份合作社，从而使农民的利益得到有效保障。三是村集体组织在利益协调中发挥了巨大的作用。特别是在成立土地股份合作社后，村集体组织也成为土地股份合作的重要利益主体。同时，通过发挥村集体的协调、组织作用，村集体的利益协调功能得以更有效实现，增强了村集体威信。

（三）土地股份合作的治理绩效及新情况

在周林村社会治理过程中，多主体共享合作社的经济利益，使得合作社、企业与农民以经济利益为核心，紧密地围绕在合作社经济圈周围，形成了一个多主体的利益共同体。一是农民与合作社的利益纽带。农民将土地流转给合作社，并持有相应的土地股份；合作社的经营收益直接影响到农民的股份分红。二是农民与村集体的利益纽带。农民土地、集体所有土地的流转、入股等离不开村集体的协调、管理。三是企业与村集体的利益纽带。企业注资合作社发展，负责合作社的市场运作与经营，村集体负责合作社的日常管理与服务。四是企业与合作社的利益纽带。合作社的发展壮大依赖于企业的资金，企业的经济利益依赖于合作社的良性运行。这种多元利益联结，将合作社、企业、农民与村集体紧密地联系到一个利益场之中，使之密切合作，共同发展。

1. 土地股份合作的治理绩效

瑰青土地股份合作社的成立，以"土地入股、农民入社"的形式，探索出了农民合作经营的新形式，使周林村突破了村庄发展困境，探索出了集体经济的有效实现形式，促进了村庄集体经济的发展，并且带领农民走上了致富道路。同时，改善了农业生产条件，以股份合作社为载体，实现了农业社会化服务的落地，帮助周林村打造了"村强民富"的局面，让周林村由从前的"难啃的骨头"变成了东平县的"香饽饽"。

一是壮大了村庄集体经济。土地股份合作社跟之前的专业合作社相比，有一个明显的优势，就是实现了村庄集体经济的发展。专业合作社更多的是农户增加了收入，而村集体却依然缺乏收入来源。土地股份合作社成立后，村集体经济的收入来源增多了：一方面，可以将村庄的集体土地入股合作社，到了年终取得分红收益，这将是村集体一项较为稳定的收入来源。另一方面，以合作社的玫瑰产业发展为依托，整合利用各项资金，完善玫瑰产业发展的基础设施，以租赁和半租赁的形式，出租给合作社，基础设施的租金，是周林村庄集体经济的另一项收入来源。

村支书王玉贵说道："成立土地股份合作社前，村庄集体经济收入缺乏来源，几乎没有集体经济收入，村庄事务的正常运行都难以维持。村干部们的工资开不出，办公经费都没有，就只能等上级发财政补贴，常常是

'拆了东墙补西墙'，打了一堆补丁。后来有了土地股份合作社，我们集体土地可以入股，预计能有 2 万元的收入。同时，结合玫瑰产业的发展，将各项资金用于配套设施的完善，通过租赁的方式，出租给合作社，这一下子就多出了两项稳定的收入来源。"

2013 年前，老湖镇每年都给周林村 10 万元的产业发展资金，可是有了钱却没有好的使用地方，常常是将钱用于填补先前的债务。土地股份合作社成立后，周林村就将产业扶持资金 、移民资金，以及其他惠农资金整合到一起，购买了一个小型发电机提供紧急用电，修建了一个 300 多平方米的玫瑰精油加工厂，为玫瑰产业的发展提供了配套设施。加工厂投入使用后，预计每年的赢利收入将有 15 万元左右，再加上 2 万元左右的土地分红，每年就将近有 17 万的村集体收入。在玫瑰产业引领下，以土地股份合作社为依托，村庄集体经济的收入来源增加，村庄集体经济常年亏空的状况得以扭转。

二是促进了农民增收。通过土地入股的形式，实现农民的合作经营，帮助周林村民走上了致富道路。一方面，土地的收益增加了。2013 年以前，每亩土地收益不过 1000 元。到了 2014 年，土地收益达到了平均每亩 7000元—10000 元，并且，种植的成本和风险，相比以前都降低了许多。另一方面，村民的收入来源增多了。先前外出务工是村民增加收入的主要渠道，如今越来越多的人返乡种植玫瑰了。土地入股合作社，每亩每年便有 1000元的"保底钱"。同时，根据入股土地的亩数，到了年终，社员还有分红收益。将土地流转出去的农户，转变成为"职业农民"，可以在玫瑰园里务工，采摘玫瑰、剪枝、施肥、打药等，每年就有近 3000 多元的收入。各项收入加起来，周林村户均年收入要比其他村多出 2 万—3 万元。

之前在老湖镇有这样一个说法："哪儿破房子多，哪儿就是周林"。站在山坡上看周林，多是破旧低矮的平房。村民依靠传统种植，难以从土地中获得收益，修建新房子的愿望也就难以实现。到了 2014 年，土地股份合作社运行近一年，全村就有 8 个农户建了新房子。有的农户还购买了新家具和电器，甚至有的农户购买了面包车、小汽车。村民收入实现了每年户均 3000 元向 30000 元的跨越。许多农户，由先前的贫困户、救济户变成了现在的"万元户"、小康户。

村中有两个赵氏兄弟，土地入股合作社种植玫瑰前，在村里种了 4—

5 亩棉花，每年的收益也就 5000 元左右。如果赶上雨水少的年份，种植本钱都捞不回来。在周林村，他两家的房屋比较破旧，一直有着盖新房的想法，可是依靠种植棉花难以实现他俩的心愿。2013 年，两人把家里的土地都入股了合作社，并在王瑞青的玫瑰园中打工，第二年就看到了收益，一下子变成了"富裕户"，他两人盖新房的愿望得以实现了。赵氏兄弟对王瑞青充满了感激之情。为了表示感谢，俩人专门跑到县城，订做了一面感谢锦旗送到王瑞青的家中。像这样富裕起来的农户还有许多，2014年 1 月王瑞青就被东平县授予了"致富带头能人"荣誉称号。

三是化解了农村公共服务难题。先前周林村的农业发展，面临着农业社会化服务难以落地的难题。周林村以土地股份合作社为载体，成功助推了农业社会服务的落地。首先，实现了"产购销"环节的服务自给。瑞青土地股份合作社，在生产、采购、销售中，为农户提供"一条龙"服务。一是生产服务实现自给。由合作社的理事会科学划定生产阶段，实行"三期式服务"，为农户提供贯穿"产前、产中、产后"的系列服务。比如，玫瑰花长出前，合作社对玫瑰花株进行培育，以及施肥和打药技术培训。玫瑰花长出后，合作社通过技术人员，专门提供剪枝技术培训。二是提供采购服务，合作社合理分类生产物资，以集中统一购买的方式，增强了农户对物资公司的谈价能力。三是提供销售服务，合作社以"保护价"对农户的玫瑰花进行收购，然后再统一集中销售，这样既保证了农户收益，降低了风险，又增强了市场竞价能力。

土地股份合作社对资金、技术进行承接，让现代生产要素服务到农业生产的第一线。一是土地股份合作社承接了金融服务。先前农户缺少抵押物，并且势单力薄，承受风险的能力较低，金融资金难以"进村入户"。合作社成立后，以合作社的名义贷款，建立了农户与银行的连接桥。同时，合作社还可以承接上级给的政策资金、补贴资金等。2014 年，通过对移民资金、惠农资金的承接使用，玫瑰园内已建有两口岩心井，埋设地下暗管 3000 米，并建储水池一个。另一方面，承接农技推广服务。瑰青土地股份合作社与老湖镇的农技推广服务站联合，成为农户与农技推广站之间的连接桥，并将农户需求上传给服务站，协助服务站培训种植专业人才。现在周林村已有 7 个技术人员，并有多位村民称得上"育苗能手"和"剪枝能手"。周林村以土地股份合作社为载体，实现了资金、技术等服务的有效落地。

合作社通过购买服务，克服了先前农户"花钱买服务"意愿淡薄的困境，帮助经营性农业服务落地。2014年，合作社通过购买农机服务公司的服务，实现了玫瑰园的统一机械作业，较大地提高了生产效率。为了加快玫瑰产业的发展，合作社通过向农业经理人购买服务，实现了玫瑰产品的商标注册、统一包装和统一品牌，为玫瑰深加工产业发展打下了坚实的基础。总的来说，瑞青土地股份合作社成立以来，周林村的农业生产环境得到了改善，以土地股份合作社为载体，成功地实现了涉农服务的落地。

2. 土地股份合作的治理启示

其一，农业产业是利益协调的重要载体。我国大多数农村的农业发展基础薄弱，基础设施不健全，甚至有的地方自然条件恶劣，现代农业的发展有着"起步晚、起点低"的特点。农业产业化经营是以市场为导向，以家庭承包经营为基础，将生产、加工、销售各环节紧密结合起来，实行一体化经营的一种组织形式和经营方式，是新时期寻求农村经济快速发展思路的新创造。在农户承受风险能力较为薄弱的情况下，用农业产业化带动农业和农村经济发展，有着十分重要的现实意义。东平县周林村瑞青土地股份合作社的成立，就是在玫瑰种植产业的引领下发展成立起来的。从满足生产物资的统一购买、统一销售的需求，到解决玫瑰集中连片种植、规避合作风险的诉求，最终实现了一人种植到多人种植，及由专业合作社向土地股份合作社的转变，每一步都是在玫瑰产业发展的引领下实现的。同时，每一次的改变和发展，都促进了玫瑰产业的发展，最终玫瑰产业走向了深加工的道路，延长了农产品的生产链条，为村民提供了较多的就业岗位，使得入股的农民转变为了"职业农民"，增加了农民的收入，形成了多元化的收入渠道。

其二，乡土能人是利益协调的重要主体。在周林村瑰青土地股份合作社的成长过程中，王瑞青的个人能力功不可没。对于东平县周林村的发展成绩，王瑞青作为村庄能人，发挥了较大作用。乡土能人往往是村子里在创业、营销、技术等方面有着出色的能力的人。对于乡村的发展，乡土能人往往能发挥较大的作用。王瑞青曾经在供销合作社的工作经历，为后来"下海"种植玫瑰打下了较好的基础。他有经营头脑，并且善于管理，同时，还有着对事业的执著心，对村民利益的关切之心，可谓是德才兼备的能人。2003 年，玫瑰花价格大跌给王瑞青造成巨大经济损失，但他并没有抛弃村民的利益，而是遵守了与村民签订的承诺书，不单没有收取苗木钱，而且还补偿了村民的经济损失。"自掏腰包"并不是所有人都能在艰难时刻下做出的抉择，许多村民都是被他重守承诺的品质和执着的信念而感动，然后选择跟着他种植玫瑰。

其三，乡村有效治理需要均衡集体利益与个体利益。在人民公社时期，农民的利益难以长期得到有效保障是集体走向衰弱的重要原因。据统计，1957 年到 1978 年的农民人均收入年均经济只增加 1.59 元，农民人均粮、油消费水平实际是下降。① 土地股份合作是一种经济组织，理论上经济组织追求的是经济效益最大化。然而，由于土地股份合作社的核心要素是农地，在农村土地集体所有的大背景下，建立在土地资源整合基础上的土地股份合作社又带有强烈的集体属性。因此，如何协调村庄治理过程中的集体利益与经济发展过程中的个人利益问题，成为土地股份合作的重要内容之一。集体形成的重要原因就在于以群体的行动和集体的力量来弥补个体能力的不足。② 一般而言，集体利益得到有效保障而个体利益难以保障时，集体经济组织成员对集体经济组织的认同感低，对组织协调者缺乏信任，乡村治理可能重新面临农民"原子化"问题。而当集体利益难以有效保障时，集体组织自身缺乏对社会的整合能力，不利于集体组织的发展，也会极大削弱农村集体组织的治理能力。

3. 土地股份合作的治理新情况

一是由利益协调引发的农民"分与合"问题。农民因利而合，但是在利益协调不力或者利益难以有效保障时，农民也可能因利而分。从我国集体化发展的历程来看，人民公社时期，由于利益协调过程过于注重集体利益而忽视个体利益，导致个体利益长期得不到保障，农民难以从集体中获得相应好处，从而导致集体经济处于低效率的运行状态。包产到户后，农民个体的利益得到极大保障，但家庭联产承包事实上造成农民的分散化

① 陈锡文、赵阳、陈剑波、罗丹：《中国农村制度变迁 60 年》，人民出版社 2009 年版，第19 页。

② 《马克思恩格斯全集》第 4 卷，人民出版社 1972 年版，第 29 页。

经营，农村事实上处于"有分无统"的状态，村集体的整合协调功能极大弱化。可见，在乡村治理过程中，人民公社与包产到户两个时期都因为利益协调的不当，出现"统得过死"和"分得过散"的困境。在周林村的土地股份合作过程中，由于政府的支持以及股份合作社前期的示范效应，农民对土地股份合作往往抱有较高的发展预期。然而，在市场经济的发展过程中，市场波动、经营风险等可能随时对土地股份合作造成巨大打击，从而使农民难以获得预期的经济收益。因此，如何避免农民"利尽而分"是急需化解的难题之一。

二是村集体与合作组织的"政经分离"问题。从理论上讲，土地股份合作社是一个经济组织，其与村"两委"保持明显的距离。而农地由于具有集体所有这一性质，不可能与集体组织割裂。当前，作为农村集体组织代表的村委会都是以各种形式、不同程度地参与到了合作社的运行当中，甚至在合作社的整个过程中都扮演着非常重要的角色，村委会的权力已经渗透到农地合作社的方方面面。[①] 然而，村委会与土地股份合作社是两种性质截然不同的组织，遵循着完全不同的发展规律，如何有效实现村集体与合作组织的"政经分离"，则需要进一步探究。周林村的瑞青土地股份合作社，当初是由王瑞青和王玉贵等6人共同成立的。经过股东大会选举，王瑞青当选为理事长，王玉贵当选为副理事长，其中王玉贵是周林村现任的村支书，一人身兼两职。合作社的理事会和监事会的成员共有10名，周林村的村"两委"干部都在其中担任职务。虽然不是"一套班子、两个牌子"，但是村"两委"干部全部在合作社中任职，难免会将村庄的治理工作带到合作社中来。村"两委"是村庄治理的政治组织，土地股份合作社是村民合作型经济组织，两者的属性和职能不一样，代表的利益也不相同。在合作社的经营运行中，存在着村社不分的发展隐患，应该通过制定相关的规章制度，对这种隐患进行规制。同时，王瑞青并不是村委会成员，理想状况下其应该是村庄政治参与的积极响应者，通过组织参与维护和争取其自身利益。而从实践发展来看，以王瑞青为代表的乡土能人并没有成为村庄权力的独立一极，而是与村"两委"紧密结合在

---

① 陆道平、钟伟军著：《农村土地流转中的地方政府与农民互动机制研究》，清华大学出版社2012年版，第187页。

一起。

三是利益的多层次与农民参与度问题。从利益的实现程度来看，我们可以将利益分为不同的层次，如潜在利益、示范利益和现存利益。潜在利益是人们的一种预期收益，是一种非现实的、并不一定能真实获得的收益。示范利益是通过典型示范的形式使人们确信将会获取的一种收益。现存利益是人们获得的切切实实的利益。不同的利益层次，可能引发农民的不同参与行为。如对于潜在利益与示范利益，由于不同的人对未来的预期不同，因此不同的人可能评估出不同的潜在收益。而对未来预期或评估并不高的农民而言，他们可能并不愿意参与。而在乡村治理过程中，现存的利益往往相对较少，需要乡土能人、村集体等通过揭示可能存在的潜在利益来说服农民参与。如在土地股份合作过程中，合作社的发起人往往需要通过"算账"的方式告诉农民加入合作社能够获得什么样的好处，有什么样的收益，以此说服农民来参与。或者通过乡土能人的"示范带动"，让农民看到好处后再进行推广。

（四）案例小结

"每一个社会的经济关系首先是作为利益表现出来。"[1] 人民公社时期，农村社会按照政治方式予以组织，政治关系在社会生活中起着决定性作用，行政命令主导着社会的运行和农民的行为选择。改革开放以来，随着市场化的渗透，农村的社会关系更多表现为经济关系。社会关系的调节更多需要依靠利益调节而非行政强制。"家庭承包制使农民获得了集体土地的承包经营权，将集体共同利益直接体现到具体的农户身上，由此调动了亿万农民的生产积极性。"[2] 虽然家庭联产承包制满足了农民的增量利益需求，解决了长期困扰农村的"效率"问题，但却难以有效化解农民的共同利益需求，加剧了农村社会的"公平"问题。

有效处理好社会发展过程中的公平与效率问题，不仅仅是国家宏观发展的大事，也是乡村社会有效治理必须解决的急事。当前，国家在发展过

---

[1]　恩格斯，《论住宅问题》，载《马克思恩格斯选集》第 2 卷，人民出版社 1972 年版，第 537 页。

[2]　徐勇、赵德健：《创新集体：对集体经济有效实现形式的探索》，《华中师范大学学报（人文社会科学版）》2015 年第 1 期。

程中已经从强调"效率优先、兼顾公平"转变为强调"兼顾效率和公平"。但效率与公平如何协调、如何兼顾，却缺乏有效的途径与抓手。土地股份合作的实践，就是通过利益协调的方式，化解农村经济发展和社会治理过程中的公平与效率问题。一方面，组织农民通过土地入股，以此扩大生产经营规模，提升农村土地的经营效率，增加农民的增量收益。另一方面，土地股份合作将农村土地的集体所有权与农民的集体土地承包经营权重新关联起来，让虚化的土地集体所有权通过合作社的方式具体体现出来，从而增强其发展的共同利益，增加农民的公平收益。①

六　管理创新：西沟流村的土地股份合作

管理要素是农村社会治理的重要因素。在中国封建时期，皇权不下县，县以下实行乡村自治。传统农村社会，在诸如赋税的摊征、水利活动的开展、山林管理、教育事业的建设等方面存在大量的"共域"，在其中官民均可发挥作用。② 在治理主体方面，政府对乡村社会的治理大量借助于乡土能人等准官员，政府机构仅在纠纷发生时才介入，形成了依赖于社区自身提名的准官员进行的半正式、简约化的治理方式。③ 但这种治理方式并非尽善尽美。传统农村社会的治理，与其说是简约治理，不如说是政府对农村管理的乏力，国家权力难以有效到达农村，农民往往处于"山高皇帝远"的状态。"中华帝国正式的皇权统辖权只施行于都市地区和次都市地区。出了城墙之外，中央权威的有效性便大大地减弱乃至消失。"④

在国家缺位的情况下，农村社会的有效管理依赖于士绅、家族。对此，孙中山曾直言，中国社会是一盘散沙，因为一般人民只有家族主义和宗族主义，没有国族主义。⑤ 特别是宗族操纵着传统的政治机制，农村的

---

① 徐勇、赵德健：《创新集体：对集体经济有效实现形式的探索》，《华中师范大学学报（人文社会科学版）》2015年第1期。

② 王日根：《明清时期社会管理中官民的"自域"与"共域"》，《文史哲》2006年第4期。

③ 黄宗智：《集权的简约治理——中国以准官员和纠纷解决为主的半正式基层行政》，《开放时代》2008年第2期。

④ ［德］马克斯·韦伯著，洪天富译《儒教与道教》，江苏人民出版社1993年版，第110页。

⑤ 孙中山：《三民主义》，岳麓书社2000年版，第2页。

村务管理、公共活动等等都是以宗族或亚家族为基础进行管理、分配。①而农村这种分散化、原子化的状态以及家族主义的盛行，事实上强化了国家的专制统治。正如马克思在分析亚洲小农社会时指出的，"这些田园风味的农村公社不管看起来怎样祥和无害，却始终是东方专制制度的牢固基础，它们使人的头脑局限在极小的范围内，成为迷信的信服工具，成为传统规则的奴隶，表现不出任何伟大的作为和历史首创精神。"②

新中国成立以后，为强化国家政权建设和促进国家经济建设，农村社会逐步沿着互助组、初级合作社、高级合作社到人民公社的路径走向集体化、统一化的管理模式。然而，这种强有力的、集中的管理方式也面临着问题。农村人民公社在制度上实行的是"三级所有、队为基础"，但"队为基础"却长期被忽视。农村经济活动事实上为国家行政活动所包办和取代，生产资料集体所有，经营活动集体统一组织，劳动成果集体统一分配。农业生产具有多变性、多样性，因此人民公社制度下的统一化管理模式难以确保集体成员对集体的有效控制，集体管理者并不能保证都是为了集体，无法解决农民共同劳动所需要解决的管理问题。③ 其结果是违背经济发展规律，人民公社最终被废除。

人民公社制度废除后，家庭联产承包责任制的推行使农村重新走向个体化经营。由于农村土地的产权基础是"集体所有"，村委会成为法律意义上农村土地所有者的代理人，对农村土地的有效整合与管理离不开村委会的参与与协调。同时，农业经济的发展面临市场和要素的双重约束，发挥村委会的资源和组织优势是加快生产服务合作社发展的有效途径。④ 然而在家庭联产承包责任制下，当前农村大量的农民经济合作社呈现出一个问题，即大量的经济合作组织成为村集体组织的附属物。村委会的过度干预使农民经济合作组织失去发展活力。因此，在个体化的大背景下，如何

---

① ［美］杜赞奇著：《文化、权力与国家：1900—1942 年的华北农村》，王福明译，江苏人民出版社 2006 年版，第 63 页。

② 《马克思恩格斯选集》第 1 卷，人民出版社 1995 年版，第 765 页。

③ 徐勇、赵德健：《创新集体：对集体经济有效实现形式的探索》，《华中师范大学学报（人文社会科学版）》2015 年第 1 期。

④ 孙亚范、王凯：《农民生产服务合作社的发展和运行机制分析——基于江苏省的调查》，《农业经济问题》2010 年第 11 期

创新农村社会管理的方式，避免乡村治理陷入"放任不管"或"管得过死"的困境，是乡村治理面临的新问题。我们主要选取东平县西沟流村宝泉土地股份合作社为案例，来分析以村委会为主体的管理要素在土地股份合作的发展过程中如何发挥自身作用，起着何种作用，面临怎样的困境或挑战。

（一）西沟流放任：治理困境

与大量纯农业地区的农村村庄一样，西沟流村当前的村庄治理困境很大程度上源于社会治理的过度放任。西沟流村全村共有耕地面积1700亩，以旱地为主，且主要是山地和坡地，林地面积3700亩。农作物种植以小麦和玉米为主；全村总人口687人。由于土地贫瘠，水资源匮乏，水利设施较为落后，不能有效满足土地灌溉需求，导致土地耕作"靠天收"现象普遍；且村庄难以组织有效的合作行动，导致土地抛荒现象严重。

1. 由"合"到"分"的村庄

在乡村社会治理的历史变迁中，1949年以后的合作化运动和1978年后的分户经营，使农村社会经历了由"分"到"合"，再由"合"到"分"的巨变。

（1）初级社：大家一样穷

初级社不仅是土地的联合，也是生产工具的联合。初级社形成主要是响应国家政策号召，整合农村生产工具、生产资源等要素，实行土地大联合，以提高农业生产效率。西沟流以山地为主，在这一时期实行土地大联合，对于土地生产是利大于弊。初级社的生产工具由村民们自发加入，土地统一耕种、统一管理并统一分配粮食。93岁的王云冉老人说："当时家里有一头牛，也是全村唯一的一头牛，加入初级社时直接拿到社里，成为社里共同使用的生产工具。"

初级社的管理以生产大队主导的硬性管理模式为主。西沟流村是一个单独的生产队，公社管理成员基本上由生产队队长、会计担任，他们负责分配农活和粮食、记工分，并按工分分发劳动果实。这一阶段，农民的积极性较高，大家在一起种地、一起干活、一起分配粮食。初级社时期，地里主要种植小麦、玉米、花生和芝麻等。除去上交国家的粮食，西沟流村所剩粮食基本只够自给自足。如遇上旱灾，粮食就不够了。村民王笃印老人说："当时大家积极性很高，反正大家一样穷，一起种地还有个盼头，都自愿将自家的农具拿出来，一起生产、耕种，麦子和玉米按照各家各户出工记录分配，村里养的几只羊也只是到过年的时候杀了，各家各户按人口平均分配。"

初级社的集中包括土地的集中、生产工具的集中、人口的集中以及生产结果的集中，在一定程度上实现了连片经营与规模管理。但由于生产工具落后、生产效率低、水利设施落后，并没有产生规模化效应，土地产值低。"生产工具落后、效率低、粮食产量少，按工分算。风调雨顺的时候，每户可以分到十几斤麦子和几斤棒子（玉米），闹旱灾的时候只有几斤玉米。"

总体来看，初级社的统一管理事实上促进了农村经济的发展。这种管理之所以成功，在于几个方面的原因。一是尊重了农民的意愿。初级社的发展很大程度上是传统农民互帮互助的组织化、制度化。1949年以后，由于农村生产资料的缺乏和生产力发展的滞后，单家单户的农民往往难以有效完成农业生产，农民有合作生产的需要。如农村往往是几户农户共同饲养和使用一头耕牛。二是合作社的规模较为适度。初级社的合作规模往往以生产小组或生产大队为单位，如在西沟流村，其初级社就是以历史上形成的村庄为单位。

（2）高级社：干多干少一个样

高级社时期，西沟流村是一个生产小队，其所在的梯门镇是一个生产大队，负责生产工具、生产资料和生产结果的统一分配、统一管理、统一调度。具体劳动任务和出工记录由生产小队负责，即每天的劳动任务由生产小队统一分配，各家各户派出有效劳动力按时下地干活。生产小队收获的粮食要统一上交生产大队，再由生产大队统一划拨，人民公社分配生产结果的主要依据是各个生产小队的粮食产量。

高级社主要的管理手段是工分制。西沟流村生产小队分配生产结果的主要依据是各家各户有效劳动力全年所挣的工分。即一个家庭有效劳动力越多，挣得工分越多，年底所分粮食就越多。工分制的实行标准与性别年龄有关：不同的年龄出工所挣工分标准不同。一是看劳动力的成熟程度，年轻小伙子出一天工的工分是半个或一个，成年劳力出一天工的工分是一个或两个；二是看任务的繁重程度，繁重辛苦的工作工分多，简单常规工作的工分少。当然，工分的核算是由村级公社的主任、队长说了算。所以，在人民公社的劳动成果的分配中，容易出现"规模不均现象"。可能有的家庭人口少，但是挣得工分却很多；有的家庭人口多，反而所挣工分很少。68 岁的李存温回忆说："那个时候搞的工分制太害人了，我排行老大，下面还有四五个弟弟妹妹，妈照顾小孩，只有老爹一个人下地干活挣工分，每次分到的粮食根本吃不饱，干得再好再多也吃不饱。"

高级社实现了农村土地的统包统筹，统一耕种、统一出工、统一收割、统一分配、统一管理，将农民紧紧地束缚在土地之上。相比初级社来说，高级社时期农民的生活更艰难，土地更加集中，生产成果的分配也更加集中，村小组毫无处置权。82 岁的李丙义老人是村里的长者，对后来的人民公社的印象最深。"人民公社就是一个大蒸笼，吃大锅饭，你干多少跟你吃多少没关系，干多干少一个样，都吃不饱。"那个时候，李丙义老人家里有五口人，当时就只有父亲和哥哥两个有效劳动力，出一天力算一个半工，一年基本上可以分到 30 斤左右麦子和 20 斤左右玉米，基本口粮远远不足。村委委员李建东说："人民公社干活不是为自己干，干得多，你分到的粮食不一定多，搞工分制不靠谱，太集中太死板了，粮食生产的也不是很少，分到手的就是那么少……"

由此来看，高级社虽然名义上是初级社的升级，但取得的效果却截然相反。一是，高级合作社缺乏有效的激励机制。在统一经营、统一管理、统一分配的管理制度下，农民干多干少一个样，缺乏劳动的积极性。二是合作社规模过大，使得管理和协调难度急剧增加。一个高级社相当于现在的一个乡镇，过大的规模使合作社内部管理成本提高。三是管理方式的滞后。高级社以工分制作为管理的主要手段，这种管理与人口多少有着密切关系。这一管理制度事实上鼓励了农民更多的追求生育而非更积极的从事劳动生产。

（3）分田到户：各种自家地

1984 年人民公社在西沟流村正式瓦解，随之而来的是农村土地第一次承包到户，西沟流村重新成为一个独立的行政村。西沟流村土地分配的协调权归村生产队，分田单位是村组，土地划块到村组，以小组为单位分田到户。总的来说，各家各户的地是平均分的，都有 10 亩左右，其中包括山地或坡地、水浇地，所占比例大致一样。分田到户之初，集体运作的模式突然被打散，转变为以家庭为单位的个体经营模式，农民的积极性提高了。土地包产到户之后，土地经营权重新回归农民，农民对自家地有了较大的自主权，种什么、怎么种以及种多少等都由农民自己决定。70 多岁的武树雨老人说："大家都是山坡地，一般时节只有一半可以种上玉米和麦子，想种啥就种啥，种的不多，收的时候也不麻烦，都是自己种，不用请人。"自家的地自家种，农忙时节，大家才会换工互助。比起人民公社时期，农民种地的积极性以及土地收入提升了很多。

西沟流村的农民基本都靠家里的几亩地维持生计。土地包产到户之后，西沟流村土地耕种依然面临着两大现实的难题：生产工具较为落后、水利灌溉设施严重匮乏。由此带来土地产值低，农民收入少的问题。10 年前的西沟流村很落后，村里的房子是土坯房、路面是泥土路、村庄环境脏乱不堪等。35 岁的王海云说："10 年前，还没嫁过来呢，那时只听说西沟流穷得叮当响，穷得只有沙土了。"她家里有 10亩山坡地、1 亩水浇地、4 亩山地、5 亩坡地，基本只有水浇地和坡地可以种上玉米和小麦。风调雨顺时节，1 亩水浇地种麦子可以收 800斤，大约 1000 元；5 亩坡地种玉米可以收 4000 斤，大约 4000 元；除去成本，一年的收入差不多有 3000 元。如果是旱季，就只有 1500 元左右。

分田到户后，乡村治理更多的呈现"放任管理"的状态。这种管理虽然激发了农民的生产积极性，但事实上却是激发了农民的个体生产积极性，农民并未作为一个组织化的整体而行动。对于单个的农民而言，有发家致富的可能性，但由于农业生产的产值有限，大部分从事农业生产的农民并未因生产效率的提高而走向富裕之路。因此，放任的管理对于农村经济的发展而言，其作用仍然有限。

2."看天吃饭"的农民

由于村庄治理的过度放任，村庄经济与社会发展长期处于无人管的状态，导致农民的生产经营缺乏必要的村庄公共服务支撑，而农民个体力量的不足使农业生产陷入"靠天吃饭"的困境。

（1）种粮靠天收

西沟流村"种粮靠天收"现象较为普遍，主要表现在两个方面：

一是旱涝灾害频繁。西沟流村共有耕地1700亩，耕地主要以山地为主，水浇地和坡地较少。土质以砂质土壤为主，对水分的保持力较小，如果长时间晴天，土壤里的水分会很快蒸发。而西沟流村地处鲁西北山区，气候为暖温带季风气候，降水少，雨热同季，降水集中于夏季，平均每年的降雨量不足500毫米，自然灾害以旱灾为主，涝灾其次。村里老人们说："旱灾是家常便饭了，即使种上了，地里的收成如何，天说了算，靠天收呗……"70多岁的吴天成老人说："村里都是山地、坡地，天旱了，地里都种不上，那一年就全白忙活了，还要担心人吃饭的问题，有时人喝水也是个问题。"

二是水利基础设施落后，无法满足旱地浇灌。西沟流全村在北山坡下仅仅有一个拦水坝，每年大概可以蓄水130万立方米。由于灌溉渠道不通，蓄水池的水无法与农地相连接。主要的灌溉方式是人工灌溉，即挑水浇灌，这就需要大量人力，耗工耗时，效率较低。蓄水池主要有两大功能：人畜饮水、农地灌溉。因此在旱季，极度缺水的时候，村民们根本舍不得将水用于农田灌溉，因为蓄水池里的水也只能基本满足全村人畜饮水之用。

自然条件差、气候恶劣，水利基础设施落后，直接导致了西沟流村的土地产值低、农民经济收入少。村支部成员李建林算过这样一笔账："在风调雨顺时节，一亩好地可以收600斤麦子或800斤玉米，大概的收入是600元—800元；对于山地，只能种上小麦或玉米，至于收成还得看接下来的几个月下不下雨，一年的收入大约是300元左右。旱灾年份，一亩好地可以收200—300斤小麦或400多斤玉米，大概收入300元—400元。"因此，对于西沟流村来说，风调雨顺的季节土地还可以保值，而在旱季，土地就会大大减产甚至绝产。

（2）种不上就撂荒

西沟流村村民之间流传着这样一句话："种地不收粮，种了也白种，不种还收草。"由于西沟流地势较高、水资源匮乏等原因，近些年西沟流村土地抛荒严重，尤其是北山山坡出现大面积荒地。

一是种地不挣钱，农民不太愿意种山地和坡地。由于山地和坡地土质差、水分含量低，只能赚取人工费，无法增值，很多村民不愿意种山地和坡地。王传生老人家里有7亩地，基本上都是山地，去年全部种上了玉米，平均一亩收玉米 800 斤，"刨去种子、化肥、农药和人工费大约 300 元，一亩玉米差不多可以赚 500 元左右。这样的收成也不是年年都有的。旱季，种的上就种，种不上就撂荒。"村民武树成家里有 3 亩水浇地、5 亩山坡地，基本上只有 3 亩水浇地可以种上小麦或玉米。他算过这样一笔账："3 亩水浇地都种玉米，一年一季可以收玉米 3000 斤，折合人民币 2800 元。刨去化肥、种子、农药、人工费等成本 800 元，3 亩玉米可以净赚 2300 元。这点收入根本满足不了家庭日常开支。"

二是打工比种地强，农民相继进城务工，导致有效劳动力缺乏。西沟流村年轻劳力大约 300 人，80% 的劳动力都进城打工，在家留守人员种地时的选择性比较自由和随意，即耕种时节首选那些好地，而那些差地因为年年不种而遭到荒废，肥沃性和可利用性越来越差。王笃印老人说："家里五六亩地，没什么好地，差不多都是孬地（差地）。看天吧，能种上就种上，不能种就空着，反正空着也不长草。"29 岁的村民李成说："家里的地不用牵挂，能种种，种不上拉倒，收多少无所谓，在外面多挣一些就好了。"

由此来看，在社会发展过程中，西沟流村曾经历从强力管理到放任管理的转变过程。在人民公社时期，由于国家行政的强制控制，村集体组织拥有强有力的管理权力，形成了强力管理的局面。但改革开放后，村集体组织对村庄社会治理采取"放任"政策，并导致了一系列社会问题。一是村庄公共服务难以有效组织和供给，如村庄农田水利长期处于失修状态，难以满足农业生产排涝灌溉的需要，导致农民农业经营仅能"靠天吃饭"。二是村庄资源难以有效整合。村庄内大量农民外出务工导致大量土地处于荒置状态，村集体难以通过自身的管理协调让土地资源得到充分利用。长此以往，农民难以从土地生产经营过程中得到较高的经济收益，同时，村集体自身的权威和能力也日益受到削弱。

（二）土地股份合作的崛起

西沟流村在村庄治理过程中的"放任"使其村庄经济和社会发展陷入困境。但历史的发展也证明，村集体组织的过度干预，管得过死也不可行。在当前社会，村集体组织是村庄社会治理最主要的组织。在长期放任管理让村庄陷入治理困境的情况下，村集体组织面临着管理创新的内在要求。

1. 能人出场，坐稳位置

有效的乡村治理，人才是关键。2000 年至 2005 年，西沟流村村支部书记更换频繁，连续换过三届村支书，最短的一届只有三个月的任期。村民李存贵见证了村支书的频繁更迭，"之所以频繁选举村支书，原因就是几任村支书都不能为村民们想出致富的点子，带领大家致富"。在过去 5 年间，村委会年年借款欠债，累计达到了 60 多万元。2005 年 3 月 22 日，西沟流村推选李保全为新一任村支部书记，为村庄社会治理注入了新的活力。

（1）捐资修路赢得信任

西沟流村地理位置偏僻，三面环山，只有东边与邻村东沟流村相连，通往梯门镇。2005 年以前的路基本上是泥土路，大约 1 米宽，路况基本上"看老天爷的脸色"——晴天，小型货车勉强可以通过；雨天，车辆根本无法进村。2006 年竣工通车的村级公路基本上只通到村口，大约 2.8 米宽，这在一定程度上改善了村里的道路状况。外面的商贩开始进村买羊、买杨树。但村小组之间及其与村委会之间并没有通车，道路情况较恶劣。

李保全上任之后的第一件事就是修路。"穷地方要发展要致富，必须先修路，只有这样，我们才能出得去，别人也才进得来。"通常情况下，修 1 公里 3 米宽的道路要花至少 20 万元。将西沟流村四个小组联结起来，大概要修路 5 公里，耗资近 100 万。但此时村集体欠债近 60 万元，村集体没有钱，村民也没有钱给集体出资。对此，在村"两委"的组织下，由李保全垫付资金、村集体出力，西沟流村开始了村道修建工程。到 2007 年夏季，共修路 4.5 公里，历时近 7 个月，耗资约 80 万。村民李存尧说："路修好了，全是李保全的功劳，只有这样有魄力有能力的书记才能带领我们发家致富，选他绝对没错，我们对以后的生活开始有了希望和期待。"

（2）提升村庄公共服务

曾经有一段时间，西沟流村村委会没有固定的办公场所，村委会日常办公基本都是在村干部家里，村委会以及党员代表大会也是在露天院子里举行。村民李存贵之前家里养了 33 只羊，有一个月家里的羊连续丢过三只，他怀疑是村里进了贼，于是找到村支书希望可以调查此事并帮助找回丢失的羊，但是村支书只说："难度很大，丢了就没办法了，以后关好圈门，小心一些。"李存贵甚是失望，"以前的书记个人能力是很强，就是不帮老百姓办实事，以前有什么事找书记，都是去他家里，基本上都是碰运气。"李保全书记上任之后采取一系列措施，将这些问题一一解决，使西沟流村从无序管理走向了有序管理。

一是兴建村委会办公室。由于学龄儿童人数的普遍下降，2008 年西沟流村小学撤销，校舍一直空置。李保全组织村干部将校舍破漏之处修缮好，并统一购买办公用品，如桌椅、档案柜、电话等，使村委会有了正常的办公场所。二是修建医务室。以往西沟流村民大小病患都要去镇上卫生院。为了解决村民看病难的问题，李保全将以前校舍旁边的教师住宿房单列出两间房，作为村医务室，并请有过卫校医师经历的王如燕回村负责医务室工作。三是组织全体村民打扫村庄卫生。西沟流村委会每年不定期组织村民们对村庄的环境卫生进行清扫。经过打扫，西沟流村以前那种破烂不堪、脏乱差的局面得到有效的改善，村庄环境开始变得干净和卫生起来。

2. 寻找出路，瞄准新产业

村庄社会治理的有效实现，需要一定的经济基础。而传统的农业生产经营方式所创造的经济价值有限，难以为村庄社会治理提供良好的经济条件。因此，传统农业生产也需要进行转型升级。

（1）缘由：一次外出学习

2008 年秋季，东平县组织全县村干部赴武汉黄陂区学习现代农业发展模式及其先进经验，重点学习的是武汉市黄陂区传统农业转型发展的经验，即"土地连片流转，集中经营大棚蔬菜，建设武汉城区最大的蔬菜供应基地"。李保全深受启发并在学习备忘录上写了三点想法：

第一，黄陂区位优势明显，土地资源优厚，交通便利，市场需求明显，市场进入门槛较低，土地流转难度小，集中经营规模大，适合发展现代农业。但是西沟流村又如何？应该可以尝试着集中土地连片经营。

第二，村里有大片集体土地，都是山地，目前处于抛荒状态，可以作为"土地连片经营的试验田"，土地流转难度较小且土地呈阶梯分布，这是优势。

第三，西沟流村虽地处山区，交通不便、土地资源基础差、水资源缺乏，但这些都是可以解决的。种蔬菜、粮食不行，但可以种植附加值较大的果树。

（2）构思：再次外出学习

2008 年 10 月从武汉回来后，李保全书记一直在思考和反思："西沟流村土地资源差，如何通过土地的集约化发展现代农业，实现农民增收呢？"一次偶然机会，李保全从晚间新闻上看到一则关于土地流转的新闻，即"青州市通过土地产权改革，发展高附加值的农业产业，实现了农民增收和土地集约化经营"。第二天一大早，李保全带着疑问和希望，踏上了前往青州农业产业园新的学习之旅。通过考察青州市农业产业化发展，李保全发现西沟流村与青州在某些方面有几大相似之处：

其一，西沟流村有大片的集体土地近 800 余亩，地势虽不平坦，却很集中，用平整机器很容易就将土地连片，适于大规模种植；

其二，西沟流土质主要呈现砂质性，虽然对水分的保持力度不大，不适合种植小麦和玉米，但是适于种植耐旱果树或农作物；

其三，发展现代农业产业需要集中连片的土地，西沟流北山坡下农户土地近 800 亩，与集体土地相连，做好群众工作，土地流转工作难度应该不大；

其四，西沟流村穷了那么多年，老百姓都有发家致富的强烈愿望，一定要找好新路子、新点子，百姓才会服你。

（3）形成：问道专家

武汉的学习和青州的考察，使李保全对土地变革有了全新的认识；但是西沟流土地资源差、土质不肥。要突破土地困境，探索出一条靠土地致富的农村发展之路并不容易，李保全心里打起了拨浪鼓。

青州学习结束之后，李保全直接去了省会济南，拜访了山东省农业科学院的农学专家，询问西沟流村农业产业发展的建议，并向农学专家学习农业产业发展的相关知识。专家告诉李保全：第一，西沟流村土质呈中性，山地呈阶梯分布、向阳且日照充沛，适宜种植经济林木，适合农业产业化发展；第二，农业产业化发展可以采取"阶梯推进"的方法，要做好试验工作，循序渐进；第三，对农产品进入市场渠道、市场饱和率、市场吞吐量、市场竞争力等要做好调研；第四，经济林木种植技术指导、田间管理、日常灌溉以及日常维护等都要长远规划，成本、收益率都要精打细算。

此时的李保全书记心里已经有了一个大胆的想法：种植樱桃。李保全这样说："自己种了10多年的苹果，还算有一些经验。山地土质砂性大，水分保持时间短，在选择经济林木时要考虑它的耐旱性、生命力、市场价值以及增值性等。综合考虑，种樱桃最好，樱桃树好管理，樱桃市场前景好、附加值高。"

在考察和学习的基础上，李保全一方面连续跑遍了泰安、济南、曲阜、潍坊以及青岛等大宗农产品交易市场和水果批发市场，做好了充足的市场调研工作，了解了樱桃的种植情况、市场销售情况、价格情况等；另一方面与以前种植苹果园时结识的水果客商取得联系，向他们咨询和学习，初步达成合作意向。

3. 力排众议，说服村民

单纯依靠村庄能人和农民自身，村庄社会治理的资金、技术等资源仍然有限。因此，进一步整合农民的资源，并借助外部社会资源，是实现村庄有效治理的重要基础。

（1）"请回"资本

西沟流村委会和农民最缺的是钱。黄陂、青州的学习考察以及山东农业科学院的学习使李保全对西沟流村发展农业产业化充满信心，并且在心中已经有了一个粗略的方案。但是土地流转、土地产权改革以及农业产业化经营需要起步资金，村集体尚有60多万的债，自身已经再无闲散资金，贷款难、融资难等现实问题都一一摆在了李保全书记的面前。

1980年以来，从西沟流村走出去的县级以上领导干部有20多位，在外面做生意的企业家、商人大概10多位。乡土精英为西沟流村积累了丰厚的人脉资源，是西沟流村发展的催化剂。2008年，李保全找到了村里在外经商的李建生并最终说服李建生回村投资。

（2）与民协商，流转土地

土地是农民的"根"，对于拥有土地已经几十年的农民来说，突然提出将土地流转出去，农民心中不免不愿，甚至有的强烈反对。为了突破"土地保守"的困境，李保全与村民开展了一系列的协商和讨论。

2009年4月10日，从保定归来的李保全书记立即着手组织召开村

"两委"会议，李保全向与会村干部粗略谈论了关于"土地流转、连片经营，投资果树"的想法。会上，有些委员提出了反对意见，担心土地流转会造成不好的影响、会违背国家土地政策。会后，此事传遍了全村，村民们纷纷议论此事。

土地流转，村民们担心交出去的土地很难再收回来，总想把土地控制在自己的手里。对于农民来说，土地就是他们的"根"。"绝对不能把土地交出去，交出去了就收不回来了。""交出去是可以，但是要赚钱才行啊，不然我宁愿叫它荒着。"与此同时，另外一部分村民担心土地补偿金发不下来。农民就靠十几亩地种粮食，赚点儿辛苦钱，如果土地交出去发展合作社，粮食自然不能再种，如果补偿金不能按时发放，农民就真的颗粒无收。"把土地交给村集体，要是村集体不发钱怎么办，土地交出去了，我们没有了保证，到时候不想干了，又收不回来，那岂不是白瞎。"而对于部分年龄较大的村民而言，没有土地就没有安全感。"以前就是没土地才饿肚子，现在又要交土地，我们吃什么，难道饿肚子不成。土地虽说不挣钱，但是看着几亩地，心里放心，有底。"

2009 年 8 月 30 日，李保全组织西沟流村委会就"土地流转"召开第一次会议，与会者有村委委员、党员、组长及群众代表。会上，李保全详细论述了西沟流村的优势与劣势、农场的投资问题、农场的管理与运作问题、土地补偿机制、农场预计收益以及市场前景等，并提出农场土地一期目标是北山脚下所有山地和坡地近 1600 亩，其中包括村集体土地 800 余亩和 58 户村民所属土地 800 余亩。

进入投票表决环节，只有 60% 的与会者同意此方案。不同意的 40% 主要有以下顾虑：担心投资的公司不会按时发放土地补偿金；土地都流转出去了，口粮怎么解决；很多人认为土地在自己手里才是最安全、最放心；如果效益不好，公司撤资，农民的利益如何保障，对此，李保全认为："西沟流经济落后、土地差、收入低，传统经营模式不能实现农民增收，我们要想办法，要搞特色农业产业才能赚钱，把土地集中起来，大规模生产。"8 月 31 日至 9 月 2 日，李保全利用晚饭时间，走访党员、村委会干部和村小组长，详细介绍了西沟流村发展农场的可行性，大家都一致同意将村集体所有的 876 亩山地集中连片，并将紧挨着村集体土地的 58 户农户所属地 824 亩纳入前期土地流转计划。

为了做好群众工作，李保全与村民算起土地账。西沟流地势高，旱地居多，水资源匮乏，一年只能种一季。以水浇地为例，风调雨顺时节，一亩地最多可以收1000斤小麦，折合人民币1000元；最多可以收1100斤玉米，折合人民币1200元。去除化肥300元、耕地工钱80元、收割工钱80—100元、种子120元、农药40元，一亩地小麦纯收入360元—380元，一亩地玉米纯收入460元—480元。山地、坡地的收入就更少了，一亩地小麦200元左右，一亩地玉米300元左右。如果是旱季的话，水浇地的收入就要大打折扣，一亩地小麦250元左右，一亩地玉米300元左右，山地和坡地基本上种不上庄稼，只能抛荒。

同时，为了消除群众的顾虑，李保全与公司约定，每年都提前发放土地补偿金，以钱安心。实际上，农民对土地流转最大的担心和顾虑就是钱。只要解决了钱的问题，一切都是顺理成章的事。一是土地补偿金提前一年发放，且全额发放，这样就不会出现拖欠的现象；二是农场日常所需劳动力优先用那些土地流转的农户，工资日结或月结，一天40元，绝不拖欠；三是农场主要种植樱桃、石榴等果树，发展有机林业，全部浇灌人工肥，不施化肥不打农药，对土质损坏不大。

而对于部分不愿意加入的农民，李保全以及其他几位积极参加的农民与其进行土地差异置换——"以水浇地均等置换山地或坡地"，即一亩水浇地置换一亩山地或坡地。在此基础上，同意"土地流转、发展现代农业产业"的村民达到了95%以上。对于"土地差异置换"，自始至终坚决反对土地流转的村民王发友这样说："北山脚下有三亩坡地，算是二级地吧，不算孬，每年倒是可以种上点儿粮食，家里就这么几亩地，全给他们了，心里没底。不过书记将他的三亩一级地跟我换了，不算吃亏，还赚了呢……"

经过党员会、村民小组会、群众大会等流程，北山脚下58户农民基本达成了土地流转协议，共计824亩；另外村集体流转山坡地876亩，总计1700亩，为进一步突破土地困境打下了基础。

4. 合作社成立，唤起新希望

（1）确权确股

2009年9月底，在李保全的组织下，村委会牵头，由小组长、党员代表及群众代表组成的土地测量队开始对北山脚下的集体土地以及58户村民所属土地进行实地测量和登记。10 月底，土地丈量任务结束。首次流转土地包括北山脚下村集体山坡地 876 亩、58 户村民所属山坡地 824 亩，共 1700 亩。测量队成员李丙奉说："土地重新丈量保证了土地流转入社的透明和公平，为股民入社创造了良好的群众基础，叫老百姓觉得公平，又踏实了农民的心。"

经过计算产值，与农户达成协议，以每亩每年 700 元评估作价，在合作社入股的土地，每亩为 1 股，不足 1 亩的按比例折算，把 824 亩分成 824 股。同时，把村集体 876 亩山地也入股，共计 1700 亩土地。现金投资入股按 1000 元每股计。

合作社与农户签订了土地流转协议，向入股的农民颁发股权证书，作为股东所有者权益和记载各个财务年度分配的凭证，并以记名方式进行登记。合同截止日期为 2029 年 12 月 31 日，合同规定："土地转让期内，个人股权可依法继承、馈赠，但不得抵押，股东享有平等权利，入社自愿，退股自由。股民每年可以从合作社里领取每股 700 元的保底收益和收益后的二次分红。"但是，"实在有特殊情况，想退股退社的话，不能退北山脚下土地，统一以'一级地置换山坡地的方式'还原农民土地。"

（2）搭建基础

围绕合作社如何运作以及朝着什么方向发展，李保全又积极想办法，多次与李建生进行协商，达成多项投资协议，包括修路、改电和修水利。"公司投资、村委会牵头和村民出力"使合作社的发展呈现一片欣欣向荣的局面。

修路，实现村组通公路。截至 2007 年底，全村公路只通到村口，村小组与村小组、村小组与村委会之间还未通公路。2009 年 12 月，公司投资近 800 万元，以村小组为单位，在西沟流村铺设完整的公路网。截至 2010 年 9 月，共铺设公路约 6 公里。一方面，实现了村小组之间互通公路，改变了交通不便的境况；另一方面，将公路铺到了北山山腰，使北山山腰东西相连、山上山下相通，既方便了车辆行人上山，也为合作社日后发展生态农业、观光农业打下了基础。

改装电路。西沟流村的电路设施还是 2003 年第一次电路改造时建造的，整个电路老化不能承受较大功率的机器运转，如空调、冰箱、农药喷洒机、大型抽水机等。2009 年 12 月，泉灵公司投资近 200 万，改造全村电路设施，并将电路铺设到北山上，包括北山路灯、北山林地晚间供电、北山公司大楼用电、北山职工宿舍用电以及北山宾馆用电等。

兴修水利。西沟流村地势高、水土资源匮乏，常年遭受旱灾，兴修水利对于农业专业合作社的长久发展至关重要。2010 年 1 月，泉灵公司投资 150 万，在北山山顶、北山山腰以下坡地两处分别修建两座大型储水池，主要用于北山林地樱桃树和石榴树的浇灌。山顶储水池可储水 500 万立方，山下储水池可储水 300 万立方。修缮引水上山工程，铺设上山输水管道三万米。在果林中修建蓄水池 5 个，山坡地全部采用比较先进的灌溉模式——滴灌。

（3）向现代农业迈进

西沟流村第三期建设主要围绕农业产业规划做文章：

农业产业化建设。2009 年 10 月，1700 亩土地流转工作全部结束。2009 年 10 月至 2010 年 5 月，开始平整土地，统一规划北山土地。2010 年 6 月开始种植樱桃树和核桃树。截至 2011 年初，共栽植 7 个品种的樱桃树 2.6 万余棵，石榴树 2.8 万余棵。

农业机械化建设。为了实现合作社的机械化作业，泉灵公司先后购置链轨式拖拉机 2 台，胶轮拖拉机 8 台，大型喷药机 3 台，翻、铲、趟、收等农业机械实现了全配套，土地耕种不再需要大量的人力，耕作效率大大提高。西沟流村从此告别了手工农业的时代，开始迈进农业现代化发展的新时期。

农业技术化建设。2011 年，李保全书记先后聘请山东农业大学和山东省农业科学院的多位专家进村指导果树管理工作并为技术人员做培训工作，效果不太理想；2012 年，合作社又聘请东平县农业技术推广中心的"土专家"前来指导。所聘请的专家是县农业技术推广中心的，实践经验丰富、技术强，共聘请了三位专家，平均一个月来一次西沟流村。

农业旅游化建设。为了发展农业观光旅游，合作社依托灵泉古寺，在农场内规划出了游客采摘园 300 亩，在北山山腰公司大楼旁建设了有 12 个标准间和同时可以容纳 8 个家庭的家庭宾馆一座；在村东出口与西出口投资 70 万修建两座牌坊；在山上投资 80 万修建灵泉宝塔一座、凉亭两座以及游客休憩长廊。

农业生态化建设。为了实现农业生态化，培植有机水果，合作社围绕大面积的北山山坡林地，投资 20 多万元修建了可养殖 5000 多只柴鸡的鸡舍，采取散养模式，进行柴鸡养殖。同时，合作社依据西沟流村养羊的传统，借鉴村民托养所的养殖模式，投资 120 余万元，于北山东头新建了20 多间可存栏 600 只的现代化养羊场一处，截至 2013 年底，全村养羊规模发展到 2000 只。利用鸡粪、羊粪当肥料，实现林果栽植的有机化，发展高效循环农业经济，打造绿色林果生产基地。

从西沟流村土地股份合作社崛起的过程来看，村集体组织在村庄社会管理过程中并未无所作为，而是为了摆脱村庄治理的困境积极寻求村庄管理的创新。一是在治理理念上，从传统的依赖村委会、党支部为主体的治理到能人、农民、专家等共同参与的开放式治理转型。二是在管理方式上，从传统依靠行政手段为主的行政化管理变为以经济利益协调为主的利益性治理。三是在管理内容上，从以往主要负责执行和完成县乡政府行政任务，转变为带动村集体发展经济产业，促进村庄经济发展。这一系列转变，改变了村集体传统的治理格局，但却增强了村集体的治理能力，焕发了村庄社会治理的活力。

（三）土地股份合作崛起中的管理创新

以往农村集体经济发展之所以没有收到成效，一个很重要的原因就是管理机制和手段落后，实行严格的大一统，统得过死、管得过紧，农民没有参与权、发言权和管理权，最终导致管理效率低下。东平县在发展土地股份合作社中，创新管理手段，民、村、社、企全方位参与，提升了合作社管理效率。

1. 不在村的"资本家"

西沟流村土地股份合作社的运转有两条线：一条线是合作社；二是泉灵公司。合作社负责合作社内部事务，如土地继续流转、农场用工管理、农场基础建设、农场维护等；泉灵公司负责公司正常运转中的人事管理、农场水果销售、市场开拓以及客户维护等。

以此为基础，泉灵公司将农场的所有大小事务的管理权委托给宝泉土地股份合作社全权管理，泉灵公司只在西沟流村派驻了三位工作人员，即一位经理、两位办公室工作人员，他们主要负责农场事务的监督，并不干预合作社的日常管理与决策。合作社的远景规划与投资决策方面，由合作社与泉灵公司共同商议决定。泉灵公司的一位工作人员说："我们只接受李建生总经理的安排，与合作社的日常事务无关，主要的工作就是监督合作社的日常运营与管理，并定期向泉灵公司汇报。"李建军是李建生的远房兄弟，从镇工商所退休之后就一直在泉灵公司上班，是企业驻合作社管理人员，他对委托管理很看好，"这个方法好，公司投资，合作社管理，互不干扰，所得利益大家分，避免了合作社运行中的利益纠纷，也不至于出现合作社与公司'打架'问题。"例如，用工方面，由合作社管理人员全权负责，"村民要去合作社打工挣点儿小钱，都是跟合作社管理人员报名，由他们负责安排工作。"

截至 2014 年 5 月，泉灵公司在西沟流村宝泉土地合作社累计投资近 2000 万元，主要用于基础设施建设，如土地流转、种植果树、办公设施建设等。2009 年至 2014 年间的 5 年是果树成长期，樱桃和石榴等果树并未进入盛果期，故而还未产生多大的经济效益。预计 2015 年，樱桃将会大面积结果并产生巨大的经济效益。李保全书记做过这样的计算："合作社 2.6 万余棵樱桃一年可产樱桃 26 万余斤，按市场价 50 元/斤计算，樱桃一年的毛收入是 1300 万元，除去成本等费用，可以净赚 800 余万元。"单以樱桃来计算，泉灵公司的全部投资成本将会在 5 年内全部收回，并可以赚取巨额的利润。

泉灵公司总经理李建生投资西沟流村建设土地股份合作社的主要原因就是想回报乡里，报答乡亲们的养育之情。泉灵公司在投资这方面毫不吝啬，不断注资合作社，将合作社做大做强，赢得了村民们的一致好评，村民们对泉灵公司的信任度不断提升。村民李丙奉说："泉灵公司投资建农场为村里做了大好事，以前我们想发展而未发展就是因为缺钱，缺好项目。"村民李存贵说："泉灵公司驻村管理人员也大都是本地人，便于沟通，很好说话，对村里的发展很关注，经常建议老总进一步投资。"

从西沟流村土地股份合作的崛起过程来看，其在资本的引入过程中特别注重对乡土资源的挖掘和利用。在西沟流村村委会，为了加强与外出乡土能人的合作，西沟流村特别编制《西沟流村人才资源库》。据统计，近 20 年来，西沟流村走出 20 多位县级以上干部、10 多位企业家，这对村庄的发展而言是一笔巨大的财富。而西沟流村村支部书记李书记正是认识到了这一点，说服乡土企业家李建生回乡投资建设，解决了发展土地股份合作社"无资本"的难题。

2. 受委托的村干部

西沟流村宝泉土地股份合作社实行"民投资、民管理、民受益"的管理方式，以"合作社、企业、农户三位一体的运行机制"为核心，农民、企业、合作社共同参与合作社的运营管理，日常管理和经营主要由合作社负责，合作社经营活动的监督主要由泉灵公司派往合作社的常驻代表以及社员共同负责。

2010 年，李保全向泉灵公司建议西沟流村未来发展观光农业，并提出在西沟流村口建立两座牌坊，以提升西沟流村的宣传力和影响力。泉灵公司同意了李保全的提议并投资 70 万建立了两座牌坊。自此，泉灵公司与李保全签订了"君子协定"：泉灵公司每年给村集体 30 万，一是作为村集体经营管理合作社的管理费，二是作为西沟流公共事业发展的储备金。这一协定并没有写进纸质协议，但是李保全说："从 2009 年到 2014 年，泉灵公司都会及时发放这笔钱，发放时间为年初，但是每年的数额不统一，2009 年为 35 万，2010 年为 30 万，2011 年为 40 万，2012 年为 32 万，2013 年为 36 万，2014 年为 50 万。"2009 年至 2014 年，村委会集体收入共计 200 多万，还清之前村集体债务 60 万，5 年之间村委会净收入 140 多万，实现了"由欠债到富裕"的转变。

宝泉土地股份合作社的理事会成员、监事会成员基本上由村委会委员担任，村委会参与并主要负责合作社管理。如理事长李保全是村支部书记，理事李存贵是村主任，监事赵元东、李建林是村党支部委员，监事张景云是村委委员。李保全书记任合作社理事长，总揽合作社经营管理事务，但由于合作社已经走上正规渠道，他主要负责宏观事宜，如规划发展、销售、日常工作等。理事会成员全部参与合作社的日常管理，村委会会计参与合作社财务管理工作，全职上班，工资标准是 40 元 / 天。

村委会参与合作社管理的主要原因是合作社的设立人都是"村两委"委员，只有他们对合作社比较了解。李保全这样解释："合作社成立之初的六个发起人全部是"村两委"委员，参与了合作社的全部过程，对合作社的认识和了解比一般农民要多，而一般农民对合作社了解不多。合作社刚投入运营，很多工作千头万绪，不敢有任何差错，尤其是前五年最为关键……如果合作社走上正轨，理事会和监事会等都会按照《章程》召开社员大会，重新选举新一届理事会和监事会，那时让社员股民更多参与合作社的管理。"

对于受委托的村委会而言，这也是促进其实践民主治理思想的重要契机。一是民主选举。合作社将组织利益相关的股民召开股民大会，定期选举合作社理事会和监事会成员。二是民主决策。在决定土地流转和发展合作社的决议上，多次召开村委会、群众大会、党员会以及村小组会议，广泛征求群众和党员意见，共同商议、共同决策。三是民主监督。监事会成员由群众、党员组成，对合作社的管理和运营进行必要的监督。四是民主管理。合作社定期召开股民大会，就有关发展事宜征求股民们的意见，股民对合作社的内外活动具有一定的知情权和参与权。

3. 坐享收益的股民

农民是具有理性的行为个体，这种理性表现为个人在扩大的经济社会交往中对个人经营活动的合理算计。[①] 在土地股份合作过程中，农民因能够"坐享收益"而积极参与到土地股份合作中来。按照协议，泉灵公司与合作社的利润分配比是6：4，即除去成本以及公司发展基金，泉灵公司分得余下利润的60%，合作社分得余下利润的40%。合作社管理人员、雇佣工人等的工资从合作社40%的利润出，公司管理人员的工资由泉灵公司承担。目前，公司与合作社并没有利润分红，预计2015年会开始有分红收入。李保全说："村里有钱了，就可以想着发展村里的公益事业了，老年人活动中心、幼儿园、健身房等啥的，自己就可以建，再也不用跟政府要钱了。"对于股民而言，合作社主要带来两种收益。

一是土地保底租金。保底租金以入股股民根据股份持有数量为标准，一亩地即一股，以一股700元的标准进行发放，发放时间为每一年度的3月份。租金标准5年调整一次，调整的幅度以当年小麦、玉米的市场价格为依据。王传生老人家里有4亩地加入合作社，四年之间从合作社得到的土地租金有11200元。"以前四年存下的钱都不到5000块，现在真是赶上

---

① 徐勇：《村民自治的成长：行政放权与社会发育——1990年代后期以来中国村民自治发展进程的反思》，《华中师范大学学报（人文社会科学版）》2005年第2期。

好时候了，这笔钱一直存在银行没有动过，平时在合作社打工挣点儿零花钱，这就够了"。二是入社打工工资。《宝泉土地股份合作社章程》规定，合作社日常用工时，优先考虑股民。工资标准为40元／天，结算方式是日结或月结。据合作社理事李建忠所说："合作社每天基本用工量为30—40人，春季和水果采摘季节用工量为80—100人。在山上打工的基本上都是妇女，以前妇女只能在家务农、看孩子，现在妇女也可以在家门口挣到钱了，在家里的地位也提升了。"当然，未入社农民也可以入社打工，这种情况是在合作社用工需求量大的前提下才发生的。

由于近几年来，合作社为农民带来了实实在在的收益，收入逐年增加，生活水平不断提升，没有入社的农民也开始萌发了入社的念头。一是当初未入社的两户农民现在有所心动，盼望着合作社快速发展，自己可以再有入社的机会；二是还未入社的农民对合作社的信心大增，希望合作社进一步发展，逐步发展到自己的地界，这样可以快速将土地流转给合作社。如西沟流村村民孙晓梅，由于自家的地比较远，还未入社，"合作社好得很，不种地还可以拿钱，还优先去合作社打工挣钱，在家门口就可以挣钱，这是多好的事儿啊，希望早日发展到我们家的地界……"三是种植大户对合作社心有所动。西沟流村有很多种植大户，主要种植杏子、核桃和石榴等，由于种植面积大，个体经营略显劣势。村委会医务室王如燕说："家里的地都种了核桃和杏子，人手不够，忙不过来，请不到人，采摘季不少浪费。不过看着书记弄的合作社挺好的，自己也想联合几个核桃种植大户搞一个合作社。"

从西沟流村土地股份合作的实际运行来看，其管理创新主要体现在三个方面。一是作为外来资本的投入者参与村庄治理，但并未主导乡村治理。由于资本投入者在村庄具有其利益，因此，资本投入者参与村庄治理体现了村庄治理的开放性。但外来资本并未主导乡村治理，特别是并不参与日常管理，从而避免了外来资本对村庄社会的过度干预，避免了"资本吃农"的问题。二是村集体组织积极承担了村庄管理的主要职能，但对土地股份合作社的管理采取的是市场化的管理手段。通过成立理事会、监事会等独立组织，确保了村庄的"政社分离"，避免了村集体组织的过度干预。三是农民因为能够获得合作利益而积极参与到村庄治理中来，从而形成了多元主体的治理格局。

（四）土地股份合作的治理绩效和新情况

总的来看，"发展新型村集体经济是新农村建设的必然之路。"[1] 西沟流村地处偏僻山村，土地资源禀赋差、土地附加值低、农民收入低、村集体年年负债，致使西沟流村经济社会发展较为滞后。但是，西沟流村因地制宜，走出了一条土地集约化经营之路。首先，推选一位经济能人担任村支书，带领全村百姓积极探索土地改革之路；其次，在充分挖掘和利用乡土能人作用的基础上，通过民主参与、集体决策的方式实现土地流转连片，成立合作社；再次，采用委托管理的模式，使农业产业化、技术化、机械化和生态化，使农民增收增效，改变了村容村貌。

1. 土地股份合作的治理绩效

对于资本下乡，学界一直存在质疑。如温铁军先生就认为由于没有恰当解决与农户分散层次之间的利益关系构造问题，村集体或合作经济组织、乡镇企业、经济技术部门、龙头企业这些"统"的层次并没有发挥期望中的引导农户进入市场并促进农户收入提高的作用，甚至往往变成农民利益的对立面，恶化了农户尤其是小农经济和社会处境。[2] 然而从东平县的实践来看，资本并未如洪水猛兽般吞噬农民。相反，资本下乡在某种程度上也促进了村庄治理的民主化发展。

一是农民收入极大增加。对于资本下乡，学界普遍持怀疑态度，且认为农民的利益会受到损害。如杨刻俭认为，如果农民自己耕种土地，收益全部归自己所有，土地租赁给种田大户后，资本参与了利益分割，土地收入分成了地租和利润，农民得到的只是相当于土地收入二分之一到三分之一的租金，这样非但没有增加反而降低了广大农民的土地收入。[3] 从实际情况来看，虽然外来主体参与了农民的土地分配，但事实上其为土地创造的价值却是原有价值的数倍，而农民获取的收益也往往高于传统的土地收入。西沟流村引导农民入股入社，对"小土地"进行"大联合"，将农民

---

[1]　于毅：《发展新型村集体经济是新农村建设的必然之路——以大连长海县为例》，《农业经济》2014 年第 2 期。

[2]　温铁军主编：《中国新农村建设报告》，福州：福建人民出版社 2010 年版，第 35 页。

[3]　邵彦敏：《农村土地制度 马克思主义的解释与运用》，长春：吉林大学出版 2012 年版，第 136、137 页。

分散经营的土地集中连片，进行集约化、机械化经营，使土地形成适度的规模，并产生一定的规模效应。通过集中种植高附加值的经济果木，每亩地的收益从 700 元增加到 1300 元。土地流转解放了土地对农村劳动力的束缚，使农民从土地中解放出来、获得自由。农民收入增加主要体现为：一是获得稳定的土地租金，土地的收入不用"看天色"；二是家庭妇女可以进入合作社务工，40 元/天，1200 元／月。合作社与人民公社的性质不一样，李建民说："现在是实干，干活是为自己干，多干活多拿钱。"三是家庭男劳力可以毫无牵挂地外出打工，丝毫不用牵挂家里田地的播种与收割等。55 岁的村民李建东说："我这个年纪出去打工根本找不到工作，没人要，现在在山上打工，一天 40 块钱，还可以照顾家里的地，挺好。"另一个村民说："这几年地不用自己种了，交给了农庄（合作社），地里收入稳定了，还可以出去挣点儿钱，生活比以前强多了……"

二是促进了村庄的民主治理。合作社在发展中不仅形成了一个经济利益圈，还形成了一个有效的民主能量场。民主政治是在市场经济的发展中提出来的，它是一种利益均衡的机制①，因此民主行为的产生起源于经济行为的民主。由于合作社与股民是一种互利共赢的关系，合作社的经济行为与盈利状况关系到每一位股民的切身利益，股民对合作社经营管理行为的参与与监督，就是对自己利益与基本权利的关心。这种不经意之间的参与行为催生了经济民主的理念，培育了社员的民主技能与公共精神，由此产生一种链条效应，经济行为的民主延伸到村级事务层面，形成一种内生动力，带动村民组织的培育。建立合作社之后，村里开群众大会容易了许多。村民王传生兴奋地说："土地流转给了合作社，合作社经营的好与坏，直接关系到我们的钱，必须关心啊，不然我们的钱咋办、地咋办？对合作社的关心和监督就是对自己负责。"村小组组长武树成说："以前村里开会，要小组长挨家挨户地说，村民才来，而且总是迟到，至少有半个小时；现在不一样了，在村委会用大喇叭吼一嗓子，全村都听得见，一说开会，跑得比谁都快，都提前半个小时呢。"

三是增强了村集体的治理能力。合作社充分利用本村丰厚的人脉资

---

① 徐勇：《民主：一种利益均衡的机制——深化对民主理念的认识》，《河北学刊》2008 年第 2 期。

源，通过招商引资的方式，吸引乡土企业家回乡投资建农场，解决了本村发展"无资金、无资本"的局面。宝泉合作社由村"两委"委员牵头发起，村委会参与合作社的经营与管理，从中分得一部分的管理费或利润，使村集体的收入不断积累。西沟流村在偿还以往60万债务的基础上还累积资本近160万，实现了村集体经济不断发展壮大的目标。村集体经济的壮大，大大提高了村级公共服务能力，以往"等、靠、要"的局面得到了有效改善，村集体可以根据实际情况，结合本村经济与社会发展的需要，有针对性地发展本村的公共事业，实现村级公共事业管理和公共服务供给的自给自足。2012年5月和12月、2013年3月和12月，村委会以40元/天的工资，请全村村民进行大扫除，改变了村庄"脏、乱、差"的面貌。另外，西沟流村充分利用集体连片山地，土地流转，种植高附加值的经济果木，改变了以往山地颗粒无收的局面，实现土地的有效增值。据预估，连片之后山地种植樱桃、石榴，平均每年的收入是500多万。同时，合作社充分挖掘"灵泉古寺"的旅游资源，生产有机水果，发展观光农业、生态农业和旅游农业，实现了农业现代化跨越。"合作社目标是把西沟流村打造成'东平县生态农业旅游第一村'。"

2. 土地股份合作的新情况

在实际运行过程中，西沟流村土地股份合作社取得了较大的成功。但就西沟流村土地股份合作社的未来发展来说，它也面临着一些新的问题需要予以注意和解决。

一是"强集体、弱农民"趋势问题。由于西沟流村村集体参与宝泉土地股份合作社的管理，泉灵公司与村集体的"君子协定"——每年支付村集体报酬约30万元。一方面使得村集体扭亏为盈，有了发展村级公共事业的资本，另一方面使得村集体不断壮大，资本积累越来越快。而随着土地股份合作社的发展，可以预见的是村集体将越来越强，农民却越来越弱，这种强与弱主要体现在资本或财力的拥有上。经济控制权的增加必然导致对政治权力的无限渴求和控制欲的增加。当前，西沟流村土地股份合作社尝试借助民主选举、民主决策、民主监督、民主管理的民主机制来予以化解，但土地股份合作的股权分配并不是均匀的。由于村集体以集体土地入股，农民以承包地的承包经营权入股，村集体的原始股份本身占据着股权结构中相当大的一部分。在一股一票的决策机制下，村集体本身能够掌握较大多数的票数，农民对村集体的影响相对有限。

二是村委会的精英控制问题。任何组织都需要有效的领导，有效领导可以聚集组织的力量，增强组织的内在凝聚力，整合组织内外优势资源，更好地扩展和规划组织目标。但能人也有一定的限度。"自然人和法人均是有目的行动的基本行动者，他们都具有行动者的基本特征：控制资源和事件、置利益于资源和事件之中以及借助控制采取行动实现自身利益。"①在以经济驱动为主要方式的乡村治理过程中，拥有经济经营能力的乡土能人往往当选村干部，成为村庄政治的主角。但是，村庄经济能人能在多大程度上遵循民主的规则，并推动村庄民主的发展，却面临一系列困难。如在西沟流村，村支书和村主任选举的最重要标准是能干事、办实事，以此带领村民开拓一条致富之路。这种能人的当选既是村民所乐见的，也是政府所希望的。然而，在土地股份合作过程中，村庄民主发展相对经济发展而言似乎成为一个次要问题。

三是村庄管理的经济导向与政治导向问题。西沟流村土地股份合作社在运转过程中有两大特点：一是合作社组织的集体化导向。合作社的组织化过程导因于村集体、归结于村集体，即村集体发起设立、集体合作、集体协商、集体参与、集体管理、集体监督。二是合作社经营的公司化导向。合作社的目标是谋取利润，实现集体和社员的双赢和增收，其经营理念、经营方式及经营机制就要融入市场、参与市场。在村委会承担土地股份合作的管理职能时，合作社的两种截然不同的导向就全部落在村委会身上。因此，村委会就需要处理好土地股份合作的集体导向与市场导向。追求集体导向，往往意味着村委会在运行过程中需要照顾村集体的集体利益，需要注重公平分配。追求市场导向，往往意味着村委会在经营管理过程中需要更加注重经济效益，注重对效率优先的把握。

（五）案例小结

传统中国，皇权不下县。县以下是由若干个家族、宗族构成的封闭社会。由此导致乡村社会在横向上呈现相互隔离的离散状态，纵向上呈现上下分割的板块结构。新中国成立以后，为推动现代国家的建构，国家通过

① 詹姆斯·科尔曼：《社会理论的基础》，社会科学文献出版社2008年版，第501页。

一系列政党下乡、政权下乡、政府下乡等方式使国家权力渗透到农村社会，并在农村形成了"政社合一"的人民公社，以此将亿万分散的农民组织起来，整合进入现代的国家治理体系之中。但这种统一的、强制的管理方式并不适用于农村社会特殊的生产、生活方式。"运用政权组织的科层制、标准化的方式统一进行农业生产，其效能毕竟是有限的，因此家庭承包经营最终取代了人民公社体制的生产方式。"①

人民公社体制废除后，国家权力在农村基层呈现出"乡政村治"的状态。国家政权组织的末梢设置在乡镇，将农村公共事物的组织交由农民自我组织、自我管理，农民开展村民自治的法定组织就是村民委员会。村委会一方面承担了组织农民开展自我管理、自我服务的职能；另一方面，也承担着大量的法定行政管理职能，大量的行政任务通过村委会来执行和落实。但因为多方面的原因，农村村民委员会呈现出"行政化"的状态，村民自治事务难以通过村民委员会这一组织加以处理，村委会更多的是作为乡镇政府行政管理的脚而存在。② 村委会在村庄社会管理的缺位，是农村社会治理困境形成的重要原因之一。

农村村级组织在农村社会治理过程中的缺位，很大程度上源于过于注重外部性制度安排，而忽视内生动力的挖掘。外部性制度安排使国家更多的通过村委会来发挥国家行政管理的作用，是使村委会对国家行政管理的依附性越来越强，甚至是"行政化"。而忽视内生动力的挖掘，则使村委会的功能发挥与农民的实际需求日益脱节，最终导致村民自治的"空转"。因此，新时期如何有效发挥村级组织的社会管理职能，就需要从农村村庄内部寻求动力，实现从外部制度安排向内生自发创新的转变。土地股份合作的崛起，实际上就是村委会满足农民对资源整合、利益协调等的要求，发挥自身的社会管理优势，适应于农村经济和社会发展的内生需要。

---

① 徐勇：《政权下乡：现代国家对乡土社会的整合》，《贵州社会科学》2007 年第 11 期。

② 徐勇、赵德健：《找回自治：对村民自治有效实现形式的探索》，《华中师范大学学报（人文社会科学版）》2014 年第 4 期。

第三章 探索：集体经济重塑与社会治理转型

一 东平土地股份合作与集体经济有效实现形式①

华中师范大学中国农村研究院"东平研究课题组"近两年来的研究成果，主要有以下几个方面，一是东平土地股份合作的内容是什么？二是东平土地股份合作的特点是什么？三是东平土地股份合作的普遍价值有什么？

（一）东平土地股份合作的内容

东平土地股份合作社就是利用土地股份合作这一农民合作新形式来推进农村集体经济的有效实现。具体而言，就是通过土地入股、市场运作的方式，实现农村集体的重塑。

1. 土地确权入股。东平县在发展土地股份合作社过程中，将土地确权与土地合作经营相结合，通过土地确地或确股的方式，将农民土地股份化，并且引导农民以土地承包经营权入股，使农民的土地成为能够从合作社经营中获取收益的一种资产。

但是土地股份合作社并不仅仅是土地的封闭联合，而是以土地为基础的开放式联合。在土地合作社发展过程中，农村最为匮乏的资本、技术等生产要素也有效引入进来，既避免了人民公社式的生产要素的简单联合，使土地股份合作能形成"一加一大于二的效果"。

2. 市场化运营。东平县在土地股份合作社发展过程中往往要求合作

---

① 注：本文为华中师范大学中国农村研究院课题组 2014 年 9 月 27 日在"山东东平土地股份合作与集体经济有效实现形式高端论坛"上的发言，题目为编者所加。

社成立独立的治理架构，即成立社员大会、理事会和监事会。其中，理事会由入社农民共同选举产生，负责日常管理、经营。对于大多数土地股份合作社而言，村委会成员也并不与土地股份合作社的理事会成员重合。监事会同样由入社农民选举产生，负责对财务、重大决策、日常工作事务的监督。社员大会则主要是对年度经营计划、财务年度预算、盈利分红等重大决策予以表决。通过引入这种企业化的治理架构，成立独立的法人，避免村集体与集体"一套牌子和一套班子"。

3. 民主化管理。民主管理主要体现在以下几方面：其一，民主决策。合作社重大决策采取社员大会决策的形式，社员根据自身股权多少，以股权折算决策票数，一股一票，实行民主决策。其二，法律保障。农民土地确权和土地经营权入社通过司法确认，以此为土地产权纠纷的合理解决提供公正的司法支撑。其三，退社自由。不愿加入土地股份合作社或想退出土地股份合作社的社员，采取土地异地置换的方式保障农民的自由权。

4. 农民平等受益。对于加入土地股份合作社的农民而言，一般能享受到土地股份合作社经营带来的三种收益。首先是基本收益。入股农户能够获得每亩1000元左右土地租金作为固定不变的保本收益，并且视具体年情适当上浮。其次是弹性分红，即根据合作社的经营收益获得分红。目前，东平县土地股份合作社一般拿出50%到60%的土地经营收益用于农民分红。再次是风险收益。合作社每年从收益中按照20%至30%的比例提取风险保障金，以使在收成不好的年份，农民也能享受到基本的经营收益。同时，农民通过到土地合作社务工成为职业农民，还能够获取相应的劳动报酬。这种分配方式打破了以往土地流转农民只能享受土地租金而不能享受土地增值收益的局限，使农民能平等享受集体经济带来的增值收益。

（二）东平土地股份合作的特点

东平的土地股份合作社是一种因地制宜的全新探索，并在一定程度上呈现出现代集体经济的特征。

1. 土地为本。专业合作社主要集中在产业技术、销售等方面的联合。股份合作社主要是资金资本的联合。土地股份合作社的最大特点就是挖掘了"土地"这一要素的价值。户户有土地，户户能加入。

2. 产权发展。一是通过确权确地和确权确股等方式，使农民承包地的产权明晰化。二是通过承包权与经营权分离以及经营权入股等方式，使传统僵化的产权内容得以丰富。三是借助经营权抵押、经营权租赁等方式，将经营权用好用活。四是借助产权交易所、司法确认等方式，构建产权的权利保障体系。

3. 自愿互利。人民公社的建立很大程度上带有强制意味，无法使农民对集体经济建立起基本的信任，并最终导致农民的"生产力暴动"。东平县在土地合作社组建过程中，通过土地置换等方式保障农民的入社自愿、退社自由，是遵循自愿互利原则，保障农民自由权的重要体现。

4. 开放市场。人民公社时期，集体经济是对当时条件下劳动力、土地等生产资料的简单联合，并没有新的外部的生产要素的注入。在生产要素无增长的情况下，这种集体经济是封闭式运行，难以产生"1 + 1 > 2"的效果。土地股份合作社具有开放性，不仅强调已有土地、劳动力等生产要素的聚合，还强调外部要素，如资本、技术、管理的注入，以此提升现有生产要素的生产水平。

5. 分配公平。在人民公社时期，集体经济有公平而缺乏效率。家庭联产承包责任制则是有效率而缺乏公平。东平在土地股份合作社探索过程中资本、技术、管理等要素的引入，其核心在于解决集体经济的效率问题。而通过"土地"这一核心要素，使农民能有效加入到集体经济中来，并通过按股分红，使农民平等享受集体经济带来的"增值收益"，以此保障分配公平。

6. 治理有效。在人民公社时期，统一经营的集体经济所形塑的公社制度，最终使农村治理统得过死，失去活力。而分散经营的家庭联产承包下，农村治理面临着"原子化""一盘散沙"的困境。东平通过土地股份合作，实现了村集体的重塑。一方面，农民的土地入股，使一盘散沙的农民建立起横向的经济纽带，将农民重新组织起来了。另一方面，土地股份合作社的发展，为村集体注入了经济资源，化解了村集体"空壳化"的困境。

（三）东平土地股份合作社的价值

东平的实践探索，既具有强烈的地方特色，也具有一定的全国普遍性。其面临的问题与探索中积累的成功经验，可能是我国农村发展都会存在和面临的问题。

1. 创新了农民集体合作形式。一是土地股份合作为农民搭建了合作纽带。区分于以往的专业合作社，其以土地为核心，让农民能够有效参与进来，形成新型经济共同体。二是提升了农民市场地位，能够平等享受土地股份分红。三是保障了农民合作权益，农民能有效享受到入社和退社自由。

2. 推进了农村市场化改革。一是实现了农民承包地从资产向资本的转变，打破了一家一户承包土地的凝固格局，实现了土地的"资本化"。二是培育了"职业农民"，使愿意种田的人有田种，实现了专业化分工。三是创新了管理，通过引入公司管理模式，革新传统家户经营方式。

3. 破解了农民集体共赢难题。集体化时期，集体组织能够有效支配资源，但农民主动性受到限制。包产到户后放活了农民，但集体组织面临空壳化问题。土地股份合作社的发展，一方面，有效增加了农民的收入来源，农户不仅可获得经营收益分红，同时，老年和妇女劳动力通过到合作社打工还能获得一定的工资性收入。另一方面，村集体也通过集体土地入股以及为合作社提供组织、协调服务而获得稳定的村集体收入。

4. 协调了公平效率对立问题。在人民公社时期，农民虽然能获得较高的公平感，但由于人民公社的低效率，导致人民公社的最终解体。而家庭联产承包虽然体现了个体的高效率，但造成了社会的公平感缺失。土地股份合作社以土地为核心，能够使农民广泛而积极地参与其中，保障农民公平获益，同时，通过市场化、产业化运行，有效保障了合作社的运行效率。

5. 化解了家庭承包与规模经营矛盾。当前，家庭承包责任制无法与大市场对接、无法使农民有效致富的问题日益突出。与此同时，对于部分农民而言，家庭联产承包使农民被束缚在土地上，土地成为农民发展的一种羁绊。而土地股份合作社的发展，一方面实现了土地的专业化经营。对于不愿意种田的农民而言，能够有效摆脱土地的束缚而持股进城；而愿意种田的农民则能够成为职业农民，获取较高的劳动收益。另一方面，通过合作社的统一经营和规模化经营，大大提高了土地经济效益，为增加农民财产性收入奠定了基础。

二　全面深化农村改革 建设全国农村改革试验示范区①

围绕贯彻中央关于农村改革试验区工作的部署要求，全面完成我县农村集体产权股份合作制改革试点任务，重点把握好以下几个方面。

（一）准确把握形势，充分认识新时期开展农村集体产权股份合作制改革的重要意义

1. 推进农村集体产权制度改革，是贯彻中央战略部署、启动改革试验工作的重大举措。农村产权制度是农村最根本的制度，也是农村经济发展的基础。近年来，随着工业化、城市化的持续推进，农村的区域结构、集体资产结构，以及集体经济组织的成员结构都发生了重大变化，集体产权归属、管理以及收益分配等问题越来越突出，迫切要求在产权制度上进一步推进改革创新。党的十八届三中全会提出，"要健全归属清晰、权责明确、保护严格、流转顺畅的现代农村产权制度"；今年中央1号文件又把农村集体产权制度改革作为全面深化改革的重要内容，放在了突出位置。这为我们推进农村集体产权制度改革指明了方向，提出了要求。近几年来，我县在华中师范大学、山东农业大学等高端智库的指导帮助下，积极探索土地股份合作模式，创造了解决农村集体经济难题的"东平样本"。在东平成功举办了"土地股份合作与农村集体经济有效实现形式"高端论坛，东平受邀参加国务院汪洋副总理主持召开的全国农村集体产权制度改革理论研讨会，并作了发言。去年11月20日，我县被正式列入全国第二批农村改革试验区，被赋予农村集体产权股份合作制改革试点任务。这既是对我们前期工作的肯定，为继续探索实践提出了更高要求，也为我们破解农村改革发展难题提供了千载难逢的历史机遇。

2. 推进农村集体产权制度改革，是实现集体资产保值增值、发展农村集体经济的必然要求。农村集体经济是基层政权服务群众的重要物

---

① 注：本文节选自赵德健同志2015年3月10日在东平县农村改革试验区工作大会上的讲话。

质基础，发展集体经济对改善农村落后面貌、提高群众生活质量至关重要。长期以来，农村集体资产产权归属不清晰、权责不明确、保护不严格等问题日益突出，农村集体资产不能变现增值，集体经济难以持续发展壮大；大多数村居由村委会代行集体经济组织功能，导致集体经济发展既没有产权主体，也没有市场主体，严重束缚了集体经济发展。特别是一些集体资源资产有一定规模的村，由于监管不力，导致集体资产流失，造成很多矛盾，纠纷和腐败问题产生。随着农村社区特别是我县移民避险解困工程的推进，原有的村居结构和人口范围发生了较大变化。原村集体经济组织的资产所有权和收益权如何落实，原村民的权益如何保护成为一个现实问题。要解决这些问题，必须从理论和实践上进行研究探索，通过集体产权股份合作制改革，进一步盘活农村集体资源，促进资源要素合理流动，最大限度地激发潜能，推动集体资产存量变增量，实现集体资产的保值增值，不断把村集体经济"蛋糕"做大做强，推动农村经济健康快速发展。农村资产是当前群众较为关注的问题。多年来，我们争取到了国家和省市的一些资金，以及县内筹集的，投向了农村，形成了一些存量资产，有些是农业设施形成的资产，有些是村级办公场所形成的资产，还有其他的一些资产。对这些资产，如果管理跟不上，时间长了，可能资产就没了，或者失去了功能，造成资产流失。如何把这些资产盘活，发挥效益，至关重要。可以探讨股份合作的路子，在这方面，有些村有了一定的探索，而且取得了很好成效，下步要进一步深化拓展。

3. 推进农村集体产权制度改革，是保障农民权益、促进农民增收的客观需要。农村抓改革，农业抓特色，农民抓增收，可以说是当前"三农"工作的基本思路。十八届三中全会明确提出，"要赋予农民更多财产权利，保障农民集体经济组织成员权利"。推进农村集体产权股份合作制改革，是在坚持集体所有的前提下，科学界定集体经济组织成员身份，进一步明晰产权归属、盘清家底，最大限度地赋予农民对集体资产的监督权、保障农民对集体资产的收益权、增加农民作为集体经济组织成员的财产权，真正使集体资源资产还权赋能，从制度上保证农民的权益。对集体资源资产通过发展股份合作，赋予农民对集体资产股份占有、收益、有偿退出及抵押、担保、继承权，真正盘活集体资源资产；有利于进一步整合优化资源，搞活集体资源资产经营权，使农民成为股民，享受股权分红，实现集体产权村民共有、资产收益村民共享，从深层次、广领域拓宽了农民增收渠道。2012 年以来，我们之所以推进农村股份合作，尤其是从土地合作入手，其初衷和目的就是增加村集体收入和群众收入。从目前看，取得了很大成效，对农村集体产权制度改革产生极大推动。今后实施农村集体产权制度改革时，也要综合考虑、统筹把握集体增收、农民增收和农业农村发展的问题。

4. 推进农村集体产权制度改革，是夯实基层基础、促进农村和谐稳定的现实需求。农村集体产权股份合作制改革是撬动"三农"工作的抓手，对促进农村民主管理、经济发展和社会稳定起到重要的引擎作用。推行农村集体产权制度改革，有利于农民行使民主管理、民主决策、民主监督的权利，充分体现农民的主体地位，调动农民参与农村民主管理的积极性。有利于激活农村各类生产要素潜能，建立符合市场经济要求的农村集体经济运营新机制，探索新形势下农村集体经济发展有效实现形式，不断增强村集体经济实力，夯实村级服务群众的物质基础，提高村级组织服务群众的能力，加强党在农村的执政基础。有利于发展股份合作，形成农村集体资产公开化、透明化、规范化运转机制，探索政经分离的村级管理模式，构建管理民主、法制完善、高效运行的乡村治理结构，进一步促进农村社会和谐稳定。

推进农村集体产权股份合作制改革，中央允许我们封闭运行、先行先试，在试点范围内超前探索，进行政策创新、实践创新和制度创新，我们肩负着党中央、国务院交付的神圣职责，推动改革任重道远，总结经验责任重大。全县各级尤其是承担试点任务的单位，要树立强烈的责任意识，以创新的勇气、改革的精神、务实的举措，扎实推进改革试点工作，改出成效、创出经验，拿出可复制、可推广的改革成果，为全国农村改革趟出路子。

（二）明确改革重点，注重抓好我县农村集体产权股份合作制改革的关键环节

1. 明确改革的目标方向。农村集体产权股份合作制改革，以"还权赋能"为核心，明晰所有权、放活经营权、落实处置权、保障收益权，推进农村资产权属明晰化、配置机制市场化、产权要素资本化、管理监督规范化，构建归属清晰、权能完整、流转顺畅、保护严格的现代农村产权制度体系，探索集体资源资产股份合作的有效形式，实现农村生产要素合理流动、科学配置，不断发展壮大农村集体经济，持续增加农民收入。

2. 把握改革的重点。立足我县实际和现有工作基础，我县农村集体产权股份合作制改革试点，在"不改变产权性质、不改变产权用途、不损害村集体经济组织和成员权益"的前提下，以清产核资、资产量化、股权管理为主要内容，将农村集体各类资源性和经营性资产，折股量化、股份合作，逐步推进集体资源资产化、资产资本化、资本股份化、经营市场化。同时，配套实施农村金融、农村集体产权交易、农村土地、涉农政策性资金项目形成的集体产权增量资产改革等内容，进而理清产权关系，创新经营形式，拓宽发展路径，最终实现发展壮大集体经济目标。壮大集体经济是终极目标，是我们抓工作的着力点和落脚点。刚才提到的涉农政策性资金、项目形成的集体资产，以及县级和乡镇投资形成的资产，都是集体资产，都属于改革的范围。

3. 做好改革的基础性工作。一是选好试点村。选好试点对顺利推进集体产权制度改革至关重要。本着抓点带面、示范推动、积极稳妥的要求，区分城中村、城郊村、传统农业村和山区村、平原村、湖区村及资源资产类型特点，在彭集街道、接山镇、沙河站镇选择 20 个试点村，其他乡镇（街道）根据各自具体情况，选择 3—5 个群众基础好、产业发展好的行政村（居）作为试点，设计合适的试点方案，分类有序推进。

二是制定实施方案。为确保改革试点工作指向明确，具体操作有抓手，县里制定了《改革试点实施方案》，对全县改革提出了指导性意见，各试点单位要结合试点村的实际情况，及时制定试点工作方案，对试点的目标任务、改革内容、时间步骤、保障措施、责任落实等作出规定安排。试点方案要广泛征求群众意见，并依法依规履行民主程序。县改革试验办要对试点方案进行指导和审定，确保方案切实可行、规范有效。

三是搞好清产核资。清产核资是推进集体产权制度改革的前提和基础，各工作组及乡镇（街道）要组织指导试点村开展集体资产清查。同时，对群众要求进行资产评估的，可以聘请有资质的机构进行评估。清产核资结果要进行公示，并召开集体经济组织成员大会进行审核确认。

四是界定成员身份。成员身份的界定，从目前来看至少涉及户籍制度、土地承包政策、计划生育政策以及区域调整、乡规民约等，比较复杂如"农嫁女""入赘男""超生子"问题以及"空挂户"问题等等，试点中一定要深入调查，摸清情况，民主决定。

五是量化配置股权。主要涉及折股量化的资产范围和折股量化的具体方式。目前集体资产主要有三大类，一是土地等资源性资产，这是最大的资产；二是经营性资产；三是非经营性资产。改革试点中，要注意把握两条，一是改革不能损害群众利益；二是改革不能改垮了集体。这两个方面相辅相成，要统筹兼顾。具体工作中，哪些资产纳入折股量化范围，要认真研究，结合群众意见民主确定。其次就是量化方式，是按照账面资产量化，还是按照评估资产量化，还是按照净资产量化，这也要从实际出发，根据大多数群众意见民主定夺。

4. 把握改革的关键环节。一是明确"三权"共赢这个目标。推行集体产权股份合作制改革，进一步搞活经营权、增值承包权、做实所有权，实现"三权"联动、"三权"共赢，这是改革的前提。其中，重点是搞活经营权，通过培育发展股份合作经济，推动集体资产保值增值，最大限度放大集体产权的增值效应，发展壮大集体经济，提升村级组织服务保障能力，提高群众生产生活水平。

二是抓好土地股份合作这个突破口。就全国来看，农村集体产权股份合作制改革，要求东、中、西部地区分类推进，东部地区先行先试。就东平来讲，我们作为东部地区的传统农业县，土地资源是我们的优势，不论是经济基础好的村，还是"经济基础薄弱村""空壳村"，都要深入挖掘土地资源优势，抓住土地股份合作这个切入点，做足土地文章增加收益。

三是搞活产权经营这个关键。集体产权股份合作制改革，股份量化只是一个手段，经营好产权才是关键。农村集体产权股份合作制改革的根本是打破传统集体经济发展模式，改变村级政经不分、体制不活的弊端，引入股份经济管理理念，引导公司、企业、大户、专业合作社等各类市场主体，探索发展适合村情的股份合作形式，推动集体资产资源与外部生产要素融合发展，实现农村集体资产资源的优化重组，充分激发集体产权效能，实现集体产权效益最大化，增加农民收入。如果改革不增加效益、不增加收入，就是空谈、就是失败。

四是用好政策这个杠杆。纵观我国农村改革，一些重大政策的出台，都是在改革试验区前期成功试点的基础上总结推广的。东平作为国家农村改革试验区试点县，目前看似没有什么政策优势，也没有资金扶持，但是从长远来看，完成试点任务给东平带来的政策优势与发展机遇是不可估量的。比如，在争取东平县列入中原经济区时，当时也没具体政策，但我们坚信会有好政策。2014年下半年，政策就有了。以前我们在民生事业发展上享受的是东部地区政策，现在就可以享受中部地区的政策了，统算下来，如果运作争取到位，东平每年就可多争取两亿多元。所以，大家不要把眼光只放在眼前，光盯在是不是有资金上，要放眼长远，将来肯定会受益。我们要用好改革试验区这一无形的政策，加大改革创新力度，加大对上争取力度，能够争取更多的资金项目，推动我县"三农"工作上台阶、上水平。

五是确保稳定这个底线。农村发展是主旋律，改革是动力，稳定是前提。改革就是调整现有的利益格局，势必触及少数人的利益。在改革试点中要注重从实际出发，把握好改革的力度、速度和深度，掌握政策方针，做好风险评估，预测可能出现的情况，排查出现的问题，积极稳妥地推进，决不能引发不稳定因素，特别是在一些不稳定的村。这次在试点村的确定上，原则上选择了一些相对稳定、基础比较好的村，也是从稳定这个角度考虑的。但村"两委"换届刚刚结束，参与改革试点的村是个什么情况，乡镇领导同志要做到心中有数。

（三）注重工作方法，积极推进集体产权股份合作制改革试点稳步开展

一是坚持解放思想，凝聚改革共识。要牢固强化机遇意识，大力破除影响东平发展的各种观念性、体制性和环境性障碍，引导人们积极支持参与改革。要大胆探索实践，在一些没有设立"红线"和禁区的领域先行先试，只要不违背法律法规，只要不违背农民利益，一切都可以试，一切都可以改；在有些方面，不说不能办，多说怎么办。同时，要敢于突破现有政策制度框架，大胆试、大胆闯，最大限度地释放改革红利。要正确面对利益格局调整，兼顾好各方面的利益，着力汇聚改革的正能量。

二是坚持因地制宜，推进先行先试。在改革的形式、方法和途径上，绝不能搞"一刀切"，要坚持试点先行、因地制宜、因村施策，分类指导，具体问题具体分析、具体处理，允许存在差异，不搞一个模式。要结合资源资产类型和不同地域村特点，选取不同试点，加大实践探索力度，利用好高端智力支持，有针对性地加强政策和技术指导，及时总结经验，弥补工作中的不足，为全面推进改革奠定坚实基础。

三是坚持尊重民意，吸纳群众智慧。产权制度改革，农民是主体。要坚持群众为本，走群众路线，重大问题要广泛听取群众意见，重要环节要让群众充分参与，切实保障农民群众的知情权、决策权、参与权和监督权，绝不能闭门造车、脱离群众搞改革。改革涉及资产折股量化、集体收益的分配，这些都与农民权益息息相关。操作过程中，一定要充分尊重民意，让群众参与、让群众发声，集中群众的智慧，真正把改革成果惠及千家万户，以改革促发展、助和谐。

四是坚持统筹发展，推进配套改革。树立全域改革理念，坚持以重点带动全局，以农村集体产权股份合作制改革为重点，统筹推进农村各领域内的配套改革，突破制约"三农"发展的瓶颈问题，激发农村发展活力。要统筹推进农村配套改革，做好农村金融、产权交易流转平台、土地改革等顶层设计，制定好专项改革方案。各涉及相关部门和县级分管领导要搞好对接争取，明确改革重点，明确专门班子，靠上工作、深入研究，争取单项领域改革求突破，切实破解县域层面发展难题。比如，农村金融改革，我们已经破题，县内几家涉农银行非常主动，帮助我们出主意、想办法，积极到市行、省行争取，目前已经有了明确的改革方案，常委会听取了汇报，有些工作就可以往前推了，这是一个领域的改革。再如，关于涉水涉农资金整合问题，也是一项改革，对涉水涉农资金，下步要打捆整合使用，集中力量办大事。省财政厅的姜凝厅长来东平调研时，对我们这方面的工作给予充分肯定。还有，就是我们目前正在全力推进的移民避险解困社区建设，也涉及村和村之间的整合问题以及将来的基层治理问题，这些都需要配套推进改革。

五是坚持活学活用，借鉴外地经验。农村改革试验区建设，对我们来说是"新"事，但在全国来看，在历史上来看，先进地区已经探索总结出不少经验。中央和省市相关部门有很多农村改革专家，在国内有很大影响，长期从事农村改革的理论研究、政策制定和实践推广，很多都给我们提供了很好的指导和借鉴，我们可以活用"拿来主义"，凡是外地成功的做法都可以拿来，凡是成功的经验都可以嫁接，凡是成功的先例都可以推广。我们要开放式搞改革，不是别人已经成功的，我们还要另辟蹊径、另搞一套，完全没必要。要大胆借鉴一切成功经验，少走或不走弯路，提高改革效率，减少改革成本。当然，学习吸收不是简单模仿，不是"邯郸学步"，要结合实际有重点、有侧重的引进、消化、吸收，让成功的经验为我所用，不断把我县改革创新推向前进。比如，农村幸福院建设是"邯郸学步"的典型例子，正是学习邯郸的经验做成的。华中师范大学中国农村研究院执行院长邓大才参观考察幸福院之后，给予高度评价，认为东平的做法在全国是独树一帜的，是基层非常鲜活的改革探索，也特别提出要认真总结，可以在全国推广。

（四）加强组织领导，建立健全农村集体产权股份合作制改革试点的保障机制

一是健全机构，强化组织领导。县委、县政府成立"东平县农村改革试验区领导小组"，由我和王县长任组长，国庆书记、张舒书记和玉海县长任副组长，组织、宣传、农工办、农业、发改、财政、国土、移民、金融等相关部门和各乡镇（街道）党（工）委主要负责人为成员，统筹负责农村集体产权股份合作制改革试点工作。各乡镇（街道）也要成立组织机构，切实把试点工作列入重要议事日程，制定实施计划，明确分管领导和责任单位，全面掌握改革重点和实施要领，推动试点任务全面启动。目前从全县布局来讲，改革内容比较多，除农村集体产权制度改革外，还有移民避险解困试点、旅游综合改革试点、水权水市场制度改革试点，有的是国家级的，有的是省级的。希望大家特别是乡镇的同志，要统筹好力量，把工作安排好、布局好，不要"眉毛胡子一把抓"，突出重点，把应该抓的重点工作抓出亮点，抓出成效，同时兼顾好其他。

二是强化协作，形成工作合力。做好农村改革试验区工作，是一场事关东平长远和全局的大事，需要全县上下同心同力、齐抓共管。县农村改革试验区领导小组要发挥好牵头作用，加强协调沟通，集中处理改革过程中涉及面较广、单个部门无法处理的重大问题。领导小组办公室要充分发挥指导服务和管理职能，科学论证改革方案，明确细化改革目标，分解落实改革任务，逐个指导改革实践，直接领导改革实施。领导小组各成员单位要强化大局意识、责任意识，坚决摒弃"事不关己高高挂起""各扫自家门前雪"的错误认识，搞好积极配合，按照"谁主管、谁负责"的原则，发挥部门职能作用，在全县形成统一领导、分工协作的工作推进机制。客观地讲，在全国第二批 34 个试验区中，按照试验区的要求、步骤，我们的改革起步是晚的，进度是慢的。大家要快马加鞭，有些文件现在就要着手考虑，能出台的就出台，没有的就马上起草，形成一系列的配套文件和改革措施。同时，各试点村要积极运作，尽快实施。

三是多元整合，强化工作保障。整合财政支农资金，按照"渠道不变、统筹安排、捆绑使用"的原则，提高支农资金使用效益；整合政策优势，把对上争取的政策、资金、项目予以整合捆绑，形成政策的"乘数"效应，推动改革试点顺利进行。同时，要加大督导力度，县里将成立专门的督查组，对改革试点工作推动情况进行督查，对工作不力、进展缓慢的，要及时予以通报。强化工作考核，把农村产权制度改革工作列入全县科学发展观考核，加大考核力度，确保按时保质保量完成改革任务。要修订完善今年的考核办法，把改革作为一项考核内容，承担改革任务的乡镇单独提出目标，单独考核，达标加分，不达标就减分。落实经费保障，将工作经费纳入财政预算。严格工作纪律，营造风清气正的改革环境，严禁任何人借改革之机侵害农民权益、谋取不正当利益。

四是加强宣传，营造良好氛围。全县各级在改革试点过程中，要周密部署，科学安排，认真做好宣传和培训工作。要按照"宣传广泛、形式活跃、内容丰富、易看易懂、贴近农民"的要求，面向群众、基层干部和社会公众加大改革宣传，统一思想认识，使加快推进改革成为全县上下共识，成为广大村民和基层干部的自觉行动。宣传部门要积极作为，做好高端宣传，主动把镜头和焦点对准基层，多宣传群众的创造和实践，多宣传试点成功经验，营造浓厚舆论氛围。要加强改革研究，善于培育、挖掘典型，精确提炼、积极推广，尤其要借助高端智库进行指导总结，使改革创新成果上升到全国层面。

三　实施农村综合产权改革 创新农村经济发展模式[①]

从产权经济学的角度看，"产权是所有制的核心和主要内容"。我国农村经济产权特别是土地产权关系到农民、农村、农业发展的全局。随着社会主义市场经济的逐步完善和城乡一体化发展，原有的农村产权制度的局限性日益显现，已成为我国农村经济持续快速发展的制约因素。为了深入贯彻落实党的十八大和十八届三中全会精神，进一步激发农业农村发展活力，东平县以土地产权改革为切入点，对全县农村综合产权改革进行了大胆尝试和有益探索。

（一）实施农村综合产权改革的动因

从现实情况看，随着城乡一体化深入推进，农村经济发展到了一个新的"十字"路口，面临着一系列新的问题和挑战。比如，发展现代高效农业，土地需要规模经营，地往哪里转？农业机械化程度不断提高，农民从土地中解放出来，但人往哪里去？建设新社区、新城镇，改善群众生活居住条件，需要大量建设资金，钱又从哪里来？城镇建设用地越来越紧张，而农村却存在很多"空心村"，城乡建设用地怎么用？等等。破解这些难题，靠传统的农村经济管理体制和发展模式很难实现，需要从改革产权制度入手，推进体制机制创新，改变原有的经营方式和运作机制，最大限度地激发农村发展活力。

从发展实践看，在我国的农村发展史上，特别是改革开放以来，已经有过三次大的改革，每次改革都极大地解放和发展了农村生产力。一是改革开放初期建立的家庭联产承包责任制，解决了广大农民的温饱问题；二是 20 世纪 80 年代实行的取消统购统销，建立和完善了市场经济，解决农村商品经济匮乏的问题；三是 2004 年开始的农村税费改革，取消了 2600 多年的"皇粮国税"，建立起了"工业反哺农业、城市支持农村"的机制，调动起了广大农民发展农业的积极性。从这个意义上讲，要加快农村

---

① 注：本文为赵德健同志 2013 年 12 月 29 日在山东县域经济研究会换届大会暨县域创新发展论坛上的发言。

经济发展，大幅度增加农民收入，必须改革农村以土地为核心的产权制度，实现农村生产力的再次飞跃，释放巨大的经济效率和社会效益。

正是基于这些认识，我们实施了以土地产权改革为核心的农村综合产权改革，现已取得阶段性成果。实践证明，我们的做法符合十八届三中全会精神，符合上级的要求，也顺应了广大群众的意愿。

（二）农村综合产权改革的主要做法

一是发展土地股份合作社，实施农地产权制度改革。首先，明确改革要求。就是在不改变土地所有权性质、不改变土地用途、不损害农民土地承包权益的"三大前提"下，坚持依法运行、推动发展，政府引导、农民自愿，自主经营、民主管理，试点先行、稳步推进的"四大原则"，以"四权四化"，即坚持集体土地所有权、保障农户土地承包经营权、放开放活承包土地使用权、稳步扩大农民土地收益权和推进农民组织化、土地股份化、产权资本化、农业产业化为核心，最终实现农民增收、农业增效、农村发展。其次，坚持试点先行。从 2012 年下半年开始，在全县选取了 30 个班子较强、群众基础较好、有一定产业基础的村作为试点，先行先试，探索路子，积累经验。2012 年 10 月 26 日，接山镇后口头村炬祥土地股份合作社挂牌成立，成为全省首批、泰安市首家土地股份合作社。目前全县已发展土地股份合作社 37 家，入社农户 5657 户，入股土地30310 亩。再次，创新经营模式。坚持因村制宜、因情施策，探索形成了支部引领型、合作经营型、内股外租型、园区带动型和开发经营型五种土地股份合作经营模式。土地股份合作社的发展，激"活"了土地，提高了土地产出能力，每亩土地平均收益由 960 元增至 2000 元；做"大"了农业，全县 37 家土地股份合作社带动发展起了 85 个农业示范园、92 个家庭农场，推动了农业规模化、集约化经营；入股农民"鼓"起了腰包，不仅有了"租金"，还有了"股金"和"薪金"，收入明显增加。今年前三季度，全县农民人均现金收入增长 16%，分别高于省、市 3.5 个、2.3个百分点。

二是搭建"四位一体"运作平台，实施农村综合产权改革。近期，县委、县政府研究出台了《东平县农村综合产权交易管理办法》，将 13类农村产权纳入经营交易服务范围，全面启动了农村综合产权改革。为实现农村产权的资源化、资本化，我们搭建了"四位一体"运作平台，建设了"一个中心三个平台"，成立了东平县农村综合产权服务中心，注册设立了东平县农村产权交易所、产权登记托管中心、产权金融服务中心三个公司，搭建起了农村综合产权交易、产权托管和产权融资三大服务平台，完善产权托管、市场经纪、交易鉴证、产权抵押、服务代理等基本功能，健全经纪推介、委托评估、司法确认、金融扶持等配套保障，推动了各类农村产权流转交易的市场化、规范化，构建了完善的农村产权交易市场和覆盖县、乡、村三级的服务网络。

三是完善配套服务，为农村综合产权改革提供保障。一是发挥农民主体地位。在改革过程中充分尊重农民意愿，坚持政府主导、群众主体，在农民合法权益不受损失的前提下最大限度地增加农民收益和财产性收入。比如，在农地产权改革中，对于加入土地股份合作社的农户，充分尊重农户意愿，坚持入社自愿、退社自由，对退股的社员，实行异地置换，做到增人增股不增地、减人减股不减地。二是引入高端智库。加强与华中师大、河海大学、省农科院等11家高等院校的战略合作，成为华中师大农村改革发展协同创新中心的第一个试验区，签订了"以产权改革为导向的农村综合改革"项目协议，直接参与我县农村综合产权改革的指导和研究，优化农村综合改革的顶层设计。三是完善保障机制。成立了农村综合产权改革工作领导小组和农村综合产权监督管理委员会，全面指导推进农村综合产权改革试点工作；制定出台了《东平县农村综合产权交易管理办法》、《东平县农村综合产权抵押贷款实施意见》及土地承包经营使用权、林权、水面养殖权等各类农村产权流转交易操作细则等十二大政策文件；健全了交易行为、日常管理等工作制度，规范了委托经营、产权评估、司法确认和金融服务流程。

（三）几点启示

一是坚持农民主体，是实施农村综合产权改革的前提。以农地产权制度改革为核心的农村综合产权改革，根本目的在于保障农民的财产权利，让更多的农民最大限度地分享产权增值收益。必须坚守"不改变土地农民集体所有、不改变土地的用途、不损害农民基本权益"的三条底线，按照"依法、自愿、民主、公正"的要求，切实尊重农民的主体地位和首创精神，尊重农民意愿。改革要依法保障农民的各项权利，切实把农民的利益维护好、实现好、发展好，让农民群众得到更多实惠。只有这样，才能充分调动农民参与改革的主动性和积极性，不断增加改革的正能量。

二是坚持政府主导，是实施农村综合产权改革的关键。农村产权制度改革是一场系统的综合性改革，不仅涉及思想观念的更新和政策措施的创新、经济发展和增长方式的转变、生产布局和产业结构的调整，也涉及到社会利益的调整。在实施启动阶段，离不开政府强有力的推动。在落实国家现有农村政策的基础上，政府要在宣传引导、政策扶持、机制配套等方面加大力度，让广大群众了解改革、看到前景、得到实惠，让他们吃上"定心丸"。只有这样，群众才能想改革、愿改革，积极参与改革，才能顺利推进改革。

三是坚持市场运作，是实施农村综合产权改革的根本。农村综合产权改革是深化经济体制改革、建立完善的社会主义市场经济的重要组成部分。在这一过程中，既要充分发挥"政府主导"无可替代的强大威力，又要注重发挥"市场运作"这只无形手的作用，遵循经济规律、市场规律和价值规律，发挥好市场配置的决定性作用。只有这样，改革才能深入推进、可持续发展，改革才能永葆生机和活力。

四是坚持积极稳妥，是实施农村综合产权改革的保障。农村综合产权改革是新生事物，既没有现成经验可照搬，也没有固定模式来套用。这就要求既要大胆探索、勇于创新，更要积极稳妥、稳步推进。哪些村有条件可以搞，哪些村不具备条件暂时还不能搞，要分析清楚。条件成熟的可以试行，不具备条件的不可强行。要建立风险控制机制，把风险降到最小、把利润求到最大。只有这样，改革才能不至于中途"夭折"，改革才能健康推进，才有生命力。

四 推行土地股份合作 激发农村发展活力①

东平县位于山东省西南部，东望泰山，西临黄河，处于国家中原经济区、山东省会城市群经济圈、西部经济隆起带三大战略叠加区，总面积

---

① 注：本文为东平县 2014 年 11 月 18 日在首届中国地方政府改革创新成就成果北京发布会上的发言。

1343 平方公里，辖 14 个乡镇（街道），总人口 80 万人，是被邓小平同志称赞为"中国改革开放的大功臣"、全国人大常委会原委员长万里同志的家乡。东平山、水、平原三分天下，农业资源丰富，是华北重要的优质粮食生产基地、绿色大蒜出口生产基地、淡水渔业生产基地、麻鸭、生猪及小尾寒羊生产基地，优质核桃之乡、大蒜之乡、鱼米之乡，先后荣获全国粮食生产先进单位、全国休闲农业与乡村旅游示范县、山东省生态文明乡村建设先进县、山东省首批旅游强县等荣誉称号。

去年以来，我们深入贯彻党的十八大、十八届三中全会精神，立足东平实际，大胆实践、锐意改革，推动土地股份合作，积极引导农民入社、农地入股、整合要素、明晰产权、发展产业，深化土地产权制度改革，激发了农业农村发展活力，促进了新型农业经营体系的形成和集体经济的有效实现。我县推行土地股份合作的做法得到社会各界的广泛关注，9 月底，"中国东平土地股份合作与集体经济有效实现形式高端论坛"在我县成功举办；《以土地股份合作为基点 破解"三农"发展难题》案例入选人民论坛 2014 年中国治理创新 100 佳经验成果。

（一）推行土地股份合作的动因

随着城乡一体化持续推进，农业农村发展到了一个新的"十字"路口，面临一系列新的问题和挑战。从东平的现实看，主要表现在三个方面：一是土地细碎分散，农民增收面临困难。全县 17 万农户承包土地，户均经营规模 5.1 亩，大部分土地以家庭经营为主，土地零碎、过于分散，使本来规模就小的小农经济更加支离破碎，很难获得土地规模效益，土地产出率、劳动生产率低，农民增收难以持续。二是农业比较效益降低，经营体系亟待创新。随着工业化和城镇化水平的提高，农民对农业的依赖程度在减弱，农村大量青壮年劳动力外出，农业兼业化、老龄化、女性化经营日益明显。同时，传统农业缺乏现代资本要素的支持，依靠自身积累难以获得产业培育资本，难以形成现代高效农业。三是集体经济空壳，村庄治理陷入困局。由于历史和现实因素制约，全县农村集体经济发展薄弱的问题十分突出，村级收入不仅数量少，而且缺乏有效的收入来源，相当数量的村长年靠财政转移支付维持运转，出现"空壳"，难以支撑村庄的有效治理，导致出现"集体经济无实力、为民办事无能力、群众缺乏向心力"的局面。

我们认为，破解这些难题，靠传统的农村经济管理体制和发展模式很难实现，迫切需要进行制度创新，必须按照《中共中央关于全面深化改革若干重大问题的决定》要求，立足自身实际，突出农村土地产权改革这个核心，走好土地股份合作路子，构建新型农业经营体系，实现农村经济发展的新跨越。

（二）实施土地股份合作的做法

一是坚持底线，把握方向。在推行土地股份合作过程中，我们始终坚持政府引导、群众自愿、试点先行、稳步推进的原则，牢牢把握"不改变土地性质、不改变土地用途、不损害农民权益"的政策底线，落实集体所有权、稳定农户承包权、放活土地经营权、扩大农民收益权，推进土地股份化、产权资本化、农民组织化、农业产业化，最终实现土地增值、农民增收、农业增效、农村发展。

二是土地入股，合作经营。立足发展基础和产业特点，坚持因村制宜、因地施策、模式多元，先后在 14 个乡镇（街道）选取 30 个村为试点，充分尊重基层和群众的首创精神，探索形成了政府引导型、能人带动型、合作经营型、资源整合型四种模式。政府引导型。沙河站镇孟庄村在党委政府的积极引导下，充分用好、用活上级惠农扶持政策，成立"联润土地股份合作社"，建成 276 亩蔬菜大棚，发展设施农业。去年，孟庄村集体仅在合作社收益 11.12 万元，入股农户除获得 1100 元/亩的土地保底收益外，每股分红 210 元。能人带动型。银山镇南堂子村党支部书记郑灿宾发动全村群众，带头成立"最美乡村土地股份合作社"，将资金、资源、管理等要素作为股份，发展观光农业和旅游产业。合作经营型。2013 年 3 月，接山镇后口头村 17 户农民以 202 亩承包地、村集体以 350 亩河滩地入股，成立泰安市首家土地股份合作社——炬祥土地股份合作社，与大户合作经营发展花卉苗木经营。今年 5 月，合作社进行了第一次分红，农户每亩耕地获得保底股金 1000 元，分红 200 元。资源整合型。梯门镇西沟流村宝泉土地股份合作社引入工商资本，整合村集体资源，将村民 824 亩耕地、村集体 876 亩荒坡地集中入股，发展集畜禽养殖、林果采摘、观光旅游为一体的高效生态农业，亩均收益由

700 元提高到 1300 元。

三是搭建平台，完善产权。为加快培育和发展农村产权交易市场，我们成立了山东省首家县级农村综合产权交易所，将农村土地承包经营权等 13 类农村产权纳入经营交易服务范围，完善产权托管、市场经纪、交易鉴证、产权抵押、服务代理等基本功能，健全经纪推介、委托评估、司法确认、金融扶持等配套保障，推动了各类农村产权流转交易的市场化、规范化，构建了完善的农村产权交易市场和覆盖县、乡、村三级的服务网络。目前，交易所共完成交易 23 宗，土地流转面积 13240 亩，产权抵押贷款 20 宗，贷款金额 3073 万元。

四是规范运作，规避风险。合作社坚持入股自愿、退社自由，对退社农户，采取异地置换的方式，既不影响土地利用规模，又充分保障退社成员的土地权益。建立风险金积累制度，从合作社收益中按照 10%—30% 的比例提取风险金，规避市场波动。同时，探索建立了"1＋X"风险规避模式，防御经营风险："1"就是一套法人治理机制，每个土地股份合作社都依法成立股东大会、理事会、监事会，健全治理结构；"X"就是通过引入龙头企业、经济能人或其他新型经营主体，实现资源优化、借力发展、合作共赢。

（三）土地股份合作取得的成效

一是创新了合作经营形式，提高了现代农业发展水平。通过土地股份合作，搭建了农民合作纽带，形成了新型经济共同体，实现了土地的集中连片，为农业适度规模发展创造了条件，推动了农业规模化、集约化、产业化。同时，股份合作实现了土地的专业化经营，不愿种田的农民能够有效摆脱土地束缚，持股进城；愿意种田的农民则成为职业农民，获取较高的劳动收益。目前，全县共发展土地股份合作社 51 家，入社农户 7797 户，规模经营土地 41778 亩，带动发展家庭农场 161 家、专业合作社 1177 家、全县规模以上农业龙头企业达到 152 家，初步构建了主体多元、类型多样、优势互补、产业丰富的新型农业经营体系。

二是增加了财产性收入，实现了农民集体合作共赢。一方面，合作社采取"保底＋分红"的方式，入社群众从土地上不仅有"租金"收入，还参与营利分红，有"股金"收入，到合作社打工，还有"薪金"收入，入股群众成为"三金"新型农民。另一方面，村集体通过集体土地、基础设施入股，以及为合作社提供组织服务，获得长期稳定的集体收入，收入渠道日益多元，找到了壮大集体经济的源头活水。银山镇南堂子村，全村群众入股，发展旅游观光农业，新建果园620亩，栽植桃树、核桃树、石榴树、珍珠油杏等8万多棵，安置本村闲散劳动力200余人；通过店铺租赁、门票收入、提供劳务，2013年村集体增收50多万元，村民人均增收1000元。

三是激活了生产要素，促进了农村产权的交易流转。推进土地股份合作，不仅促进了农业内部劳动力和土地两大生产要素的有机联合，而且吸引了外部资本、管理、技术、人才等要素的注入，提升了生产要素发展水平，促进了农村市场化变革。同时，通过确权确地和确权确股等方式，土地变资产、资产变资本，土地产权得到了更为明细的划分和保障，进一步赋予和放大了土地产权权能，促进了农村产权的交易流转。这正契合了《决定》提出的"促进城乡要素平等交换""赋予农民更多的财产权利"的要求。

四是构建了集体经济新架构，保障了村级民主治理。土地股份合作拓宽了集体增收渠道，村干部干事创业的"信心满了，劲头足了，底气厚了"，能够更多地为农民办实事、办好事，村庄治理能力和治理水平明显提高，干群关系更加融洽。同时，通过土地经营权折股到户，明确了农民对集体资产的占有权和受益权，增强了农民和集体的利益联结，有效激发了农民的民主参与意识，促进了公共事务的民主决策，形成了人人参与的良好局面。

五　推进农民股份合作　激活农村发展要素[①]

东平县位于山东省西南部，隶属泰安市，总面积1343平方公里，辖14个乡镇（街道），总人口80万人，境内山、水、田各占1/3。东平既

---

① 注：本文为赵德健同志2014年12月1日在北京召开的全国农村集体产权制度改革研究座谈会上的发言。

是旅游资源大县，也是传统农业大县，先后被评为全国粮食生产先进县、全国休闲农业与乡村旅游示范县、山东省生态文明乡村建设先进县、山东省首批旅游强县。

集体产权制度改革，根本目的是赋予集体资产更多权能，增加群众和村集体财产性收入，进而提高村集体组织服务群众的能力。这对像东平这样的欠发达地区来讲，其意义非同小可。可以说，这既是个经济问题，又是个政治问题。因为欠发达地区普遍村集体收入少，服务群众的能力弱，在一定程度上，影响了党在群众心目中的形象和威信，影响了党的执政基础。今天，我结合对集体产权改革的理解、思考和体会，论述三个方面的问题。

（一）东平农村集体产权制度改革的探索和实践

近年来，我们积极探索农村产权制度改革，聚焦点在土地上，开展的主要是土地股份合作，成立了泰安市首家土地股份合作社，组建了山东省首家县级农村综合产权交易所，形成了行之有效的指导规程和推进机制，各项改革措施平稳推进，改革成效初步显现，促进了农民和村集体增收，提升了全县农业和农村发展水平。目前，全县共发展土地股份合作社 51 家，入社农户 7797 户，规模经营土地 4.2 万亩。其做法得到了各级的充分肯定，引起了新华社、人民日报、光明日报、农民日报等主流媒体的关注。9 月 27 至 28 日，农村改革发展协同创新中心与华中师大中国农村研究院在东平联合举办了"土地股份合作与集体经济有效实现形式"高端论坛。11 月 18 日，在北京举行的首届中国地方改革创新经验发布会上推广了东平经验。我们的主要做法是：

1. 土地确权，股份合作。土地确权是开展土地股份合作的重要前提。对农户承包地，主要采取两种确权形式。一种是确权确地，核对二轮土地承包经营权证书，逐户落实农户承包地，做到证、账、簿、地相符。另一种是确股确权不确地，对于集体统一经营时间较长、农户之间地界不好区分的个别村，采取确权确股不确地，农户按土地承包面积发放股权证，不确定四至和地块，组建土地股份合作社，年终按股分红。

2. 要素多元，市场运营。为发展壮大集体经济，东平前期探索了"边角经济"模式。自 2012 年底开始，又积极探索土地股份合作与集体经济有效实现形式。在股权设定上，引入多元要素，一方面，引导农户以土地承包经营权入股合作社。另一方面，支持村级的积累资金、"四荒"资源、基础设施、厂房场院以及政策性资金、项目等资金、资产、资源，折股入社，量化集体资产，实现了集体产权多元化，增加了集体收入。此外，广泛吸引农村各类新型经营主体，以资金、技术、设施参股经营，优化了合作社股权结构。在经营模式上，大体形成了三种模式：一是合作经营型。土地股份合作社引入外部资金、技术和管理，将土地股份合作社打造为新型农业经营主体，合作发展。二是内股外租型。土地股份合作社把土地整体对外租赁，稳定获取租赁收入。三是产业经营型。成立土地股份合作社，自己培植发展产业。如东平县彭集街道的安村，由土地股份合作社牵头，发展起了粉皮加工、生态养殖、有机蔬菜、中药材种植四大产业，极大地增加了群众和村集体收入，村集体由三年前的负债变成今年收入过千万元，农民人均纯收入今年有望突破 1.5 万元。

3. 收益共享，按股分红。合作社的收益在按一定比例（大体在20%—30%）提取风险金、公益金后，用于两部分。首先是保证土地基本收益。不论是农户土地，还是村集体土地，入股土地每亩 1000 元左右的固定租金，作为保本收益，并且视具体情况适当浮动。其次是按股分红。收益剩余部分，根据股权和契约分配，让群众和村集体充分享受土地增值效益。

4. 配套政策，提供保障。一是明确"三不"原则。就是"不改变土地性质、不改变土地用途、不损害农民权益"。二是建立交易平台。成立了农村综合产权综合交易所，为产权交易提供信息发布、组织交易等服务。三是放大产权权能。土地经营权集中到新型经营主体后，经过交易所鉴证，可以凭鉴证书到金融机构抵押贷款。四是严控风险红线。通过引入新的经营主体、建立风险金制度、发展农业保险、探索司法确认制度以及健全民主监督制度等措施，把土地股份合作社的各类风险降到最低。五是强化政策扶持。把对上争取的政策、资金、项目予以整合捆绑，形成了政策的"乘数"效应，推动改革试点顺利进行。

目前，土地产权制度改革取得了一定成效，初步实现了农民增收、集体增收、农业增效。但我们的改革仍然处于探索阶段，还有很多不到位的地方，需要进一步改进、完善和提高。

（二）深化农村集体产权制度改革的思考和谋划

与土地股份合作相比，集体产权改革的领域更宽、范围更广，涉及多种资产形式、多种农村类型、多个环节步骤，即使在一个县域内，也是情况千差万别，发展千变万化。因此，在实施过程中，我们认为，应当重点把握好几个方面。

1. 集体产权改革的方向要明。总的想法就是：以"还权赋能"为核心，明晰所有权、放活经营权、落实处置权、保障收益权，推进农村资产权属明晰化、配置机制市场化、产权要素资本化、管理监督规范化，探索农民股份合作的有效形式，增加农民收入和集体收入，确保农民利益不受损、集体资产不流失，构建归属清晰、权责明确、保护严格、流转顺畅的现代农村产权体系。

2. 集体产权改革的基础要实。一是明晰集体产权范围。在广大中西部地区，在农区村、偏远村、贫困村，甚至"空壳村"，能否进行集体产权改革？我们认为，要以更宽的视角看待集体产权问题，集体的积累资金是集体产权，集体土地及荒地、荒坡、荒滩、荒片等"四荒"资源也是集体产权；集体统一经营的房产、企业、机械等是集体产权，集体所有的水、电、路、井、渠等基础设施也是集体产权；集体自我积累的"三资"是集体产权，国家扶持资金、项目所积累的增量资产也是集体产权。因此，集体产权改革首先要明晰产权范围，选择不同类型的村居开展多样化试点。二是清产核资。对每个试点村要按照资源型资产、经营性资产、公益性资产等不同类型，分门别类搞好登记，摸清家底，明晰权属，建好台账，做到分类准确、账目清楚、产权明晰。三是集体经济组织成员界定。我们初步考虑以二轮土地承包权确定的时点为节点，结合确权登记工作，统筹考虑增减进出的人口变化，以及在集体经济组织中的生活、劳动年限等因素，确定集体经济组织成员资格。对进城户、外嫁女、户口挂靠人员等难以确定的，按照有关法律法规予以细化。同时，对法律没有明确规定的，要尊重群众意愿和传统习惯，由集体经济组织成员协商决定，资格确认后统一登记备案。四是集体经济组织创新。要改变过去传统集体经济的做法，理顺村社关系，通过组建土地股份合作社、社区股份合作社、农民置业合作社等，建立起产权清晰、合作经营、民主管理、收益共享的新型集体经济组织，运用市场机制管理、运营集体资产，逐步构建"支部＋合作社"的村级治理新模式。五是资产量化和股权设置。在资产量化上，要分清哪些适宜量化，哪些不适宜量化，我们的想法是，只对经营性资产、资源型资产量化折股，公益性资产不列入量化范围，主要是提供好统一的公共服务。在股权设置上，原则上都要设立一定比例的集体股，明确收益用途，解决好村级组织的公共服务能力问题。当然，具体比例可以根据各村资源状况和成员意愿确定。

3. 集体产权改革的运作要活。明晰产权是产权改革的前提，但集体产权改革根本目的是激活农村生产要素，搞活经营环节，推动集体资产保值增值，增加群众和村集体收入。所以，集体产权改革工作重点应在集体产权运作上下功夫。一是产权赋能要活。现在的集体产权权能还不完善，比如，土地、水面、山林等承包经营权的抵押、担保权能还难以落实，集体建设用地、农民房屋、宅基地使用权、农地附属设施等农村产权的抵押、担保还缺少法定依据和具体办法，农村产权交易市场发育不完善，农村综合产权的流转交易不顺畅、不规范等。二是运营模式要活。发展农民股份合作，明晰产权是前提，产权经营是关键。股份合作，根本在于增值增效增收。所以说，不论是什么运营模式，只要符合市场规律，只要有利于集体资产增值，只要能带来效益，都可以采取。资源型资产，比如土地，既可以成立土地股份合作社整体对外租赁，也可以自行发展适度规模的现代农业；经营性资产，比如厂房、场院、店铺、仓库、商贸市场等，既可以对外租赁，开展物业经营，也可以自己新上产业项目；村集体积累的资金，只要成员协商同意，也可以异地置业或者参股质量较好、经营稳定的产业项目。总之，适于什么模式就采取什么模式，可以灵活多样。三是分红形式要活。在集体资产收益分配形式上，要打破一些认识误区，比如，分红可以是现金分配，可不可以有其他形式？实际上，货币分配是分红形式，公益性基础设施、民生福利等实物分配也是分红，只是受益的方式不同。

4. 集体产权改革的推进要稳。一是要充分考虑风险。任何一项经济活动都有风险，改革和经营过程中肯定存在着不可预料的问题。比如，在制度设计上，是否存在"一股就分""一分了之"的问题，若是这样，就背离了发展壮大集体经济的初衷；在金融风险上，是否存在失信行为、信用缺失，造成集体不良资产甚至新的债务；在自然风险上，要考虑天灾人祸；在社会风险上，还要照顾群众的感受和认知程度，不可强推硬改，等等。要尽可能考虑各类风险，把风险系数降到最低，否则，就达不到增收入、强服务、聚民心的目的，甚至是改垮了集体，改散了民心。一是在收益分红时，要避免简单的"分光吃净"，可以引导建立风险金、公益金制度，引导农户投入再生产，确保集体经济组织可持续发展。二是要完善治理机制。产权制度改革的重要基础，就是保障农民集体经济组织成员权利。在运行中就应落实好农民的民主管理权利。可以借鉴现代企业制度，考虑设立董事会、理事会、监事会，让群众参与管理和监督，防止集体资产流失。三是要推进集体股权有序流转。流转是股权的属性。要逐步建立统一规范的产权交易平台，认真探讨农民股权的继承办法，农民对集体资产股份有偿退出的具体条件、程序和途径，既让股权充分流动起来，又要避免农民"短视行为"，甚至失地失房，损伤农民利益。从短期来看，股权流转限制在集体经济组织内部，封闭运行，但从长期的产权经营环节来看，随着经济发展和交易活跃，股权流转可否突破村级边界，实现集体产权经营的效益最大化。

（三）体会和建议

1. 在法律上既要明确农村股份合作组织的法人地位，又不能完全等同于在工商登记注册的企业。农村集体产权制度改革，实际上还是推进集体资产的股份合作，是一种新型经济组织，不完全等同于原来的农民专业合作社，需要修改《农民专业合作社法》。通过立法，赋予农村股份合作组织的法人地位，便于以市场主体的身份从事经营活动；同时，农民股份合作社作为新生市场主体，质弱量小，还不能完全等同于工商登记注册的企业，还必须给予支农惠农的政策扶持，否则，就脱离了"三农"工作的基础。

2. 农村集体产权改革不可能孤军深入，需要农村改革政策衔接配套。比如，在农村建设用地方面，能否建立城乡一体化的建设用地市场。现行的土地管理方式是，农村建设用地只能在农村用，城市建设用地只能用城市的指标，两者"井水不犯河水"，能否把农村腾出的建设用地指标在更大范围内参与市场交易，既解决城市建设用地紧张问题，又解决农村发展资金短缺问题。再如，农民进城问题。这不仅需要集体产权改革，还涉及户籍制度改革，涉及农民房屋所有权、宅基地使用权等各类产权改革。这些方面的改革试点，如果能够在国家、省级层面充分整合，相互衔接，才能建设真正的"农村综合改革试验区"，才能获取改革的最大红利。

3. 要处理好改革力度、推进速度和群众可承受程度的关系。集体产权制度改革是新生事物，在推进过程中，必须稳扎稳打，统筹推进，处理好各方关系，不能做夹生饭，否则就会事与愿违，"好心办坏事""出力不讨好"，形成的经验也不具有普适性。

六　深化土地股份合作　推进农村集体产权制度改革①

东平县位于山东省西南部，隶属泰安市，总面积 1343 平方公里，辖14 个乡镇（街道），总人口 80 万人，境内山、水、平原各占 1/3。在各地扎实推进农村改革试点、积极探索集体经济有效实现形式的关键时期，国家农业部组织召开这次会议，为基层改革交流经验、相互借鉴提供了重要平台，也必将为我们进一步深化改革实践指明方向，提供重要遵循。近年来，我们深入贯彻落实党的十八届三中、四中全会及中央 1 号文件精神，以土地股份合作为基点破解"三农"发展难题，推动土地经营权规范有序流转和集体经济的有效实现，有效激发了农业农村发展活力。

（一）积极探索农村集体经济有效实现形式

集体经济作为公有制经济的重要组成部分，对全面建成小康社会、夯实党的执政根基具有重大现实意义。培植壮大集体经济，最根本、最关键的是放开盘活集体产权，最终实现市场经济条件下集体经济效益的最大化。集体产权从大的方面可分为资源型、经营型、服务型三类，土地产权改革则是重中之重。因为，土地是集体的命根子，向土地要效益具有普遍价值，土地股份合作是集体经济的根本载体，量化赋能盘活土地资源至关重要；土地产权是集体产权制度改革的核心内容，土地改革激活集体经济

---

① 本文为赵德健同志 2015 年 7 月 7 日在北京召开的全国农村集体产权制度改革座谈会上的发言。

势在必行。为此，按照中央部署要求，根据东平承担的全国第二批农村改革试验区试点任务，针对中西部地区集体经济薄弱，特别是薄弱村、空壳村增收难题，我们确立了以土地股份合作为重点的集体产权制度改革，着力从地权、水权、集体闲散资源、政策性资金项目等十几个方面进行改革，并研究探讨相应的配套保障措施，取得了初步成效，实现了集体、群众双增收。目前，全县30个村试点工作已全面铺开、有序推进。

1. 探索土地股份合作增收模式。成立泰安市首家土地股份合作社，引导土地入股、农民入社，推进土地股份化、产权资本化、农民组织化、农业产业化。在深入调研的基础上，搞好土地确权颁证，逐户落实农户承包地，做到证、账、簿、地相符。在此基础上，引导农户以土地承包经营权入股合作社，另一方面支持村级的积累资金、"四荒"资源、基础设施以及政策性资金项目等，折股入社，量化资产，实现了集体产权多元化。此外，广泛吸引农村各类新型经营主体，以资金、技术、设施参股经营，优化了合作社股权结构，实现合作发展。坚持收益共享、按股分红，合作社的收益在按一定比例（大体在20%—30%）提取风险金、公益金后，首先保证土地基本收益，不论是农户土地，还是村集体土地，都确定每亩1000元左右的固定租金，作为保本收益。其次是按股分红，收益剩余部分，根据股权和契约分配，让群众和村集体共享增值收益。比如，彭集街道安村，引导全村群众加入安大土地股份合作社，发展粉皮加工、生态养殖、有机蔬菜、中药材种植四大产业，引进江西正邦集团发展生猪养殖，聘请全国劳动模范王乐义指导冬暖式蔬菜种植，2014年村集体收入突破千万元，农民人均纯收入突破1.7万元。

2. 探索"边角经济"增收模式。针对无区位优势、无资源优势、无资金技术的"三无"村，引导村级利用路坎壕边、闲置荒片、房前屋后、边边角角的集体闲散土地资源，通过股份合作的形式，与各类市场主体、群众合作发展种植业或经营项目，实现各方共建共赢。主要采取了"集体+公司（大户）+群众""集体+群众""集体+公司（大户）"等股份合作方式，盘活闲散土地，发展边角经济，实现集体增收。利用"边角经济"发展村集体经济，村集体投入少、风险小、效益高，不仅能盘活集体闲散土地，又增加集体收入，降低企业（大户）运营成本，较好地破解了薄弱村、空壳村增收的起步难题。仅此一项，全县716个村居每年可实现集体增收 3000 多万元。比如，接山镇后口头村濒临大汶河，河滩有荒地 400 多亩，路旁、沟旁、村庄周边有 200 多亩边角地，按成员将其平均量化，组建后口头村股份经济合作社，集体统一经营苗木花卉，收入按股分红。

3. 探索政策性资金项目股份合作增收模式。作为山东省第一移民大县，每年所承接的涉农政策性项目资金 3 亿多元。我们整合形成经营性资产，依据各村产业基础和发展特色，通过股权量化将资产确权分股到户，按股分红，推动政策性资金资产化、股权化，资产收益股民共享。比如，老湖镇西三村整合南水北调工程补偿和移民扶持的 1410 万元政策性资金，捆绑使用发展特色产业，投资建成了特种动物养殖场，年收益超过 200 万元。

4. 探索水权股份合作增收模式。东平优质淡水资源丰富，水产养殖面积 8.4 万亩，其中大湖"三网"养殖 3 万亩，是全省水产养殖大县。为做大做强东平湖水产品牌，成功引进浙江海亮集团，实行水面租赁经营，建设东平湖生态养殖基地，推动优势农业向特色农业转变，切实增加资源效益和渔民收入。此外，对集体资产积累较多的村，推动集体置业股份经营。比如，彭集街道后围社区毗邻瑞星集团，集体物业、运输收入较多，成立置业股份合作社，严格遵循依法依规和民主议定原则，合理界定成员身份，按照成员年龄、贡献等因素，将经营性资产量化到成员，作为股份合作与分红的依据，既解决了分配不公问题，又拓展了集体经济发展新路子。

（二）探索解决工作推进中的具体问题

在改革实践中，我们把握的方向一是切实增加农民收入，二是发展壮大集体经济。既要确保农民得大头，让农民受益，又不能将集体资产"分净吃光"，把集体变成"空壳"。在具体实施过程中，清产核资，界定成员、股权设置、资产运营是关键。

1. 合理界定成员。农村集体经济组织成员身份的确定，遵循"依据法律、尊重历史、实事求是、公平合理"的原则。我们主要按照以下方式确定，先确定原始成员，要具备两个条件：一是有本村户籍；二是有二轮土地承包经营权。然后，确定近几年新增成员，主要依据是，与原始成员形成合法婚姻、合法生育人员，并取得了本村户籍。同时规定，成员中，在校大中专学生以及毕业后未取得固定工作的人员，现役义务兵和三级以下士官，正在服刑或劳动教养人员，享受配股权利。在程序上，充分发挥村民自治和民主管理，召开村民代表会议广泛征求意见，每个村按照村情制定各自的成员界定办法，逐人登记造册，进行张榜公示。

2. 科学设置股权。在股权利益分配上，集体股一般不超过 30%，个人股不低于 70%；个人股又分为人口基本股（70%）和劳动贡献股（30%）。根据集体资产资源类型，设置资产股和资源股。资产股一般按人口基本股和劳动贡献股进行分配。资源股主要是集体统一经营的四荒土地和非农建设用地，一般按人口基本股进行量化分配。为促进土地流转规模经营，有的村在资源股中又设置了 A、B 股，把集体统一经营的四荒土地和非农建设用地作为资源 A 股；把确权到户的家庭承包地作为资源 B 股。资源 B 股根据集体经济发展，在需要统一经营土地的项目时，由股东成员凭家庭承包地自愿有偿加入，在确保土地租金收入的前提下，按股分红。

3. 规范股权流转。在改革的初期，农民还难以接受一次配股、永久不变的方式，多数村对成员的增减，实行了 5 年一次调整股权，从而对股权的继承、转让和赠予等流转进行了限制。

4. 强化资产运营。改革后成立的股份经济合作社，在经营管理上，资产资源相对薄弱的合作社，多数由理事会直接经营；资产雄厚的，则在合作社内部设立若干个经营实体，实行企业化运作。目前来看，村集体经济股份合作社的市场主体地位还不够明确，无法同其他独立的企业、专业合作社等经营主体享受同样的信贷政策和社会认可。村集体经济股份合作社法人，既不同于事业法人，也不同于企业法人，是以村域为范围、资产资源为纽带、成员为股东的区域性集体经济组织，应定位于集体经济组织法人。

（三）强化农村集体产权改革配套措施

1. 建立农村集体产权交易平台。按照"小机构、大平台"的原则，2014 年 1 月 3 日，组建了山东省首家县级农村综合产权交易所，搭建产权交易、托管、融资三个平台，将交易范围扩大至农民土地承包经营权、村集体林权、水面滩涂养殖权等农村各类产权，充分发挥申请受理、产权审核、组织交易、产权抵押等窗口职能，优化产权托管、委托评估、司法确认、金融服务四项特色服务，健全县、乡、村三级网络化服务，全县14个乡镇（街道）的村集体"三资"管理中心全部纳入乡级交易平台管理，最大限度地预防和降低交易风险，完成交易57宗，流转土地面积2.13万亩。积极推进农村集体土地承包经营权、养殖水面、林地承包经营权等农村产权抵押贷款，产权抵押26宗，融资金额3384万元。

2. 实施农村金融改革创新。县委、县政府出台了《关于加快推进农村金融改革的实施意见》《关于深入推进涉农资金整合的实施意见》，设立涉农贷款担保和风险补偿基金，组建了涉农贷款担保机构，开展涉农贷款保险业务，建立健全政策性农业保险制度，完善涉农贷款风险分担机制，加大了政银企合作力度。创新农村信贷产品和种类，推广移民补贴、渔船燃油补贴、农机购置补贴等惠农直补资金抵押贷款，推行"助保金"贷款和"政银保合作"贷款等农村金融服务产品。

3. 设立农业产业发展基金。本着资金合规、聚集使用、放大效应、便民利民的原则，在不增加财政负担的情况下，整合财政、农业、移民、扶贫、发改等部门牵头实施的项目资金，形成2200万元的资金池，作为农村产业发展基金。通过招投标确定相关商业银行，放大8—10倍贷款额度，信贷资金达到2亿元，先期支持移民产业发展，后扩大到扶持全县农民群众创业致富。同时，降低了贷款门槛与利率，零存整贷，零存零贷，实现基金规模、效益双赢。

（四）基层政治发展推动农村治理

农村集体产权改革，为基层政治发展奠定了坚实的物质基础和制度基础，进一步促进了农村社会治理，基层基础更加稳固，基层组织更具活力，基层管理更加民主。

1. 集体经济发展实现转型升级。集体产权制度改革激活了农村生产要素，集体的各种资源得到充分利用，集体经济找到了源头活水。一是实现了农民集体合作共赢。土地股份合作社使农民有了"租金＋股金＋薪金"，村集体通过资源入股，为合作社提供组织服务，获得相应的收益分红。二是提高了现代农业发展水平。通过土地股份合作，实现了土地的集中连片，推动了农业规模化、集约化、产业化、专业化经营。截至目前，全县共发展土地股份合作社 54 家，入社农户 7797 户，规模经营土地 4.2 万亩，带动发展现代高效农业示范园区 87 家，规模以上农业龙头企业 152 家。三是激活了生产要素。通过新一轮土地确权颁证，土地产权得到更为明细的划分和保障，广泛吸引了外部资本、管理、技术、人才等各类要素注入，激发了土地效能，实现了生产要素的优化配置和顺畅流转。

2. 基层组织的凝聚力和战斗力明显增强。农村集体组织以各种形式、不同程度地参与到集体产权制度改革，集体经济扭亏为盈，服务水平大幅提升，基层基础得到巩固和加强。一是新型村级组织框架逐步形成。土地股份合作社作为经济组织，专注于经营创收，独立地进行市场活动，村民作为理事还能参与合作社的经营决策，监督集体财产的使用；村级党组织发挥领导核心作用，管方向、管大事、管监督，先进性得到体现，有力推动了服务型基层党组织的创建。二是农村基层管理更加民主。合作社建立健全治理结构，为实现基层民主决策、民主管理、民主监督提供了重要保障。比如，合作社所有基础设施建设项目要经过公开招标，由合作社监事会成员到场监督。合作社财务每季度由监事会审查一次，年终财务决算和分配方案由监事会审核后，提交社员代表大会讨论。三是村级公益事业取得长足进步。村集体按股份分红获得的收益，大部分用于公共事业，村级基础设施日趋完善，服务保障能力大幅提高，村庄环境更加生态文明。

3. 乡村治理机制不断丰富完善。通过发展土地股份合作社，充分调动了农民参与乡村自治的积极性、主动性和创造性，广大群众成为乡村社会治理的重要推动力量。一是农民参与意识明显增强。股份合作社建立起群众和村集体、合作社之间的利益联结关系，村民能够有秩序地参与到合作社的各项事务中来，社员的收益权、管理权、知情权、监督权得到全面保障。二是农村社会更加和谐稳定。一方面，缓解了干群关系。村民参与集体经济的管理、监督和决策，规范了村干部行为，从源头上和制度上遏制了农村基层腐败现象。另一方面，破解了农村养老难题。通过发展土地股份合作社，人人有了自己的股份，农村老人也有了自己的股份收益，获得稳定的收入来源。随着村集体收入的持续增长，进一步整合农村闲置资源，积极争取上级政策，通过新建庭院、改造旧校舍、与村部大楼或卫生室嫁接等途径，建设农村幸福院 200 处，解决了 5000 多名空巢留守老人的养老难题，探索出"离家不离村、离亲不离情"的农村养老新模式，下半年，全国农村养老服务发展现场会将在东平召开。

（五）几点思考

一是农民种粮成本高的问题。农业是弱势产业，投入产出比低。东平县是全国粮食生产县，对国家粮食安全做出了一定贡献。但在推进农村发展中，种植经济作物附加值高，群众更倾向于发展非粮产业，农民种粮积极性有待保护。特别是在完成农村集体产权股份合作后，有利于土地规模经营，有利于提高粮食产量，建议中央继续加大农业基础设施投入，改善农业生产条件，提高农民种粮积极性。

二是集体经济管理体制问题。东平作为东部农业地区，改革后成立的股份经济合作社，不同于一般的企业、专业合作社，其市场主体地位还不够明确，不能享受与其他经营主体同等的信贷政策和社会认可，这一经营主体的法人地位急需明确。建议尽快出台政策法规，以法律的形式给予这一类新型经济合作组织合理的身份，明确其法人地位。集体产权改革后探索建立的经济组织与原有村级自治组织（村"两委"）的关系界定不够清晰。我们在改革初期，由村"两委"代管股份经济合作社的管理运营，随着合作社的不断规范与农村各项改革的深入推进，逐步探索政经分离（村级自治组织与股份经济合作社分开设置）的管理制度，完善法人治理结构，实现农村集体产权股份化、市场化势在必行。

三是集体土地股份合作后增值部分的合法分配问题。推行集体产权股份合作制改革，通过建立合法合理的利益分配机制和风险防范机制，进一步保护村集体和农民的合法权益，促进农村集体经济发展、增加农民的财产性收益。在这一过程中，充分保障农民作为集体经济组织成员的权利，按照一定比例合理分配收益，确保农民的财产权益不受侵害、集体所有权益不受损失。

七 深化产权制度改革 激发农业农村活力①

东平县位于山东省西南部，隶属泰安市，总面积 1343 平方公里，辖

---

① 注：本文为赵德健同志 2015 年 8 月 25 日在贵州召开的全国农村集体产权制度改革座谈会上的发言。

14 个乡镇（街道），总人口 80 万人，其中农业人口 69 万，耕地面积 102 万亩。境内山、水、平原各占 1/3，农业资源十分丰富。近年来，我们深入贯彻落实党的十八届三中、四中全会及中央 1 号文件精神，立足东平实际，大胆探索实践，在确保土地公有制性质不改变、耕地红线不突破、农民利益不受损的前提下，通过积极引导农民入社、农地入股，推动土地经营权规范有序流转和集体经济的有效实现，极大激发了农业农村发展活力。这一做法得到新华社、人民日报、农民日报等主流媒体的广泛关注，入选中国治理创新百佳经验成果。

（一）积极探索农村集体产权制度改革的有效形式

按照中央部署要求，根据东平承担的全国第二批农村改革试验区任务，我们确立了以土地股份合作为重点的集体产权制度改革，着力从集体闲散资源、地权、水权、政策性资金项目等 13 个方面进行改革，初步探索出了农村集体产权改革的路子。

1. 发展"边角经济"增加集体收入。针对村集体经济基础普遍比较薄弱的实际，重点解决无区位优势、无资源优势、无资金技术的"三无"村集体增收问题。工作中，引导村级利用路坎壕边、闲置荒片、房前屋后、边边角角的集体闲散土地资源，通过股份合作的形式，与各类市场主体、群众合作发展种植业或其他经营项目，实现各方共建共赢，形成了村集体"边角经济"增收模式。利用"边角经济"发展村集体经济，村集体投入少、风险小、效益高，不仅能盘活集体闲散土地，又增加集体收入，降低企业（大户）运营成本，较好地破解了薄弱村、空壳村增收的起步难题。这一增收模式得到了省、市领导的充分肯定，并在泰安市集中推广。今年，我们结合乡村文明行动，开展农村存量垃圾集中清理活动，组织各乡镇（街道）清理回收荒片资源，发展"边角经济"增加村集体收入。截至目前，全县共清理荒片 1.1 万亩，村集体收回利用 5000 余亩，通过种植苗木花卉，预计年增加村集体收入 450 万元。

2. 探索土地股份合作增收模式。成立泰安市首家土地股份合作社，引导土地入股、农民入社、活权赋能、合作经营，推进土地股份化、产权资本化、农民组织化、农业产业化。一是搞好确权颁证。我们严格核对二轮土地承包经营权证书，逐户落实农户承包地，做到证、账、簿、地相符。目前，全县716个村（居），除10个社区、15个无地村外，已对669个村、79.7万亩土地完成土地确权登记颁证，分别占比96.8%、92.1%，年底前将全部完成。二是强化市场运营。在股权设定上，引入多元要素，一方面引导农户以土地承包经营权入股合作社，另一方面支持村级的积累资金、"四荒"资源、基础设施以及政策性资金项目等，折股入社，量化资产，实现了集体产权多元化。此外，广泛吸引农村各类新型经营主体，以资金、技术、设施参股经营，优化了合作社股权结构。在经营模式上，大体形成了三种类型：合作经营型，土地股份合作社整合吸纳外部资金、技术和管理，实现合作发展。东平县瑞青土地股份合作社以瑞青玫瑰种植专业合作社为基础，以新型家庭农场为依托，吸引48户、344亩土地入股，带动周边形成千亩玫瑰种植基地。内股外租型，土地股份合作社把土地整体对外租赁，获取稳定租赁收入。梯门镇西沟流村宝泉土地股份合作社将1400亩土地对外租赁给泉灵农场，将分散的山岭薄地连片发展樱桃、石榴、核桃等高效优质林果规模种植，提高了土地产值，每亩平均收益由700元提高到1300元。产业经营型，成立土地股份合作社，基于本地传统优势，培植发展优势主导产业。彭集街道安村，引导全村群众加入安大土地股份合作社，发展粉皮加工、生态养殖、有机蔬菜、食用菌种植四大产业，引进江西正邦集团发展生猪养殖，聘请全国劳动模范王乐义指导冬暖式蔬菜种植，2014年村集体收入突破千万元，农民人均纯收入突破1.7万元。三是按股分享收益。坚持收益共享、按股分红，合作社的收益在按一定比例（大体在20%—30%）提取风险金、公益金后，首先保证土地基本收益，不论是农户土地，还是村集体土地，都确定每亩1000元左右的固定租金，作为保本收益。其次是按股分红，收益剩余部分，根据股权和契约分配，让群众和村集体共享增值收益。

3. 试点农村集体产权改革。东平是全国第二批农村改革试验区，试点农村集体产权股份合作制改革任务。集体产权改革的目的是激活农村生产要素，推动农村集体资产保值增值，增加群众和村集体收入。在总体把握上，坚持以"还权赋能"为核心，明晰所有权、落实成员权、放活经营权、保障收益权，推进农村资产权属明晰化、配置机制市场化、产权要素资本化、管理监督规范化，探索集体产权股份合作有效形式，增加农民和集体收入。目前，全县30个试点村已全面铺开、有序推进。我们始终坚持因地制宜、分类施策，针对各地的发展基础和资产资源禀赋，积极探索行之有效的发展路径。一是立足土地资源优势，推动土地股份合作。对偏远村、经营性收入较少、靠土地吃饭的村，重点发展土地股份合作。接山镇后口头村濒临大汶河，河内有荒地 400 多亩，路旁、沟旁、村庄周边有 200 多亩边角地，这次改革按成员将其平均量化，组建后口头村股份经济合作社，集体统一经营苗木花卉，收入按股分红。二是立足集体资产优势，推动集体置业股份经营。对地处县城、乡镇驻地、工矿企业附近和交通便利的村庄，经营性收入较多的村庄，严格遵循依法依规和民主议定原则，合理界定成员身份，按照成员年龄、贡献等因素，将经营性资产量化到成员，作为股份合作与分红的依据。如彭集街道后围村毗邻瑞星集团，集体物业、运输收入较多，每年的集体福利分配群众都有不少意见，通过股份制改革，股份合作经营，既解决了分配不公问题，又拓展了集体经济发展新路子。三是立足水资源丰富的优势，推动养殖水面合理开发。东平优质淡水资源丰富，水产养殖面积 8.4 万亩，其中大湖"三网"养殖 3 万亩，是全省水产养殖大县。为做大做强东平湖水产品牌，成功引进浙江海亮集团，实行水面养殖使用权租赁经营，建设东平湖生态养殖基地，推动优势农业向特色农业转变，切实增加资源效益和渔民收入。

4. 探索政策性资金股份合作。作为山东省第一移民大县，每年所承接的涉农政策性项目资金 3 亿多元。我们依据各村产业基础和发展特色，将经营性的资金项目转化为经营性资产，通过股权量化将资产确权股份到户，按股分红，推动政策性资金资产化、股权化、长效化，资产收益股民共享。一是项目主导型。对主导产业突出、群众致富能力强的村，整合项目资金，集中力量办大事，建设特色产业项目，对形成的经营性资产股份量化到村集体和农户。老湖镇西三村有多年养殖特种动物的习惯，通过整合南水北调工程补偿和移民扶持政策性资金，投资 1410 万元，建成了特种动物养殖场，年收益超过 200 万元，其中，村集体增收 20 万元。二是入股合作型。对主导产业不突出，群众致富愿望比较强的村，通过引进、培育、发展新型经营主体，再把财政专项资金入股，实现合作发展。接山镇夏谢五村，引进泰安客商建设艾沃生态农场，同时把 30 万元财政专项扶贫资金股份量化到 219 户贫困户，入股艾沃生态农场，贫困户在农场就业的同时，享受资金入股分红，实现了精准扶贫、产业扶贫、就业扶贫。

三是置业分享型。对位置偏远、不适合发展产业的村，整合专项资金，采取异地置业、按股分红的方式，实现集体增收、群众增收。老湖镇前埠子村是无地移民村，通过整合移民后期扶持资金，购买 20 只小游船，入股东平湖旅游公司发展湿地旅游项目，项目收入每年按股分红，在实现资产收益自循环的同时，每年可增加村集体收入 16 万元。

5. 建立农村集体产权交易平台。2014 年 1 月 3 日，组建了山东省首家县级农村综合产权交易所，为农村各类产权交易搭建了平台。按照"小机构、大平台"的原则，以农村综合产权交易中心为载体，搭建产权交易、托管、融资三个平台，将交易范围扩大至农民土地承包经营权、村集体林权、水面滩涂养殖权等农村各类产权，充分发挥申请受理、产权审核、组织交易、产权抵押等窗口职能，优化产权托管、委托评估、司法确认、金融服务四项特色服务，健全县、乡、村三级网络化服务，构建完善的农村综合产权交易市场和服务网络。目前全县 14 个乡镇（街道）的村集体"三资"管理中心全部纳入乡级交易平台管理，最大限度地预防和降低交易风险，完成交易 57 宗，流转土地面积 2.13 万亩。积极推进农村集体土地承包经营权、水面养殖权、林地承包经营权等农村产权抵押贷款，产权抵押融资 26 宗，融资金额 3384 万元。

6. 推进农村金融改革创新。组建涉农贷款担保机构，设立涉农贷款担保和风险补偿基金。实施金融扶贫工程，对贫困户实行贷款无担保、无抵押，对东平湖移民、再就业人员贷款实行财政贴息。开展融资增信试点，建立农业小微企业贷款风险分担和损失补偿机制、农业信贷担保体系，对新型农业经营主体银行贷款利率上浮不得超过基准利率的 30%，并给予年利率 3% 的财政贴息。争取全省新型农村合作金融试点，开展信用互助合作，支持专业合作社发展。依托农村改革试验区，积极探索土地承包经营权、林权、水面养殖权等集体产权抵押贷款，创新农村信贷产品和种类。建立健全政策性农业保险制度，开展粮食种植保险、农产品价格指数保险、涉农贷款保险等业务，完善涉农贷款风险分担机制。推广移民补贴、渔船燃油补贴、农机购置补贴等惠农直补资金抵押贷款，推行"助保金"贷款和"政银保合作"贷款等农村金融服务产品。县委、县政府出台了《关于推进农村信用体系建设加快创建金融安全区的意见》，推行诚信红榜和失信黑榜"两单"制，对诚信者激励、失信者惩戒，着力构建起政府主导、金融参与、部门配合、多方联动、合力共建、合作共赢的金融生态环境。

（二）农村集体产权制度改革推动了农村发展，促进了农村治理

农村集体产权改革，为经济发展注入了活力，为基层政治奠定了物质基础，为农业农村发展带来了新的变化。

1. 集体经济发展实现转型升级。一是实现了农民集体合作共赢。土地股份合作社使农民有了"租金＋股金＋薪金"，村集体通过资源入股，为合作社提供组织服务，获得相应的收益分红。银山镇南堂子村全体村民入股，发展旅游观光农业，新建果园 620 亩，安置本村闲散劳动力 200 余人，村集体增收 50 多万元，村民人均增收 1000 元，由薄弱村跃升为经济强村。截至目前，全县 417 个薄弱村已全部转化。二是提高了现代农业发展水平。通过土地股份合作，实现了土地的集中连片，推动了农业规模化、集约化、产业化、专业化经营。截至目前，全县共发展土地股份合作社 54 家，入社农户 7797 户，规模经营土地 4.2 万亩，带动发展现代高效农业示范园区 87 家，规模以上农业龙头企业 152 家。三是激活了生产要素。通过新一轮土地确权颁证，土地产权更加清晰明确，吸引外部资本、管理、技术、人才等各类要素注入，激发了土地效能，实现了生产要素的优化配置和顺畅流转。

2. 基层组织的凝聚力和战斗力明显增强。一是新型村级组织框架逐步形成。土地股份合作社作为经济组织，专注于市场经营，独立地进行市场活动，村民作为理事还能参与合作社的经营决策，监督集体财产的使用；村级党组织发挥领导核心作用，管方向、管大事、管监督，先进性得到体现，有力推动了服务型基层党组织的创建。二是农村基层管理更加民主。合作社建立健全治理结构，为实现基层民主决策、民主管理、民主监督提供了重要保障。比如，合作社所有基础设施建设项目要经过公开招标，由合作社监事会成员到场监督。合作社财务每季度由监事会审查一次，年终财务决算和分配方案由监事会审核后，提交社员代表大会讨论。三是村级公益事业取得长足进步。村集体按股份分红获得的收益，大部分用于公共事业，村级基础设施日趋完善，服务保障能力大幅提高，村庄环境更加生态文明。沙河站镇

前河涯村，投资 260 万元，对全村街道进行硬化、绿化、亮化，为每户村民免费安装太阳能热水器，为老干部、军烈属、老党员、困难党员和群众发放过节费，建起幸福院、文化广场、老年活动中心，群众满意度不断提升。

3. 乡村治理机制不断丰富完善。通过发展土地股份合作社，充分调动了农民参与乡村自治的积极性、主动性和创造性，广大群众成为乡村社会治理的重要推动力量。一是农民参与意识明显增强。股份合作社建立起群众和村集体、合作社之间的利益联接关系，村民能够有秩序地参与到合作社的各项事务中来，社员的收益权、管理权、知情权、监督权得到全面保障。二是农村社会更加和谐稳定。一方面，缓解了干群关系。村民参与集体经济的管理、监督和决策，规范了村干部行为，从源头上和制度上遏制了农村基层腐败现象。另一方面，破解了农村养老难题。通过发展土地股份合作社，人人有了自己的股份，农村老人也有了自己的股份收益，获得稳定的收入来源。

（三）几点想法

一是制度设计与群众约定的问题。由于对列入改革的资产范围、股权设置管理、集体组织成员界定、成员农龄计算、组织外成员参与集体产权经营等没有明确的规定，在推进改革过程中，往往是按照群众约定俗成，尊重群众意见，导致各村做法不一。建议中央推动立法改革，出台农村集体经济组织条例，对相关问题出台明确意见，增强改革针对性和可操作性。

二是土地经营非粮化倾向问题。在推进集体产权制度改革过程中，为保障群众利益，往往给予农户较高的租金和利益分红，仅靠单纯的粮食种植效益难以满足需求，导致土地股份合作组织更加倾向种植更高价值的经济作物。建议中央继续加大对粮食主产区政策扶持，同时在粮食集约经营方面出台指导意见，支持新型农业经营主体开展政策、科技、人才、资金等生产要素集成创新，稳定粮食种植面积。

三是农村金融问题。由于农业生产周期长、受自然因素影响大、缺乏有效抵押物等原因，导致农村信贷支持不够。建议从国家涉农层面加大对农村金融支持力度，一是出台相关规定，县及县以下国有涉农金融机构要将当地吸收的存款全部或绝大部分用于支持当地农业农村发展。二是加大农村信贷抵押创新力度，扩大可转让股权、土地经营权、大型农用设备等抵押物，在改革试验区建立农村政策性涉农担保机构，建立土地经营权再流转平台，扩大政策性农业保险范围等，切实解决农村金融政策落地难的问题。

八　东平县积极探索后发农区集体产权制度改革新路子①

东平县是传统农区县，针对空壳村多、村集体积累少，土地资源相对丰富、分散经营效益低的实际，我们主要在以下方面进行了改革探索。

一是土地股份合作：农民入社，土地入股，联股联心，合作生金。东平县有耕地 102 万亩，村集体"四荒" 14 万亩，但村集体经济薄弱，2011 年空壳村占全县半数以上。我们把土地作为改革核心要素，探索土地股份合作的路子。在股权设置上，设置资源 A、B 股，A 股为集体配置股，即集体"四荒"与村内"荒片"；B 股为个人股，即自愿有偿入股的农户承包地。在经营模式上，主要有三种类型，即引入外部资金、技术和管理，打造新型经营主体的合作经营型；土地整合租赁，实现规模种植，获取稳定租赁收入的内股外租型；自主培育产业的产业经营型。在合作方式上，一方面，引导村级积累资金、厂房机械、"四荒"资源、边角土地等折股入社，实现集体产权多元化；另一方面，吸引各类新型经营主体以资金、技术、设施参股经营，优化股权结构。在分配方式上，坚持收益共享、按股分红，实行"保本收益＋分红"方式，让群众和村集体共享增值收益。目前，已发展土地股份合作社 55 家，全县 417 个空壳村已全部转化。

二是扶持资金股份化：扶财扶物不如扶股，以钱生钱脱贫有路。东平是山东省第一移民大县，库区移民 24.5 万人，每年各级财政扶持资金 3 亿多元。为破解扶持资金分散使用效益低、平均到户发力弱的困

① 本文为东平县 2015 年 12 月 24 日在北京召开的全国农村改革试验区工作交流会上的交流材料。

局，我们探索扶持资金股份化，确权到人，股权到户，股利共享。主要有三种类型：一是自主经营型，对班子强、有产业的村，建设种、养、加特色园区，自主经营；二是合作经营型，对有资源、有条件但经营能力不足的村，引入工商资本参股，发展新型经营主体；三是委托经营型，对无资源无条件的村，异地参股或置业，借力发展。今年引导全县100个重点扶贫村开展扶持资金股份化试点，实现精准扶贫、产业扶贫、就业扶贫。

三是成方连片抓扶贫：村居合，政经分，进园区，变股民。东平是全国大中型水库移民避险解困工程试点县，计划用三年时间，规划建设16个社区安置点、30个特色产业园区，彻底解决54个村、4.6万无地移民安居和生产生活问题，目前一期工程已近完工。借此机遇，将社区建设与产权改革同步推进，一方面，撤村并居，整体搬迁，成立社区配套组织，管理社会事务。另一方面，对原村集体资产进行清产核资，股权量化，组建社区股份经济合作社，农民入社变股民，实现人进社区，业进园区，成方连片，整体脱贫。

我县改革还处在初步探索阶段，有些问题还需要进一步解决，如因粮食价格低带来的合作社运营问题，扶持资金整合问题，金融配套跟进问题，风险防范问题等。

九　以钱生钱：政策性资金股份运作之路[①]
——基于山东省东平县的调查与启示

近年来，伴随国家各项惠农政策的出台，大量政策性资金如扶贫资金、移民资金、综合开发资金等流向农村。然而，政策性资金往往采用"分散使用，平均到户"的使用方式，使得资金只能起到一时之效，难以实现长效之功。为破解政策性资金使用效益低、资金发力弱、效能难持久的困局，山东省东平县积极探索政策性资金股份化的有效途径，充分激发政策性资金"以钱生钱"的资金潜力。其主要做法是：整合政策性资金

① 注：本文作者孔浩、陶明强，刊于华中师范大学中国农村研究院《中农简报》2015年第24期（总第286期），中央农村工作领导小组副组长兼办公室主任陈锡文作出批示。

形成经营性资产，依靠市场化经营壮大资产，通过股权量化方式将政策性资金所形成的资产确权分股到户，形成资产收益共享的新局面。东平县整合政策性资金形成股份化资产的实践探索，使政策性资金投入由"续命血"变为"造血髓"，有效推动农村产业发展、农民持续增收。

（一）数额大，难起效：政策性资金股份化缘何而来

近年来，国家不断加大支农惠农力度，各项政策性资金不断向农村地区投放。但在政策性资金的使用过程中，却存在资金投入大和持续收益低的悖论，政策性资金的使用方式亟待调整。

1. 资金数额总量大

作为山东省移民第一大县和经济水平较不发达的县市，东平县所承接惠农支农政策性资金种类繁多、数目庞大。其中，县扶贫办 2011—2014年先后承接各级扶贫资金 2809.4 万元，县南水北调办累计承接南水北调专项政策资金 4.8 亿元。东平县每年向农村投放的政策性资金同样数额巨大。仅 2014 年，东平县财政局用于涉农领域政策性支出金额就达 1.4 亿元。数额巨大的政策性资金为形成股份化资产奠定了资金基础。

2. 资金投放分散化

由于政策性资金来源于不同的归口部门，因此数额巨大的政策性资金在投放时普遍存在分散化的问题。一是单笔政策性资金使用分散，遍地"撒胡椒面"。例如，在东平湖移民迁居安置过程中，各类专项政策性资金大多直接发放到移民户手中，难以形成规模效应推动移民新村建成后的产业发展。二是不同归口的政策性资金使用分散，无法形成规模效应。例如，东平县水利局将所承接的政策性资金主要用于农田水利基础设施的建设，而农业综合开发办公室所承接的惠农资金也大多投向农田基础设施，二者用途有所交叉，但未能实现合理规划、有效整合、打捆使用，无法形成"集中力量办大事"的功效，导致资金使用效能低下。

3. 资金持续发力弱

与此同时，在政策性资金投放使用上，普遍存在持续发力弱的状况。一是重发放轻投资，导致资金无处发力。以往政策性资金的使用，往往是一次性发放的"续命血"，无法帮助农户实现产业发展，真正脱贫致富。二是重建设轻管理，导致资金无法发力。部分政策性资金形成资产后，管

理经营权转交到村庄，政策性资金归口部门缺乏对资产经营的有效监管，致使部分资产闲置乃至流失，无法促进农村发展、农民增收。

（二）建资产，分红利：政策性资金股份化如何运作

东平县依据农村产业发展实际，积极整合政策性资金形成经营性资产，通过市场化经营实现资产保值增值，同时，将资产进行确股量化到农户个体以明确收益主体，按股分配收益分红使农民真正受益。

1. 立足产业特色，实现资金资产化

东平县针对辖区内各地区农村产业特色，通过整合政策性资金，因地制宜投资形成经营性资产，推动政策性资金的资产化。一是整合不同归口部门的政策性资金，使资金发挥规模效应。东平县老湖镇西三村为东平湖区移民搬迁村，在移民搬迁过程中，该村整合南水北调办公室投入的1200万元以及移民局划拨的210万元款项，转变原有分摊到户的使用方式为资金打捆使用进行产业发展。二是形成经营性资产，发展特色产业。西三村借助整合的1410余万元资金投资建成了特种动物养殖厂，年收益超过二百万元。通过整合政策性资金发展特色产业，使得分散的政策性资金集聚起来发挥了巨大作用。

2. 联合企业大户，实现经营市场化

要使政策性资金所形成的资产真正保值增值，需要引进资本、技术、管理资源，依靠市场化、专业化经营手段，实现生产营收、资产增值。对此，东平县积极探索政策性资产经营的有效路径，一是与企业大户合作，以政策性资金形成的资产入股合伙经营。老湖镇王台村通过整合库区移民资金，投资建设厂房并购买相关设备，注册成立了东平盛辉五金工具有限公司，而后村集体以这部分厂房、设备入股，与泰安市九鑫机械工具厂合作进行扳手加工。二是引入现代企业制度，进行市场化运作。依靠九鑫机械工具厂所具备的管理经验和市场资源，王台村的扳手加工产业发展状况良好，并取得了可观的市场收益。仅2014年，扳手厂就为村集体创收49万元，同时还解决了本村40余名闲置劳动力的就业问题，使本村农民可以就地务工。

3. 界定股权利权，实现产权明晰化

在推进政策性资金形成股权资产的过程中，东平县从产权关系入手，以明晰的产权权属关系界定资产占有关系、确定收益分红配额。东平县在全县范围内推进以"集体所有、统一经营、民主管理、股份量化"为核心的集体产权制度改革，其目的便在于明确集体资产占有情况，明晰集体资产产权关系。首先，各村对村集体资产资源进行清产核资，明确集体资源、资产总量；其次，通过民主形式确定集体经济组织成员资格，划定"股民"范围；最后，按照基本股与贡献股相结合的方式进行配股，一般而言，入村时间较长的农户对村庄发展贡献更大，故所享有的股份更多。通过这一流程，使得集体资产产权确定到每位农户，股权、利权更加明晰。

4. 实施按股分配，实现收益均享化

在股份化资产的收益分红环节，东平县注重按照股权与利权一致的原则进行资产收益分配。首先，制定经营章程，确保有章可依。接山镇后口头村制定了全县第一部村集体股份经济合作经营章程，对政策性资金所形成资产的经营办法、分配方式、监管模式进行了明确规定。其次，实施民主监管，保障股民权益。各村由股民代表选出资产管理监事会负责监督资产经营，定期向股民报告资产经营情况，切实确保股民的合法权益不被侵占。再次，依据人员变化，调整股民资格。由于集体经济组织成员资格会随婚丧嫁娶、人口出生发生变化，因此股民范围按"增人增股，减人减股"的原则进行5年一次的调整，保证集体经济组织成员能够分享集体收益。

（三）保存量，提增量：政策性资金股份化运行成效

东平县所进行的政策性资金形成股份化资产的探索，使得政策性资金在保证存量的基础上产生了更大的收益，激发了产业活力、盘活了资金总量、延长了惠农时效、累积了产出效用。

1. 激发政策性资金活力：由"续命血"到"造血髓"

以往政策性资金往往是解一时之困，续一时之命，无法真正做到扶贫、强民、富村的作用。政策性资金形成股份化资产，真正激发了资金的活力，使得政策性资金功用实现了由"续命血"到"造血髓"的转变，项目建设保证后续有可用资源。因地制宜形成特色产业，使得政策性资金转换为固定性资产，可以长效使用。与此同时，市场运作保证资金后续收

益。梯门镇西瓦庄村村民杜延忠，身患残疾，收入十分微薄，每年下发扶贫资金及伤残补助不足以使他脱离贫困，而后通过政策性资金的使用，杜延忠得以有起步资金开展供香加工生意，现年收入达 3.6 万元，较好地实现了脱贫致富。

2. 盘活政策性资金总量：由"一杯羹"到"积沙塔"

"单打独斗不能成气候，抱团发展才能大进步"。东平县在政策性资金投放使用上，注重资金资源整合利用，使得原本分散到户的资金整合为一个资金集合，实现了资金的集群效应，从而盘活了资金的总量，并通过收益投入再生产积累更多的生产资料，壮大经营规模。新湖镇唐楼村属于省级贫困村，原采用的就是单一、分散、短期的扶贫开发模式。后来，该村整合上级下拨的政策性资金，发展绿化苗木繁殖项目，采取股份合作制生产经营模式，将上级政策性资金直接转化为苗木与化肥，农户以这部分生产资料入股，交给有资金、懂技术、会经营的生产大户，最终建立起花卉苗木基地，双方年终按股权占比进行收益分红。贫困户获得了"土地租金＋务工收入＋股金分红"的三重收入，村民收益可以进一步购买农资进行入股，原本只是"一杯羹"的扶贫资金成为了实现持续增收的"积沙塔"。

3. 延长政策性资金时效：由"一次性"到"自循环"

以往政策性资金的使用存在持续发力弱的问题，政策性资金形成股份化资产之后，实现了资金惠农时效的延长。资产经营带来的收益还可以进一步转化成生产要素，壮大资产规模，实现资产收益转为生产资料的"自循环"。首先，资金形成股本之后可多次使用。由于资金股份化使用后有一定的使用期限，而且很多产业发展也有一定的周期性，这也就保证了资金的长期化与重复使用性。其次，原股的收益可再次入股，进而形成新的股份。收益可转为股份，这从某种程度上就实现了资本的再循环过程，真正做到了"自循环"。老湖镇前埠子村属无地移民村，原来每年每人补助移民款项 600 元，一次性发放的补助仅能用作生活开支。2012 年该村通过民主程序决定整合当年的移民资金进行游船项目开发，第一年便分到了 4 万元的利润。现年 62 岁的村支书宋朝元表示"在村里干了几十年，上级政府从来没有像现在这样支持过产业发展，钱的效用也没有发挥得这么大，我干起来也特别有激情。"

4. 累积政策性资金效用：由"雪中炭"到"锦上花"

东平县运用政策性资金形成的股份化资产，大多当年就产生了收益，促进了农户脱贫，而且还能够在农民脱贫之后推动农民致富，长效化的收益真正实现了惠农资金由"雪中送炭"到"锦上添花"的转变。东平县加大对可经营性基础设施和可促进当地产业发展项目的投资力度，从而推动涉农产业链不断延长，项目持续升级改造政策性资金的使用，也让部分原本初具规模的产业得以进一步发展壮大。位于戴庙镇宋圈村最初成立了泰禾食用菌专业合作社发展食用菌产业，通过政策性资金的不断注入，该合作社发展规模不断壮大，而后以合作社为基础成立了山东泰禾农业开发有限公司，进而带动周边县区食用菌种植企业 26 家，使 2820 余户菇农得到了可喜的收益，为促进当地食用菌产业发展，实现强村富农做出贡献。

（四）重产权，谋发展：政策性资金股份化的启示思考

1. 整合资金发展产业是政策性资金股份化的必要前提

东平县依托政策性资金形成股份化集体资产的实践深刻说明，依据农村产业发展实际，整合政策性资金形成经营性资产，是政策性资金充分使用的有效途径，更是形成股份化资产进行收益分红的必要前提。这就要求，一是要创新政策性资金的使用途径。分散化的政策性资金使用方式无法实现惠农作用长效化，东平实践说明，注重整合政策性资金形成集聚效应有利于实现农村产业发展、农民持续增收。二是要因地制宜发展产业。东平县运用政策性资金投资资产有着严格的审批程序，先是村庄根据本村产业特色与产业基础申报项目，随后资金归口部门实地调研评估可行性，审查通过方可进行资金投资。这说明，要因地制宜发展适合农村实际的特色产业，才能够真正发挥政策性资金的酵母作用，才能进一步壮大农村产业发展。

2. 借助市场科学经营是政策性资金股份化的盈利基础

政策性资金所形成的集体资产要想取得收益，就必须要借助市场的力量，通过科学的管理手段进行市场经营运作。这就要求，一是要将村两委组织的行政服务职能和集体资产的经营管理职能分开，通过成立资产管理公司或集体经济合作社的方式进行专业化经营，甚至可以引入职业经理人负责经营，切实提升资产经营能力。二是要积极借助市场力量，顺应市场

经济发展要求，引入外部合作力量，使集体资产运营获得更多资金、管理、技术支持。三是要合理规避风险，保证长期收益，政策性资金所形成的经营性资产具有"收益共享，风险共担"的特征，为了避免集体资产经营不善导致出现恶性债务，需更加注重经营风险的规避。接山镇后口头村成立了集体经济股份合作社，聘请专人经营股份化的集体资产，并在年度收益中提取 10% 的风险金留作发展备用与风险规避，村内集体经济发展蒸蒸日上。

3. 量化资产明晰产权是政策性资金股份化的重要环节

东平县所探索的政策性资金形成经营性资产并进行股份化经营道路，其最大的特色便在于将集体资产清产核资之后确权到每一位集体经济组织成员头上，使得收益能够真正惠民、利民，做到农民增收、集体创收、资本增值。东平实践的启示在于：一是要明晰集体资产的所有权。农民以股份形式持有集体资产份额，成为享有集体资产的"股东"，确保了集体资产的所有权属于本村集体经济组织成员，在客观上避免了集体资产的流失。二是要明晰集体资产的收益权。要通过民主程序明确资产收益分配原则，切实保证股民的合法收益不被侵占。同时还应注意应留出部分收益投入再生产，以进一步扩大产业规模。三是明晰集体资产的管理权。政策性资金投资所形成的集体资产需要具有较强经营能力的村民或经理人负责经营，因此应把握好民主决策与专业化经营的关系，集体资产的经营既要符合市场规律，又要充分体现股民意志，保障其经济利益不受侵犯。

十 向着幸福前进：第三种养老模式的新探索[①]
——基于山东省东平县幸福院养老的调查与思考

《国务院关于加快发展养老服务业的若干意见》中指出，我国以居家为基础、社区为依托、机构为支撑的养老服务体系已初步建立，城市社区的养老问题基本解决。然而，农村的养老体系始终不够健全，农村留守、空巢、独居老人的生活照料和精神慰藉等问题长期被忽略。可以说，农村

---

① 注：本文作者李晓群，李博阳，刊于华中师范大学中国农村研究院《中农简报》2015年第 28 期（总第 290 期），中央农村工作领导小组副组长兼办公室主任陈锡文作出批示。

养老陷入了"政府管不了、儿女养不好、机构建不起"的困境。为改变农村养老的现状，山东省东平县积极探索农村养老新模式，开拓出了"村居养老、互助养老、幸福养老"的养老新路子，即通过以村庄单元兴院落，以民主管理助参与，以文化相连促互动，从而打造村居养老的生活共同体、精神共同体和文化共同体。东平县幸福院养老模式既保障了农村老人"老有所养、老有所属、老有所乐"，亦弥补了传统养老体系的断层，掀起了发展养老服务业的蝴蝶效应。

（一）农村养老小变化暗藏社会发展大问题

随着工业化、城镇化、农业现代化推进，农民生产生活方式发生了根本变化，农村养老已陷入政府管理力不从心、儿女赡养力有不逮、体系保障鞭长莫及的状况。

1. 人口老龄日益加剧，统合困难政府管不了

截至至 2014 年，东平县 79.6 万人口中 60 岁以上的老人已有 14.6 万，老龄化人口比例已达 18.3%，预计到 2015 年老年人口占比将达到 21% 以上，农村养老成为亟待解决的问题。然而现实中，一方面，机构养老兴建困难。一间普通规模敬老院的建设需要数百万资金投入，建设完成后养老费用每月也在 2000 元左右，对于农村而言门槛过高。另一方面，农村老人观念难以改变。受"养儿防老"的观念影响，老人们普遍认为儿女赡养才有面子。吴玉彬老人说"住养老院感觉脸上挂不住。"养老机构如何建设，农村老人如何"引出门"，社会力量怎么发挥，这三大难题使得政府扶持显得"有心无力"。

2. 空巢现象渐趋严重，三重压力儿女养不好

随着城镇化进程加速，农民工大量外出务工，农村空巢现象日益严重，空巢老人赡养问题陷入困局。一是外出子女生活负担重。受到我国计划生育政策和城镇化进城务工流的影响，东平县很多家庭呈现 4—2—1 的模式。而青年一代外出务工收入有限，在城市生活、抚养子女与赡养父母三方压力下显得自顾不暇。二是农村老人经济来源少。东平县城镇化的进程中，老人家中普遍缺乏耕地；部分有耕地的老人大多数年事已高，丧失了劳动能力，而农村老年人只有每月 60 元的养老金，入难敷出。三是老人照料看护难及时。儿女长期在外，对老人的日常照顾难免存在疏漏。董

堂村一户空巢家庭中就曾发生过两位老人双双煤气中毒去世，几日后才被发现的惨痛事故。同时，因代际差距存在，对老人的精神慰藉亦难以到位。这种"事故压力"与"精神压力"不仅让老人生活紧张，亦加重了儿女的养老负担。

3. 传统养老存在真空，机构缺失老人无人理

传统养老以家庭养老为主，新兴的敬老院、养老院式虽在一定程度上弥补了养老机构的空白，但两者都存在一定局限性。一方面，家庭养老功能弱化。子女过多，易造成子女间相互推诿，不愿承担赡养责任的"搭便车"现象，造成老人离群索居，晚年凄凉。另一方面，机构养老作用有限。敬老院负责接收家庭经济困难的老人，而养老院每月养老费用对于农村而言过高，老人普遍说"住不起"。对于有家庭收入而收入不高的农村老人而言，机构养老成为空口言，共同的生活平台耽于幻想。

（二）院落养老小探索推动养老服务大迈进

以村级为单位，以活动为载体，以互助为方式，东平县幸福院养老培育了养老公共空间，构建起了新型养老生活共同体、文化共同体、精神共同体。

1. 建院落，构建生活共同体

为破解农村老人共同生活平台缺乏的困境，东平县激活旧有公共空间，营造新的生活空间，让老人在交往中熟悉，在熟悉中深化共识，形成院落养老认同感。一是搭建设施平台，将村民"引出门"。东平县以"政府推动、村级主办"为宗旨，建立了文化广场、添置健身器材并搭建了日间照料中心，为全村的老人提供了生活交流的共同平台。前河涯村购置了音响设备后，每天下午在广场播放音乐，吸引了周边许多居家老人一起跳广场舞。二是构筑生活场所，让老人"住下来"。根据实际情况，各个村庄因村制宜，或是新建幸福院，或是改造旧校舍，或是与村部大楼、卫生室等嫁接，采取不同形式建立幸福院，通过提供足够的居住空间、充分的硬件设备和适量的服务人员，为老人提供不低于一般的生活条件，让老人乐意居住，住得开心。三是做好安全保障，使老人"安下心"，即定期开展安全检查，确保院落设施安全；定期组织免费检查，为老人们建立健康档案，保证日常健康；村干部昼夜安排无偿值班，以防意外发生。

2. 兴活动，构建文化共同体

以活动为依托，幸福院增强了老人与老人、老人与村落的互动交流，重构了老年人的公共生活，形成了文化养老的新氛围。一是保障生产自由，聚合传统农耕村民。每间幸福院都分别规划两亩以上保障田，让老人在劳动中活动筋骨，增强体质，自给自足，充实生活。后魏雪村郑昌华边给白菜地浇水边介绍："过去家里没地了，没事儿做心里空落落的。现在在幸福院里能种种菜，和大家一起吃，感觉很满足。"二是借力文娱活动，激活院民沟通参与。以趣缘为向导，老人们一起读书看报、谈心交流、下棋打牌，自娱自乐，增强了内部互动，亦组结起了情感纽带。90岁的胡奶奶说："这里当然好啊，隔天大家打打牌，很是开心。"三是鼓励互学教育，构建老年增值空间。充分利用每位老人历练优势，创办老年人兴趣课堂，如吴承淼院长原为书法家协会会员，利用空闲时间开设书法课堂，充分实现自身价值，亦让老年人寓乐于教、寓乐于学，老有所乐、老有所学。

3. 促互助，构建精神共同体

幸福院养老通过鼓励老人自治服务，社会互动共治，增强了老人们的主人意识，亦调动了社会积极性，增强了老人们的主人翁意识与整体村庄认同。具体包含：一是老人守望相助，获取精神需要感。老人之间自我服务，年龄小的照顾年龄大的，身体好的照顾身体弱的，腿脚好的做保洁，厨艺好的做炊事，解除了无人照顾之忧，每位老人亦能在互助中找到存在感与归属感。后魏雪村负责为全院老人做饭的吴婆婆说"看着大家开心，感觉到我们还有用，我们很愿意做。"二是院落自治共管，增强院落归属感。各院通过选举产生院民代表、保洁小组、炊事小组、矛盾化解小组、监督小组，引导院民参与院治理进程中。前河涯幸福院曾因每人饭量不同而缴费统一产生过分歧，但通过院民大会民主讨论，达成"吃得多多干活，吃得少少干活"的共识。三是村落齐力扶助，形成村级凝聚力。村委会组织部分赋闲在家的村民，以及入住老人子女轮流到幸福院帮工并予以一定的奖励，充分发挥村部的资源与力量，亦唤起了村庄整体的养老意识与责任意识。"挺放心的，村里大家都照顾着，我都挺久没来了"，韩星芬老人的媳妇说道。

（三）村居养老小突破弥补养老体系大断层

东平县在建设幸福院的过程中不仅解决了农村养老的难题，也弥合了农村养老体系的断层，更为我国乡村治理增效增能。

1. 变"赡养"为"善养"：农村养老后顾无忧

单一交由家庭赡养或者社会养老都面临着养老不到位的缺陷，而幸福院养老则化解了农村养老的后顾之忧。具体而言：一是解决了老人参与难的问题。由于离村近、离家近，老人们不再感觉到被疏远、被嫌弃，而以更加积极的姿态参加到幸福院中。在尚流泽村的幸福院中便时常有邻村的老人过来参与活动。二是破解了养老照料难的问题。通过协议式入住，老人们同住、同吃、同劳动，实现了老人互相照料；通过村委——院治小组——互助会三级组织，各单位共同参与进幸福院养老中，实现了村院共同照料，安全养老。三是填补了无精神慰藉的空白。在村落这样的熟人社会中，每位老人有着共同的乡音、乡情、乡俗，交流更为频繁，相处更为融洽，互动更为密切，组建起了新型精神共同体。如刘少芬老人表示，"来到这里一天天的时间都过得很快，可是充实！"

2. 变"高耗"为"高效"：养老体系补充完备

目前在我国的养老服务体系中独居、空巢、高龄老人的农村养老看护处于盲点区域，幸福院养老模式则弥补这一缺口。其一是建设门槛更贴实际。一家拥有50床位的养老服务中心一次性建设成本高达500万元，而同比下农村幸福院建设成本只有20万—30万元。而通过调动政府、集体、社会各方面的力量，农村幸福院的入住成本亦下降，大部分幸福院老人只需要缴纳150至200元便可入住，更符合农村实际。其二是服务范围更为广泛。规划建设幸福院的同时，各村庄亦建立起农村日间照料中心，将独居、空巢、高龄老人一并纳入服务范围，有效地解决了老人无人管、无处去的问题。以尚流泽村为例，幸福院最多时一日同时容纳70位老人，将近五分之一的村中老人在院中活动交流。其三是设施利用更高效。以往村部、卫生室以及相关设施的建设，由于地形区域限制，往往只能辐射小部分区域，而设施的管护亦难到位易造成资源浪费。而幸福院集中居住，共同看管，保证设备建设好、利用好、看护好。后魏雪村村支书郑昌华说"村部大楼太大了也用不着，现在建了幸福院，我们可以帮忙照顾老人，也利用好了我们的大楼，一举两得。"

3. 变"单管"为"共治"：乡村治理提档升级

过去农村养老方式单一，治理手段传统低效，不利于农村稳定与发展。而幸福院养老实践既解决了农村隐患，亦推动了乡村治理能力实现蜕变。首先，缓和了代际矛盾，促进了社会和谐稳定。子女只需承担少量费用，既能尽到孝道，避免家庭矛盾纠纷，也能让父母安享晚年，减少老人猝死等恶性事件的发生。张九苓老人在入住前曾因吃饭问题引起婆媳关系紧张，而入住幸福院后儿媳关系得到了改善，儿媳还经常为老人添衣问暖。其次，调动了多方参与，推进了合作共治。由于农村养老与村民息息相关，在幸福院建设中有效利用了政府资源，充分发挥了村级单位的积极性与创造性，同时亦调动了社会组织的力量以及老人的互助力量参与农村社会治理的进程当中，实现了社会多方力量的有效融合、互动共治。

（四）幸福养老小改革创造农村养老大经验

东平县幸福院养老的实践，不仅打通了农村养老"最后一公里"，更为全国养老提供了"农村善养"的模板经验。

1. 多方参与，合力共建是建设幸福院的必要条件

当前我国老年人口数量特别是高龄老年人口数量快速增长，使得社会养老资源愈显不足。若继续由单一的政府承担农村养老责任，不仅成本过高难以实行，而且范围过大难以养好。而单一交由社会与市场，农村居民又容易陷入难以入住、难以参与的困境。而东平县幸福院的建设中，通过政府主导、村级主办、社会参与、自治服务、民政监督的多方力量参与，化解了政府无法负担、市场运转不好的两难问题。可见，多元力量牵引是搭建农村幸福院的必要条件。

2. 构建养老共同体是解决养老难题的关键

社会共同体是人们在共同认同基础上形成的社会组织形式。传统农村是建立在熟人社会基础上的共同体。而随着农民务工潮加快，空巢老人常常处于原子化、个体化养老状态中，老人不愿离家、不愿离村。以相同的文化背景为纽带，借助地缘、趣缘、血缘，东平县建院落，办活动，激活了村民的"熟人文化"纽带，将村民"引出门"，让老人们在参与中享受服务、在服务中参与自治、在自治中增强认同，最终培育起了养老共

同体。

3. 优化养老效力需以同铸共治为路径

幸福院能有效持续地运转，关键在于其实行了规范充分的民主化管理。大到幸福院的建设、设施的建设、院民的入住以及补贴的发放都将在村民代表大会上民主表决、协商讨论并张榜公示，而小到院落怎么管、院民吃什么、院民做什么亦将在院落例会上统一讨论、集体发言。幸福院的一事一议都将老人作为主体，通过民主程序进行，充分尊重每位老人的独立想法，从而规避了隐形的矛盾，减少了管理成本，保障了院落运作优化升级、长效持续。

4. 幸福院养老新模式是农村养老体系的有力补充

2015 年的中央一号文件明确指出要"提升农村公共服务水平。支持建设多种农村养老服务和文化体育设施。"但如何真正解决农村养老问题仍需要寻找有效方法。单一通过"落实统一的城乡居民基本养老保险制度"或者提高养老金补贴标准恐难解决养老机构缺失与老人精神孤独的问题。而在东平县幸福院的建设过程中，将"村情"与"亲情"相结合，推行村居养老、互助养老、精神养老，构建养老共同体，不仅补充了传统家庭养老与机构养老的不足，更能让老人在养老中离家而不失所，离亲而不孤立。

十一　"空巢"变"暖巢"：幸福院养老运行机制探索[①]
——山东省东平县"村居养老"新模式的主要做法

目前，我国正在加速进入老龄化社会，尤其在农村地区更是面临着老龄化规模较大，留守、空巢、独居现象突显，家庭养老功能相对薄弱等难题，严重阻碍了我国新农村建设的持续发展。为了应对这一难题，山东省东平县从 2013 年起以"老人开心、子女安心、政府放心"为目标，以"政府推动、村级主办、互助服务、社会参与、民政监督"为原则，探索出了一条符合县情、乡情、村情的"村居养老"新模式，让"空巢"变

---

　　① 注：本文作者王珊珊，刊于华中师范大学中国农村研究院《中农简报》2015 年第 29 期（总第 301 期），中央农村工作领导小组副组长兼办公室主任陈锡文作出批示。

"暖巢",对于探索解决我国城乡养老问题,具有积极的借鉴和推广意义。

(一)参与养老,以小投入缓解养老大压力

针对农村老人生活照料和精神慰藉成为了"老人忧心、子女揪心、政府担心"这一现状,东平县政府把农村养老作为民心工程、德政工程来抓。坚持"三方"联动融资,激活政府、集体和社会多方面的活力,聚集多方面资源,合力共建平台。

1. 以"政府推动"为先导,顶层推动。一是强化工作责任。县里先后出台了《关于加快社会养老服务体系建议的意见》《关于推进农村互助养老院建设的实施意见》《东平县农村幸福院建设和管理实施办法》等文件,明确了民政、财政等22个部门的工作责任。二是建立帮扶机制。实行县直部门帮扶制度。每个县直部门要联系一家农村幸福院,主动在规划建设、管理运营等方面出谋划策,并给予一定物质帮助,在重大传统节日时开展慰问活动,每季度至少开展一次义务服务活动。三是加大资金投入。县级财政按照每间幸福院床位20张、30张以上标准分别给予每间幸福院5万—10万元不等的建设补贴。并对幸福院运作中的水电暖等公共费用进行补贴,标准为每人每年600元,资金补贴由县乡两级各负担50%。

2. 以"村级主办"为主体,因村施策。一是管理运作有保障。成立以村两委为组长的院委会,负责幸福院的日常工作;幸福院的安全保卫工作则由村两委成员轮流值班,村委无偿为入住老人提供住房及生活设施,负担院内水、电、暖、有线电视、办公电话等费用。二是硬件设施有保障。按照"一村一个幸福院"的规定,幸福院占地面积不能低于2亩,建筑面积不低于400平方米,床位不低于20张,同时配备必要的卫生、娱乐、健身和取暖设施,为老人提供不低于一般村民条件的生活住房。由村级提供场所和少量服务人员。三是资金投入有保障。整合村庄危房改造、扶贫、移民等项目资金,打捆使用。经济条件较好的村则采取独资建设、集体补贴的形式,彭集街道尚流泽村投入130多万元用于村幸福院改扩建和文化广场建设。

3. 以"社会参与"为辅助,开门养老。为了弥补部分村庄财力上的不足和财政压力,农村幸福院积极调动社会力量,激发社会参与的活力。

一方面，社会募捐助财力。幸福院的部分资金来自于社会各界的慈善捐赠，动员村民自愿捐款、投工。此外，村中生产大户会将自家生产的菜捐给幸福院。东平街道顾村创业大户张营为了回报家乡，投资38万元建起占地10亩的互助幸福院。另一方面，多方力量补劳力。为了弥补幸福院服务人员的不足，村中经营大户、留守妇女、共青团组织等社会力量都已加入到服务幸福院的队伍中来。后魏雪村幸福院中的2亩田地，就是由村中的生产大户所提供的耕作机械，定期来为幸福院义务翻土。

（二）机制养老，以小融合促进社会大和谐

作为一项产业和事业，养老服务贵在有的放矢。推进养老模式创新，才能满足老年人多样化的服务需求。东平县创新老人离家不离村的"村居养老"新模式，实现了真正意义上的自我养老、自我管理、自我保障、自我生活，细分了老年群体，消除了服务的盲点，成为中国养老的第三种模式。

1. 巧用自我服务机制。一是互助。入院老人日常生活，坚持以自己服务、互助服务、自我管理为主，年轻的照顾老年的，会做饭的当厨师，腿脚好的当保洁员，识字多的给大家念报纸，彼此合作共事，互相帮助，既解除了急病身边无人的最大隐忧，也充分调动了老人的自治自助能力。二是互娱。农村幸福院不仅能为老人提供生活居住、日间照料、餐饮服务、健身活动等吃饱穿暖物质层面的需求，还能让老人们凑在一起，谈心交流，读书看报，展示才艺、自娱自乐、共同娱乐，满足老人孤独寂寞、老有所好、老有所乐的精神渴求。在尚流泽村的幸福院居住的一位闫大娘说：住到这里来，感觉心里的脏空气都吐出来，心情愉悦多了！

2. 妙用民政监管机制。一方面，选点上需要"四个结合"。要与"班子"结合，选点的村两委班子是否具有战斗力，是否重视老人生活；要与"村庄经济情况"结合，选点的村庄是否具有足够的经济实力来保障幸福院的长效运行；要与"社区建设"相结合，把农村幸福院纳入社区发展考虑；要与乡村文明相结合，要把幸福院纳入乡村文明建设范畴。另一方面，进行不定期核查。在运营资金拨付前，县民政局单独或联合县财政局对幸福院运营情况进行定期核查和不定期抽查，对在检查中达到要求的，才拨付运营资金。

3. 活用多元激励机制。一是设立专项资金。每年用于奖励进步快、标准高、运营好的乡村、街道，以充分激发农村幸福院建设的积极性。二是设立农村幸福院社会贡献奖。对于资助幸福院运营管理的企业，单位和个人给予表彰奖励；对于捐赠 30 万元以上的企业、单位和个人，根据捐赠人意愿，经批准可准予企业、单位和个人名义为幸福院命名。三是设立个人荣誉奖励。对于幸福院中工作表现积极的员工给予适当的补助和荣誉奖励。对于活动表现积极的院民给予不同层面的荣誉奖励和口头表扬。前河涯村日料中心的吴承森院长，平时无偿为"院民"服务，因工作突出获得全县十大尊老敬老的荣誉称号，给予了 2000 元的奖励。

4. 善用多重保障机制。一是良性运作有保障。幸福院对每位老人每月收取 160 元的生活费用，村委补贴每人 50 元，以保证幸福院的正常运作。二是自我劳作增收益。部分幸福院的拱棚和菜园生产的蔬菜在满足幸福院的需要后，可以进行对外销售，销售收入可用于幸福院的支出，实行以副养院，以企养院。三是医疗保障有补助。为了防止老人们出现意外状况，村干部昼夜安排无偿值班。对于入住老人的医疗，除新农合报销外，村里为其报销 5% 的医疗费用。同时，与镇民政办、卫生院搞好协调，定期组织免费查体，为老人们建立健康档案，随时掌握他们的身体、饮食等状况。

（三）规范养老，以小群体唤起社会大责任

1. 入院条件需申请，民主商议来确定。在入院程序上，坚持村级自治与群众自愿相结合，严格按照"一表、一会、一榜、一书"的入住程序。"一表"，即由老人子女填写申请表，交至本村村委，提出入院申请；"一会"，即召开村民议事会（由村民代表、党员代表、村两委成员组成）商定投票表决适宜入院的老人；"一榜"，即对符合条件的入院老人张榜公示七天，接受群众监督，如有异议可以提出质疑，如无疑问，则确定最终人选；"一书"，即老人子女与幸福院签订协议书，规定双方权利和义务，入院老人需要严格遵守幸福院的规则制度，子女需要留下详细的联系方式以便联系和履行义务。

2. 入院对象有要求，明确对象方能进。一是明确入住年龄。将 65 周岁以上有服务需求的农村老人作为服务对象，重点是农村特困老人、80

周岁以上高龄老人、子女不在身边的空巢独居老人及残疾老人等。二是明确入住类型。坚持入住形式灵活多样，同时接纳全入住、半入住、日间照料三种类型的老人，根据老人的自我意愿选择不同的入住方式，打造"离家不离村"的新模式，契合了我国传统养老的习俗。三是明确健康情况。入住老人必须保证身体健康，入院后，幸福院为老人进行一年两次的体检。此外，老人的衣食和有病就医由其子女负担，入住老人生活不能自理时，需由家属从院内接走治疗和护理。

3. 考核制度要规范，监督运行有动力。一方面，引入综合考核体系。县政府把农村幸福院帮扶工作纳入对各部门、单位的综合考核指标体系，按照年度实地考核，根据考核结果对综合成绩位居前位的部门、单位给予表彰；另一方面，建立"以奖代补"机制。年终，县政府对各乡镇的幸福院运营资金投入、运营效果等方面进行综合评定，按照每有一个幸福院正常运作赢得 10 分的标准，依分数高低，评比出 3 个幸福院工作优秀乡镇和 5 个幸福院工作先进乡镇。另一方面，制定横向互评机制。除了县级对各乡镇的幸福院进行考核外，幸福院院民之间、老人与服务人员之间也制定了一系列的考核评估制度，不仅确保了幸福院的良性运作，还维护院民之间的有序生活。

（四）村居养老，小院落有大成效

经过了两年的试点与推广，农村幸福院的运行模式取得了显著成绩，不仅完善了农村养老服务体系，提高了农村养老水平，也为社会治理工作积累了宝贵经验，具有很强的借鉴意义。

1. 离家不离村，衔接了农村养老的断层。"养儿防老"一直是我国的传统，时至今日，在家庭结构和代际关系等发生变化的情况下，子女"在外务工"，老人"空巢在家"成为一种普遍现象。东平县建立农村幸福院，按照"一村一间幸福院"的制度，极为"接地气"地开启了中国养老的第三种模式，衔接了农村养老的断层。前河崖村的吴绪海老人，儿子在县直机关上班，老人在县城住了一段时间，每天楼上楼下地爬，连个唠嗑的也没有，很不习惯，最后还是搬回老家居住。村里的幸福院建好，便高兴地搬了进来。老人表示："这里有饭吃，有人玩儿，最重要的是在家门口养老……"

2. 离亲不离情，促进了家庭社会的融合。一方面，邻里关系融洽。幸福院通过开展互助服务，入住老人彼此照顾、彼此交流、共同生活，亲友常来走动，不仅有益于老人的身心健康，更有益于邻里间的和睦共处。另一方面，家庭关系和睦。幸福院的建立解决了农村养老的极大难题，让青年劳动力能够更安心地外出打工赚钱，同时也确保了子女及时探望，解决了家庭和谐问题。吴绪荣老人介绍："以前和孩子们在一块，生活习惯不一样，难免产生不愉快。饭食上我想吃面的软的，孩子们想吃脆的，看电视也看不到一起去。现在好了，有了自己的自由空间，婆媳关系也更加融洽了。"

3. 物质精神相结合，提升了自我养老的平台

农村幸福院最大的生命力在于就近、方便、经济，老人的生活需求和精神慰藉都能得到满足。在生活照料方面，采取互助式服务，会做饭的当厨师，腿脚好的干保洁，实行"一日三餐齐动手"的制度；幸福院中每一间房都必须要求两至三个床位，老人之间相互照料。在精神慰藉方面，集中开展日间休闲活动，让老人谈心交流、读报看书。每间幸福院都分配有2亩田地用来给老人种菜，让老人能够自我劳动、自我养老，获得轻松和谐的精神慰藉。据大羊镇后魏雪村幸福院的负责人介绍："院里住着位98岁的大娘，进来的时候还挂着拐，现在走路连拐杖都不要了，精神状态好了很多哩！"

4. 多元主体同参与，激起了社会参与的活力

农村幸福院的建设主体由传统的"政府独唱"转变为"政府领唱、村级主唱、社会合唱"，小的想法产生了大的政治后果，改变了村庄干部治理的结构。一方面，以政府为先导，充分调动了村集体、老人子女、农村老人、社会五个方面的力量，彻底解放了农村生产力。另一方面，通过村级主办、村民自治，村"两委"发挥了重要的组织和服务作用，极大提高了村级班子威信和凝聚力。引入激励机制，鼓励社会人士和组织的积极参与，不仅重新唤起了尊老孝老的良好风尚，更为文明东平注入了新元素，激起了社会参与的活力。

第四章 绩效：专家眼中的"东平样本"

一 土地股份合作 中西部大有可为[①]

作为农业部主管农村土地和农村产权制度改革的专门责任人，最近以来我一直比较关注这两个方面在全国各地的实践，到东平来看了东平的材料，也听到刚才的点评发言，对我启发很大。

第一，两个没有想到。第一个没有想到的是，这几年对农村土地制度改革问题的关注，特别是农村产权制度改革问题的关注，目光多是集中到东部地区、沿海发达地区以及城郊村。因为这些地方的产权制度改革有抓手，特别是经营型资产搞得有声有色。但是没有想到在中西部地区、在山东东平这样一个粮食主产区、农业区，产权制度改革以及土地股份合作同样搞得有声有色。这一点对我的启发非常大。第二个没有想到，我们的大学院校如何通过理论研究与实践结合，来引领中国经济社会的发展。我认为徐勇教授、邓大才教授这个团队践行了一个很好的实践范例，他们把东平的经验上升到了一个理论高度，也就是说总结得很好。这是我两个没有想到。

第二，我们为什么要搞农村产权制度改革，为什么要关注农村土地股份合作社，我认为有两大目标。一个大的目标，从宏观这个角度来讲，改革开放 30 年，应该讲中国经济社会发展上了一个很大台阶，但是城乡差距、工农差距、区域差距仍然比较大。十八届三中全会最大的亮点就是要实现城乡要素的平等交换，实现公共资源的均衡配置。从宏观层面来讲，

---

① 注：本文为农业部农村经济体制与经营管理司司长张红宇 2014 年 9 月 28 日在"山东东平土地股份合作与集体经济有效实现形式高端论坛"上的发言，题目为编者所知。

怎么样实现城乡要素的平等交换？深化土地产权制度改革，我认为是一个突破口。第二个从微观层面角度来讲，改革开放 30 年，家庭经营已经根深蒂固，但是所谓的以家庭经营为基础、统分结合的双层经营体制在实践中到底运作得如何？应该讲目前还是不太乐观，除了东部地区的比如华西、中部地区的河南刘庄等以及发达地区北京窦店这样的新兴地区，但在更广大的中西部地区和农区，所谓的双层经营中集体经营基本算是个空架子，所以怎么样发展壮大集体经济，怎么样探索集体经济的有效实现形式，东平实践做了一个很好的表率。我们关注农村产权制度改革有两个目标：从宏观角度来讲要实现资源要素的平等交换，土地产权制度改革是基础；第二个从微观这个角度来讲，要赋予农民更多的财产权利，要增加农民收入，深化农村土地制度改革，探索集体经济的有效实现形式，显然东平也是需要作出规范。

第三，东西部产权制度改革，我以为始终要把握两个抓手，两个重点。应该讲农村产权制度改革涉及范围非常广，包括资产、资源、资金。从实践来看我们很多专家，有的在广东，有的在江苏，有的在浙江，都是发达地区，我们更多的文章是研究经营型资产。包括浙江、杭州这些地方，应该说这些地方经营型资产非常大，有的是千万，有的上亿；但最广大的中西部地区，所谓产权制度改革的抓手是什么，我倒是以为还是要紧紧围绕着土地制度来做工作，把土地这个最大的资源作为我们改革的一个大的抓手。东平的实践告诉我们在两权分离的基础之上，在集体所有、承包经营权分离主体之上，要三权分离甚至要四权分离，也就是说坚持集体所有，稳定承包权，放活经营权，东平还提出一个扩大收益权，这个对我的启发非常大。也就是说中西部地区改革最大的资源还是来自于承包地、宅基地、集体建设用地怎样搞活。三权分离是中国特色的土地制度，总书记在十八届三中全会、在中央农村工作会议上对此都有深刻的阐释。第二个抓手是怎样坚持家庭经营的基础之上，丰富和发育多种多样的经营形式，培育多元化的经营主体。东平在家庭经营、合作经营、企业经营的基础之上，又通过股份合作的形式，极大地丰富了基于家庭经营基础之上的多元化经营主体的构建，东平的实践告诉我们东西部地区产权制度改革始终要明确两个重点，或者叫两个抓手。

第四，东平的实践给我们最大的启示也是两个方面。一是集体经济的实现形式是多种多样的，不仅仅是要把眼光聚焦于所谓经营型资产，比如东部地区的房地产，盖个厂房收租金，但这个毕竟是在一个很有限的区域范围内。在我们国家 2.6 亿的农户家庭，60 万个行政村这么大的一个区域范围内，这种实践还是很稀缺的。最广大的中西部地区，集体经济怎么样实现？我以为东平在土地股份合作方面给我们创造了一个范例，也有很多需要我们挖掘。做大做强集体经济，在全国有多样化的需要，这是一个大的启示。第二个大的启示，我们今天听了这么多的发言，主题是"土地股份合作"，什么叫股份合作主体，合作经济全世界都有，股份经济全世界同样也有，但是股份合作经济是中国特色，是中国独有的。在这个问题上，我们没有所谓的国际经验可以借鉴。股份合作它的特点，它的要义在什么地方？合作给组织成员平等的话语权、平等的表决权、平等的民主权，但股份给所有的参加者是什么，就是按股采取一种分配方式：多股多得、少股少得、无股不得，从而把两个公平与效率结合起来。所以我以为东平给我们最大的启示，第一是集体经济多种实现形式，第二是土地股份合作在中西部地区大有作为。

第五，最后有两点建议。第一个建议，从实践这个层面来说，东平的实践刚刚开始破题，还不要过分的乐观，我看了一下所有的案例，大约都是从去年才开始，也就是到现在为止整整一年半的时间，去年年初开始的，所以我的意思就是说东平希望在两个方面继续探索。第一个方面，这种土地股份合作，包括其他的经营方式方面，怎么样探索它的有效的运行机制。此外，还要探索它的利益分配机制，一是立足于做大做强，一是保证公平效益，从实践这个层面上结合市场和效益。另一方面，从理论这个层面来讲，我建议徐勇教授、邓大才教授这个团队继续跟踪东平的实践，总结好东平的实践，当然在这个问题上也要不断从学术界这个角度，从理论这个层面，有一个纠偏问题。比如走错了，或者走得不太适当，毕竟在一个区域范围内不偏离就行。我们为什么说改革要试点，我们为什么说改革在一个局部地区内，因为它的力量毕竟还是有限，我们退出来就行了，中国改革成功最大的经验就是允许退出来。

最后，一个团队在总结好正确的、纠正好不正确的基础之上，怎么样更进一步接地气，把来自群众中的创造上升为我们的政策以及理论，最后上升为我们的法律还是需要努力！

二　确权·管理·赋能：集体经济有效实现形式的实践探索①

非常高兴有这个学习的机会，首先说明一下，本人是负责研究集体资产管理的，而农业部发展集体经济的任务就落在我头上。最近一直在研究这方面的内容，我觉得，不管是研究股份合作，还是集体经济试验区，本身都是产权改革问题。有一种观点认为，产权改革可以在东部发达地区进行，因为那儿有经营型收入；而在中部地区却不行，因为城中村没有什么可改革的。一提那么多资产，没让它进入市场，没有生产的价值，有人说这是我们的制度。我看不然，我一直不同意集体经济是重合的，所以东平这个做法更坚定了我的信念：就是中部西部地区仍然有可能，产权改革大有文章可做，只是要找准切入点。对于如何发展壮大集体经济，以下是我的几个观点。

（一）土地承包经营权确权颁证

合作也好，股份合作也好，关键是要入股。不入股，空手套白狼，套不来。成立一个合作社，关键是要入股，有产权，所以土地股份合作，我觉得关键是要做好土地承包经营权确权颁证。如果产权不清晰，将来合作是有问题的。因为土地承包经营权原先没有确权颁证，而不确权，颁证的时候就有问题，所以这种入股是不牢固的。所以，承包经营权一定要确权颁证，解决设置不清、账实不符的问题，这是一个基础问题。

现在的土地承包经营权确权颁证正在试点，而确权以后就有一个期限的问题，在此我也谈谈自己的看法。现在的土地承包经营权期限是1984年中央明确的，即第一轮承包期15年，到了1996年、1997年以后再延长30年不变；而到了2008年的十七届三中全会就明确，农民的土地使用权长期有保障，土地承包方式长久不变。现在要抓紧时间修改相关的法律法规，因为现在搞确权颁证，一个很现实的问题就是土地承包经营权管多少年。根据原来的土地流转法律规定，土地流转的期限不能超过承包期剩

①　注：本文为农业部农村经济体制与经营管理司副司长黄延信2014年9月28日在"山东东平土地股份合作与集体经济有效实现形式高端论坛"上的发言，题目为编者所加。

余的期限，按照 30 年的期限，还有十来年就到期了。那么现在搞确权要长久不变，该听谁的？中国的国情，共产党执政，是政策走在前面，然后通过一定的程序，把党的政策转变为法律，转化为人民的意志。所以我个人看法是，从 2008 年开始，30 年的期限就不好使了；虽然土地承包法没有改，但是立法执法不作为，中央要求地方执行政策。

只有确权，资源才能变资产，才能拿出去跟人家合作，要不然你空手套白狼，合作很难成功。而且产权越清晰，产权保护越严格，经济就越有活力。美国就有产权保护的原则，所以世界各国的经济活力没有哪个比得过美国。

（二）确认集体经济组织成员身份

集体成员是谁，以前是没有边界的，因为原来有两种体制。一套体制是行政体制，内头是农民，以地缘为基础，比如说户籍在农村，那就是农民。另外一套体制以血缘为基础，比如爷爷是农民，儿子是农民，孙子也是农民，他们天然都是集体经济组织成员。人口只要在农村出生，天然就有一份农民的身份，所以我说集体成员是没有边界的。这个没有边界结果是，集体的资产永远的细分化。"我是集体成员，这个资源能白要一份，我凭什么不要。"因为农村集体宅基地，既然是集体的，那他们能在上面盖个房子，我要结婚，我凭什么不能盖个房子。如果没有边界的问题，边界不确认，集体的土地也会细分化，集体建设用地宅基地也是越来越分散，这个是符合我们国情的。成员不定，如果发展股份合作，那股份份额也就在不断的变动，这样股份合作也是不稳定的。而集体成员要定边界，也有条件。怎么定，怎么叫成员，就要对集体经济组织成员进行筛选，我想来想去最关键的是，你有资产就是成员，没资产就不是成员。不能再说爷爷是这里的成员，我就天然有一份，也不能说我户籍在农村就有一份，这都不符合现在的情况。所以，要抓紧时间明晰集体成员身份。

集体成员身份确认应该说是没有法律规定的，它是实践创造出来的，比如说广东一个地方人民政府的文件，浙江有省里的地方性法规。当然很多地方是通过民主决策的，但是我觉得这个事不能再拖了，要切断它；正是因为没有切断它，好多矛盾都是这么来的。比如说现在人口流动了，出去工作了，像我不一定在农村，但还是集体的成员；我原先还有地，我后来工作了把地收了，我现在要是回去就会要地。如果不切断，将来这一系列的问题，都很难解决。

（三）股权管理和登记

产权，工商法里有规定，即你的东西，仅依法登记产生效益，不登记不产生效益。以前老说这个东西你说是你的，你叫它一声，它是不会答应的，那现在怎么证明这个东西是你的？国家的公权力给你一个凭证，比如说机动车的行驶证，这都是证明。所以农村股权，现在要求凡是搞集体产权改革的地方，农民的集体资产股份都要进行登记。你说这个东西是你的，得拿个证，你那个证是真的是假的，得有个地方去查一查，所以现在要求都要到监管部门去登记，去备案。另外，我觉得中央有要求，我们学中央三中全会决定不能白学，不能空学 。三中全会决定第 21 条讲了什么，赋予农民生活财产权利，它下面讲说保障农民集体经济组织成员权利，积极发展股份合作，赋予农民对集体资产股份占有、收益、有偿退出及抵押、担保、继承权。这是中央提出的改革任务，是要落实的，使我们看到这几个权利。你搞了股份合作社就给农民一个本，农民就问你这个本有什么用，甚至包括将来说确权，你给我一个本管什么用。我觉得地方的同志可以探索股权的管理和登记，这个中央有要求，地方也有要求。我觉得这个事要做，要勇于探索，要解放思想，不能这也不能改，那也不能改。如果都不能改革，那社会怎么发展，中央的要求怎么落实？我觉得一个很重要的就是股权登记，要赋能，要完善它的权能。

（四）集体资产赋能

集体资产也是有组织的，不是没组织。《物权法》也有所规定，说所有权人对自己的动产和不动产享有占有、使用、收益，而处置权应该是法律上和事实上最终的处分权，《物权法》并没有否定集体经济组织对它的资产有这些权利。但在实践当中，这些集体经济组织的所有人，都有这几个基本的权能。我个人的一些看法，现在提出来，希望理论专家们好好呼吁呼吁。其实很多东西都被不合时宜的法律和政策给剥夺了，比如好多法律和政策规定农村集体这个不行那个不行，有这么规定吗？《物权法》是规定基本产权关系的最根本的法律，这个法律并没有否认集体经济组织资产的这些权利。但是过时的集体管理法讲了这些东西，我觉得它是过时的。从法律关系看，《物权法》是基本法，《土地管理法》是专业法；从先后关系看，《土地管理法》在前，是过时的，《物权法》在后，应该遵照它。从政策看，政策更应该服从法律，所以我们要研究集体经济资产的赋能问题。我们老想发展集体经济，原先我正好不太关心这个事，我也不看好集体经济。但是到了现在我管这个事了，我就在想，十来个中央文件，年年提发展壮大集体经济，一句话搁那里，为什么，因为他没招了。为什么没招，我觉得就是集体资产的权能不够的问题，权能不够是个什么意思。我就说跟王八一样，王八你得跑快点，但是先把王八的腿给绑上，把胳膊也绑上，臂甩不开，脚也迈不开，却年年叫它跑快点。我们发展集体经济就这个事，所以我说我们搞理论研究的人，我给你出个题目，好好呼吁呼吁，要研究集体资产权能问题。

刚才徐教授也讲了，说中央农村工作会议上总书记讲了几个赋能，其中一个就是不能把集体经济搞反了。总书记有这个要求，对此我们怎么理解。别人都跑了，你在这儿待着不动；别人都发展了，你不发展，这样叫反了。我们要正确理解总书记的讲话精神，别人发展，我跟他拼了命争；他有这个权能，我也得有这个权能，要不你怎么发展。

（五）土地股份合作制的持续性和包容性

可持续发展，就是保底分红的事，我觉得不能为了股份合作搞股份合作。为了搞股份合作给农民搞保底分红，我一看保底还很高，是超过土地流转费用的。这个土地流转费用，我刚才问了我们的老领导，大概是六七百块钱一亩地，保底一千块钱。农业生产是有风险的，既有资产风险，又有市场风险。高额固定回报就是非法集资，所以固定回报从政策上来说是不提倡的。咱们要有一个政策底线，否则弄不好也出现合肥现在的合作社高额固定回报，结果跑了，找不到人了，引发了问题。这个事，我觉得要好好研究。将来可持续发展，这样使股份合作利益共享、风险共担，有多少分多少。你不能搞保底，保底的话谁钱最多，这是谁的事。另外讲包容性，集体经济也好，股份合作经济也好，形式都不是单一的，一定要有包容性。各个地方的情况不一样，资产多少不一样，脑袋里面的认识也不一样，所以不能一个形式，要多种形式，百花齐放总是要比一枝独秀要好。

三 土地股份合作 带动乡村治理转型①

今年我参加了三次由华中师范大学中国农村研究院组织的研讨会。前两次会议，一次是在广西宜州市举办的"探索村民自治有效实现形式高端研讨会"，一次是在厦门市海沧区举办的"探索居民自治有效实现形式高端研讨会"，那两次会议对我国城乡基层群众自治和现代化治理问题进行了研讨，我深受教育。马克思说"经济基础决定上层建筑"，如果说前两次会议主要是就上层建筑谈上层建筑，那么今天在山东东平举办的"土地股份合作与集体经济有效实现形式高端论坛"，则从经济发展促进乡村治理转型的角度给了我新的启发，是将经济基础与上层建筑相互作用、结合起来谈的。

今天下午听了四位乡镇党委书记的经验介绍和四位专家的点评，也听了华中师范大学中国农村研究院课题组的研究成果报告，以及张红宇司长的讲话，受益颇丰。今天我主要从集体经济对基层治理的影响这个角度，来谈谈我的一些想法。

一个多星期前，习近平总书记在庆祝中国人民政治协商会议成立65周年大会上，作了重要讲话，指出"大力发展基层协商民主，重点在基层群众中开展协商。"习近平总书记的讲话，为基层治理发展指明了新的方向。

首先，协商民主的有效实现，需要挖掘基层群众的参与动力。农民参与动力的激发，很大程度上需要农民之间有一种利益关联。东平的土地股份合作社，就为农民建立起一种经济利益关联，从而让农民愿意来协商，有动力来协商，为基层协商民主的开展奠定了良好的经济基础。

其次，协商民主强调农民的积极参与。东平探索的土地股份合作社，可以说是协商民主的重要载体之一。它围绕"一股一票"做文章，村民入股之后享有"一股一票"的权利，可以以平等的身份来进行协商、讨

---

① 注：本文为民政部基层政权和社区建设司副司长汤晋苏2014年9月28日在"山东东平土地股份合作与集体经济有效实现形式高端论坛"上的发言，题目为编者所加。

论和沟通。正因为这样，农民有事可议，有事可协商。

再次，协商民主是一种过程性、日常性参与。这种参与渗透到协商的整个过程，从议事主题的确定、到相互讨论与沟通、再到讨论结果的确定，都是成员参与协商的过程。东平的土地股份合作社，从最初的成立、到规章制度的制定、再到农业产业的发展，都是社员相互协商的结果，它体现了协商民主参与的过程性。

习近平总书记强调："社会主义协商民主，应该是实实在在的、而不是做样子的，应该是全方位的、而不是局限在某个方面的。"这也为基层协商民主的发展提出了新的目标。在进一步发展协商民主的过程中，建议需要把握以下几个方面：

一是进一步探索基层协商民主的实现形式。各地需要根据自身的实际情况，发挥基层群众的主动性和创造性，因地制宜地探索协商民主的不同实现形式。在我国城乡出现的民主恳谈会、民主理财会、民主听证会、居民论坛、乡村论坛等，都是协商民主的重要形式，这些实践为我们进一步发展协商民主奠定了良好的基础。

二是进一步推进协商民主的制度化发展。一方面，需要建立完善、科学的协商民主程序，可以利用现代信息技术等工具，促进程序的规范化；另一方面，需要拓展协商民主的渠道，利用丰富多样的形式，让广大群众能够参与到民主协商、沟通、讨论和交流中来。

三是注重基层协商民主和选举民主的有机结合。作为两种不同的民主形式，协商民主和选举民主两者并不冲突。选举民主主要是选举"当家人"，重点是三年一届的村委会选举。而协商民主是日常协商，落实在日常公共事务的决策上。我国的基层选举民主已经经过了长期的发展与实践，也探索出了许多好的经验和做法。基层协商民主的发展可以借鉴、吸收选举民主的有益经验，与选举民主相互配合、相互补充。

最后要说一说，感谢华中师范大学中国农村研究院为这次研讨会所付出的努力。我也希望借此机会，有更多的学者一起来关注基层民主建设，多给我们的工作开展提供理论指导。这次会议，尽管时间不长，但通过学习考察、经验介绍、专家点评这些过程，留给我们的印象很深刻。东平的工作，领导重视、各方广泛参与、措施有力。我们相信，下一步工作一定会做得更好，成效一定会更加明显。

四　集体经济有效实现的"东平样本"①

本次会议是集体经济研究的一次标志性会议，是一次里程碑式的会议，里程碑的意义在于以东平探索实践为样本，集聚了国内的高端学者来共同研讨。论坛提供了一个可供研究的实践样本，一个可供探讨的理论话题。

研究集体经济是一个不断探索的过程，30 多年前，作为东平人的万里在安徽推动包产到户、分户经营，实现中国农村集体经济发展的第一次飞跃。30 多年后，在万里故乡的山东东平，在分户经营基础上推动土地股份合作，在中国集体经济第二次飞跃当中领先一步。与当年的安徽分户经营一样，东平的股份合作也是实践逼出来的。前者为脱贫所逼，后者为致富所逼。下面我想讲三个观点：

第一，东平探索的背景。

东平的探索不是领导人头脑当中想出来的，而是基于实际，从事实出发，从问题出发。昨天有一位王先生说五分钟不够，确实不够，我们最好需要五个月，我们的博士在这里已经待了将近两年了，只有深入到实践当中，我们才能够发现问题所在。去年年初我到东平来调查的时候，有一个很深刻的印象，我们东平山好、水好、人更好，什么都不缺，就缺一样，是什么？是钱。一是农民没钱，大包干吃饱了饭，我们要普遍小康，要有钱花，但是在我们现在这种生产方式、经营方式下如何让农民致富，这是一件天大的难事。去年在一个调查当中，我看到了一个令我印象深刻的画面，这个画面一直定格在我的脑海当中，就是在大汶河旁，有一位女性在前面拉犁，一位男性在后面扶犁。我深为感叹，已经进入 21 世纪了，我们 2000 多年前的生产方式还在延续，附带也感叹一下，山东的女性太了不起了，任劳任怨，做牛做马，难怪把山东女性当做挑儿媳妇的首选，我的一位同事前几年在山东住了好长时间，就是为了挑一位山东的儿媳妇。

第二，村里缺钱。大家知道中国的城乡二元结构是城市依靠税收统一提供

① 注：本文为华中师范大学中国农村研究院院长、长江学者徐勇 2014 年 9 月 28 日在"山东东平土地股份合作与集体经济有效实现形式高端论坛"上的发言，题目为编者所知。

公共服务，依靠市场提供社会化服务，而农村长期是自我服务。税收改革以后，农民自我服务能力进一步下降，村级治理最缺的就是钱，村级治理没有钱，不能提供服务，说话的时候没人听。东平赵德健书记上任以后，要走遍全县的700多个村，我觉得作为县委书记能够这样深入到农村社会，深入调查，非常了不起。他已经走了100多个村，写了一本书，叫《用脚步丈量民情》，我看他写了100多个村，有一个共同的特点，村级治理没钱；没钱，你再有威望也会陷入空转。那接下来第三个，钱到哪儿去了呢？回答是钱在市场当中。而我们农民怎么与市场接轨，参与市场经济、分享市场经济的成果，而不是为市场经济所隔绝，这就是我们要解答这个问题的一个大方向。正是因为如此，倒逼了东平县领导想要走出困境，出路之一就是土地股份合作，产生了探索集体经济有效实现形式的"东平样本"，这是"东平样本""东平探索"的背景。

第二，"东平探索"的普遍价值。

我们东平是一个地方性的案例，那么它有没有普遍价值呢？我认为是有的。

一是，东平探索解决的问题具有普遍性。我们知道解决农村问题不是从书本、原理出发，而是从事实出发，不是从原则出发，而是从解决问题出发。我们当今农村发展的基本前提是三个方面：

1. 土地是农村的主要资源，而土地将长期为集体所有，这是绕不开的基本现实，农村经济发展的基本出发点。

2. 作为农村集体所有权成员的农民，生产生活一体化。无论是生产，还是生活，包括东平文化，它都对集体有一种依赖感。

3. 在市场经济大环境下处于弱势地位的分户经营农民有抱团发展参与市场经济过程的需要。我们"东平探索"内生于实践，内生于生活，这是有根的，它不是想象出来的，这个根可以说具有普遍性，不是一个地方所有的。

二是，东平探索的核心价值具有普遍性。我们知道集体经济实现形式多样，但它的核心价值，也就是人民通过集体来获得更大发展和共同发展而具有普遍性，这就是我们讲的"有效"，也是我们集体经济有效性的基本尺度，它通过土地股份合作，获得了更大的发展，更广阔的发展空间。

三是，东平实践创造具有普遍价值。"东平样本"是对集体经济有效实现形式的探索，这种探索是基于内生的需要，同时也包含着普遍价值。其他地方的形式可以和东平不同，但是"东平样本"内涵的因素是具有普遍性的，比如说产权，大家谈到产权改革，我认为东平的样本不仅是农村产权不断延伸扩展，而且是一种聚合。不仅仅是所有权、承包权、经营权、收益权的延展，而且把这几权整合在一起，利益相关，通过利益来牵引农民进入合作。但是要素相加，增量要素是集体经济再出发的一个关键点，有一个增量要素进来。市场相结，通过市场来重组农村资源。头人善带，就是要有一个很好的带头人。政府引导，农民农村有合作意愿，但是不一定有很好的环境，不能完全靠自发，还要有政府的引导。集体成员们相信通过集体能够获得更大发展，这与人的特点有关系，我经常讲为什么集体经济在山东、在东平能够获得这么快的发展，其实很重要的因素就是东平人厚道，但在南方有些地方高度理性化了，高度个性化了。因此，这个工作确实很难。这几个要素是有普遍性的。

第三，东平探索的学术启示。

这次会议既是一次经验研讨，也是一次学术研讨。我觉得东平探索说明集体经济是一种值得发展的，同时要求条件更高的经济形式，也引起了学界重新聚焦于集体经济，集体经济由此进入了学界严肃探讨的视角。近几年集体经济的实践进展不大，理论研究更是严重滞后，对集体经济研究第一个是要"脱敏"，过去我们把集体经济意识形态化了，赋予了它太多的价值，它无法承受的价值，理想化、道德化，排斥了个体经济，形式固化，优越性难以充分体现。伴随集体经济单一模式的终结，集体经济成为政治敏感词，大家就不能心平气和地进行学理研究，往往各居一端，我们这次会议可能还没有充分交锋，我们这次来的都是一批严肃的学者，如果把这个话题放到社会上，我想争论就更大了。

我们把集体经济作为一种长期会存在的经济现象进行学理研究，这个样本在学术上给了我们很大的启示。

第一，集体经济有效实现的命题具有开放性。它有助于我们从长期存在的固化思维当中解放出来，就是思维解放出来，我们现在的集体经济还是定格在我们古典的传统的原形的集体经济，一强调集体经济就是村庄，要把这个固化的思维解放出来。

第二，因为不同情况，集体经济的实现形式多样化了，只要有效，什么形式都可以。

第三，集体经济的走向是开放的。它可能会不仅仅限于原集体成员，今后也会走向一个开放性、包容性更强的混合经济。我们再把经济形态固化为所谓私有化、公有化，这是一个古典的政治经济学的概念。今后的经济不会像我们想象得那么单纯、那么简单。

第四，集体经济有效实现形式是一个开放性命题，要鼓励实践，大胆探索，不强求余力。就像当年鼓励包产到户一样，改革就是一个试错的过程。从这个意义上讲，"东平样本"只是一个良好开端，而不是终点。学术探讨只有交流，没有标准答案，我们相信"东平探索"会不断深入，我们也将继续跟踪，让实践给我们提供更好的答案。

五 发展壮大集体经济的实践评价①

我主要讲发展壮大集体经济市场的问题，以及其在实践过程中的评价。

（一）我国集体经济发展的现状

我国《宪法》明确规定了农村土地集体所有，而农村经营土地集体所有制是得到农民认可的。现实当中很多质疑都是来自学者，而不是农民。按照国家农业部的统计，2010 年底除农村自然资源等资产之外，还有村集体经济资产也需要好好去经营。我觉得农村集体所有制的好处是农户间的土地可以相互间流转，土地相互调换较为便利，比如说现实当中的大棚一个个非常整齐划一，不是改革初期的分地分得这么好，而是后来由于土地流转而形成的，这就是土地流转一个很好的体现。第二个是土地流转比较快，大家想一想日本从 20 世纪 50 年代到现在，60 年之间它的土地规模从一公顷变成两公顷，而中国在短短的一二十年内土地流转率达到26％，有这么快的速度，跟土地集体所有是有很强的关系的。再一个集体所有制提高了土地的集中成片利用，比如我们到韩国去做过调查，他们土

---

① 注：本文为中国社会科学院农村发展研究所原所长李周 2014 年 9 月 28 日在"山东东平土地股份合作与集体经济有效实现形式高端论坛"上的发言，题目为编者所知。

地可以买卖，一个农商主的地可能分摊在十二三个，一块地一块地的买，它不能集中，所以说集中连片在私有制的范围下并不那么容易的事情。农村土地集体所有确实存在产权模糊问题，但它的负面影响是有限的。我说的理由是30多年来中国的农业保持了持续的增长，一个坏的农业制度是不可能保持中国农业几十年的增长，在这一点上，我们对现有的农业增长还应该是自信的，这是第一个。

发展壮大集体经济是建设中国特色社会主义市场经济的重要体现。中国特色社会主义市场经济它有三个方面。一是中国特色，它强调经济体制形成内生性，即中国的经济体制是在自身发展过程中形成的，而不是从国外搬来的。二是社会主义市场经济强调的是共生性，是共同的发展，而不是部分的发展。三是社会主义市场经济强调的是竞争性。经济发展的一般规律是内伸出来的间接式市场经济，以共生与竞争相结合经营的体制来发展壮大集体经济，这是合乎建立这么一个经济体制的要求。发展壮大集体经济是推行渐进式改革战略的重要体现，改革以来所做出的策略一直比较温和，比如内伸的共生，对内共生和对外竞争相结合的策略，而不是走极端，即不是彻底公有制或彻底私有制。这是中国改革着力纠正计划经济体制的偏误，而不是彻底摈弃计划经济体制的重要原因。

目标要与时俱进，积小胜于大胜，而不是毕其功于一役。有些学者低估渐进式改革战略的理论与实践意义，所以总是抱怨我国改革不够快，不够彻底。第一是集体经营跟家庭经营建立了关系，集体经营跟家庭经营他们在很大程度上是包容的，但是在有些方面也是一个替代的关系，在这方面不要一贯的夸大坚持集体经济和集体经营。第二个是市场经济跟集体经济的关系，因为市场经济建设在落后的社会基础上，所以它是以侵略的方式来实现，我们完全可以通过法律效力的契约来进行约束。我们集体经济也算是熟人社会之间的合作，这是市场经济和集体经济的一个非常本质的区别，就是现代市场经济很大程度上可以和集体经济以契约的方式进行合作。第三个是这些经济组织的成员和资产的归属规则有很大的稳定性，土地流动不会像资金、劳动力流动那样密集，不会像资金、劳动力流动那样开放，所以土地产权交易是不太活跃的。与国外尤其是东亚其他经济体相比，中国农地产权流动的速度不是太慢，而是太快。分析改革以来中国有什么样的规律，放在农村改革的大环境下来弄清农民的诉求，才能找到解决问题的办法和方案。改革初期，为了解决农民的温饱问题，政府认同了农民采用"大包干"的做法。"大包干"是包集体土地（权利）和这些土地上的税收和提留（责任），干自己的活。这是一种权利与义务对称的制度安排。此时，农民主张的是自主劳动的权利，而不是自有土地的权利。"大包干"体制与人民公社体制相比，仅仅少了集体劳动和集体分配环节。"大包干"包集体经济组织的土地和"提留"，是它区别于"分田单干"的显著特征。温饱问题解决之后，为了满足农民外出从事非农就业的诉求，政府赋予了农民自主流转土地的权利。现在要针对农民追求土地财产权利的要求，赋予农民享有土地股权的权利。以确权确股发权证的方式把农户拥有的集体土地的股权界定清楚，是将集体土地产权按份共有的改革目标落到实处的具体做法。

最近30多年，农村集体经济发展缓慢，主要有以下原因：第一，发展农村集体经济的基础受到挤压。实行"大包干"以后，集体资产能分的都分了，真正保持集体经营层次并有集体资产增量的村庄比例不大。村庄的公共事务大多靠"三提五统"维持。如果说"三提五统"是保留的集体经济元素，那么农村税费改革后，这个集体经济元素也不存在了。第二，发展农村集体经济的条件不够成熟。农户拥有的要素结构不同，比如有的地多，有的劳动力多，有的技能好，等等，这是农户间开展合作的必要条件。"大包干"的推行，增强了农户之间的均质性。农户分工分业和农民分化所需的时间，实际上也是开展农业合作所需的时间。第三，农户发展农村集体经济的信心不足。改革前，人民公社体制并没有给农户带来难以舍弃的好处，改革后，农民提交各项提留的义务和分享福利的权利更加不对称，使得很多农民对发展集体经济缺乏信心。

这个是发展集体经济的一个侧重点，一定要加强制度建设来增强组织的保障。一是要遇到好的制度，这个最重要的，无论是民主管理的倡导，还是奉献意识的提倡，都要建立在严格完善对称的制度下。此外还要一个好的管理团队，特别是要有一个责任强能办实事，群众信赖的带头人。二是要加大支持工作力度，夯实工作基础。第三，完善结构管理，促进有效运行，这是我想讲的第一点。

（二）　土地股份合作制的特征

土地股份合作如果成功，有一部分有本土化、规范化、市场化的特征。所谓本土化有两层含义，一是借助达则兼济天下的传统文化，发挥乡土能人的引领作用；二是不受任何理论束缚，采取因地制宜、因事制宜和因时制宜的策略。第一是因地制宜，土地股份合作在制度设计、治理结构具有共性，项目安排有很强的地域性。第二是因事制宜的特点，即针对不同的项目采取不同的策略。例如，安大土地股份专业合作社，粉皮加工采取了产业经营的方式，育肥猪养殖采取租赁经营的方式，中草药生产采取合作经营的方式，有机蔬菜基地采取混合经营的方式。第三是因时制宜的策略，即不拘泥于所谓政经必须分开的原则，而是政经配合，先把合作社办起来。待合作社走上正轨后，再实现政经分离。这就是因时制宜的做法。

第二大类就是规范化。土地股份合作社有章程，有理事会、监事会和社员大会，有独立法人应有的各种证件，有专门的银行账户。社员有自愿入社和自由退社权，选举与被选举权、股份收益权、就业优先权、工资分配权、剩余索取权，以及发展规划、财务决算、资产经营管理方案的知情权、评议权。决策民主化，虽然实行的是一股一票，但社员的股权相近，与一人一票很类似。土地产权的界定清晰，受到法律的严格保护。

第三大类就是市场化运营，寓市场化于合作化之中的原则，例如社员优先就业的原则，一方面提高了社员的工资性收入，另一方面也降低了合作社的雇工成本。第二个权利与义务对称的原则，对于合作社的领头人或主要出资者，既考虑农民对他们的需求，同时也考虑他们所需的发展空间。对于理事会成员，既有超额利润以累进方式向他们倾斜的规则，又有工作得不到半数以上社员满意将被罢免的规则。对于社员，既赋予了一系列权利，也界定了一系列责任。特别是只有参与者才够分享的制度安排，提高了社员的参与意识和参与能力，也重塑了农民对集体的认同感和归属感。再一个是优化资源配置的原则，以延伸产业链为手段，增加产品附加值，为农民和村集体增收创造条件。

（三）"东平模式"的启示

第一个是选好带头人。除了见多识广、考虑周全规范之外，还要有乐于服务、乐于奉献的意识、勇于探索、敢于担当、服务于民的意识。让广大村民都形成一个认同感，是带头的重要基础。第二个是做好确权工作。既可以确权确地，也可以采取确权确股不确地的办法，土地确权既可以确定面积，也可以从价格层面上确定收益。所以，从收益角度确权实质上是将农民的承包地变成一个股权制土地，促进土地的整理，并使退社可以采取土地异地置换的方式。第三个，围绕公平性、有效性和持续性目标制定措施。制定激励手段，包括目标激励、超额激励、分段激励、阶梯激励等；制定行为约束手段，包括监事会、社员大会和罢免制度；制定市场和自然风险的防范机制，包括市场和自然风险防范手段，包括从盈利中提取20%至40%的风险金等。这个是东平发展对大家的启示。

六　东平土地股份合作制的若干制度启示①

我发言题目是"东平土地股份合作制的若干制度启示"。因为股份产权组织都是制度，所以我想从这个方面讲三点。

（一）股份合作制是农业特有

股份合作是农业特有的制度，因为现在各种股份合作社绝大部分出现在农业当中。我想如果真正是股份合作制，它确实是农业特有的，只要是合作制它都是农业特有的。为什么这么说？因为工业里面没有合作制。改革开放初期股份合作制的乡镇企业，那是戴个帽子，真正的工业没有，就农业。农业为什么要搞合作制，主要是家庭，农业是家庭经营，所以要克服家庭经营的局限性，同时要保持它的优越性、优势性，那就得搞合作制。这是其一。然后为什么又有股份，在合作制里面又有了股份这个问题？股份合作现在在农业体制上也发展得比较快，它在国外叫新型，新一

---

　　① 注：本文为浙江大学中国农村发展研究院教授黄祖辉2014年9月28日在"山东东平土地股份合作与集体经济有效实现形式高端论坛"上的发言，题目为编者所加。

代合作社，引入了股份。我想重点就是合作制本身也有一定的局限性，合作制的局限性在于它尤其向纵向延伸，向下游延伸。我们农业不是一个上游环节，农业是一个纵向一体的现代农业。在下游延伸过程当中，合作制的这种制度就有局限，因为下游是工业加工，它是适合于现代企业制度的，所以股份是一定要的，这是一个主要的原因。当然中国引入股份合作，以及刚才讲的其他要素决定了这个事。这是其二。股份合作制这个东西之所以在农业当中出现，就是因为它既能够发挥合作制家庭经营的优越性，即公平、民主等等；同时它又能突破合作制的局限，那种效应就是纵向延伸等等。这是其三。

（二）土地股份合作制是中国特有

土地股份合作是中国农业特有的制度，我想强调是"中国农业特有"。股份合作很多事情上很普遍，像是土地股份合作就是中国有，其他国家没发现。为什么？这是中国土地制度决定的。我们这个土地制度是集体所有、农户承包这么一个制度。国外土地是私有的，或者是国有的，它就不存在土地股份的问题，因为它就是资本，股份入股的是资本、资金这种技术入股，土地不再退出，但中国就要有。所以我昨天看了以后，东平几种类型的土地股份合作社包括现在国内土地股份合作发展非常快，我想绝不是偶然，因为它确实是一个中国特色。一个合作制，一个股份制，然后加中国特色的土地制度，这个土地制度就是我们的家庭经营，跟国外不太一样，即土地承包不是完全的产权。同时我们还有一个集体，集体对土地的所有权，所以土地股份合作是一个能够使我们中国特色的土地产权制度有它的实现形式。但还不完全就是农民土地的承包权益通过股份以后的一种分配，一种资源整合利用等等的问题，它还使得集体经济、集体对土地的所有权在意义上不断地实现。东平的集体经济什么都不行，但是通过土地股份合作，以后集体经济就活起来了。土地股份合作社搞得好，让农民能够实现财产权利，同时又能够使集体走出一条路子来，所以这个是一个中国特色，因为我们的土地制度目前还是这样子。我觉得这个非常重要。

（三）推进农业股份合作制

我这里不单单讲土地股份合作，因为还有其他股份合作。现在这个制度进一步推进和目前值得关注的主要问题，是一定要处理好股份制和合作制的关系，这个非常重要。为什么这么说？因为现在有许多所谓的股份合作，只有股份，合作是假的，比如说社区的合作制的本原就是一个农民的参与，体现了平等性、民主性等等的一些东西，很多人就这样叫出来了，政府也没鉴别。要处理好这个问题，一个是利益分配当中两者的关系，还有就是农业整个产业组织纵向一体的角度，上游的合作要以合作制为主，就是第一产业种植业、养殖业尽可能要以合作制为主。下游的，这个产业化，办加工厂，等等，跟工业有关的活动可以以股份为主。当然，从国外的经验来看，股份制合作社都是合作占主导，它的所谓的加工企业干的就是合作社控股，他们是子公司。但是中国现在的情况很难说，因为中国合作社力量不强大，所以中方企业一进来以后搞的股份合作很可能股份占主导，而资本不会占主导；核心人物分配，两个经营大户占50%了，不是不可以，但是一定要处理好这个关系。另外，我觉得要处理好家庭经营跟企业经营的关系。现在这种情况也是有，就是企业进来以后，股份合作不管是土地也好，资本进来也好，都是股份合作。这个农业经营，有些人没把握好家庭经营关系，我看到很多工商企业土地流转规模化，重新布局，然后专业化分工，让农民给他打工，这样不是不可以，但是我觉得要慎重。农业生产如果只以部分方式来搞，肯定效率低。一个家庭经营能不能搞产租到包，还要包给农户，让农民成为承包户，为自己干，这个非常重要，其他产业当中都发现了这个问题。企业反正觉得我企业搞了，专业化分工了，你干一天给你多少钱，但这种模式在上游不是很合适的，因为它的成本控制非常大。这个关系要处理好，还是要家庭经营，因为这个本身也是合作制的一个本原。如果成员都是雇员关系，你就不能叫合作制了。

这个合作制成上下级关系了，而合作制应该是个平等关系，所以这个非常重要；这不光是个农业效率问题，而且还延伸到合作制、股份合作制的性质问题，我觉得这个现在很麻烦，问题很多。

（四）防止合作制中股份异化

第一，防止股份异化。我们现在各种各样的新型组织，政府的家庭农场、股份合作农场、股份合作制什么很多，这样不是不可以，但是里面很多是异化的。为什么会异化？我就要怪政府，过去我们计划经济组织异化是意识形态，但现在不讲究了。现在的异化是政府干预，政府经济手段异化，然后政府不知道。结果很多所谓的家庭农场不是家庭农场，它都是雇佣式的。你扶持这种农场，很多股份合作制，你要是股份制的。股份制不一定要政策或资金支持，但现在一些制度干了什么，很多是农民这种方面的要支持，所以一定要防止异化，我现在对组织异化很担忧。然后就是各种创新，不能搞一刀切。这个我觉得东平一看它都是土地股份合作，但是还有个性差异，这个就是所谓从产业实际出发，从当地的要素配置出发，搞自己最适合的这种模式，这个我觉得是很重要的。另外，我觉得还有一点很重要，就是要素股份化和股权可交易化的关系非常重要。现在要素已经股份化，包括土地、资本。我现在讲股权可交易化的问题要解决。这个做得好，就是农民财产权利以外更好地实现，或者集体经济这种权益收益更好实现的一个途径。我们现在这个问题上就是说要素分化了，好处就是变化到人，凭这个去收益分配，然后资源充分利用等，更是资本权利的交易、流动问题应该提上议事日程。但是现在这个难点在哪里？难点是两个，一个是承包权。我们现在的流转什么入股基本都是经营权，土地承包权的问题能不能通过股权化，有没有一个退出机制，现在看来是没有。国家分地看来也不行，或者解体。不行，有偿，怎么有偿法？现在土地制度，中央文件里面就谈到承包经营权，很广，很坎坷。什么叫承包经营权？它明明是承包权、经营权的分离，但问题在于没有实现承包权有条件退出、有偿交易，这是一个土地制度上限制。

第二个限制就是集体经济制度。现在的集体经济制度也限制了这种产权的交易，因为现在的集体经济是封闭的，在有些权益上，承包权、宅基地权全是封闭的，成员才可以享受。如果放开交易的话，外面的能不能参与？不行。这样产权就实现不了。我觉得这个问题现在比较重要，就是要加快农村推进经济制度的改革和加快农村土地产权制度深化改革，两者同步推进。土地要解决三权分离和三权交易的问题，集体经济制度要解决一个从封闭性向开放性转变的问题。最后是成员依附。整个是农民的户籍制度，有这个身份就可以享受，身份依附向去掉依附转变，封闭向开放转变。我们的农村集体经济形式已经多样了，在不同的地区，工业化城市发展快的地方，集体经济可以转向现在的企业制度等。有这种苗头在里面，相信这个也会发展。就是不管怎么样，集体经济一定要创新。

七　股份合作：农村集体经济的有效实现形式[①]

今天我主要与各位交流两方面的观点。

（一）股份合作社是农村集体经济有效实现形式的原因

大家知道，我们国家是全世界实行集体所有制的少数几个国家之一。世界上的大多国家都有公有和私有，只有我们中国等少数几个国家有集体所有。这种制度安排它有一个最大的优点，就是通过共同占有生产资料，来实现共同致富。但问题是这种共同占有生产资料的生产方式很难搞好，为什么呢？它具有许多制度性的局限，比如产权不明晰、权责不对等。这就需要对经济制度进行一定改革，问题是怎么改？现在全国多少地方不约而同都采取了股份合作这种方式，实践证明，股份合作社是农村集体经济的有效实现形式。为什么这样说。第一，它不仅可以用于存量的改革，而且可以用于增量的发展。第二，它不仅可以整合资源、资产、资金，而且可以整合人力、人才、人心。昨天我们去参观的时候，合作社的村书记说："你看，我们现在老百姓人心齐了，环境好了，你不光是整合了资源，更重要的是整合了人心"。第三，股份合作不仅是我们农村经济产权制度改革的必然选择，而且是增加农民财产性收入的重要途径。到底什么是股份合作社，实际上我们国家有两类不同的合作机制组成。一类叫专业合作社，这是农民在农产品生产过程的某一个或几个环节上的合作，种植业、养殖业、服务业。而股份合作它是农村生产要素的合作，农村的生产

---

① 注：本文为江苏省政府研究室顾问、苏州市委农村工作办公室原副调研员卢水生 2014 年 9 月 28 日在"山东东平土地股份合作与集体经济有效实现形式高端论坛"上的发言，题目为编者所加。

要素可以分为存量与增量，存量就是集体资产的改革，现在我们一般把它称为集体资产股份合作社，这个表达更精确一点。增量主要是土地、资产、劳力，可以把他们分别整合起来。我们所谓股份合作社实际上是讲实体资产量化，或有农民以土地、资产、劳力等生产要素入股联合经营，平均或基本平均使用股份，实现利益共享、风险共担、民主管理的农村新型合作机制。股份合作社实际上不是简单的生产资料相加，而是各取所长。

（二）股份合作社的四种实现形式

股份制在全世界方兴未艾，合作制 300 多年发展仍还需完善，这是因为合作制它的制度安排是有缺陷的。比如说我们合作制叫入社自愿，退社自由，老百姓讲就是"高兴入就入，不高兴入就不入"。股份制在办事的宗旨方面，它用的是合作制，它在出股的合作方面是合作制，但在组织方式和分配方式上是采取的股份制。我们现在推行的股份制合作主要分为两种。

第一个叫社区股份合作社。我们刚才讲了资产股份合作，它是把实体资产量化，苏州 1240 个村全部是这样。徐小青研究员也讲到，量化股权的人员资质界定问题，实际上，界定的最好方法是交给老百姓。有一种是叫简单法，集体资产不多的，就村民一人一股。资产大的，就是用精确法，什么叫精确法，我们叫农民法。农民按照集体资产领取的时间和村里居住的时间，满二十年就是一股。我们这种合作社的组建，始终把握三条原则，第一条叫共同赋予的根本目标不可动摇，我们不是为了少数人富裕，而是要大家共同富裕。第二，在这个基础上对一些具体细节问题可以大家讨论决定，所以我们 1240 个股份合作社基本上没有两个完全相同的，各自有各自的实际。第三，争论不休的问题可以搁置争议，先发展起来再说。

第二种叫做土地股份合作社。这是在稳定家庭承包经营的基础上，动员农民以土地经营权入股，通常一亩作一股，以承包证换股权证，然后由合作社平整土地、建设现代农业园区，然后将土地出租给农业企业、种田大户、家庭农场发展现代农业，取得收入实行按股分红的新型合作经济组织。

第三种称作置业股份合作社。又称"富民合作社"。这是苏州昆山农民的一大创造，是指利用农村集体建设用地或国有建设用地，由本集体经济组织成员以闲散资金自愿入股，平均或基本平均持股，通过建设标准厂房、商业用房、集体宿舍楼等取得出租收入，实行风险共担、利益均沾、民主管理、承担有限责任的股份合作经济组织。到 2013 年底，苏州已成立置业股份合作社 370 家，入股资金 54.3 亿元，入股农户占农户总数 10.7%，年分红超过 4.7 亿元。

第四种是劳务股份合作社。这是由农民或社会团体作为发起人，吸收有劳动能力但难以寻找到合适就业岗位的农村闲置劳动力参加，自愿联合，对外提供劳务，承接绿化、道路养护、社区物业管理、农业生产技术服务等，对内实行民主管理、自我服务、利益共享、风险共担的一种农村新型合作经济组织。至 2013 年底，全市已成立劳务合作社 239 家，入社农民超过 1.7 万个成员，当年收益达到 2.03 亿元。

村级经济的发展不光有利于村，可以有利促进我们乡镇经济的发展。这是因为我们村里收的是租金，我们乡镇以上政府收的是税金，而乡镇经济的发展有利促进了我们县域经济、市域经济的发展，这也就随之促进了城乡经济一体化的发展。

八　东平土地制度改革的探索实践①

首先感谢会议主办方的邀请，我首先向大家作一个说明，我并不是一个专家，也不是一个学者，而是过去长期在农村工作的一个实践工作者，对"三农"问题特别是对农村土地制度和农村基本经营制度有一些认识、有一些感受、有一些体会，在这里和大家一起探讨、交流一下。参加这次论坛，并在昨天进行了实地参观，听了他们的介绍，今天又听了很多专家学者的发言，让我感觉这次会议开得很好，越讨论越热烈。对我自己而言，收获也很大，感受也很深。本次论坛的主题立意深刻，一个是土地股份合作，一个是集体经济有效实现形式。从我个人的理解来讲，它不仅是要研究股份合作问题，也不仅仅是要研究集体经济的实现形式问题，而是

---

① 注：本文为山东省政府参事室参事盖国强 2014 年 9 月 28 日在"山东东平土地股份合作与集体经济有效实现形式高端论坛"上的发言，题目为编者所加。

探讨土地制度的创新问题，探讨农村基本经营制度的创新问题。接下来我将主要围绕这两个问题，结合昨天实地参观的一些感受和认识，就如何看待东平改革谈几点看法。

在山东省、泰安市党委、政府的领导下，东平县本着先行先试、勇于创新的理念，做了很多有益的尝试和探索，也取得了很好的经验和做法。目前大家也看到了一些明显的成果，确实走出了一条路子。我觉得他们的做法很值得总结，很值得专家们来研究，也很值得实践工作者在工作当中加以推广。

第一，历史地来看东平改革的意义。

我们中华民族几千年文明史，说白了就是农耕文化史。几千年来，生产力的发展，生产关系的变革，无一不是和土地制度的变迁联系在一起。从商鞅变法，废除井田制，实行私有制，这两千多年的历史演变中，有的朝代颁布了均田令，有的发布了均田法，但是一直到辛亥革命，孙中山的承诺是"平均地权"，但是这几千年都没有实现"耕者有其田"，只有在新民主主义革命时期，在中国共产党的领导下，我们才通过新民主主义实现了"耕者有其田"的目标。大家对这段历史非常清楚，中国共产党1921年制定的革命纲领中规定：没收地主土地，把土地无偿平均分配给劳苦大众。中国共产党领导新民主主义走的是什么道路？是农村包围城市，这是中国的国情决定的。我们提出的口号是"打土豪分田地"，革命从1921年到1949年经历了28年时间。我认为新民主主义革命的成功主要是通过土地改革实现了耕者有其田。1947年在西柏坡召开了全国土地改革大会，到1950年颁布土地改革大法，实行了农民土地所有制。但是，我们建国之后经历了非常短暂的休养生息、互助合作之后，开始了从互助组到合作社，从初级社到高级社，到1958年推行人民公社化，生产资料入社，生活资料归农民所有，包括农民的宅基地。实行人民公社化之后，1961年颁布了一个条例，即人民公社三级所有，生产大队为基础，到了1962年又进行了修改，实行生产队为基础，又退回到人民公社三级所有，小队为基础。至此，基本形成了我们那个时候的土地制度和基本经营制度。土地制度就是集体所有制，基本经营制度就是"人民公社三级所有、队为基础"的经营制度。就是在这种经营制度下，虽然我们经历了1958年红旗招展的大跃进，也经历过"大学大批促大干"，轰轰烈烈的"农业学大寨"，但最终的结果却是，30 年下来也没有解决中国人民的吃饭问题，这主要是制度造成的。因此才有了 1978 年十一届三中全会之后农村大包干的改革，大包干推行之后确实调动了亿万农民的积极性，改革的红利迸发出来，很快解决了温饱问题，进而开始迈向小康。但是我们的大包干有它的局限性，它只解决了农民生产经营环节的问题，并没有解决农民对土地的产权问题，同时仍旧沿用了农民公社改为乡、生产大队改为村、生产小队改为村民小组这种过去人民公社沿用的那种旧的基本经营制度，但其实质并未发生变革。大包干的局限性就在于没有土地产权制度改革，没有进行农村基本经营制度的深刻变革。我们的土地制度和经营制度仍然不适应生产力发展的水平和要求，我们深化农村土地改革的着力点，也可以说是聚焦点，就应该是土地制度的创新和农村基本经营制度的创新。

通过昨天看了东平县在华中师范大学专家们的指导下进行的这场改革，尽管题目提出来的是土地股份合作和集体经济实现形式，实际上他们正在进行着农村土地制度和基本经营制度深刻变革的探索。这是从历史角度来看，这次改革的意义。

第二，从现实来看东平改革的意义。

十一届三中全会以来，大包干确实调动了亿万农民的积极性，30 多年来我们的农业、农村发生了深刻的变化，我们过去形容变化大叫日新月异、翻天覆地，我认为用在大包干之后的农村是最形象的，特别是农业粮食生产实现了八连增、九连增、十连增，今年有望十一连增。总的来讲，形势是好的，我们的农业增产已经超过了 5 万亿，粮食增产超过了 1 万 2 千亿，农民人均收入超过了 8000 元，可以说发生了很大的变化。但是我认为基于中国的国情，对农业形势的分析必须牢牢把握两句话：一是时时刻刻要有忧患意识，二是时时处处要实事求是。什么时候对中国的农业、对中国的粮食问题没有忧患意识，就要出问题；什么时候不实事求是，搞形式主义、弄虚作假，中国的农业就要出问题。1958 年大跃进就是搞形式主义、弄虚作假，农业学大寨也有形式主义的问题。当前农业、农村还出现了许多问题。摆在面前的首先是有效耕地面积的逐年减少，环境污染日益加剧的问题，由此带来的粮食安全、食品安全、生态安全问题，这些是现象性的问题。我感觉还有一些深层次的问题，恰恰是由于从高级社、人民公社化、生产资料归集体所有之后，整整 60 年来农民从来没有把土地当成自己的。可以说是由于农民这 60 年从来没有把土地当成自己的，因此带来了现在耕地减少，环境污染等等问题，其中最主要的就是因为土地的产权不清晰、主体不明确，谁来代表集体呢？伴随而来的是一个更严重的问题，就是农村对农民没有吸引力。我们常说 2 亿 7 千万农民工，我认为相当一部分是盲目流动的。现在存在的最突出的问题，就是农业内在的动力、内在的活力、农村内在的动力不足，这是我们必须关注的问题。农业有什么内在的动力呢？农村还有什么样的活力呢？农村和农业对农民还有什么样的吸引力呢？这些问题是怎么造成的呢？这就是我们的土地制度和基本经营制度造成的。特别是我们现在面对全面深化改革，尽快建立完善农村社会主义市场经济体系，充分发挥市场机制配置资源的决定性作用，市场机制配置资源的作用是什么？那就是明晰产权，进行产权交易。

我认为这些问题恰恰暴露了我们在深化农村改革当中需要解决的一些核心问题。大家想象一下，农村产权不清晰，农村没有产权交易，哪来的市场经济呢？哪来的市场经济体制呢？尽管我们现在挂了很多产权交易牌子，有多少产权和交易呢？特别是从十八大之后提出了"四化同步"，城乡一体化发展的思路，我认为这是新一届中央领导高瞻远瞩深思熟虑的结果，但是我们应当看到"四化同步"的短板在哪里，"四化同步"的短板在农业现代化，城乡一体化发展的制约因素是农业现代化，我们最大的民生问题是农民问题。我们搞城镇化，只把城市建设好，美化外观，地上地下，高楼大厦，那就叫城镇化吗？习总书记说，没有农村的现代化不可能有城镇的现代化，中国的国情，新民主主义革命走的是农村包围城市，我们在现代化建设当中，在中国的国情下，如何看待农业、农村、农民问题，在"四化同步"、城乡一体化发展中"三农"问题的地位和作用，应该再认识。制约"四化同步"的不是城市发展，而是农村发展，解决民生问题不是城市问题，而是农民问题。工业化问题不是在工业当中，而是在农业现代化当中。我认为现在最大的不公是城乡的不公，最大的差距是城乡之间的差距，我认为提出"四化同步"和城乡一体化发展应该作为解决中国多年的老大难——"三农"问题的历史机遇，而不应该在城镇化中把工农剪刀差拉得更大、把城乡差距拉得更大，应该缩小这个差距。

解决这些问题靠什么，如何解决这些深层次的问题？东平现在经济社会发展当中尤其是农村方面也遇到了很多矛盾和问题。恰恰是因为他们正视这些矛盾，而且积极主动地去解决这些矛盾，才提出了深化土地制度改革问题。我认为他们的改革不是上级领导"要我改"，而是他们从东平的发展出发，从东平面对的实际问题出发，内生性的"我要改"，所以他们的改革有积极性，有主动性，也有创造性。在宏观上解决这些问题，我的观点是，要靠改革，靠制度，不能再靠头痛医头、脚痛医脚的碎片化政策。因为我们这些年来解决农村问题靠什么？就是靠文件，有人讲中国的农业是什么农业呢？是文件农业。我们解决问题就是靠政策，没有粮食了，搞粮食补贴；没有棉花了，搞棉花补贴；要提高机械化，搞农业机械下乡补贴；家电卖不了，搞家电下乡补贴；没有猪肉吃了，搞母猪补贴，那么这些政策好不好呢？当然好，总比向农民要好，但是能不能解决农村的问题呢，能不能解决刚才我谈到的这些宏观上的社会现象问题和深层次的体制机制矛盾问题呢？答案也很明显：解决不了，或者说解决不好。所以说我们现在应该从着力靠政策向靠制度来转变，只有制度农业才是市场农业。而且这个制度核心是土地制度和农村基本经营制度。什么样的土地制度决定什么样的基本经营制度。经过高级社，生产资料入社，人民公社化的土地制度变革之后才有了人民公社三级所有那种基本经营制度，但是随着土地制度变革，基本经营制度变了，经济基础变了，上层建筑也相应要变革。所以说这两个制度也是相辅相成的，土地制度决定基本经营制度。我们要发挥好这些年的政策优势，靠政府的政策推动，靠我们党的惠民政策，还要加上市场机制和制度保障。这样，有政治优势，有市场机制的作用，既有有形的手，也有无形的手，两者有机地结合起来，那才是我们中国农业现代化之所在，新农村建设希望之所在。我们必须从政策农业转变为制度农业，把政策和制度有机地结合起来，把政治优势和市场机制有机结合起来。要靠制度的创新，单纯依赖政策是不行的，光靠文件绝没有中国农业的现代化。东平县恰恰是正视这些问题，不是"要我改"，而是"我要改"，在土地制度和产权改革上探索取得了很好的实践效果。

第三，从发展来看东平改革的意义。

这些年来东平县通过改革极大促进了经济社会的发展，不管是 GDP 的增长，财政的增收，人民生活水平的改善，还是社会各项事业的进步，都取得了可喜的成绩。但是改革和发展都是一个过程，都不是一蹴而就的，改革也是一个不断深化、配套和完善的过程。尽管这次改革激发了活力，但是生产力的发展、整个农村经济的发展、工业的发展，一、二、三产业结构的调整等等，也是一个发展的过程。特别是在这次改革当中，刚才大家谈到了很多具有争议性的问题，我们回过头来看，有些问题就没有争论的必要了。我给大家举个例子，就是当年农村大包干问题。我那个时候正在公社里工作，当时正在推行农村大包干。中央第一个一号文件是不允许分田单干的；第二个一号文件就逐步放开了，允许个别边远地区、长期解决不了温饱问题的地方可以进行一些探索；这之后的一个文件提出可以实行一些"四小五定"，小组作业、小段包工；再后来的一个文件就提出可以搞包产到户，最后就可以搞大包干，小名叫大包干，起了一个大名叫家庭联产承包责任制。家庭联产承包责任制的推行经历了一个过程，而我们土地制度创新和基本经营制度创新也是一个过程，恐怕也是从我们探讨土地的股份合作、探讨集体经济的实现形式开始，也要有一个不断深化、不断配套和不断完善的过程，不可能一蹴而就，不可能一个新制度一下子就诞生了。我认为东平县的经验恰恰是进行了这个探讨。

30 年前，为什么中央从不允许到允许，从边远地区可以到全面推开，从"四小五定"到包产到户，从包产到户到大包干，从一开始的权宜之计到根本措施，从长期不变一直到现在中央讲长久不变，特别是十八届三中全会，又对农业提出了一系列的改革措施和方向目标，要求我们要赋予农民更多的财产权利，要增加农民财产性收入，这个是什么意思？农民除了土地、除了宅基地还有什么财产，让农民平等参与改革开放，共同享受改革开放的成果。为什么中央要提出探讨集体建设用地进入市场的试点？探讨宅基地可以抵押的试点，目的是什么？为什么提出构建城乡统一的要素市场？我认为城乡一体化主要是三个体系一体化，一个是商品体系一体化，一个是要素市场体系一体化，再一个就是社会保障体系一体化。而我们现在核心的问题就是生产要素市场的一体化问题，要素市场一体化最关键的就是土地要素市场的一体化问题，中央现在在全国各地开展的农村确权登记，为什么中央现在要做确权登记工作，为什么要进行户籍制度的改革？这些就是要打破城乡二元结构的体制。我们现在回过头来看，二元体制在计划经济体制下尽管对城市建设、工业化起到了积累资金等积极作用，但是对于农业、农村、农民来讲，我认为二元制度主要是人的二元制、土地的二元制，它的效果是什么？束缚了农民、制约了农村、限制了农业的发展。改革开放到今天必须要彻底打破二元结构，不仅要打破人的二元结构，而且要打破土地的二元结构，构建统一的土地市场。中央一号文件最近提出要探讨集体所有制的实现形式，要抓紧完善修订法律法规，这是中央一号文件已经明确提出来的。

关于农村集体所有制的实现形式，我们不妨回过头来看一下20年前邓小平"南巡"之后，我们探讨的是国有企业改制。那个时候是探讨公有制的实现形式，目标是建立现代企业制度。我们今天探讨的目的和20年前邓小平"南巡"之后探讨公有制的实现形式、建立现代企业制度是一样的，只不过那是城市，这是农村。探讨现代农村土地制度，探讨现代农村基本经营制度，这就是我们实现形式的目标。我们要用发展的眼光来看，当时国有企业改制的时候毛病也很多，争论也很多。我当年做县委书记时，我就说国有企业改制探讨公有制实现形式，我理解就是一个字，我认为就是"卖"，国有企业改革就是卖，全卖给外商就是独资企业，部分卖给外商一般叫合资企业，上市企业就是卖给股民。什么叫"卖"？"卖"就是市场机制配置资源的一种手段，就是产权交易，只不过用一个土话把它说明了，我们老是回避买卖没有意义。现在我们探讨土地制度和基本经营制度的创新和改革，我们虽然现在叫土地流转，但实质是市场机制配置资源，就是产权交易。

在这里我也想谈谈我个人对这两项制度改革最终目标的一些看法。我认为土地制度创新，实际上就是把承包经营权改为法律财产权，赋予农民，就是一项产权制度的改革。这次确权颁证实际上就是为产权制度改革奠定基础，赋予农民的并不仅仅是承包经营权，而且是法律财产权。这个措施落实了改革就到位了。对农村土地制度改革目标，我写了一本书，起了一个题目，这个题目是《让农民把土地当成自己的》，我提这个题目是因为这个题目怎么理解都可以。农村土地制度改革不管最终法律如何规定，不管顶层如何设计，也不管我们专家学者如何解读，必须让农民把土地当成自己的，如果农民不把土地当成自己的，我们的土地制度就不可能适应生产力发展的要求，就不可能符合民心民意的要求，就不可能进一步解放发展生产力，就需要进一步完善。

关于基本经营制度问题，基本经营制度改革的目标是什么？我们要探讨集体所有制的实现形式，农村基本经营制度首先应当确立家庭经营的基本形式，将来农业仍然要以家庭经营为基本形式，这一条也是农业生产的特点，自然规律和经济规律所决定，也是民心民意所决定的，同时也是国内外的实践所证明的。不管探讨什么样的，必须彻底摒弃"一大二公"这种传统的思维方式，不要总考虑越大越好、越公越好，它的基础单位应该是以家庭为主。而在这个基础上随着生产力的发展逐步发展多种形式的合作模式、农业企业。农村基本经营制度就是随着新型组织的产生，传统的集体经济就逐步淡化淡出，同时农村这个层面的村级组织职能也相应转变，农村基本经营制度的变化绝不意味着削弱农村党支部和村委会自治的作用，反而是转变职能之后实现了政企分开，新型经济组织搞好企业，村委会搞好社区管理，进一步加强社会治理，这也是社会治理体系的一个重大变革。

我还有几句话在这里和大家沟通一下，也是我这几年来对农村、农民、农业问题个人的一些想法，我不是专家学者，这几句话可能也不成观点。

第一，过去、现在和将来，中国最大的问题就是"三农"问题，并不是城市问题。而解决"三农"问题的关键是什么，是土地问题。

第二，我们的土地制度和基本经营制度的创新既不能走传统的发展壮大传统集体经济的老路，也不能走私有化的邪路，而是探讨农村集体所有制的有效实现形式。

第三，要想做好这两项改革，一是必须要冲破私有化的束缚；二是必须要冲破传统发展壮大集体经济口号的束缚。同时，我认为中国的农业应该是最大的民营经济、合作经济，而不是传统意义上的集体经济。

第四，城镇化发展的主要矛盾在农村而不在城市，加快城镇化不是农民的市民化，而是农民的职业化。真正的农村土地制度和基本经营制度变革之后会出现数以亿计的职业农民，以地为本、以农为业的职业农民，会出现数以千万计的家庭农场，会出现数以百万计的合作社，到那个时候我们才能够真正的说农民不再是一种身份，而是一种职业，是一种体面的职业。同时，城镇化并不是土地的城镇化，而是土地的市场化。

第五，我们最近都讲民以食为天，我认为这句话只讲了一半，还有更重要的一句话，农以地为本，不懂得农以地为本，就不懂得民以食为天。现在大家都讲要把饭碗端在我们自己的手里，我们要想把饭碗端在自己手里，必须让农民把土地放在自己心上，让农民把土地当成自己的。

第六，这项改革整整晚了 20 年，土地产权制度改革、土地制度创新和农村基本经营制度创新应当在 20 年前邓小平南巡之后国有企业改制第二轮研讨的时候是最佳时期，恰恰那个时候第二步改革改什么，有的讲要产业化，有的讲要社会化服务，有的讲要完善双层经营制，有的讲要税费改革，这些都是非常必要的，但是治本的是土地制度的改革。可以说，我们整整丧失了 20 年的机遇，现在我们又面临着一个倾向，农村改革改什么，是土地流转，是发展合作社，是发展家庭农场？都不是，现在的焦点是农村产权制度改革，是土地制度和基本经营制度的创新。

九　农村集体经济发展的新探索①

在全国上下深入学习贯彻党的十八大和十八届三中全会精神，全面深化改革的热潮中，各位领导、专家齐聚在泰山圣地、东平湖畔，举行土地股份合作与集体经济有效实现形式高端论坛，就东平县开展土地股份合作、发展壮大集体经济问题进行专题研讨，具有很大的理论意义和实践意义。

山东是人口大省、经济大省，全省总人口 9685 万人，2013 年 GDP 达54684.3 亿元，农民人均纯收入 10620 元。齐鲁大地是中华文明的重要发祥地之一，素有"孔孟之乡""礼仪之邦"之称，许多著名历史人物诞生于此。齐鲁大地物华天宝，有着以"一山一水一圣人"为代表的丰富的旅游资源。山东是革命老区，具有悠久的红色传统。1921 年，山东就建立了党组织，是最早的省份之一。抗日战争和解放战争期间，山东军民浴血奋战、踊跃支前，在册烈士 22.5 万多人。山东农业基础扎实，产业门类齐全，主要农产品产量均居全国前列，2013 年，全省农业增加值4742.6 亿元，居全国第一位；粮食总产量 905.64 亿斤，连续 11 年增产；油料总产量 349.6 万吨，居全国第一位；棉花总产量 62.1 万吨，居全国第二位；蔬菜总产量 9658.2 万吨，居全国第一位；园林水果总产量

---

① 注：本文为山东省委农工办原副主任刘同理 2014 年 9 月 28 日在"山东东平土地股份合作与集体经济有效实现形式高端论坛"上的发言，题目为编者所加。

1601.5 万吨，居全国第一位；肉蛋奶总产量 1452.2 万吨，居全国第一位；农产品出口 152.1 亿美元，占全国的四分之一。

党的十八届三中全会对全面深化改革作出重大战略部署，习近平总书记在中央农村工作会议上的重要讲话，对全面深化农村改革作了进一步部署，去年习近平总书记来山东视察时对山东做好"三农"工作提出了明确要求，希望山东增强进取意识，勇探新路。山东省委、省政府认真贯彻落实中央的决策部署和习近平总书记对山东工作的总要求，始终坚持把"三农"工作放在重中之重的位置，努力推动由农业大省向农业强省跨越。

一是创新农村经营体制机制。深化农业产业化经营，加快农业转型升级，2013 年全省农业产业化龙头企业发展到 9109 家，销售收入 1.4 万亿元。全省县以上农业园区发展到 2527 个，农业标准化生产面积达 2752 万亩，畜牧业规模化、标准化饲养比重达 60% 以上，现代渔业园区 28.2 万亩，"三品一标"农产品 6100 个。大力发展农民合作社，培育新型经营主体。目前农民合作社已发展到 11.98 万家，其中土地股份合作社发展到 3855 家，资金互助合作社 1790 家，互助资金总量达到 32 亿元，家庭农场发展到 3.8 万家，各类农业社会化服务组织超过 20 万个。加快推进"三权"分离，基本完成了农村集体土地所有权、集体建设用地使用权、宅基地使用权等的确权登记颁证，发证率分别达到 99.29%、95.67%、94.73%。土地承包经营权确权登记颁证目前有 91% 的村庄开展了工作，已有 32% 的村庄完成了任务，明年将全部完成。

二是深化农村产权制度改革。深化林权制度改革，全省集体林权制度主体改革任务已基本完成，配套改革全面铺开，出台了《山东省林权抵押贷款管理办法》，在 17 个市和森林资源集中的县（市、区）建立林权流转管理服务中心，开展森林资源资产评估体系建设。全省林权抵押贷款近 10 亿元，林下经济开发总面积近 400 万亩，产值 130 多亿元。深化海域使用权产权改革，全省已确权海域面积 46 万公顷，占应确权面积的55%，办理海域使用权抵押登记面积 12505 公顷，抵押金额 12.2 亿元。深化小型水利设施产权改革，全省累计改制水利工程 87.5 万项，回收资金 29 亿元，盘活资产 32 亿元。推进农村集体资产股份合作制改革，在对农村资源、资产、资金全面清产核资的基础上，把农村承包地之外的集体各类资源性、经营性资产作股量化到集体经济组织成员，组建社区股份合作社、集体资产股份公司等新型集体经济组织，发展壮大集体经济，增加农民财产性收入。目前，全省有4254个村完成产权制度改革，占村庄总数的5%。

三是开展农村产权交易市场建设试点。按照中央和省委关于"建立农村产权流转交易市场，推动农村产权流转交易公开、公正、规范运行"的要求，每市选择1—2个县（市、区）进行农村产权交易市场建设试点。已建交易市场开展了农村产权流转和交易、资产评估、招投标、产权抵押贷款鉴证、农业信息发布等服务，并逐步将农村各类产权纳入有形市场公开交易。目前，全省已建立市级产权交易中心4个、县级产权交易中心（所）7个、乡镇产权交易中心（所）121个。

四是构建农村现代流通网络。以供销社为龙头的农村现代经营服务网络、以邮政物流公司为龙头的三农服务网络、以城市大型商贸集团为龙头的双向流通网络、以粮油加工企业为龙头的食品供应网络、以交通运输企业为龙头的农村物流服务网络和以大型农产品批发市场为载体的农产品流通网络等六大现代流通网络基本建成。

五是创新农村金融服务体系。稳步推进符合条件的农村信用社、农村合作银行组建农村商业银行。截至5月末，全省已成立农商行42家。鼓励和引导有实力的商业银行在我省批量化发起村镇银行，今年新设村镇银行3家，总数达到85家。目前全省共审批设立小额贷款公司400家，"三农"贷款余额284.28亿元。推动融资性担保机构为"三农"服务，已设立专业化"三农"融资性担保机构9家，新增涉农融资担保金额34.8亿元。

六是创新农村社会管理体制。适应农村生产生活方式和社会结构的新变化，山东省以实行农村社区化服务与管理为突破口，积极创新农村社会管理体制。规划到2030年，我省农村户籍人口和常住人口，由目前的5482万人、4502万人，分别减至3750万人、2970万人，并按2公里基本公共服务半径"画圈"，在现有6.5万个行政村的基础上，到2030年建设约7000个农村新型社区，保留3万个村庄（含5000个中心村和2.5万个基层村）。

东平县是山东改革发展的一个缩影，近年来，他们认真贯彻中央和省

委、市委战略部署，勇于创新、先行先试，深化改革，创新体制机制，组
建了泰安市第一家土地股份合作社，成立了全省首家农村综合产权交易
所，初步形成了以"四权四化"为核心的农地产权制度改革新路径和集
体经济发展新模式，有效改善了农村民生状况，加快了农业现代化进程，
促进了农村经济社会进步。

与会的各位领导、专家，学养丰厚、视野开阔。这次莅临现场视察指
导，我们热切期盼对东平的做法进行深层次剖析，从理论和实践层面提出
宝贵意见建议，我们将认真听取，并努力贯彻落实到改革发展的实践中
去。真诚地希望各位领导、专家在今后的工作中继续关注山东、关注泰
安、关注东平，对山东经济社会发展给予热情指导和支持帮助。

十　成功的改革往往缘于基层动力[①]

中国所有能取得成功的改革往往都是缘起于底层动力的推动，东平改
革的经验恰恰是政府呼应了这个潮流。

1949 年新中国成立以来，我国土地改革经历了几个重要阶段，农村
土地的分分合合中自有规律。1949 年至 1952 年的土地改革，平分了土
地，让农民获得了土地，使得农民生活上得到很大改善。但由于贫苦农民
生产工具短缺、又缺乏经营理念，当时的土改，对解放发展生产力的作
用，并不是很明显。

随后，国家推动农业合作化，将土地收归到集体，在这一过程中，土
地所有权、经营权等，收回到集体手中，历史证明，这种做法对生产力破
坏非常大，虽然实现了平均功能，能较好地提供公共服务，但对提高农民
积极性没有多大好处。

在上述背景下，20 世纪 70 年代末 80 年代初，在土地所有权不变的
基础上，把土地承包给农户，提高农户生产积极性，农户的生产效率大为
提高，农民生活得到较大改善。

然而，随着工业化、城镇化的发展，第三阶段到来，特别是随着农村

---

① 注：本文为华中师范大学中国农村研究院执行院长邓大才对《东平"土改"》的专家评
论，刊于 2015 年 11 月 2 日《中国青年报》，朱娟娟、雷宇整理。

农民户数的增加，原来承包到户的土地，越来越零碎，大量农民不得不外出打工，这一阶段，农业生产解决了农民的温饱问题，但不能解决农民的致富问题。

一个现实问题是，大量农民外出务工，把土地作为口粮田来对待，还出现大量抛荒现象。如果再不改革，土地效益难以提高，而且土地还束缚了部分农民外出务工，已经到了必须要进行新一轮改革的阶段。

2014年，中共中央办公厅、国务院办公厅印发《关于引导农村土地经营权有序流转发展农业适度规模经营的意见》，明确指出，土地流转和适度规模经营是发展现代农业的必由之路。

以东平为代表的此轮土地改革试验，一是通过确权，稳定承包权；二是通过股份制，搞活了经营权；三是通过集体入股和参与经营，实化了所有权。

具体来说，即通过确权的方式，让农民有了稳定的土地承包权，土地具有财产性质，可以放心大胆地把土地出租或入股。东平采取入股的方式，成立土地股份合作社，集体、农户、大户，形成混合所有制的形式，把经营权搞活。其中，农民在这个过程中，土地得到稳定收入，还可参与分红，分享到了发展的收益。

在全国范围内来看，目前在浙江、广东等相对发达的地区，土地改革均有尝试，但类似山东东平这样探索农村集体经济有效实现新模式的改革，更让人眼前一亮。

在南方农村，虽然农户个体意识较强，但对村庄来说，需要建设基础设施，改善公共服务，光有农户个体是不行的，村庄集体同样需要发展。

改革开放三十年来，只是给了农民承包权，但经营权没有搞活，所有权还有所弱化。东平土改试验，通过市场的方式，尊重个人意愿，以股份合作来推进改革，不光农户获得收益，也能为集体提供一定收入，符合社会发展趋势。这种理念，对全国各地都有借鉴意义。

十一 东平土地股改 实现农民集体双增收①

非常高兴也特别感谢农村集体产权制度改革座谈会主办方给我两次非

---

① 注：本文节选自中国农科院教授秦富2015年8月25日在贵州召开的全国农村集体产权制度改革座谈会上的点评发言，题目为编者所加。

常宝贵的学习机会。一是会前到山东省东平县实地调研学习，二是本次参加的现场交流学习。谈个人的六点体会、三点思考、三点建议。

体会一：因村制宜，充分有效利用资源是基础。

东平县农村集体产权制度改革试点坚持"因地制宜，因村制宜"的原则，各试点村针对自身的资源禀赋情况，充分利用资源优势，积极探索资源高效利用的新途径，这是改革试点非常重要的基础。

1. 充分利用土地资源。接山镇后口头村濒临大汶河，河内有荒地400多亩，路旁、沟旁、村庄周边有约300亩边角地，本次改革对边角地进行了平整，经营苗木花卉。

2. 积极发挥水资源丰富优势。在已有水产养殖面积8.4万亩（其中大湖"三网"养殖3万亩）的基础上，引进浙江海亮集团，实行水面养殖使用权租赁经营，建设东平湖生态养殖基地。

3. 有效利用山地资源优势。银山镇南堂子村地处东平湖西岸，昆山脚下，三面环山、一面环水，该村整合了全村620亩山坡地（耕地）和580亩荒山，成立了最美乡村土地股份合作社，重点发展特色生态农业，着力发展林果产业，建设了生态采摘园，将生态农业与旅游业紧密连结在一体。

体会二：挖掘边角，盘活壮大集体资产是重点。

东平县很有效地解决了无区位优势、无资源优势、无资金技术的"三无"村集体增收问题，积极利用路坎壕边、闲置荒片、房前屋后、边边角角的集体闲散土地资源，通过股份合作的形式，与各类市场主体、群众合作发展种植业或其他经营项目，实现了各方的共建共赢，形成了村集体"边角经济"增收模式。利用"边角经济"发展村集体经济，不仅能盘活集体闲散土地，又能增加集体收入、壮大集体经济，有效破解了薄弱村、空壳村的起步难题。

1. 截至目前，东平县共清理荒片1.1万亩，村集体收回利用5000多亩，通过种植苗木花卉，预计年增加村集体收入450万元。

2. 彭集街道安村安大土地股份合作社在村内荒片上，投资52万元，建起了占地20亩的粉皮加工企业。积极引导农户加入合作社，发展粉皮加工、生态养殖、有机蔬菜、食用菌种植四大产业，2014年村集体收入突破千万元，农民人均纯收入突破1.7万元。

3. 接山镇后口头村土地股份合作社通过平整四荒地和河滩地，增加了约 300 亩土地用于种植苗木花卉、紫薯等经济作物，集体统一经营，收入按股分红。

4. 彭集街道后围村专门对荒坑、荒片、自留地、空宅及房前屋后进行系统丈量回收和核查登记，共腾出土地 310 余亩以供集体利用（村内土地面积增加了 41.33%），且这些土地大都为经营性建设用地，为未来"与国有建设用地使用权同等入市、同权同价"做好了准备，也为今后发展各类产业以及推进城镇化进程奠定了基础。

体会三：灵活设置，创新农村集体产权实现形式是关键。

东平县各试点村根据自身的情况，在股权设置上做了较多的尝试，创新了农村集体产权的多种实现形式。重点在于只要能有效调动（通过看得见、预计到的实际利益）积极性，农民群众、基层组织的创造力是无限的。

1. 彭集街道后围村的股权分为四种，分别是资产股（集体净资产）、资源 A 股（村集体非农耕地，荒片约 310 亩）、资源 B 股（家庭承包地）、资金股（募集产生）。其中，资产股的 30% 留作集体股，其余按照人口基本股（7 股）和劳动贡献股（3 股）设置，18 周岁以下成员每人 7 股，18 周岁至 38 周岁增加 1 股，38 周岁至 60 周岁增加 2 股，60 周岁以上增加 3 股；资源 A 股按照每位成员 7 股进行配置。股权设置后，每 5 年调整一次股份。

2. 银山镇南堂子村的股权分为土地股、集体资产股和大户成员股，共计 3018 股，其中，土地股主要是农户的土地入股。此外，该村按照"增人增股，减人减股"的方式实现总股数的稳定性，并坚持"民投资、民管理、民收益"的经营原则。

3. 合作经营。东平县瑰青土地股份合作社以瑞青玫瑰种植专业合作社为基础，以家庭农场为依托，吸引 48 户、344 亩土地入股，带动周边形成千亩玫瑰种植基地。土地股份合作社整合了资金、技术和管理，实现了合作发展。

4. 内股外租。梯门镇西沟流村宝泉土地股份合作社将 1400 亩土地对外租赁给泉灵农场，将分散的山岭薄地发展樱桃、石榴、核桃等高效优质林果规模种植，提高了土地产值。

体会四：以业富农，形成支柱产业或主导产业是核心。

东平县农村集体产权改革主要以支柱产业、主导产业发展为依托，通过不同产业发展，实现"以业富农"，带动农村集体产权的改革。

1. 彭集街道安村投资 52 万元建起了占地 20 亩的粉皮加工小区，投资 1336 万元建设了占地 40 亩的年可出栏 3 万头的高标准大型生猪养殖场，投资 800 万元利用 322 亩土地建成目前国内最先进的第六代蔬菜大棚 23 个。此外，该村还发展了食用菌（6000 平方米）和中药材（丹参、桔梗、黄芪和牛膝等，占地 648 亩）等产业。

2. 银山镇南堂子村通过招商引资，先后投资 8700 多万元建成昆山景区，发展旅游产业。包括七星山寨、祝家庄、宋家庄、旅游码头和文化休闲广场等十大景点，该村已经成为影视剧组的重要选景地。该村还重点发展林果产业，主要是将流转的 620 亩山坡地（耕地）和 580 亩荒山种植核桃、石榴、桃和杏等果树，搭建起集观赏、休闲娱乐、采摘和餐饮于一体的农业采摘园。

3. 梯门镇西沟流村集中了 1700 亩连片土地成立了宝泉土地股份合作社，并以 1700 亩土地折资量化为 1785 万元，由泉灵公司投资 2000 万元，着重发展特色林果产业（樱桃、核桃、石榴等）。

4. 接山镇夏谢五村引进泰安市艾沃科技服务中心资金 500 万元，创建了泰安艾沃高科有限公司，发展农产品深加工、山地休闲观光等产业。

体会五：租金托底，促进农民增收是底线。

东平县农村集体产权制度改革以农民增收为主要目标。农民所获收益主要体现在以下三个方面（租金 + 股金 + 薪金 = 土地租金 + 股金分红 + 务工收入）：首先是保证土地基本收益，保障农户入股土地每亩 1000 元左右的固定租金，作为保本收益，并且视具体情况适当浮动；其次是按股分红。收益剩余部分根据股权和契约分配，让群众充分享受土地增值效益；最后是村集体通过产权改革后建设或引进的产业，招收农民作为产业工人，农民可获取工资性收入。

1. 土地入股股金收入和分红收入。试点村在农民增收上做了较多努力，实地调研到的彭集街道安村、彭集街道后围村、银山镇南堂子村、梯门镇西沟流村、接山镇后口头村以及接山镇夏谢五村均以土地作股，1 亩地为 1 股，1 股为 1000 元，每年的本金（土地）不管是否盈利，都将以

1000 元/股返还，在此基础上还有二次分红，实现了"资产变股权、农民当股东"。比如接山镇后口头村每年年底至少有 200 元/股的分红。除了通过土地入股以外，还可以以资金入股，如南堂子村可以资金入股，大户出资 3000 元（3 股）入股；接山镇夏谢五村同样也可以资金入股，没有最低限制，但最高限为 20 万元。以上的措施不仅确保了集体"三资"保值增值，而且还保障了农民收入长期稳定增长。

2. 劳务收入。通过入股的方式，可以保障农户的基本收益，同时，农户也可以作为产业工人进入村企业打工，比如彭集街道安村的粉皮加工、生态养殖、有机蔬菜、食用菌种植四大产业均需要产业工人，农民作为工人可以获得工资性收入，普通工种每天可获得 50 元/天的工资（还有绩效工资），技术工种每天可获得约 100 元/天的工资。

体会六：主动引领，领导重视是保障。

实地调研发现，如果缺少引领的话，试点村会感到茫然，不知从何下手。而东平县这个方面做得很有借鉴价值，县里高度重视，专门出台关于深化农村集体产权股份合作制改革方面的意见，意见中不仅有明确的试点目标，更有具体的试点方案、实施办法、督促及监督检查、考核验收等相关的内容安排，这是试点顺利实践的重要保障。

三点思考：

一是土地股份合作社中普通村民参与管理和监督事宜。

大多由土地入股形成的合作社中，股份主要包含以下几个部分：普通村民土地股、农村集体土地股、现金股（本村村民缴纳现金形成的股份）、其他组织股（企业股），普通村民土地股占有的股份较少，其他组织股占有的股份较大，普通村民参与到合作社的管理和监督工作中值得探索加强。普通村民应该作为合作社的董事会或者监事会成员中的组成部分，对管理者进行有效监督，保证其利益。

二是少数土地入股不一定充分体现了土地的实际价值。

土地实际价值的计算应根据农民从土地上获得的收益、租赁年限及当期银行利率等指标计算而出，并不是土地租金。农民以土地入股的股价并不是土地的实际价值，而是土地租金，对于农民分红，并不是按照股份进行分红，而是以固定租金和少量分红为主。举例来说，假设每亩地租金1000 元，租赁年限为 10 年，当期银行利率为 2.5%，计算出的土地价值应该是 8970 元，如果按照每股 1000 元计算，每亩土地应该获得约 9 股。而如果土地入股仅按照土地租金额进行计算入股，每亩地仅折算为 1 股。

三是不同的土地入股方式可能会对农民利益有不同影响。

以土地租金价值入股和土地的实际价格入股使得农民获得的利益存在差异。因农民多以土地租金价格进行入股，农民由土地入股获得的收入包括 1000 元的土地租金和少许红利（有合作社按照每亩 200 元或者更少），仅为 1200 元左右；如果按照每亩地 9 股核算，农民由土地入股获得的收益可能为 1800 元（甚至可能更多，在前一种入地入股方式中，土地租金作为合作社当年的运营成本将从收入中扣除，合作社的利润将会减少，而后一种方式则不需要）；当然，农民可能作为劳动力进入合作社从事劳动，这部分劳动报酬在两种方式下应该没有差异。

通过对东平县农村集体产权制度改革的实地调研发现，东平县因地制宜，大胆探索创新，积极推动农村集体产权制度改革，走活了土地经营的新路子、提高了村集体经济组织和经营管理水平、促进了农村社会和谐稳定，极大激发了农业农村发展活力。建议在推进农村集体产权制度改革的过程中坚持因地制宜、发挥优势、市场导向、创新发展、可持续发展的原则，重点从以下方面锦上添花：一是保障农民利益的基础上，合理设定股权以及土地股份合作社监管制度，以顺利推进农村集体产权制度的改革；二是加快相关立法，尤其是农村集体经济产权的立法工作，以指导农村集体产权制度的改革；三是创新融资方式，拓展融资渠道。同时，强化财政资金支持，以保障农村集体产权制度的改革。

第五章 反响：媒体视角下的"东平探索"

一 "边角经济"走出强村之路

在无区位优势、无矿产资源、无集体积累情况下，村庄集体经济如何发展？时代的要求、群众的期待、肩上的责任，使村级党组织必须思考如何带领群众拓宽致富门路。

山东省东平县针对部分无积累、无技术、无资金的村集体经济普遍薄弱的实际，引导村两委利用村民房前屋后、沟渠路旁土地的"边角资源"做文章，探索出了一条发展"边角经济"的强村之路。其做法给人以启迪。

犄角旮旯也能"生金"

"修眼前这条水泥路一共花了 10 多万元，都是村里出的，没向上级要一分钱。对我们这个穷村来说，这在以前是不可想象的。"站在东平县接山镇后口头村的村北头，我们看到一条宽 6 米的水泥路直通村南头，道路两侧 1000 多棵 10 多公分粗的垂柳在寒风中显得愈发挺拔。

村支部书记赵同厂指着这条进村的路介绍说，村里共计修了 9 条这样的水泥路，加起来有 6000 多米长，在路两旁栽植了 14000 多棵垂柳、榆叶梅、黄金柳等苗木，不仅能够美化村居环境，还能给村集体和群众带来丰厚的收益呢。

以前的后口头村可不是这样。30 多岁的村民李壮告诉我们，这个村位置偏僻，环境脏乱差在附近是出了名的，集体积累一分钱没有，还欠着 100 多万元的外债，是个典型的经济"空壳村"。

"只要想干事，办法总比困难多。"2009 年春节刚刚过完，后口头村村两委成员便坐在了一起，就发展村集体经济讨论起来。经过两天的分析研究，他们把目光集中到了村民房前屋后和道路两旁的闲散地块上，决定把村里村外的边角地块清理出来，承包给苗木经营大户。

当年3月份，村内两纵一横全长1500米的街道清理完毕，村集体、苗木客商、村民按照3∶6∶1的比例签订了合作协议，栽植黄金柳3125棵。2011年3月，黄金柳全部售出，村集体按照协议一次性分红6万余元。

尝到甜头的后口头村，又栽上了垂柳3800棵，还把废坑塘进行了清理承包。"按照这样发展下去，预计3年后仅此一项，村集体就能分红20多万元，群众也能得到6万多元。"赵同厂兴奋地说。

"边角经济"三种模式

后口头村发展"边角经济"的做法只是多种模式中的一种，即："集体＋公司（大户）＋群众"。在这种模式下，村集体只负责清理闲散土地而不用投入一分钱，以土地所有权入股；公司（大户）提供幼苗、技术并负责销售，以苗木入股；村民负责浇水、施肥、日常管护，以劳务入股。这种模式使东平县115个集体经济"空壳村"实现了集体经济稳步增收。

东平县在发展"边角经济"的实践中，结合不同的村情还探索出了"集体＋群众""集体＋公司（大户）"这两种模式。

"集体＋群众"模式是村集体提供土地、幼苗、技术并负责出售，村民负责日常管理，销售后双方按比例分红。该县沙河站镇前河涯村集体投资5.8万元购买樱花、紫叶李2500棵，在村内街道两侧栽植，由村民看护管理，苗木成材出售后，村集体和村民按四六分成。3年来，集体和村民分别年均增收4.8万元、7.2万元。这种模式适合有一定集体积累的村。

"集体＋公司（大户）"模式则是村集体通过土地流转，盘活沟边路旁的闲散地块，与机动地共同入股，公司（大户）自行栽植苗木并管理维护，村民通过土地租金和务工增收。该县接山镇前寨子村引进苗木投资商在村内建设了千亩海棠园，村集体盘活沟边路旁集体土地75亩，每年可获得分红收益7.5万元。村民通过土地租金和务工，年实现增收共150

万元。

"边角经济"成功奥秘

东平县发展"边角经济"的探索何以走出了强村之路？

其奥秘就是建立了合理的利益分配机制，取得的收益由集体、企业、农户按比例分成，既促进了集体增收，又带动群众致富，还降低了企业成本，实现了多方合作共赢。这种市场化的合作与分配机制像条纽带，把集体、公司、村民联系在一起，形成了人人关心、参与村集体经济发展的良好局面。

据介绍，该县716个村居通过"边角经济"盘活集体闲散零碎土地3万亩，每年可实现集体增收3000多万元，绿化后的村庄降低环境整治费用1000余万元。

"抓村集体经济，必须抓村党支部书记，把发展能力强不强作为选拔村级带头人的重要依据，不拘一格选拔人才；同时还要培养人才，优秀的要及时吸收到党内来，把农村人才紧紧凝聚在党组织周围。"东平县委书记赵德健介绍说，带头人是一个村发展的关键，选好一个带头人，就能致富一个村、富裕一方人。只要支部书记有改革创新意识，有为民服务情怀，肯动脑子想办法，村庄集体经济就能向前发展。

东平县县长王骞表示："发展'边角经济'是一种市场行为，必须引入市场机制，与市场需求对接。要确定市场前景好、经济效益高的项目，通过联动发展，积少成多，形成规模效应。"

（董晓峰、陈淑锋，《半月谈》2013 年第 4 期）

二　专家认为：土地股份合作社是一个好办法

日前，由华中师范大学中国农村研究院举办的首届"中国地方政府改革创新成果新闻发布会暨'全面深化改革'地方经验报告会"在京举行。部分与会专家学者结合山东东平县土地股份合作社的成功经验指出，土地股份合作社可以成为集体经济的一种有效实现形式。

山东省东平县通过创建"土地股份合作社"这一新型农业经营主体，以不改变土地所有权性质、不改变土地用途、不损害农民土地承包权益为前提，积极引导农民入社、入股，发展土地股份合作社，放开放活承包土地使用权，稳步扩大农民土地收益权。

华中师范大学中国农村研究院通过长期实地调研得出结论，土地股份合作社在实践中破解了集体经济运行过程中面临的三大难题，即：一是破解了土地效益难以发挥的难题，二是破解了土地流转下土地的"失联"难题，三是破解了集体组织缺乏经济基础的问题。

华中师范大学中国农村研究院执行院长邓大才指出，东平改革有三大特点：一是以"土地"为核心。农民基本都有一块土地，因此都能参与到合作组织中。二是以产权改革为保障。即通过土地确权，使土地的承包权得以明晰。三是分配公平，农民加入土地股份合作社后不仅能得到基本租金，还能获得经营分红以及风险收益，进一步解决了小农致富和发展难题。

（董平，新华社《经济参考报》2014 年 12 月 4 日）

三　山东东平"新土改"激活集体经济需防范风险

全国第二批农村改革实验区山东省东平县，通过深化土地产权制度改革，发展土地股份合作制，组建农村产权交易所，在促进农民和农村集体增收上探出新路。专家提醒，在实际操作中，还应注意农民权益保护和风险防范。

"乡村困境"催生"新土改"

位于鲁西南的东平县是经济欠发达地区、农业大县。随着城乡一体化的推进，和不少地区一样，农业农村发展到了一个新的"十字"路口，"黑发外出打工、白发在家种地"生动描述了这里的分工现状。

接山镇后口头村党支部书记赵同厂表示，村里种田农民大多年龄在五六十岁，身体弱、力气小、文化水平低。"村民人均一亩地，还分四块，机械无法操作，荒了还怕人笑话。"

东平县农工办副主任李鹏表示，东平县有耕地 100 多万亩，17 万农户承包土地，户均经营规模 5.1 亩，大部分土地以家庭经营为主，土地零碎分散，难获得规模效益。同时，合作社、家庭农场等新型经营主体不断成长，对土地需求较大，规模经营成为趋势。

困境还表现在集体经济匮乏。2011 年，彭集街道安村村集体外债 24 万元；2007 年，接山镇后口头村村集体负债 128.6 万元；2007 年，梯门镇西沟流村集体外债 60 多万元……记者调研了解到，东平县集体经济空壳现象较为突出，集体经济匮乏也导致不少村庄治理陷入困境。

"农村经济发展面临的问题和挑战，最终都指向产权，特别是土地产权，在坚持土地集体所有的前提下，推行土地股份合作，是构建新型农业经营体系，加快农村经济发展的有效途径。"东平县委书记赵德健表示。

"新土改"增加农民收入 有效激活集体经济

2012 年以来，东平县在"不改变土地性质、不改变土地用途、不损害农民土地承包权"的"三大原则"下，激活土地经营权，推进土地股份化、产权资本化、农民组织化，引导农民带地入股，通过发展土地股份合作社，推行土地改革，让土地真正"活起来"。

土地确权是开展土地股份合作的重要前提。东平县对农户承包地主要采取两种确权形式。一种是确定地权，逐户落实农户承包地。另一种是确股确权不确地，在试点村，农户按土地承包面积发放股权证，不确定四至和地块，组建土地股份合作社，年终按股分红。

记者调研了解到，东平县"新土改"根据村情不同，发展路子不一，因村施策，在农民首创的基础上，摸索出政府引导型、能人带动型、资本融入型等多种土地股份合作模式。

立足移民大县实际，沙河站镇引导 11 个移民村将 370 万元移民扶持资金折股入社，在孟庄村成立"联润土地股份合作社"，建成 276 亩蔬菜大棚，发展设施农业。2014 年，入股农户除获得 1100 元/亩的土地保底收益外，每股分红 210 元。

梯门镇西沟流村宝泉土地股份合作社引入工商资本，发展集畜禽养殖、林果采摘、观光旅游为一体的高效生态农业。西沟流村村书记李保全表示，引入了工商资本，一方面增加了村民的收入，还充实集体经济，为民办事。

目前，东平县共发展土地股份合作社 51 家，入社农户 7797 户，规模经营土地 41778 亩。发展家庭农场 161 家、专业合作社 1177 家，以上农业龙头企业达到 152 家，初步构建了主体多元、类型多样的农业经营体系，增加了农民收入，壮大了集体经济。

规范运作保障农民利益 需完善防范风险

华中师范大学中国农村研究院院长徐勇表示，东平的土地股份合作模式与中央深化改革的精神一致，在坚持农村土地集体所有权不变的前提下，探索三权分置，经营权流转的模式，促进集体经济的发展，具有普遍借鉴意义。

在规范动作保障农民利益上，东平县也进行了一些探索。2012 年 10 月，接山镇后口头村炬祥土地股份合作社挂牌成立，农户以承包地、村集体以河滩地入股，大户以资金和种苗入股，发展花卉苗木经营。村民赵恒水表示，自己以 26 亩土地入股，交给合作社经营，对如何保证红利、风险谁来承担等问题，大伙私下没有议论。"但最终是村民集体拍板，也没啥意见。"

为提高土地股份合作社抵御自然和市场风险的能力，东平县指导合作社建立风险基金，每年从全部收益中提取一定比例存入，确保"旱涝保收"。赵同厂介绍，假如按每亩收益 2000 元计算，保底分红 1000 元后，剩余的 1000 元按 70% 进行二次分红，30% 作为风险基金，逐年累积，用来保障农民股金发放，实现"以丰补歉"。

记者调研了解到，在发展土地股份合作工作中，东平县坚持"入股自愿、退社自由"，合作社成员退社时，经股东代表大会研究，采取异地置换的方式，重新分给土地，给予退股。

为加快推进土地产权制度改革，培育和发展农村产权交易市场，东平县成立了山东省首家县农村综合产权交易所。接山镇正源家庭农场主郑发表示，"原来承包土地，感觉合适就签了，留下不少后遗症。现在有了交易所，交易前有评估，交易中有鉴证，交易后有监管，可以放心加大投入"。

专家提醒，土地股份合作社在经营过程中，仍面临自然和市场风险的双重压力。这就需要继续探索如东平风险基金等类似模式，最大限度降低风险；同时，应该最大限度鼓励并尊重农民首创精神，落实村民自治，确保村民当家作主的权利。

（张志龙，新华社《内部参考》第 8592 期 2015 年 2 月 12 日）

四 山东东平：土地股份合作社助农民增收

山东省东平县接山镇积极探索农村土地集约经营，增加村集体和群众收入新型农村经营模式，创办了泰安市第一家土地股份合作社——东平炬祥土地股份合作社。

农民以土地成立合作社，合作社与经营大户统一经营，按 5∶5 收益分成，合作社在保证每亩土地保底分红 1000 元的基础上，根据盈利让农民再享二次分红。同时，原来东一点、西一块的零散土地实现了"田成方、路相连、渠贯通"，土地产生了规模效应；土地入股构建起保护农民利益的长效机制——"保底股金 + 分红"，如在基地务工则具有"股金 + 分红 + 劳务资金"三块收入。入股后，农民拔出"泥腿子"，放心进城务工，不再两头难以兼顾。据统计，推行土地入股的村农民每亩地平均收益由 950 元增至 1700 元。

（陈淑锋，《新华网》2014 年 4 月 24 日）

五 种好股份的田 画好集体的"圆"

走进后口头村，你想不到这每一棵小树苗，都是"股份"树。

"股份有村民的，有合作社的，还有集体的。"正忙着给苗木浇水的炬祥土地股份合作社理事长赵端说。山东东平县实施的农村土地产权制度改革，实现了农民致富、集体增收等，在一定程度上打破了农村集体经济发展的统分困境。

土地受到冷落：村庄"空心"集体"空壳"

就在 7 年前，接山镇后口头村还是个穷村、落后村，村集体欠债 128 万元。

村民赵恒水介绍说，村里 1349 亩耕地，分散在 21 个不同地块，每户人家的土地都分散在好几块田里。村集体日子不好过，道路没钱修、社会治安差、上访事件不断。

彭集街道安村，情况比这好不了多少。人均一亩地，分散种植，一年下来每亩最多纯收入 1000 元。土地成了"鸡肋"，一些农户把地转给别人，每亩地只收 300 元。村民陈兆军说，当时村里欠着 24 万元债务，村委会连个像样的办公室都没有，村主任一空就是 9 年。

沿大清河走走，在田间地头转转，明显感觉地广、村稠、人稀。

"这一点不奇怪。"东平县农村体制改革小组副组长白常顺说，全县 18 到 50 岁这个年龄段的外出务工人员近 16 万人，直接导致村庄"空心化"。一位退休的老村支书忧心忡忡地对他说："人心都散了，村民哪还有一点儿集体观念？"

缺乏"集体观念"，也源于一些村集体太穷太弱，失去向心力和凝聚力。统计数据显示，2011 年，东平县 716 个行政村中，没有集体收入的村庄有 276 个，占 38.5%，近四成村庄属于"空壳村"。

在东平县委书记赵德健看来，当下农村经济发展，到了一个新的"十字路口"。"发展现代高效农业，土地需要规模经营，地往哪里转？农民从土地中解放出来，人往哪里去？建设新农村、新社区，需要大量资金，钱又从哪里来？农村存在很多空心村，空置房屋如何解决？这是'三农'工作绕不过去的坎。"

东平的选择是，通过土地股份合作，改革产权制度，破解这些难题。

股份合作规范：村民获利集体增收

炬祥合作社社员该领钱了。赵同厂 10 亩地，上一次领到 12000 元，下一次预计还要多。

炬祥土地股份合作社成立于两年前，村民入股土地 202 亩，村里以 300 亩集体河滩地入股。"农户土地 1 亩为 1 股，集体滩地质量稍差，2 亩为 1 股。1 股保底租金 1000 元，每年年底分红 200 多元。"赵端说，合作社把土地出租给大户种植花卉苗木，双方合作经营，收益五五分成。

赵恒水以 26 亩土地入股，一开始还嘀咕，如何保证红利，风险谁来承担？"看到合作社运营非常规范，成立了股东大会、理事会、监事会，我们很放心。"

两年来，合作社经营红火，农民尝到了甜头，村集体每年可以分到

15 万元。

"把土地承包权和经营使用权分离，承包权是农民的，所有权是集体的，经营权放给市场，让农民脱离土地束缚。"东平县农工办主任瞿军说，农民入社自愿，退社自由。如果有农民不愿入社，土地又要形成规模，村里会给他置换一块等质地，不让农民吃亏。

安村成立的安大土地股份合作社，盘下村里 1200 亩土地。村支书孙庆元说："加入合作社，农民可以获得土地租金，打工可得工资收入，超过定额指标还可以获得管理分红，大大激发了村民干劲。"

利益良性捆绑，带来多赢局面。"既盘活土地资源，又增加农民收入，还壮大集体经济"，白常顺说。如今的安村，村民人均增收 4000 元，村集体每年收入达 150 万元。

据统计，截至目前，东平土地股份合作社已发展到 45 家，入社农户 6880 户，涉及土地 36863 亩。

产权纳入交易：分配公平　破解困境

2014 年元旦刚过，山东省首家县级农村综合产权交易所在东平县挂牌成立，13 类农村产权纳入交易范围。

"2013 年只有一家出价，每亩只流转了 800 元钱。这次拿到交易所，有三家竞争，一下子就涨到了每亩 1000 多元。"泰西土地股份合作联社理事长刘兆仁说。

村集体有钱了，可以为村民办更多实事。在安村，村民有线电视、用水都免费，60 岁以上的老人、残疾人、困难群众都有最低收入保障。还投资 100 多万元建起了村级养老院。现在的安村，人气越来越旺。

"这几年人们关注农村产权制度改革，目光多集中在沿海发达地区以及城郊村，集中在经营型资产上。在中西部地区，在山东东平这样的粮食主产区，同样搞得有声有色。"农业部农村经济体制与经营管理司司长张红宇提醒说，集体经济的实现形式是多种多样的，东平在土地股份合作方面创造了一个范例。

在华中师范大学中国农村研究院徐勇教授看来，东平通过土地股份合作，实现了村集体的重塑。"一方面，土地入股，使一盘散沙的农民建立起横向的经济纽带；另一方面，土地股份合作社的发展，为村集体注入了经济资源，化解了村集体空壳化的困境。"

（刘成友，《人民日报》2015 年 1 月 5 日 06 版）

六　土地股份合作社打破"统""分"困境
——山东省东平县发展现代集体经济调查

"一统就死，一分就乱"，是长期以来我国农村集体经济发展的一个困境。近年来，山东省东平县通过创建土地股份合作社，从改革产权制度入手，探索出一条合作经营的有效路径，打破"统"与"分"的二元困境，为农村集体经济发展开拓了新路径。

记者调查发现，一家一户分散经营，农民难以通过土地发展致富。加之土地碎片化，新技术、新要素难以引入，生产效益受限。该县南堂子村人均承包地仅 0.2 亩，农民种地觉得亏本，丢了觉得可惜。另一方面，近年来，农村种田老龄化日益明显，农民收入以务工性收入为主，农业甚至已成"副业"，农民对农业的依赖程度在减弱。农村集体经济发展陷入困境，村集体陷入空壳化，难以将村民有效组织起来。一些村干部感慨："分田到户后农民的心也散了。"

东平县积极发展土地股份合作社，实施农地产权制度改革。在不改变土地所有权性质、不改变土地用途、不损害农民土地承包权益三大前提下，坚持依法运行、推动发展，政府引导、农民自愿，自主经营、民主管理，试点先行、稳步推进的"四大原则"，以"四权四化"，即坚持集体土地所有权、保障农户土地承包经营权、放开放活承包土地使用权、稳步扩大农民土地收益权和推进农民组织化、土地股份化、产权资本化、农业产业化为核心，最终实现农民增收、农业增效、农村发展。从 2012 年下半年开始，东平县选取了 30 个基础较好的村作为试点，探索形成五种土地股份合作社经营模式：支部引领型、内股外租型、合作经营型、园区带动型、开发经营型。

为保证改革顺利进行，东平县出台了《东平县农村综合产权交易管理办法》，将 13 类农村产权纳入经营交易服务范围，全面启动了农村综合产权改革。为实现农村产权的资源化、资本化，建设了"一个中心三个平台"，成立了农村综合产权服务中心，注册设立了农村产权交易所、产权登记托管中心、产权金融服务中心三个公司，搭建起了农村综合产权交易、产权托管和产权融资三大服务平台，完善产权托管、市场经纪、交易鉴证、产权抵押、服务代理等基本功能，推动了各类农村产权流转交易的市场化、规范化，构建了完善的农村产权交易市场和覆盖县、乡、村三级的服务网络。

华中师范大学中国农村研究院教授徐勇认为，东平县的土地股份合作有四项重要内容，即土地确权入股；市场化运营；民主化管理；农民平等受益。徐勇认为，东平推行并渐趋成熟的土地股份合作社制度具有良好的示范意义，是一种因地制宜的全新探索，并在一定程度上呈现出现代集体经济的特征，为面临诸多困境的集体经济研究探明了道路：

——土地为本。专业合作社主要集中在产业技术、销售等方面的联合。股份合作社主要是资金资本的联合。土地股份合作社的最大特点就是挖掘了"土地"这一要素的价值。户户有土地，户户能加入。

——产权发展。一是通过确权确地和确权确股等方式，使农民承包地的产权明晰化。二是通过承包权与经营权分离以及经营权入股等方式，使传统僵化的产权内容得以丰富。三是借助经营权抵押、经营权租赁等方式，将经营权用好用活。四是借助产权交易所、司法确认等方式，构建产权的权利保障体系。

——自愿互利。以前人民公社的建立很大程度上带有强制意味，无法使农民对集体经济建立起基本的信任，并最终导致农民的"生产力暴动"。东平县通过土地置换等方式保障农民的入社自愿、退社自由，是遵循自愿互利原则，保障农民自由权的重要体现。

——开放市场。人民公社时期，集体经济是对当时条件下劳动力、土地等生产资料的简单联合，没有新的外部的生产要素的注入，是封闭式运行。土地股份合作社具有开放性，不仅强调已有土地、劳动力等生产要素的聚合，还强调外部要素，如资本、技术、管理的注入，以此提升现有生产要素的生产水平。

——分配公平。人民公社时期的集体经济有公平而缺乏效率，家庭联产承包责任制则是有效率而缺乏公平。东平通过"土地"这一核心要素，使农民能有效加入到集体经济中来，并通过按股分红等多种收益形式，使农民平等享受集体经济带来的"增值收益"，保障分配公平。

　　——治理有效。人民公社时期统一经营的集体经济所形塑的公社制度，最终使农村治理统得过死，失去活力。而分散经营的家庭联产承包下农村治理面临着"原子化""一盘散沙"的困境。东平通过土地股份合作，实现了村集体的重塑。一方面，农民的土地入股，使一盘散沙的农民建立起横向的经济纽带，将农民重新组织起来了。另一方面，土地股份合作社的发展，为村集体注入了经济资源，化解了村集体"空壳化"的困境。

（刘成友，人民日报《内参》第 1775 期 2014 年 12 月 18 日）

七　中国治理创新 100 佳经验成果在京公布

　　为深入贯彻落实十八届三中全会精神，为全面深化改革提供治理经验参考、实践智慧支持，由人民论坛发起组织的首届国家治理高峰论坛暨治理创新 100 佳优秀成果大型调查于本日召开发布会。会上，中共中央党校社会学教研室主任、评审专家谢志强宣读首届中国治理创新 100 佳大型调研成果报告。

　　谢志强表示，开展中国治理创新 100 佳经验大型课题调查，以及这次调查所形成的成果，对于推进国家治理体系和治理能力现代化具有非常重要的意义。本次调查评选活动是严肃、严谨和客观的，紧密结合当前改革中的热点难点问题，从党建创新、政府创新、县域治理、国企改革、社会治理、民生发展、公益慈善、文化发展、生态文明、新农村建设十个领域展开。它所形成的大量的典型经验，一定会成为推进中国特色社会主义理论创新和实践探索的宝贵财富。

　　作为本次调研活动的见证者和参与者，来自黑龙江大庆市市委常委、副市长、公安局局长曹力伟和江苏省厉庄现代农业产业园区管委会主任谢修振作为代表进行发言。曹力伟表示，此次活动为地方和基层搭建了一个学习交流治理经验的平台，也为大庆市检验治理成效带了重要机遇。大庆市委、市政府对此活动高度重视，并专门安排有关部门做好对接工作。不仅如此，活动还吸引大庆市广大人民群众积极参与，先后有 10 多万大庆网民自发参与投票。谢修振则是对国内知名专家学者组成的课题组在实地调研过程中，为地方提供的许多有价值的指导和建议，表示了敬意和感谢。

全国政协副主席齐续春与人民日报社社长杨振武，人民日报社总编辑李宝善，中国行政体制改革研究会会长、国家行政学院原党委书记、常务副院长魏礼群，人民日报社副社长张建星等领导为十位"首届中国治理创新100佳经验"代表颁奖。

新农村建设 10 佳经验

序号	新农村建设 10 佳经验
1	湖北荆门，突破瓶颈创新发展村级集体经验
2	浙江省萧山区航民村：全面实现城乡一体化的新农村
3	山东东平，以土地股份合作为基点破解"三农"发展难题
4	上海市闵行区虹桥镇，农村集体经济股份合作社的虹桥经验
5	广东佛山：以工业化理念发展农业
6	浙江省东阳市花园村：十村集并建设的新农村
7	广东省佛冈县大田村："美丽大田"现代生态村居建设
8	浙江瑞安："三位一体"农村合作协会
9	河北肃宁：农村社会治理创新——"四个覆盖"
10	广东蕉岭：以"产权"改革为导向的"三位一体"农村综合体制改革

附件

山东东平：

以土地股份合作为基点 破解"三农"发展难题

一 东平县土地股份合作社基本情况

东平县位于山东省西南部，隶属于泰安市，总面积 1343 平方公里，辖 14 个乡镇（街道），716 个村（社区），总人口 80 万，其中农业人口 69 万人，耕地 102 万亩。

（一）明确路径，把握改革方向

在不改变土地所有权性质、不改变土地用途、不损害农民土地承包权益的三大前提下，坚持"依法运行、推动发展；政府引导、农民自愿；自主经营、民主管理；试点先行、稳步推进"的"四大原则"，实现"坚持集体土地所有权、保障农户土地承包经营权、放开放活承包土地使用权、稳步扩大农民土地收益权和推进农民组织化、土地股份化、产权资本化、农业产业化"的"四权四化"目标。

（二）严守程序，规范运作管理

对土地承包经营权权属摸底调查，将承包地块、面积、合同、经营权证书落实到户，做到证、账、簿、地相符，制订规范土地股份合作社章程，明确合作社的经济性质、经营范围、股权设置、成员权利和义务、财务管理与收益分配等内容。成立股东大会、选举产生理事会和监事会，向工商管理部门申请注册登记，向入社农民发放股权证书。

（三）机制创新，推动股份合作

明晰产权关系。土地股份合作社与经营大户合作，农户以承包地经营权入股，大户以资金等要素入股，集体以"四荒地"等资源入股，合作社与大户按比例分成。农户合作经营。农户获得了土地保底租金 1000 元左右，参与合作社经营年限内的分红，在合作社运营的农业产业上务工。集体配套服务。村集体通过为农业企业、种植大户提供配套设施，组织劳务等方式收取服务费，提高了集体收入，增强了治理能力。

二　东平县土地股份合作社的创新之处

（一）产权明晰、进出自由

农户、集体、经营大户、企业等主体以土地、资金、管理、技术等入股，产权明晰，分配合理。在明晰产权的基础上坚持进社退社自由，通过地块置换的方式，既保持规模经营，又保护农民土地承包权。

（二）保障农业、持续发展

把发展土地股份合作社与农业基地、产业园区建设和家庭农场、龙头企业培育相结合，与农业招商引资项目建设相结合，与农村社区建设相结合，不断提升现代农业发展空间，推动城乡统筹一体化进程。

（三）规避风险、放大效应

探索出"1+X"风险规避模式，多道关卡"锁住"经营风险。健全一套法人治理模式，引入一个经营主体，通过龙头企业、专业合作社、专业大户等带动发展，实现抱团闯市场。建立公积金、风险金预存制度，每年从收益中按照 20%—30% 的比例提取，抵御经营风险。

三 东平县土地股份合作社的成效

（一）促进现代农业发展

通过土地入股，"小土地"进行了"大联合"，采取适度规模经营，促进资源优化配置，实现了农业生产的高效化、现代化。该县彭集街道安村通过发展土地股份合作社，采取"合作社＋龙头企业＋农户＋市场"的运作模式，发展中药材种植、粉皮加工、现代化养猪和有机蔬菜四大产业，打造循环经济产业园区，实现了农业综合发展。

（二）夯实村庄治理基础

依托土地股份合作，村庄集体经济找到了源头活水，集体收入有了保障，解决了村庄治理的经济基础问题，使村干部干事创业的"信心满了，劲头足了，底气厚了"，更好地处理村庄公共事务和发展公益事业，更多地为农民办实事、办好事，村庄的治理基础更加牢固，治理能力和治理水平显著提高，干部与群众的关系更加紧密，收到了"强村固基"的巨大成效。

（三）实现农民利益共享

通过土地股份合作，农民收入方式实现多元化，农民分享发展成果。一是土地入股收入，入股农户平均可获得每亩 1000 元的土地租金；二是工资收入，农民到合作社打工，每天获得一定的工资性收入；三是分红收入，入股农户每年可通过合作社盈余分红，同时建立分红浮动和递增机制，充分保障农民利益。

（焦杨，《人民论坛网》2014 年 6 月 26 日）

八 画好土地流转的圆 点亮乡村前行的灯
——山东省东平县农村产权制度改革探析

1 月 4 日晚上 6 点多钟，天已经黑了，从大清河岸堤上俯瞰周边的村庄，没有多少户是亮着灯的。虽近年关，山东省东平县的乡村却略显寂静。

"现在空心村是北方农村一个非常普遍的问题。有的打工去了，有的进城了，加上一些自然的消亡，特别是一些老村落，基本上空了。地由谁来种？空置的房屋如何解决？成了'三农'工作绕不过的坎。"东平县委书记赵德健看着夜色朦胧的村庄，不无感慨地对记者说。

人口渐少的村庄，只是"三农"困局的一个真实写照。

一面是大片闲置的房屋，一面是进城农民却囊中羞涩；一面是单家独户经营土地比较效益低下，一面又是土地规模化经营找不到连片集约的土地……

"从现实情况看，随着城乡一体化深入推进，农村经济发展已经到了一个新的十字路口，面临一系列新的问题和挑战。破解这些难题，靠传统的农村经济管理体制和发展模式很难实现。"赵德健对此有着深刻的认识，"我们经过反复调查研究，所有的问题最终都指向产权，特别是土地产权。"

东平的农村综合产权制度改革，就是在这样的背景下进行的。

乡村"突围"，从土地股份合作化开始

在前期土地确权登记的基础上，2012 年 10 月 26 日，接山镇后口头村炬祥土地股份合作社成立，成为全省首批、泰安市首家土地股份合作社。东平改革开始破题。

后口头村试点效果明显。村里一位负责人告诉记者，合作社成立后，通过社员流转土地，整合资源发展花卉苗木产业。根据今年的市场行情，到春节前召开第一次分红大会，社员每股预计可分 300 元左右，村集体增收 30 万元。

"老百姓与其自己种粮食，除去人工、化肥、种子、农药，机播机种，毛着算一年也就千把块钱，还不如把地流转给合作社。一亩地 1000 多块钱保底，经营好了还可以分红，我还可以出去打工，不用整天拴在地上。"一位村民这样对记者说。

在东平县委办公室副主任、农村工作办公室主任白常顺看来，无论是现代农业的发展，还是城镇化的推进，都要把农民从土地上解放出来，但这绝对不是把农民从土地上赶出去。

"现在的土地产权改革，是把农民的土地承包权和经营使用权分离，所有权是集体的，承包权是农民的，经营权要放给新型经营主体，放给市场。也就是让农民能够离得开土地。离开干什么？可以进城，可以进厂，

可以进园，也可以进店，搞商业。形成一种分工，而不是千篇一律都守着一亩三分地。"白常顺介绍说，"入社自愿，退社自由。比如说有年纪大的，说我不愿意入社，那土地又要形成规模怎么办？村里给你置换一块等质量的地，不让你吃亏。"

一年多的时间，东平土地股份合作社已发展到 45 家，入社农户 6880户，涉及土地 36863 亩。土地股份合作化带来的价值是显而易见的，工商资本、金融支持也接踵而来。

建立流转平台，补上农村要素市场的缺口

随着商品市场、劳动力市场的逐步开放，像全国大部分农村一样，东平农村的要素市场始终没能健全。直到 2014 年 1 月 3 日，东平县农村综合产权交易所的正式挂牌，给这里的农村要素市场建设画上了一个相对圆满的句号。

这一天，接山镇下套村村民、东平县正源家庭农场主郑发与泰西土地股份合作联社签订了 160 多亩的土地流转合同。

说起与以往的不同，郑发很是激动："原来签合同，承包期、土地价格都是双方商量着来，当时感觉合适就签了，留下不少后遗症。现在有了交易所，交易前有评估，交易中有鉴证，交易后有监管，更规范、更科学、更全面，特别是司法确认让我们心里更踏实了，可以放心加大投入。"

通过交易所这个平台，农民接触到的信息不断增多，土地的真实价值也得到了体现。"去年我们有 200 亩地，只有一家出价，每亩只流转了800 元钱。这次拿到交易所，有三家竞争，一下子就到了每亩 1000 多元。"泰西土地股份合作联社理事长刘兆仁介绍说。

"我们形成一个共识，产权必须要改革，改革的核心是产权要流动。怎么流动？过去农民要进城，说我们是亲戚，地给你吧，一年给我几百斤麦子。这种私下交易实际上是低效化的，不利于农村发展内部资本的形成。"东平县委副书记吴国庆对记者说，"这就必须建立一个流转的平台，做到公开、公平、公正、规范。"

考虑到农村产权交易的复杂性以及土地等要素在农村承担的社会保障功能，东平与华中师范大学中国农村研究院合作，在交易所设计之初就健全了农村综合产权交易、产权托管和产权融资三大服务平台，逐步将 13 类农村产权纳入经营交易范围，并且健全完善了产权托管、交易鉴证、产权抵押、委托评估、司法确认等基本功能，以期在优化资源配置，激发农村发展活力的同时，让农民最大限度地分享产权增值收益。

产权制度改革既"解放"了农民，又为农村留住了人气

土地流转，把农民从土地上"解放"了出来，但东平的村庄却并没有因此而失去"人气"。这从彭集街道安村的发展中可以得到印证。

1 月 3 日下午，安村花园式的村庄里，几个小孩正在宽敞整洁的街道上玩耍。一家一户方正的天井院落，门楣上方粘贴的吉祥话语，保留了北方农家传统的味道。户户通有线电视，免费使用自来水，50 岁以上村民全部购买意外保险，60 岁以上的老人、残疾人、困难群众有最低收入保障，考入大学的学生有奖学金。

提到农村与城市的差别，一位老人对记者说，"也不是所有人都想进城。农村好了，有挣钱的地方，在村里不一定就比城里差。"

华中师范大学中国农村研究院副院长邓大才对此十分认同："不可能人人都涌入城市，新型农村社区的建设同样重要。农村社区不能简单看成是旧房变新房，平房变楼房。为什么有些地方盖了楼农民不愿意去？因为他带着农具，不能天天骑着自行车，开着电动车跑几里地再去种那一亩三分地。"

从这个意义上说，新型农村社区建设，必须有成熟的产业支撑才能稳固长久。安村正是在这一点上找准了方向。

2013 年，在安大土地股份合作社的基础上，安村借助传统做起了粉皮加工小区，并且陆续建立了生猪养殖园区、中药材种植园区，以及占地 300 多亩的有机蔬菜种植园区，注册了"安大"牌商标，实行农产品统一销售。

对于这里的农民来说，农业产业是相对熟悉的领域。在安村有机蔬菜种植园区的一座大棚里，正忙着给黄瓜秧掐丝的安庆福对记者说，"地都入合作社了，我们两口子商量了一下，还是觉得干农活容易上手，就来园区打工了，一个棚二亩九分七，只要管得好，产 10 万斤黄瓜，一斤提一分钱，超出的跟合作社五五分成。"

（张凤云，《农民日报》2014 年 1 月 17 日）

九　农民怎样参与市场？
——以东平农村为样本的土地股份合作探讨

"去年我去农村调查，在大汶河旁，看到一位妇女在前面拉犁，男人在后面扶犁。已经进入 21 世纪了，我们 2000 多年前的生产方式还在延续。"日前，在一场关于"土地股份合作与集体经济有效实现形式"的研讨会上，华中师范大学中国农村研究院院长徐勇深为感叹。

他说，农民没钱，村里缺钱，钱到哪儿去了呢？钱在市场上。农民要参与市场，而不是被市场吞没。

农民怎么参与市场？集体通过什么方式才能发展？改革开放这么多年来，我们一直在寻找答案。当然，出路不止一个。在参加研讨会的专家们看来，如今农村大地上广泛兴起的土地股份合作社，或许就是有效形式之一。

分散的农户有抱团发展需要

2011 年前，山东省东平县彭集街道安村还是一个"空壳"，村委会里只有 2 张桌子和 3 把椅子，剩下的就是 24 万元的债务了。因为穷，村里 9 年没有村主任。年轻人大都离开了村庄，待在家里指望那几亩地的，经济状况也都不大好。

可是如今走进安村，只要到农户家里稍一打听，就会发现这里已是另外一种状态了。2013 年，安大土地股份合作社成立，单引进公司建成中药材种植基地这一项，集体就能收入 30 多万元，农民每年还能从每亩地上拿到 1000 元的保底租金。而一年多时间里，东平全县各类土地股份合作社就发展到了 51 家。

"现在土地股份合作发展非常快，决不是偶然。"浙江大学中国农村发展研究院院长黄祖辉说，"股份合作是农业特有的制度。农业为什么要搞合作制？主要农业是家庭经营，要克服家庭经营的局限性。但是合作制本身也有一定的局限，尤其在它向纵向延伸，向下游延伸中。下游是工业加工，它是适合于现代企业制度的。"

安村原本就有粉皮加工的传统，多少年来，一家一户的作业方式始终无法走出规模小、晾晒难、产量低、利润少的困境。随着市场经济的发展，分散的农户越来越有抱团发展的需要。土地股份合作社成立后，在村内荒地上投资建起了粉皮加工小区，统一配料、管理、包装，又注册了"安大"商标，由合作社统一购销，合作社每年可实现收入200多万元，加工户平均年收入也能达到10万元以上。

效益显然是可观的。但也有专家建议，推进农业的股份合作制，包括土地股份合作，一定要处理好股份制和合作制的关系。

"一个是利益分配当中两者的关系。还有就是从农业整个产业组织纵向一体的角度看，上游，就是第一产业种植业、养殖业，尽可能要以合作为主。下游的产业化，通过办加工厂等来实现，跟工业有关的活动可以以股份为主。"黄祖辉说，东平虽然都是土地股份合作，但是也有差异，每个村的情况不同，从产业实际出发，从当地的要素配置出发，搞自己最适合的那种模式，而不是一刀切，这一点是非常重要的。

明晰产权与产业支撑缺一不可

在东平采访，记者听到了这样一句顺口溜，"辛苦流汗一老年，算下成本多少钱，化肥柴油又不贱，土地不转不合算。"可见土地流转已深入人心。但是农民也知道，"这块地流不流转，怎么流转，入不入社，你得说了算才行。"

一般来说，产权越清晰，保护越严格，经济越有活力。而土地股份合作的一个重要前提，就是明晰产权。落到具体操作上，就是土地承包经营权的确权登记颁证。

华中师范大学中国农村研究院执行院长邓大才告诉记者，东平县在发展土地股份合作社过程中，就是将土地确权与土地合作经营相结合，将农民土地股份化，引导农民以土地承包经营权入股，使土地成为能从合作社经营中获取收益的一种资产。

"这里有两个非常重要的概念，一个是产权的赋权，第二个是产权的实施，或者是产权的行使。"华南农业大学经济管理学院院长罗必良强调，对于农民的经营权来说，由于单家独户，在市场背景下农户的行为能力非常有限，所以就必须盘活农户的经营权。产权的细分、产权的交易以及产权的配置就成为推进实践创新的基本线索。

对于明晰农村的产权，专家们认为，全国许多地方包括东平已有很好的探索。但在具体操作过程中，确权的到底是承包地，还是老百姓说的"口粮地"；在二轮承包有明确时间规定的条件下，确权的期限如何确定等等还有待明确。

除此之外，土地股份合作社能否发展起来还有一个前提，那就是合作比不合作要能增加收益。"这个假设不存在的话，合作社也就不存在了。"山东农业大学经济管理学院副院长陈盛伟说。

在他看来，合作社有利于土地规模经营，良种良法的采用又可以增加土地的生产能力。"传统的种子和做法在合作社这个地方得到了淘汰和提升，工商资本改造传统农业，种植业的上游也好，下游也好，产业化增加了产品的附加值。这也是单个农户所不能办到的。"陈盛伟说。

山西大学政治与公共管理学院院长董江爱教授更强调产业带动的重要性，她认为这是土地股份合作持续发展的一个必要条件。

"我看了东平县宝泉土地股份合作社、炬祥土地股份合作社、安大土地股份合作社、联润土地股份合作社，每一个点要发展都要有产业，否则土地即使整合起来也难以发展。只有有了产业，我们土地的增值才能实现，农民的增收也才能实现。"董江爱说。

乡村民主管理与市场的边界在哪里？

土地股份合作并没有固定的模式。东平县的联润土地股份合作社采取的就是一种三方股份合作的模式。包括孟庄村村民自愿以土地入的股，周边11个移民村的移民政策资金，以及村集体投资的水井、电缆、道路、喷灌系统等基础设施折算成的股份。

在合作运营上，合作社引进梁山县鑫源田农业有限公司经营现代农业产业示范园。公司投入120万元，参与整个产业的市场经营，包括田间管理、生产技术、市场销售等，解决农民经营经验不足，缺少技术和市场渠道的问题。合作社负责提供土地和生产经营过程中的各种服务，11个移民村参与资金使用和生产经营的监督管理。

作为一个经济体，土地股份合作社总是要面对市场的。而无论在农村，还是在城市，企业经营、有效的竞争都并非靠民主决策形成。但是对于土地股份合作来说，由于土地属于集体所有，甚至像联润土地股份合作社那样，集体在其中占有明显的股份，成员的决策权就不能撇在一边不加考虑了。

尤其当跨行业、跨领域的各类农民合作社突破原有的行业主线之后；甚至当外来资本注资入股，土地流转规模经营，租赁、转包等使一些相邻村庄的界限变得模糊之后，乡村民主管理与市场的边界又在哪里呢？

南京农业大学经管学院院长周应恒教授认为，管理决策的维持应体现在分配和集体财产的处分方面。

如孟庄及其周边的那11个移民村一样，如今广大乡村的经济结构已不同往昔。正如不能对民主与市场的边界问题视而不见一样，家庭经营与工商经营的关系也不可避免地摆在了人们面前。尤其在农业生产结构，乡村社会结构，经济组织运营方式都不断变动的时候，这一问题显得尤为突出。

"我看到很多工商企业土地流转规模化，重新布局，然后专业化分工，让农民给他打工。不是不可以，但是我觉得要慎重。"黄祖辉说，"企业来做这个事，专业化分工了，农民你干一天给你多少钱，这种模式在上游不是很合适的，它的成本控制非常大。还是要家庭经营，这本身也是合作制的一个本原。如果成员都是雇佣关系，就不能叫合作制了。"

陈盛伟的顾虑在于，土地由家庭经营到股份合作以后，效率会短期释放。但是长期经营的话，在目前农业面临资源约束、劳动力约束、市场约束的情况下，收益增值能不能持续还是个问题。"合作社与农场和大户相比，哪一个更具有优势，有待检验。"陈盛伟说。

很显然，乡村大地上各种新的经营形式的出现，并不能成为忽略家庭经营的理由。

"从我国'三农'情况来看，坚持家庭经营这个方向不能动。"山东财经大学农业与农村经济研究中心主任王蔚教授说，"即使我们的城镇化率到75%左右，也还有几亿人要留在农村，还是要解决他们的生活问题、生产问题。一个非常重要的方式就是坚持家庭联产承包责任制。在坚持联产承包责任制这个前提条件下，搞多种经营形式的创新。"

山东省政府参事盖国强也认为，将来农业仍然要以家庭经营为基本形式，这一条也是农业生产的特点，自然规律和经济规律所决定的。

"不要总考虑越大越好，它的基础单位应该是以家庭为主。在这个基础上随着生产力的发展逐步发展多种形式的合作社、农业企业。"盖国强说。

（张凤云，《农民日报》2014 年 11 月 3 日）

十　东平"土改"

30 多年前，山东东平人万里，在安徽推动包产到户、分户经营，带来中国农村经济发展的第一次飞跃。如今，在万里的家乡东平，一种探索农村集体经济有效实现的新模式——在分户经营基础上推动土地股份合作，如星星之火正在燎原。

在山东大汶河旁农田看到的一幕，曾让华中师范大学中国农村研究院院长徐勇深为感叹——一名女性在前面拉犁，一名男性在后面扶犁，"已经 21 世纪了，可有些地方还在延续 2000 多年前的生产方式。"

"如果说包产到户是脱贫所逼，东平土改则是致富所逼。"徐勇认为，当全面建成小康社会进入攻坚期，破局首在三农，东平的土地改革试验价值由此凸显。

困境倒逼改革

东望泰山，西临黄河，地处山东省西南部的东平县，山、水、平原各占三分之一，自古以农业为主。

"东平山好、水好、人更好，什么都不缺，就是缺钱。"这是徐勇对当地的第一印象。

用东平县银山镇南堂子村党支部书记、村委会主任郑灿宾的话说，"村民穷，村集体更穷"。以前，360 户村民，人均耕地不足 3 分，且多分散在山坡上。村民外出打工或打鱼为生。"南堂子怪事真不少，山清水秀风光好，只见大哥不见嫂"，描述的是这里穷得娶不起媳妇。

而在东平县彭集街道安村，地少且分散，种地不挣钱。2011 年前，村委会办公场所仅有两张桌子、三把椅子，还欠着 24 万元外债，村里曾经 9 年没有村主任。村里 80% 以上的年轻人都外出打工了。

南堂子村与安村，是前些年东平县农村集体经济薄弱的一个缩影。

东平县县委书记赵德健深有体会：村民没钱，意味着物质生活幸福指数低下；村集体没钱，则意味着说话没人听。

上任以来，赵德健走访了100多个村，写下《用脚步丈量民情》一书。书中，100多个村庄的共同点，就是村级治理没钱。

东平县提供的一组数据显示，2011年，全县716个行政村，没有集体收入的村庄276个，占38.5%；村庄集体经济在3万元以下的，占21.4%。也就是说，近四成村庄属于"空壳村"，还有两成多村庄集体经济薄弱。

农民与村集体都没钱，乡村发展陷入恶性循环……东平县委县政府意识到，传统的农村经济管理体制和发展模式，已很难适应现实发展的需求。

出路在哪儿？

2012年，东平县与华中师大中国农村研究院展开合作，探索农村集体经济发展新路径。

大量的实地调查研究让课题组明确，东平农业农村发展已走到新的"十字路口"：

全县17万农户承包土地，户均5.1亩，大部分以家庭经营为主，土地零碎、过于分散，生产效率低，很难获得规模效益，农民增收困难；

农村大量青壮年劳动力外出，农民对农业依赖程度减弱，农业兼业化、老龄化、女性化经营日益明显，难以形成现代高效农业，经营体系亟待创新；

村级收入不仅少，且缺乏有效来源，相当数量的村庄集体经济空壳，村庄治理陷入困局。

农民接轨市场

"钱去哪儿了？在市场中。"在徐勇看来，农民如何与市场接轨，参与市场经济，而不是为市场所隔绝，这是东平县县委县政府与华中师大课题组首先要解答的问题。

以往，人民公社时期，最大的特点是有公平但缺效率；家庭联产承包责任制，虽然有了效率，又缺乏公平。

有没有一种方式，可以既充分利用农村现有资源，又能调动农户积极性，并引入现代先进运营、管理模式，实现效益与效率兼得？

2012年10月26日，东平县接山镇后口头村炬祥土地股份合作社成立，成为山东省首批、泰安市首家土地股份合作社。

所谓土地股份合作，用课题组成员黄振华的话来概括，就是通过土地入股、市场运作，实现农村集体的重塑。

"户户有土地，户户能加入"，具体说来就是，将土地确权与土地经营相结合，将农民土地股份化，引导农民以土地承包经营权入股，以此让农民的土地成为能够从合作社经营中获取收益的一种资产。

"但这种合作，又不仅仅是土地的封闭联合，而是以土地为基础的开放式联合。"黄振华介绍，在这个过程中，不同于人民公社式的生产要素简单联合，农村最为匮乏的资本、技术、管理等生产要素，也得以有效引入。

东平在土地股份合作社的发展过程中，要求合作社成立独立的管理结构，理事会、监事会均由入社农民共同选举产生，分别负责日常管理、经营与监管。重大决策则采取社员大会表决形式，社员根据合作制原则，平等享有决策权。利益分配方面，则按股分红。

炬祥土地股份合作社成立之初，共有17家农户，202亩耕地、100亩河滩地，栽植国槐、法桐等。现如今，全村村民踊跃加入合作社，入社土地1060亩，村集体荒滩地350亩，产业涵盖乡村旅游、绿化、经济苗木，紫薯种植等。

根据合作社的方案，农户土地1亩为1股，集体的滩涂地质量稍差，每两亩为1股。2014年5月，合作社第一次分红，农民每亩耕地在获得1000元保底股金的基础上，分得200元红利；村集体也获得数万元保底利益与分红。

通过以点带面，示范引导，截至今年10月，东平全县共发展土地股份合作社55家，入社农户7809户，规模经营土地4.36万亩。

根据各村实际，如今，在东平，土地股份合作已探索出3种经营模式：引入外部资金、技术和管理，打造新型农业经营主体的合作经营型；将土地整体对外租赁，稳定获取租赁收入，实现规模种植、提高土地产值的内股外租型；自主培育产业的产业经营型。

收益，不只是钱

东平县农村改革试验区领导小组组建伊始，就确定了一条基本原则："改革的首要目的，是让农民受益。"

在东平，凡参与了土地股份合作的农民，都有一个新的称号："三金"农民（租金＋股金＋薪金）。具体来说，既有土地租金作为基本收益，也有由弹性分红、风险收益、务工报酬构成的增值收益。

课题组介绍，合作社收益方面，按一定比例提取风险金、公益金后，首先保证土地基本收益，不论是农户土地还是村集体土地，入股土地每亩可拿到 1000 元左右的固定租金，这是保本收益，还可以视情况浮动。其次是按股分红。收益剩余部分，则根据股权和契约分配。

"加入合作社，除了保底租金、年底红利，平时在苗木基地打工，每年还另有七八千元劳动报酬，挺合算。"接山镇后口头村村民赵恒水说。

村集体也跟着受益。

一个典型的案例是：不同于 2011 年前的衰败，彭集街道安村如今已是另一番景象。安村安大土地股份合作社成立后，单引进公司建成中药材种植基地这一项，集体就能收入 30 多万元。短短两年间，安置就业 500余人，入股农民人均增收 4000 元，村集体年收入达 150 万元。

无论农户还是村集体，收益不仅体现在钱这一方面。

在课题组看来，土地股份合作，为农民搭建了合作纽带：以土地为中心，农民能有效地参与进来，形成新型经济共同体，农民市场地位提高了，并且充分享受入社、退社自由。

农村市场化改革也得以推进：一家一户承包土地的凝固格局被打破，实现了土地由资产向资本的转变；培育了新型农民，愿种田的有田种，不愿种田的可以摆脱土地束缚，持股进城；而引入的公司管理模式，则改变了传统家户经营模式。

对村集体来说，通过土地股份合作，有了稳定收入，服务村民的能力也更强。

有了集体收入，村集体在管理上更有话语权，村民凝聚力也在增强。

安村村支部书记孙庆元介绍说，有了安大合作社，不仅村里的水、电、路、医、学等基础设施和村民福利大大改善，村里考取大学本科的孩子，养老院老人等人群，还可以获得奖励或补助。

通过土地经营权折股到户，农民对集体资产的占有权和收益权更加明确，农民和集体的利益联结增强，有效激发了农民的民主参与意识。2013年，安村修一条路，概算投资17万元，最后，全村各户踊跃出义务工，仅花费了15万元就修好了。

东平县一项最新统计显示，到2014年年底，东平县农民人均纯收入由2011年的6936元增长到10598元。

"替老百姓做主，不如让老百姓做主"

"人还是那些人，地还是那些地，为什么就不一样了呢？"在乡镇调研中，东平县农村体制改革小组副组长、县委办公室常务副主任白常顺经常听到这样的感慨。

在他看来，东平此次土地股份合作改革的一个经验就是，东平的实践探索不是上级领导拍脑袋想出来的，而是从实际出发，为解决问题起步的。政府没有搞运动，而是成熟一个引导一个，因地制宜，特色发展；政府部门虽然还是主导，但仅仅是引导，而非站到前台，"但凡不是以老百姓为主体的，都干不长。"

这不是没有惨痛的教训。

上世纪90年代，东平也搞过全县运动，建大棚，种蔬菜、西瓜等。政府压指标，公路沿线放眼望去，大棚整齐划一，表面看上去一派热火朝天，最后却是集体拿钱付债。

农民被迫做，没有积极性。最后，村镇干部甚至远赴上海卖瓜，事情没少做，吃力不讨好。

经历了这场改革，东平县委书记赵德健感慨，自上而下地"搞运动"已不符合实际，"这场改革纯粹由农民自己来推动，而非以往的行政命令式，替老百姓做主，不如让老百姓做主。"

赵德健坦言，刚到东平县任职时，自己也经历过失败。

当时，县里招商引资，在县里沿湖乡镇推广养鸭。县里把养鸭大棚修好交给农民，把鸭苗送给农民，但不少乡镇最后做得并不好。究其原因，一是群众养鸭积极性不高，但县里硬要求他们养；另外，群众对养鸭不熟悉，后期又需要许多流动资金。最后，这件事在不少乡镇以失败告终。

　　"这种行政命令式的做法，把本来既有的乡村治理、乡村经济发展、组织农民的规律违背了，农业有自身的规律，乡村治理也有自身发展的规律。"赵德健说，必须要充分地做好调研；而且，在农村，不一定非要这种模式那种模式，农民自己认可的、简单实用就好。

　　课题组成员、华中师大中国农村研究院的万磊博士长期在东平驻点。在万磊看来，东平"土改"，走过了一段比较长的探索历程，但正是这种自下而上的探索，才有了来自底层的创新与政府的上下互动，一起推动了改革的进程。

　　万磊举了个例子，在接山镇后口头村，一开始，农户们是把土地租给邻县几个蔬菜种植大户，但收获以后市场行情十分不好，大户弃田"跑了"。后来，农户们就想，我们能不能自己成立一个土地股份合作社呢？大家一起入股，一起闯出一条路。包括后来，农户怎么入股，不愿意入股的可采取土地置换的形式，合作社由谁来管理、怎么管理等，"都是农户自己提出来，并与村集体长期沟通、协商出来的。"

　　"可以说，这就是一个由农户们自主决断的过程。"在万磊看来，以往，由政府主导的土地流转等，虽然快是快，但由于是政府带着任务自上而下的改革，而政府毕竟不是市场主体，与市场隔了一层，对市场不够敏感，"非常容易导致决策失误，（改革）不如由农民自己选择"。

　　"慢是慢了一点，但由于改革是农户们基于自己的利益来推动的，农民的主动性更高。"万磊说，土地股份合作社的成立是好事，但不能侵害到农户的利益，这个时候，政府部门主要起监管、规范的作用。

　　在一次研讨会上，徐勇表示，东平"土改"基于实际，从问题出发，"就像当年鼓励包产到户一样，改革就是一个试错的过程。"

　　　　　　　　　　（雷宇、朱娟娟，《中国青年报》2015年11月2日）

十一　专家学者研讨土地股份合作与集体经济有效实现形式

　　9月27至28日，由农村改革发展协同创新中心和华中师范大学中国农村研究院共同主办的土地股份合作与集体经济有效实现形式高端论坛在山东省东平县成功举办。来自农业部、民政部、中国社会科学院、国务院发展研究中心、中共中央党校、浙江大学、南开大学等单位的40余名专家学者参会。与会者从实践与理论层面共同探讨了集体经济有效实现形式的条件、发展趋向，为集体经济发展提供了新的理论支撑，为国家政策完善与地方改革实践提供了智力支持。

27 日，东平县接山镇、彭集街道、沙河站镇、梯门镇的代表分别就各自地区土地股份合作社的开展情况作经验介绍，国务院发展研究中心农村经济研究部徐小青研究员、湖南省社会科学院朱有志研究员、中共中央党校经济学部三农研究中心徐祥临教授、中国社会科学院农村发展研究所李周研究员对相关介绍分别给予点评，并结合党和国家新近的土地政策对合作社的发展提出了建设性意见。中国农村研究院黄振华博士介绍了东平农村土地股份改革的研究成果。

28 日，专家学者围绕"农村发展与集体经济有效实现形式""集体经济有效实现形式的基本趋向""集体经济有效实现形式的必要条件""集体经济有效实现形式的理论探索"等主题分别作了专题发言，就农村集体产权制度改革、农村经营制度的选择、土地股份合作的实质与意义等问题进行了深层次探讨。专家普遍认为，东平县土地股份合作社制度的有益尝试，是对十八届三中全会"坚持农村土地集体所有权，依法维护农民土地承包经营权，发展壮大集体经济"的现实实践，是中央对农政策在基层的有效落实。

中国农村研究院院长徐勇教授认为，东平地区推行并渐趋成熟的土地股份合作社制度具有良好的示范意义，为面临诸多困境的集体经济研究探明了道路，指明了理论研究与实践层面的新方向。他认为，从我国集体经济发展的历程看来，集体经济有效实现形式所需要的相关性条件和基础有以下方面，一是产权相叠，二是利益相关，三是要素相加，四是收益相享，五是治理相适，六是主体相信，七是政府相持，八是头人相带。徐勇高度评价了山东东平的改革经验，东平县通过深化土地产权制度改革，引导农民带地入股，发展土地股份合作社，有力地促进了农民和村集体的增收，并在集体经济有效实现形式方面闯出一条新路。正是在这种意义上，东平县实现了农村发展的崛起，为破解"三农"瓶颈探索出了一条独具特色的新路子。

（夏静、陈岩，《光明网》2014 年 9 月 29 日）

十二　中国农村研究院院长徐勇教授谈东平农村改革

9月29日，中央全面深化改革领导小组第五次会议上，中共中央总书记、国家主席、中央军委主席习近平强调，积极发展农民股份合作、赋予集体资产股份权能改革试点的目标方向，是要探索赋予农民更多财产权利，明晰产权归属，完善各项权能，激活农村各类生产要素潜能，建立符合市场经济要求的农村集体经济运营新机制。

9月27日、28日，华中师范大学中国农村研究院在山东东平召开了主题为"土地股份合作与集体经济有效实现形式高端论坛"的学术研讨会。与会专家学者围绕东平县农村土地股份合作社改革的经验展开深入讨论，达成共识，认为东平改革具有示范意义。近日，记者就此采访了华中师范大学中国农村研究院院长徐勇教授。

记者：为什么要在山东东平举办这样一个高端论坛？

徐勇：集体经济是我国社会主义基本经济制度的重要组成部分，对我国经济社会发展具有独特的价值与作用。党的十八届三中全会强调"发展壮大集体经济"，但如何实现集体经济的有效发展则是摆在实践者面前的一道难题。如今，学界对于集体经济的研究渐趋停滞，甚至有学者表示集体经济发展已"走投无路"。

位于鲁西南的东平县是一个农业大县，其经济发展水平长期处于山东省县域经济发展的下游水平。近年来，东平县通过深化土地产权制度改革，引导农民带地入股，发展土地股份合作社，有力地促进了农民和村集体的增收，并在集体经济有效实现形式方面闯出一条新路。东平县实现了农村发展的崛起，为破解"三农"难题探索出了一条独具特色的新路子。

会议在东平举办，希望专家学者实地考察，共同研讨以"东平样本"为代表的农村集体经济发展新探索，为集体经济发展提供新的理论支撑，为国家政策完善与地方改革实践提供更多的智力支持。

记者：东平的探索让农民过上了好日子。但这样一个地方性的案例，是否具有普遍性的意义和价值？

徐勇：我认为是有的。第一，东平探索解决的问题具有普遍性。解决农村问题不是从书本、原理出发，而是从事实出发；不是从原则出发，而是从解决问题出发。我们当今农村发展的基本前提是三个方面：1. 土地是农村的主要资源，而土地将长期为集体所有，这是绕不开的基本现实，农村经济发展的基本出发点。2. 作为农村集体所有权成员的农民，生产生活一体化。无论是生产，还是生活，包括精神文化，农民对集体有一种依赖感。3. 在市场经济大环境下处于弱势地位的分户经营农民有抱团发展参与市场经济过程的需要。"东平探索"内生于实践，内生于生活，这是有根的，它不是想象出来的，这个根可以说具有普遍性，不是一个地方所有的。

第二，东平探索的核心价值具有普遍性。集体经济实现形式多样，但它的核心价值，是人民通过集体来获得更大发展和共同发展而具有普遍性，这也是集体经济有效性的基本尺度。东平通过土地股份合作，获得了更大的发展，更广阔的发展空间。

第三，东平实践创造具有普遍价值。"东平样本"是对集体经济有效实现形式的探索，这种探索是基于内生的需要，同时也包含着普遍价值。其他地方的形式可以和东平不同，但是"东平样本"内涵的因素是具有普遍性的。比如说产权，东平样本不仅是农村产权不断延伸扩展，而且是一种聚合。不仅仅是所有权、承包权、经营权、收益权的延展，而且把这几权整合在一起。

记者：东平探索在学术上具有哪些启示呢？

徐勇：这次会议既是一次经验研讨，也是一次学术研讨。东平探索说明集体经济是一种值得发展，同时要求条件更高的经济形式。这也引起了学界重新聚焦于集体经济，集体经济由此进入了学界严肃探讨的视角。把集体经济作为一种长期会存在的经济现象进行学理研究，这个样本在学术上给了我们很大的启示。首先，集体经济有效实现的命题具有开放性。它有助于我们从长期存在的固化思维当中解放出来。我们现在的集体经济还是定格在我们古典的传统的原型的集体经济，第一，强调集体经济就是刘庄，要把这个固化的思维解放出来。第二，因为不同情况，集体经济的实现形式多样化了，只要有效，什么形式都可以。第三，集体经济的走向是开放的。它可能会不仅仅限于原集体成员，今后会走向一个开放性、包容性更强的混合经济。第四，集体经济有效实现形式是一个探索性命题，要鼓励实践，大胆探索。改革就是一个试错的过程。从这个意义上讲，"东平样本"只是一个良好开端，而不是终点。学术探讨只有交流，没有标准答案。我相信"东平探索"会不断深入，我们也将继续跟踪，让实践提供更好的答案。

（夏静、陈岩，《光明网》2014 年 10 月 1 日）

十三　专家指山东"东平样本"破农村集体经济诸多难题

针对有学者认为集体经济发展已"走投无路"，近日在山东省泰安市东平县召开的"土地股份合作与集体经济有效实现形式高端论坛"上，与会的该研究领域知名专家、学者表示，在中国，集体经济并不是走投无路，更不是毫无价值，关键在于要有有效的实现形式。

此次论坛由农村改革发展协同创新中心、华中师范大学中国农村研究院主办。来自农业部农村经济体制与经营管理司、民政部基层政权和社区建设司、山东省相关主管部门负责人，以及中国社会科学院、国务院发展研究中心、中共中央党校、浙江大学等高校、科研单位 40 余名集体经济研究领域知名专家、学者与会。

现实倒逼出"东平样本"

东平县位于鲁西南。作为农业大县，其工业反哺农业能力极为有限，最大资源莫过于土地资源。但近年来，东平土地资源并未成为农民致富的有效途径。当时，东平县农村流传这样一个说法，"辛苦流汗一老年，算下成本多少钱，化肥柴油又不贱，土地不转不合算"。对此，东平县委、县政府开始从土地上找法子。

农民怎么参与市场经济、分享市场经济成果？现实倒逼出了探索集体经济有效实现形式的"东平样本"。近年来，该县通过深化土地产权制度改革，引导农民带地入股，发展土地股份合作社，促进了农民和村集体的增收。2013 年一年多的时间，东平县土地股份合作社已发展到 45 家，入社农户 6880 户，涉及土地 36863 亩。

2013 年，在华中师范大学中国农村研究院与东平县的合作下，东平县成立了山东省首家经工商注册的县级农村综合产权交易有限公司。该校中国农村研究院提出，根据不同村庄的不同条件发展不同形式的集体经济。在东平试点土地股份合作社过程中，每个乡镇分别选择 5 个村作为试点，形成不同发展特色。

据华中师范大学中国农村研究院黄振华博士介绍说，"东平崛起"就是利用土地股份合作社新形式，来推进农村集体经济的有效实现。其主要内容是：土地确权入股，市场化运营，民主化管理，农民平等受益。此外，东平土地股份合作特点是：土地为本，产权发展，自愿互利，开放市场，分配公平，治理有效。

破解集体经济难题

据了解，东平县炬祥土地股份合作社 2012 年成立之初，有合作社社员 17 户、涉及耕地 202 亩，村集体荒滩地 150 亩。现如今，全村群众全部加入合作社，入社土地 1060 亩，村集体荒滩地 350 亩，产业涵盖乡村旅游、绿化苗木、经济苗木、饲料青储、紫薯种植等产业。2014 年 5 月，合作社进行了第一次分红，农户每亩耕地在获得 1000 元保底股金的基础上，还分得 200 元红利；村集体 150 亩荒滩除了有 3.75 万元保底收益外，还分红 1.5 万元。该社将通过 3 年时间，立足自身资源优势，加快产业发展。

在实地考察后，国务院发展研究中心研究员徐小青认为，东平县发展集体经济，开始是为了要为村集体增收。后来，在土地要素、劳动力要素等方面探索出了一些新的经营形式，村集体、大户、土地组成了一种新的整合模式，而且是在利用原有资源同时，开发出了一些原来没有条件开发的资源，是一种产业升级。

西沟流村位于东平县梯门镇西北部，三面环山，土地贫瘠，水资源匮乏。为让农民从土地上长期得到实惠，村里决定成立土地股份合作社，农民自愿入股，以土地承包权证换取股权证，农户凭股权证获得土地红利。2013 年，100 多个群众在合作社打工，务工收入达到 100 多万元。村集体通过土地入股，收入实现大幅增加，增强了服务群众能力。对此，中国社会科学院农村发展研究所李周研究员表示，通过土地股份合作，真正把双层经营做到实处，建立了集体的资产，提升了经营层次。

华中师范大学中国农村研究院通过长期实地调研得出结论，东平县土地股份合作社作为集体经济的一种有效实现形式，其在实践中破解了集体经济运行过程中面临的三大难题，即：一是破解了土地效益难以发挥的难题，二是破解了土地流转下土地的"失联"难题，三是破解了集体组织缺乏经济基础的问题。

探索现代集体经济

东平改革的目标是什么？华中师范大学专家在与东平县方面深入探讨后认为，要为全国农村集体经济发展的现代化转型树立典范。

著名学者、华中师范大学中国农村研究院徐勇教授认为，东平县探索解决的问题以及核心价值等具有普遍性。他认为，当今农村发展的基本前提是三个方面：1. 土地是农村的主要资源，而土地将长期为集体所有。2. 作为农村集体所有权成员的农民，无论是生产还是生活，都对集体有一种依赖感。3. 在市场经济大环境下处于弱势地位的分户经营农民，有抱团发展参与市场经济过程的需要。"东平探索"内生于实践，不是一个地方所有。但"东平样本"只是一个良好开端，不是终点。

农业部农村经济体制与经营管理司司长张红宇表示，山东东平这样一个粮食主产区、农业区，产权制度改革以及土地股份合作搞得有声有色。他认为，东平县给我们的启示有，第一是集体经济多种实现形式，第二是土地股份合作在中西部地区大有作为。他还建议，在其他的经营方式以及利益分配机制等方面继续探索。

（艾启平，《中国新闻网》2014 年 9 月 30 日）

十四　以地养农 以社兴农 以业富农
——山东省东平县让土地真正"活"起来的有益尝试

山东省泰安市东平县作为全国第二批农村改革实验区，先行先试、积极探索，通过深化土地产权制度改革、发展土地股份合作制、组建农村产权交易所，在促进农民和集体的增收上进行成功尝试。

位于鲁西南的东平县是一个农业大县，随着城乡一体化的推进，和全国大部分中西部地区一样，农业农村发展到了一个新的"十字路口"，面临着一系列的问题和挑战。

农村经济发展面临的问题和挑战，最终都指向产权，特别是土地产权，"在坚持土地集体所有的前提下，推行土地股份合作，是构建新型农业经营体系，加快农村经济发展的有效途径。"东平县委书记赵德健对此有着深刻的认识。

2012 年，东平县与华中师范大学中国农村研究院展开合作，探索创新壮大发展集体经济路径。即通过发展土地股份合作社，推行土地股份制改革，实现以地养农、以社兴农、以业富农。

种植陷入"鸡肋" 推动土地股份制改革

沙河站镇孟庄村七十多岁的孟大爷，儿子儿媳都外出打工，留下孙子在家上学，年老体弱的他，有几亩地需要邻居帮着种。"种是种不了，扔了又可惜啊！"孟大爷无奈地说。

随着城镇化进程加快，土地种植陷入"鸡肋"之痛：进城的舍不下又没法种，年轻人愿进城不愿种，留守的想种又种不了。一家一户的传统种植模式成本高、效率低，与市场对接不灵……

在农村出现"有田无人种"的同时，龙头企业、种植大户却"缺田种"，他们拥有充足的资金、完备的技术、成熟的网络，苦于缺乏大显身手的平畴沃野。

不仅如此，由于土地分散经营，东平县农村集体经济薄弱，村级收入少，缺乏有效来源，出现"空壳"，难以支撑村庄治理，影响基层稳定。

经过充分调研和论证，东平以落实集体所有权、稳定农户承包权、放活土地经营权为指引，在"不改变土地性质、不改变土地用途、不损害农民土地承包权"的"三大原则"下，以激活土地经营权为核心，推进土地股份化、产权资本化、农民组织化、农业产业化，引导农民带地入股，让土地真正"活"起来。

四种模式 构建股份合作主体多元化

土地确权是开展土地股份合作的重要前提。东平县对农户承包地主要采取两种确权形式。一种是确定地权，逐户落实农户承包地。另一种是确股确权不确地，在试点村，农户按土地承包面积发放股权证，不确定四至和地块，组建土地股份合作社，年终按股分红。

村情不同，发展路子不一，东平县坚持底线，因村施策，摸索出政府引导型、能人带动型、资本融入型、资源整合型等四种土地股份合作模式。

——政府引导型。立足移民大县实际，沙河站镇用活政策性资金，引导 11 个移民村将 370 万元移民扶持资金折股入社，在孟庄村成立"联润土地股份合作社"，建成 276 亩蔬菜大棚，发展设施农业。去年，入股农户除获得 1100 元/亩的土地保底收益外，每股分红 210 元。

——能人带动型。银山镇南堂子村党支部书记郑灿宾发动全村群众，带头成立"最美乡村土地股份合作社"，将资金、资源、管理等要素作为股份，发展观光农业和旅游产业。

——合作经营型。接山镇后口头村引入经营大户，成立炬祥土地股份合作社，农户以 202 亩承包地、村集体以 350 亩河滩地入股，大户以资金和种苗入股，发展花卉苗木经营。今年 5 月，合作社进行分红，农户每亩耕地获得保底股金 1000 元，分红 200 元。

——资源整合型。梯门镇西沟流村宝泉土地股份合作社引入工商资本，整合村集体资源，将村民 824 亩耕地、村集体 876 亩荒坡地集中入股，发展集畜禽养殖、林果采摘、观光旅游为一体的高效生态农业，100多位群众在合作社打工，务工收入达到 100 多万元。村集体通过土地入股，收入实现大幅增加，增强了服务群众能力。

目前，该县共发展土地股份合作社 51 家，入社农户 7797 户，规模经营土地 41778 亩。发展家庭农场 161 家、专业合作社 1177 家、规模以上农业企业达到 152 家，初步构建了主体多元、类型多样的农业经营体系。

提高抵御风险能力 实现"以丰补歉"

2012 年 10 月，接山镇后口头村炬祥土地股份合作社挂牌成立，该合作社是全省首批、泰安首家土地股份合作社。

"我是以 26 亩土地入股的，最初，以土地入股，交给合作社经营，对如何保证红利、风险谁来承担等问题，大伙私下没少议论。"社员赵恒水说。

群众的顾虑不无道理。发起人赵同厂召集大伙商议，制定了合作社章程，完善法人结构，成立股东大会、理事会、监事会，保证合作社规范运营。通过 17 个股东的选举，赵端当选理事长、赵同厂当选监事长。

炬祥土地合作社成立后，拥有股民土地 202 亩、集体河滩地 150 亩，经过多方考察，确定与苗木经营大户于其洪合作，建立绿化苗木基地，于其洪担任经理，负责具体经营。合作社以土地作为投资，经营大户以资金、苗木、技术作为投资，双方合作经营，按 5∶5 收益分成。

为提高土地股份合作社抵御自然和市场风险的能力，东平县指导合作社建立风险基金，每年从全部收益中提取一定比例存入，确保"旱涝保收"。赵同厂表示，假如按每亩纯收益 2000 元计算，保底分红 1000 元后，剩余的 1000 元按 70% 进行二次分红，30% 作为风险基金，逐年累积，用来保障保底股金发放，实现"以丰补歉"。

在发展土地股份合作工作中，东平县坚持"入股自愿、退社自由"，合作社成员退社时，经股东代表大会研究，采取异地置换的方式，重新分给土地，给予退股。

为保证改革顺利进行，东平县出台了《东平县农村综合产权交易办法》，成立了农村综合产权交易所，将农村土地承包经营权等 13 类农村产权纳入经营交易服务范围，推动交易公开、公正、规范。

"去年我们有 200 亩地，只有一家出价，每亩只流转了 800 元钱。这次拿到交易所，有 3 家竞争，一下子就到了每亩 1000 多元。"泰西土地股份合作联社理事长刘兆仁介绍说。"通过交易所，避免私下交易，保证了集体资产增值，还村干部清白。"

"原来承包土地，感觉合适就签了，留下不少后遗症。现在通过交易所，交易前有评估，交易中有鉴证，交易后有监管，可以放心投资扩规。"接山镇下套村村民、正源家庭农场主郑发说起与以往的不同。

"保底股金 + 分红"构建增收模式

"家里 5 亩多土地入社后，放心外出务工，不再两头兼顾却两头耽误。"接山镇后口头村农民刘成说。而这源于该县构建了农民在土地上的增收模式，即"保底股金 + 分红"，如在基地务工则具有"股金 + 分红 + 劳务资金"三块收入。

农民得利，集体增收。通过集体土地和基础设施入股、为合作社提供有偿服务等，村集体收入渠道日益多元和稳定。银山镇南堂子村，全村群众入股，发展旅游观光农业，安置本村闲散劳动力 200 人，年集体增收

50 万元，村民人均增收 1000 元。据统计，该县推行土地股份合作社的村，入社村民户均增收 1200 元，村均集体增收 3 万元，化解了村集体经济"空壳化"的困境。

"东平县通过土地股份合作，重塑了集体经济，增强了农民和集体的利益联结，有利于扭转大多数村庄集体所有制弱化的局面，开启集体经济的又一次转型。同时，激发了农民的民主参与意识，村庄治理水平明显提高。"华中师范大学中国农村研究院院长、农村改革发展协同创新中心主任徐勇说。

（陈淑锋，《中国县域经济报》第 41 期 总第 1040 期 2015 年 6 月 1 日）

十五　山东东平：试水农村土地股份合作社

随着新型工业化和城镇化的推进，近 2.7 亿农村富余劳动力向城市转移，农村土地经营分散、资源浪费、利用率低等现象比较普遍。再加上农业劳动力"高龄化"，以及经营规模较小等问题，都倒逼着农业加速转变经营方式。随着城乡一体化进程的加快，农村迫切需要深化以土地为核心的产权制度改革以释放发展活力。

如今，有些地区在集体经济的实现形式上找到突破口，其中，山东省泰安市东平县发展土地股份合作社，成为专家学者们关注的焦点。去年成立的华中师范大学"农村改革发展协同创新中心"，曾赴东平进行实地调查，从中既总结出经验，也发现了值得进一步研究和解决的问题。对此，中国经济导报进行了一番深入了解。

土地入股，市场运作

2012 年 10 月 26 日，山东省首批、泰安市第一家土地股份合作社——东平炬祥土地股份合作社在后口头村正式成立。这个村按照"集体 + 企业 + 农户"的模式，同苗木经营大户股份合作栽植绿化苗木，全体村民都加入了土地股份合作社，入社土地 1060 亩。今年 5 月，合作社进行了第一次分红，农户每亩耕地在获得 1000 元保底股金的基础上，还分得 200 元红利；村集体 150 亩荒滩除了有 3.75 万元保底收益外，还分红 1.5 万元。

根据合作社章程，留取 30% 的风险金后，70% 的收益按照土地入股的股数，按照会计年度进行分红。同时，合作社与苗木产业大户合作，借助苗木经营大户的市场经营经验，有效规避了市场经营风险。

类似的还有东平县宝泉土地股份合作社，土地按每亩每年 700 元评估价值，按照 15 年期限，1700 亩土地折资量化为 1785 万元，占股 47%；泉灵公司投资 2000 万元，占股 53%，按股份分成。泉灵公司派驻人员，负责监督、协调和产品销售；日常的农业生产、田间管理、技术指导等工作由合作社负责。

合作社的利润提取公积金和公益金后，在集体和农户股东间按比例分配。合作社采取“保底＋分红”的方式，入社群众从土地上不仅有“租金”收入，还参与盈利分红，有“股金”收入，到基地打工，还有“薪金”收入。2013 年，100 多个群众在合作社打工，务工收入达到 100 多万元；村集体通过土地入股年均增收达 50 万元。

对“东平模式”长期跟踪、调研的华中师范大学中国农村研究院博士黄振华对中国经济导报记者表示，“东平模式”是利用“土地入股、市场运作”这一农民合作新形式，来推进农村集体经济发展。

“东平县在发展土地股份合作社过程中，将土地确权与土地合作经营相结合，引导农民以土地承包经营权入股，使农民的土地成为能够从合作社经营中获取收益的一种资产。”黄振华表示，土地股份合作社是以土地为基础的开放式联合，将农村最为匮乏的资本、技术等生产要素有效引入，避免了生产要素的简单联合，从而达到“1＋1＞2”的效果。

“加入土地股份合作社的农民能享受到土地股份合作社经营带来的 3 种收益。首先，入股农户能够获得每亩 1000 元左右固定的土地租金，并且视具体年情适当上浮；其次，合作社拿出 50%—60% 的经营收益用于农民分红，每年从收益中按照 20%—30% 的比例提取风险保障金分给农民；再三，农民通过到土地合作社务工获取劳动报酬。”黄振华说，通过确权确地和确权确股等方式，农民承包地的产权明晰化；通过承包权与经营权分离以及经营权入股，传统僵化的产权内容得以丰富；借助产权交易所、司法确认等方式，产权保障体系得以建立。他特别强调，东平县在土地合作社组建过程中，通过土地置换等方式保障农民的入社自愿、退社自由。

黄振华认为，家庭联产承包责任制无法与大市场对接，也无法使农民有效致富，而土地股份合作社一方面实现了土地的专业化经营，不愿意种田的农民能摆脱土地束缚持股进城；愿意种田的农民能获取较高劳动收益。合作社规模化经营也提高了土地经济效益，为增加农民财产性收入奠定了基础。

产权改革成为亮点

浙江农林大学中国农林发展研究中心教授王景新提供的数据显示，截至 2012 年，我国承包农户约为 2.3 亿户，其中进行土地流转的只有 4440 万户，流转土地不到 20%。2012 年末全国农民专业合作社有 68.9 万个，入社成员 5300 多万户。据统计，2013 年，全国当年无经营收益的村占 50%，有经营收益的村中 5 万元以下约占 28%，即全国有 80% 的村要靠公共财政维持村级组织运转。

苏南地区是集体经济最发达的地区之一。江苏省苏州市委农村工作办公室原副调研员卢水生对中国经济导报记者表示，苏州农村经济发展的经验包括：第一步，动员农民土地入股，然后平整土地；第二步，劳务合作社解决 40—70 岁农民的就业问题；第三步，把集约下来的土地指标置换到工业规划区、城镇规划区及建房出租。这三步就是三种合作社，分别把土地、资金、劳力整合起来了，"土地股份合作社是基础，劳务合作是配套，置业合作是关键。"卢水生认为，土地股份合作社赚的是资源性的收入，而劳务合作社是工资性收入，置业股份合作社是财产性收入，这是农民增收的三阶段。

"苏州 2010 年平均每村可支配收入 448 万元，资金一部分用于公共开支，其余分给农民，人均每年 1730 元。村级经济也有利于促进乡镇经济的发展，又有利于促进县域经济、市域经济的发展。"卢水生表示。

"这几年对农村土地制度改革问题的关注，特别是农村产权制度改革问题的关注，目光多是集中到东部地区、沿海发达地区以及城郊村。因为这些地方的产权制度改革有抓手，特别是经营型资产搞得有声有色。但没有想到在东平这样一个粮食主产区，产权制度改革以及土地股份合作同样搞得有声有色。"农业部农村经济体制与经营管理司司长张红宇对中国经济导报记者表示。

张红宇表示，关注农村产权制度改革，从宏观角度要实现资源要素的平等交换，土地产权制度改革是基础；从微观角度要赋予农民更多的财产权利，增加农民收入，"我们要探索集体经济实现形式的多样化，东平才刚刚起步。"

中国社科院农村发展研究所所长李周表示，日本从 20 世纪 50 年代到现在，花了 60 年的时间才使其土地规模从 1 公顷变成 2 公顷；中国在短短的 20 年内土地流转率就达到了 26%，这跟土地集体所有而不是私有制有很大关系。

李周认为，东平发展土地股份合作的启示，就在于"确权确股不确地"，将农民的承包地由实物资产转为股权资本，从而促进土地整理，并使退社可以采取土地异地置换的方式。此外还有行为约束手段，包括监事会、社员大会和罢免制度，再加上市场和自然风险防范手段，包括从盈利中提取 20%~40% 的风险金防御自然灾害等。

合作社仍需克难而进

对于"东平模式"，也有不少专家学者在肯定其作用的同时提出了质疑。浙江大学中国农村发展研究院院长黄祖辉对中国经济导报记者表示，现在许多所谓的"股份合作"，只有股份，合作"是假的"。

"合作制的本原就是农民参与的平等性、民主性，第一产业种植业、养殖业尽可能要以农民参与为主；下游跟工业有关的活动可以股份为主。中国合作社力量不强大，所以企业进来以后搞的股份合作很可能股份占主导，两个经营大户就占 50% 了。"黄祖辉认为，工商企业土地流转规模化，重新布局后专业化分工，农民去打工要慎重。现在农村土地产权改革的难点，是无法让农民土地承包权有偿退出，集体经济在承包权、宅基地权上是"封闭"的。

对于土地股份合作社的"保底钱"，山东财经大学农业与农村经济研究中心主任王蔚也有不同看法。他表示，东平吸引种粮大户和企业家参加合作组织，给农民的"保底钱"可能 3 年内没问题，但是 10 年，乃至 20 年后还能不能落实，只能走着看了。"有过在生产队挣工分经历的人都清楚，合作社集体劳动是很难管理的事，搞不好合作社难以维持下去。"

　　"现在地力下降、耕地减少、环境污染等问题，就是因为土地的产权不清晰、主体不明确。一切都是集体，谁代表集体呢？更严重的问题是农村对农民没有吸引力。市场配置资源就是要明晰农村的产权，现在我们将其称为承包经营权的流转。但农村产权不清晰，无法交易，哪来的市场经济呢？"山东省政府参事室参事盖国强对中国经济导报记者强调，农村发展一定要靠制度创新，"东平模式"不失为一种探索。

　　"实现集体经济唯一的选择空间是土地经营权。农户单家独户在市场背景下能力有限，必须盘活农户经营权，产权的细分、交易、配置就成为了中国推进实践创新的基本线索。"华南农业大学经济管理学院院长罗必良表示。不过，他也担忧"东平模式"似乎过于依赖社区领袖和经济能人，容易导致制度权威、政治精英与内部人控制；过于强调农业领域内的劳动合作是"有工资"的，容易导致搭便车以及劳动力的"柠檬市场"；过于依赖外部主体进入，会导致和约不稳定、合谋以及交易风险，因此需要更为务实的创新勇气以及不可或缺的政治智慧。

　　"合作也好，股份合作也好，关键是要入股，有产权。土地股份合作社关键是要做好土地承包经营权确权颁证，如果产权不清晰，将来合作是有问题的。家庭成员变化了，入股的成员也变化了，新的成员如果不想入股，这个入股就是不牢固的。"农业部农村经济体制与经营管理司副司长黄延信对中国经济导报记者表示。

　　除此之外，黄延信也不赞成实行"保底分红"。他认为，有的"保底分红"甚至超过了土地流转费用，例如每亩地六七百元的流转费用，保底钱却达到1000元。"农业生产既有资产风险，又有市场风险，保底是不可持续的。固定回报政策上是不提倡的，政策底线是不要出现安徽合肥农村合作社那种高额揽息、固定回报后的'跑路'事件。"黄延信说，股份合作要利益共享、风险共担，有多少分多少。

　　山西大学马克思主义研究所教授赵宇霞则表示，农村集体经济的法人代表不明确，其经济活动必然受限。例如，银行信贷部门不愿意发放贷款给村集体，在山西汾阳贾家庄，私人可以贷到款，集体经济及村集体贷不到款，因此亟待制定《农村集体经济组织法》。

　　国务院发展研究中心农村经济研究部原部长徐小青认为，集体产权如何体现成员的权利、收入分配等问题，是改革中必须解决的。

（季晓莉，《中国经济导报》2014 年 11 月 8 日）

十六　为农村经济发展增添新活力
——山东东平盘活农村产权资源侧记

近日来，山东泰安市东平县正源家庭农场负责人郑发一直沉浸在喜悦之中——东平县农村综合产权交易所的成立，让他的绿色富裕梦变得更加真切。1 月 3 日交易所成立当天，他毫不犹豫地与泰西土地股份合作联社现场签约，获得 160 亩土地的承包经营权。

记者获悉，为进一步加大金融支持现代农业发展力度，切实推进农村金融改革，拓宽农民及涉农企业融资渠道，人行泰安市中心支行、东平县委、县政府在学习外地先进经验的基础上，结合当地特色及实际，经过充分调研和论证，成立山东省首家经工商注册的县级农村综合产权交易有限公司。1 月 3 日，山东省首家县级农村综合产权交易所在东平正式挂牌，标志着东平农村综合产权改革取得突破性进展。

有效盘活农村各类产权资源

"设立农村综合产权交易所，就是要为农村、农民拥有的各种财产商品化、货币化搭建平台"，东平县委农工办副主任李鹏介绍说，交易所以"公正、公开、公平、规范"为宗旨，将农村土地承包经营权、集体林权、集体水面养殖权等 13 类产权纳入经营范围，并为各类产权交易提供场所设施、信息发布、组织交易等服务，对产权交易行为进行鉴证，同时提供信息咨询、交易策划、产权经纪、委托管理、产权融资等相关配套服务。

作为农业大县，近年来，东平县积极探索农村土地产权制度改革，以"不改变土地所有权性质、不改变土地用途、不损害农民土地承包权益"为前提，引导农民入社，农地入股，发展土地股份合作社，放开放活承包土地使用权，不断健全农村产权流转交易市场。

交易所不仅盘活了各类农村产权，切实解决农村贷款抵押担保难问题，激发农村发展活力，也让农民最大限度地分享产权增值收益，为农业集约经营和新农村建设创造了有利条件。同时，交易所开启了东平县农村土地产权交易规范化、制度化之旅，促成政府、银行、企业、农户和交易所合力支持现代农业发展的良好格局。

产权交易所前景广阔

在交易所大厅记者看到，一宗宗农村产权交易信息正连续滚动在电子大屏幕上，交易所设有申请受理、产权审核、组织交易、交易鉴证、产权抵押、服务代理6个开放式服务窗口，并配备专业的工作人员为农村各类产权的交易流转提供服务。

据了解，该交易所按照"1+3"的模式组建，1是指交易平台，3分别是指设立托管中心、评估中心和抵押融资中心，通过健全经纪推介、委托评估、司法确认、金融扶持、服务网络等配套保障，推动了各类农村产权流转交易的市场化和规范化，构建了较为完善的农村产权交易市场。

在交易平台组建过程中，东平县还引入高端智库——华中师范大学中国农村研究院的全程参与。

该研究院执行院长邓大才认为，东平与其他地方的农村产权交易机构相比，有产权内容更加丰富、产权平台比较完备、产权交易制度先进和产权交易前景广阔等四大特点。其中，探索生态补偿产权、跨区域产权等新型产权的创建工作属于首创。"交易所是一个开放的平台，不仅接受东平的产权委托交易，而且还辐射鲁西南、鲁西北，有望建设成为一个区域性的产权交易平台，特别是东平产权交易所采取的企业运营方式，有机会做大做强，甚至有可能变成上市公司。"

解决农村贷款担保难题

范学德是东平县新湖镇范洼村的水面养殖大户，2008年从村里承包了65亩鱼塘，由于今年养殖的黄河大鲤鱼经济效益低，就萌生了把剩余2年的承包权转让的念头。听说县里要成立农村综合产权交易所，老范提前半个多月就早早登记了交易信息。交易所揭牌当天，范学德以6.5万元的价格将鱼塘成功转包给同村村民范思东用于养殖效益更高的锦鲤。"以前多是私下转让，还需要担保人，矛盾纠纷也较多。如今在交易所转包，不仅得到了政府的认可，还避免了纠纷的发生。"范学德说起交易所的好处来，头头是道。

据介绍，东平县农村综合产权交易所成立当日就签约 5 宗，截至目前，东平县农村综合产权交易所已发布有意向转出信息 157 宗，包括土地承包经营权、农村集体林权、农村集体水面养殖权等，涉及土地及水面面积 18760.45 亩；发布意向转入信息 49 宗，包括土地承包经营权、农村集体林权、农村集体"四荒"资源使用权等，涉及土地面积 7995.1 亩。

交易所在全县及周边地区收集、发布各类产权流转交易信息，组织产权流转等交易活动的同时，也为贷款抵押物处置、抵押权利的实现提供了有利条件，解决了涉农贷款抵押及担保难题。记者了解到，为进一步促进农村产权抵押贷款办理，目前人行泰安市中支已将产权交易主体的信用信息纳入征信系统，及时掌握借款人基本情况，方便银行业机构查阅农村产权交易主体信用信息。

据悉，该交易所成立 3 天内即有 20 家单位发布抵押融资需求信息，涉及土地承包经营权土地面积 3142 亩、总价值 11640 万元，农村集体水面养殖权 700 亩、价值 205 万元，房产面积 2568 平方米、价值 2528 万元，集体林权面积 3121 亩、总价值约 4350 万元，以及其他相关抵押价值 335 万元。

（温跃、赵小亮、张伟、肖培，《金融时报》2014 年 3 月 13 日）

十七　山东东平试点土地股份合作
——破解集体经济难题　农民收入大增

山东泰安市东平县探索农村土地产权改革，先行先试发展土地股份合作社，不仅大幅提高农民收入，且扭转了多年来基层民主涣散的局面。日前在东平举办的一场"土地股份合作与集体经济有效实现形式高端论坛"上，专家认为东平的探索证明，围绕农业为中心的农村集体经济可以多种方式实现。而其在经营机制、产权明晰、人才与资金吸引等方面遇到的瓶颈，则可为下一步深化农村土地制度改革提供镜鉴与思考。

2012 年 10 月，东平县接山镇后口头村炬祥土地股份合作社挂牌，由此拉开了该县土地产权改革的序幕。截至目前，东平县土地股份合作社已发展到 45 家，入社农户 6880 户，涉及土地 36863 亩。在坚持不改变土地所有权性质、不改变土地用途、不损害农民土地承包权益的三大前提下，最大程度地盘活集体土地使用权。

设农村综合产权交易所

东平县根据不同实际，探索出由党支部引领、土地经营权对外租赁、村集体与经营大户合作经营、农业产业园区带动以及开发经营第三产业等五种合作社经营模式。在华中师范大学中国农村研究院的指导下，东平县还成立了山东首家农村综合产权交易所。从土地承包权到林权、水面养殖权等13项产权都可以在交易所内交易，搭建起了一个集产权交易、产权托管和产权融资为一身的综合平台，极大地推动了农用土地股份制改革。据统计，相关改革启动后，东平辖区内土地收益已由每亩960元增至2000元，仅2013年，全县农民人均现金收入增长16%。

值得一提的是，9月29日，中央全面深化改革领导小组审议了《关于引导农村土地承包经营权有序流转发展农业适度规模经营的意见》《积极发展农民股份合作赋予集体资产股份权能改革试点方案》，提出要在坚持农村土地集体所有的前提下，促使承包权和经营权分离，形成所有权、承包权、经营权三权分置，经营权流转的格局，而东平的探索正与这一精神不谋而合。

引入现代市场机制

承担东平县改革项目研究的华中师范大学中国农村研究院执行院长邓大才表示，"东平样本"的多个案例具有共性，包括市场性、现代性、权利性、开放性四个方面的特征。

邓大才称，土地股份合作社的发展采取市场方式，依靠市场机制是其最大特点，不同于过去农村人民公社都是靠动员甚至强迫。同时，市场性把一些现代的生产要素，比如管理、技术、资本和传统的劳动力要素和土地的要素进行有机地结合。

此外，这种模式在入股、管理和分配的过程中间，都保证了农民的权利，这中间体现集体经济的最大特点是公平性。各种现代要素、现代主体、经营主体只要达到条件都可以进来，农民也可以随时选择退出，保证了尊重个体意愿，同时也保证了整个集体经济或者合作社的活力。

（于永杰　肖晶，《香港文汇报》2014 年 10 月 4 日）

十八　山东东平达成今年首笔农村产权交易

1 月 3 日上午 10 时，山东省东平县在县政府会议大厅举行了农村综合产权交易所的揭牌仪式。随后，该县还举行首批农村产权交易项目签约活动。

"东平是一个农业大县。农村产权制度改革试点工作也走在山东省前列。"仪式上，东平县委书记赵德健介绍，有别于其他地区的产权交易所，东平县农村综合产权交易所采用"1 + 3"的模式，是一个交易综合体，"1"代表交易平台，"3"代表土地托管中心、土地评估中心、土地抵押融资中心三家机构。交易内容也更加广泛，总共 13 类。与此同时，东平县在配套制度中引入了司法确认程序，即经过公证的农村产权交易，其纠纷调解协议具备法律效力。

据了解，东平县的农村土地产权制度改革始于 2013 年，重点推进农用地股份制改革，培育和壮大土地股份合作社、家庭农场等经营主体。改革过程中，东平县采用了"地校合作"的模式，引入了华中师范大学中国农村研究院作为智库，全程参与东平县农村综合产权改革。

华中师范大学中国农村研究院执行院长邓大才表示，东平农村综合产权交易所是"新年第一响，山东第一所"，他认为，东平县能够从北方相对传统、保守的社会文化条件下，率先打破冰封，其意义不可低估。

（米中威，《南方农村报》2014 年 1 月 4 日）

十九　土地入股经营　　分享增值收益

一个多月前，45 岁的山东农民王庆福还在外地"搞装修"，而今他每天种地"挣工分"。是什么吸引一个进城打工七八年的壮劳力又重拾农具？

农村家庭联产承包责任制实施 30 余年来，小户经营日益式微，农业经营机制正迎来一场深刻变革。2014 年的中央一号文件提出，要深化农村土地制度改革，构建新型农业经营体系，赋予农民更多财产权利，鼓励发展专业合作、股份合作等多种形式的农民合作社。

在山东省东平县，土地股份合作的农业经营模式焕发出勃勃生机。在自愿的前提下，村集体将土地以股份的形式集中起来，或自己或转租给大户统一经营。享有土地租金、劳动收益、管理分红三重利益的农民收入大为提高。这就是王庆福返乡务农的根由。

收了租金再得工资

1月2日下午，王庆福在一个2.6亩的大棚里修剪黄瓜枝蔓。这个大棚是王庆福和妻子管理的一个由土地股份合作社投资的蔬菜大棚。不久前，在外打工七八年的王庆福回村，加入了安村土地股份合作社，多年没务农的他又重拾农具。凌晨三点，王庆福就要起床干活，浇水、剪枝。"大棚里有灯，也暖和，随时可以来干活。"王庆福说。

现在，王庆福和妻子每天挣10个"工分"，这意味着100元的收入。2.6亩大棚一年产出黄瓜超过10万斤，产值超过10万元的部分，王庆福还可以分得30%。一年下来，王庆福夫妻将有10万元左右的收入。

王庆福所在的东平县彭集街道安村是个典型的中国村庄：小农经营效益低，农民大量外出打工……

为提高土地利用效率，安村成立了土地股份合作社，开展规模经营。合作社以每亩每年1000元的价格将村里1200亩土地盘下。"把土地集中起来，走规模化集约化的路子，能够大幅提高土地产出。"安村土地股份合作社理事长孙庆元告诉记者。

"加入土地股份合作社后，农民可以获得土地租金，打工可得工资收入，超过定额指标还可以获得管理分红。这就解决了激励问题，老百姓利益和合作社利益是相连的。"孙庆元表示。

土地入股利润平分

春节将至，东平县接山镇后口头村的炬祥土地股份合作社社员们即将领到入社后的第一笔分红。除了保底的1000元土地租金，他们还能获得

200元的效益分红。"合作社运行很好，我们正在商讨分红方案。"炬祥土地股份合作社理事长赵同厂告诉记者。

成立于2012年10月的炬祥土地股份合作社是山东省首批、泰安市首家土地股份合作社。目前，该合作社拥有202亩土地，分属十余户农民，其所在的后口头村也以少部分集体土地入了股。合作社拿到土地后，将其出租给种植花卉的经营大户。

赵同厂告诉记者："合作社产生的收益，将会在大户和社员之间进行分配，为了最大程度保障社员的利益，无论大户投入多少，最终的纯利润都是五五分。"赵同厂表示，合作社尝到了甜头，又增设了大棚，进一步提高了土地产出效益，接下来将动员更多群众加入进来。

华中师范大学中国农村研究院执行院长邓大才认为，对于农民来说，土地租金的收入太少，土地股份合作经营创造了让农民享受增值收益的条件。与20世纪五六十年代集体化时期的合作社不同的是，新型土地股份合作社的社员是自由、自愿合作，合作主体之间的地位平等，农民也有退社自由。

司法保障经营稳定

为促进土地流转合作稳定性和有效性，东平县建立了山东省首家县级农村综合产权交易所，逐步将13类农村产权纳入交易所交易范围。

家庭农场主郑发与泰西股份合作社签订了160亩土地流转合同，所租土地用来建造花卉苗木组培中心。"通过交易所交易感觉比以前规范很多。"郑发说，"以前土地租赁存在不少问题，现在交易更规范，还引入价格递增机制，双方都受益。"郑发说："有了产权交易所做合同见证人，我就可以放心地加大投入了。"此外，产权交易所还引入"司法确认"这一矛盾纠纷调处机制，为土地交易增加一道"安全阀"。交易双方一旦出现纠纷，可通过调解进入司法确认程序，经法院司法确认的调解协议具有法律效力，这既保护双方合法权益，还降低了交易成本。

东平县还计划通过综合产权交易所将此前的土地交易全部规范起来，减少土地纠纷，为农村合作经营奠定稳定的基础。"以往土地流转价格低，每年几十块一亩的都有，签的时间也特别长。"郑发说，"这不符合现在的市场行情，农民有意见。"因此，将原来的合同通过交易所重新完善，约定一个现在双方都能接受的市场价格，将既有利于保障农民利益，也有利于经营的长期稳定。

（梁文悦，《南方农村报》2014 年 1 月 23 日）

二十 习近平定调农村土改 山东东平土地入股受关注
——山东东平县以土地产权为突破口的农村集体经济发展路径探索引国内三农专家关注

"最难不过南堂子""南堂子怪事真不少，山清水秀风光好，只见大哥不见嫂"，这些曾在山东省泰安市东平县银山镇流传的俗语，描述的是银山镇南堂子村的贫困状况。

南堂子村位于东平湖畔，昆山脚下，既是山区村，又是湖区村。村庄共有 360 户村民，人口 1453 人，耕地面积 400 亩，人均耕地不足 3 分，且多分散在山坡上。"村民穷，村集体更穷。"村委会主任郑灿宾说，以前附近居民说起哪里穷，第一个想到的肯定就是南堂子村。

南堂子村是东平县农村集体经济衰败的一个缩影。中共十八届三中全会强调发展壮大集体经济，对于农业大县东平县来说，如何实现集体经济有效发展迫在眉睫。近年来，东平县通过深化土地产权制度改革，引导农民带地入股，发展土地股份合作制，在促进农民和村集体的增收上进行有益尝试，获得广泛关注。

9 月 27 日，农村改革发展协同创新中心与华中师范大学中国农村研究院联合举办"土地股份合作与集体经济有效实现形式高端论坛"，来自农业部、民政部、山东省相关主管部门，中国社会科学院、国务院发展研究中心、中共中央党校、中国农村研究院、浙江大学等高校、科研单位 40 多名专家齐聚东平，热议土地股份合作与集体经济发展有效实现的形式。

在政府大力推行土地确权的背景下，东平的经验或许对广东各地，特别是贫困地区，有一定的借鉴意义。

曾经 村民不愿种地 集体经济"空壳"
东平县地处山东省西南部，山区、平原和库区各占三分之一，有着

"一山，一田，一湖水"的说法。全县人口80余万，家庭承包经营耕地面积88.22万亩。"辛苦流汗一老年，算下成本多少钱，化肥柴油又不贱，土地不转不合算"，这是在当地广为流传的顺口溜。

接山镇后口头村共有285户，1349亩土地分散在21个不同地块，分田到户时一共有4等土地平均分配，平均每人约1亩，一户3—6亩土地，多分成了好几块。后口头村吕树冉告诉南方农村报记者，村子里80%以上的年轻人都外出务工，有点手艺的男劳动力一天能赚150元—200元，女的也能赚个百八十块。"待在家里指望那几亩地的（村民），经济状况都不好"。"今年29岁的李成家里虽然有3亩多土地，但他对这些土地几乎不抱希望，该种时回来种上，收多少倒无所谓，家里有点吃的，在外面多赚些钱才是正事儿。"据东平县有关部门统计，全县18—50岁外出务工人员达到15.8万人，直接导致村庄"空心化"而日渐凋零。

"大家都不愿意待在村里，心思都在外面。"彭集街道安村一村民告诉记者，因为村里穷，安村曾9年没有村主任。"一个大烂摊子，没人敢接，万一干不好，村民还有意见。"安村一位村干部告诉南方农村报记者，2011年前，村里就是个"空壳"，不仅没什么集体收入，还欠着24万元债务，村委会办公楼是危房，办公场所只有2张桌子和3把椅子。东平县提供的数据显示，2011年东平县716个行政村中，没有集体收入的村庄有276个，占38.5%；村庄集体经济在3万元以下的经济薄弱村庄占21.4%。也就是说，近四成的村庄属于"空壳村"，还有两成村庄集体经济薄弱。

2011年，东平县实施"能人回请"计划，挑选在外经商、做生意的企业家、工厂老板等经济能人返乡任职，窘境才得以改变。

现今　土地股份合作　农户集体两利

村庄集体经济的凋零乃至"空壳"令农村日益破落衰败，基层治理与服务陷入困境，农民生活状况不佳，难以享受到应有的公共服务，村庄发展进入恶性循环。东平县委县政府认为，农村集体经济改革到了"等不起""坐不住""慢不得""拖不了"的关键时刻。

2012年，东平县与华中师范大学中国农村研究院展开合作，探索创新壮大发展集体经济路径。东平县以土地产权改革为突破口，通过政府引导、乡村实践、农民参与，充分激活土地的活力和乡村内部的要素和资源，迈出了探索农村集体经济有效发展的脚步。

华中师范大学中国农村研究院教授徐勇告诉南方农村报记者，东平发展集体经济的探索与30多年前安徽小岗村"包产到户、包干到户"一样，都是被"逼"出来的。小岗村当年是为吃饱肚子所逼，东平则是被致富所逼。东平的实践探索不是上级领导拍脑袋想出来的，而是从事实出发，为解决问题起步的。

2012年10月26日，后口头村炬祥土地股份合作社成立，成为山东省首批、泰安市首家土地股份合作社，主要种植国槐、法桐小苗等树苗。合作社有17户农户股东，土地包括承包地202亩、集体滩涂地350亩。根据合作社的方案，农户土地1亩为1股，集体的350亩滩涂地质量稍差，每2亩为1股，其中1股保底租金为1000元，每年年底分红200元。

村支部副书记、合作社理事长赵端告诉南方农村报记者，17户农户土地比较分散，难以整合，合作社采用转租和互换的方式，与80余户农户进行交易。"我们挨家挨户地谈，说这些地你们也不花心思种，租给我，年年保证你的租金。有一户老人种了一辈子地，确实想自己种，我就用自己的土地和他换了。"西沟流村在成立宝泉土地股份合作社时，同样采用了转租和互换的方式，把社员土地集中在一起。西沟流村村民王发友告诉记者，他家有3亩多坡地，算是二级地，每年都会种些玉米之类的粮食，"家里就这点地，倒腾给别人心里不踏实"，他最终选择不入社。"村支书用自己的3亩一级地跟我换了，这样不仅不吃亏，种粮食收更多了。"王友发告诉记者，他当时有些不好意思，觉得占便宜了。

西沟流村支书李保全介绍，土地股份合作社在运营过程中，坚持"入社自愿""退社自由"。针对个别社员退社的情况，遵照土地合作社的章程规范，经社员代表大会通过，采取异地置换、退股不退地、土地租赁等方式，调节土地经营完整性和村民退社自由的矛盾。

宝泉土地股份合作社以每亩每年700元估价，每亩为1股，土地包括58户村民承包的山坡地824亩，村集体入股876亩，共计1700亩。合作社土地主要用于发展林果业，种植石榴、桃树等。

东平县农工办主任瞿军告诉南方农村报记者，东平的土地股份合作社的核心要素是土地，这符合东平的县情。通过合作社经营土地，农民不仅得到了租金收入，更能享受到土地经营带来的增值收益，且有利于集体经济的发展壮大。

在东平县，以土地股份合作社为依托，村庄集体经济收入得以增加。瞿军介绍，以周林村的瑰青土地股份合作社为例，合作社种植玫瑰，进行玫瑰精油深加工，包括工厂租金和分红在内，周林村每年村集体收入至少10万元。目前东平全县已经发展了51家土地股份合作社。

观点　农户抱团发展　集体经济壮大

9月27日，40多位专家齐聚东平考察，对当地土地股份合作社有极大兴趣。

9月27日，40多名专家、学者深入东平县田间地头，实地考察宝泉土地股份合作社、炬祥土地股份合作社、安大土地股份合作社、联润土地股份合作社，共同探讨东平县土地股份合作社这一农民合作形式对农村集体经济发展的作用。

农业部农村经济体制与经营管理司司长张红宇认为，中西部地区农村最大的资源还是来自搞活承包地、宅基地、集体建设用地，怎样坚持家庭经营的基础之上，丰富和发展多种多样的经营形式，培育多元化的经营主体。东平在家庭经营、合作经营、企业经营的基础之上，又通过股份合作的形式，极大地丰富了基于家庭经营基础之上的多元化经营主体的构建。

中国社会科学院农村发展研究所长李周认为，发展壮大村庄集体经济，首先要加强制度建设，增强组织保障。无论是民主管理的倡导，还是奉献意识的提倡，都要建立在严格、完善、对称的制度约束基础上。其次是政府要加大扶持力度，夯实经济基础。要给予政策支持，加大资金扶持力度，培育合作社"造血"功能。李周提醒，要完善监督管理，促进规范运作：一是规范农村"三资"管理，强化对村级财务的管理监管，防止集体资产流失；二是健全村级财务监管机制，发挥好村群众理财小组、监督小组的作用。东平的土地股份合作所具有的本土化、规范化和市场化特征，是其获得成功的关键。

中央党校经济学部三农研究中心教授徐祥临认为，坚持土地集体所有制度，要依靠市场经济，要依靠市场机制确权，把集体变成土地所有者、经营者、劳动者的利益共同体。东平县进行的农村产权制度改革，发展土地股份合作社，是在坚持农村土地集体土地所有制基础上进行的，不仅扩大了农业规模，解决了有地无人种或种不好的问题，还不同程度地增加了集体收入，让农村集体经济组织有了为农户提供服务的经济实力。

华中师范大学中国农村研究院执行院长邓大才告诉南方农村报记者，东平县在发展土地股份合作社过程中，将土地确权与土地合作经营相结合，通过土地确地或确股的方式，将农民土地股份化，并且引导农民以土地承包经营权入股，使土地成为能够从合作社经营中获取收益的一种资产。邓大才认为，下一步东平土地股份合作社将完善治理机制，让股权说话，让股民有话说，合作社要确立民主的方式、管理的方式。

徐勇认为，东平壮大集体经济的实践表明，集体经济不是毫无价值，也不是走投无路的。在现阶段，集体经济是无可替代的，作为具有农村集体成员权的农民生产生活一体化，对集体依旧存在信赖；市场经济条件下分散的农民有抱团发展的需要。现阶段应当积极探索多层次多形式多类型的集体经济。东平的土地股份合作社便是极具现实意义的有益探索。

新闻链接　习近平：土地改革要尊重农民意愿　不能搞强迫命令

中共中央总书记、国家主席、中央军委主席、中央全面深化改革领导小组组长习近平9月29日下午主持召开中央全面深化改革领导小组第五次会议并发表重要讲话。他强调，要高度重视改革方案的制定和落实工作，做实做细调查研究、征求意见、评估把关等关键环节，严把改革方案质量关，严把改革督察关，确保改革改有所进、改有所成。

中共中央政治局常委、中央全面深化改革领导小组副组长李克强、张高丽出席会议。

会议审议了《关于引导农村土地承包经营权有序流转发展农业适度规模经营的意见》、《积极发展农民股份合作赋予集体资产股份权能改革试点方案》、《关于深化中央财政科技计划（专项、基金等）管理改革的方案》，建议根据会议讨论情况进一步修改完善后按程序报批实施。

习近平在讲话中指出，现阶段深化农村土地制度改革，要更多考虑推进中国农业现代化问题，既要解决好农业问题，也要解决好农民问题，走出一条中国特色农业现代化道路。我们要在坚持农村土地集体所有的前提下，促使承包权和经营权分离，形成所有权、承包权、经营权三权分置、经营权流转的格局。发展农业规模经营要与城镇化进程和农村劳动力转移规模相适应，与农业科技进步和生产手段改进程度相适应，与农业社会化服务水平提高相适应。要加强引导，不损害农民权益，不改变土地用途，不破坏农业综合生产能力。要尊重农民意愿，坚持依法自愿有偿流转土地经营权，不能搞强迫命令，不能搞行政瞎指挥。要坚持规模适度，重点支持发展粮食规模化生产。要让农民成为土地适度规模经营的积极参与者和真正受益者。要根据各地基础和条件发展，确定合理的耕地经营规模加以引导，不能片面追求快和大，更不能忽视了经营自家承包耕地的普通农户仍占大多数的基本农情。对工商企业租赁农户承包地，要有严格的门槛，建立资格审查、项目审核、风险保障金制度，对准入和监管制度作出明确规定。

习近平强调，积极发展农民股份合作、赋予集体资产股份权能改革试点的目标方向，是要探索赋予农民更多财产权利，明晰产权归属，完善各项权能，激活农村各类生产要素潜能，建立符合市场经济要求的农村集体经济运营新机制。搞好这项改革，一项重要基础工作是保障农民集体经济组织成员权利。要探索集体所有制有效实现形式，发展壮大集体经济。试点过程中，要防止侵吞农民利益，试点各项工作应严格限制在集体经济组织内部。我国农村情况千差万别，集体经济发展很不平衡，要搞好制度设计，有针对性地布局试点。

（胡新科，《南方农村报》2014年9月30日）

二十一　如何让"土地入股"走得更远

——东平县 21 家土地股份合作社的新探索

东平县明确土地流转不改变土地性质、不改变土地用途、不损害农民土地经营权的"三不"原则，以"四权四化"为核心：坚持集体土地所有权、保障农户土地承包经营权、放开放活承包土地使用权、稳步扩大农民土地收益权；推进农民组织化、土地股份化、产权资本化、农业产业化。目前，共建立土地股份合作社 21 家，入社农户 3240 户，入股土地17800 亩。

风险规避——完善法人治理结构，引入经营主体

"加入土地股份合作社，一亩地每年有1000元的保底分红，年底分几百元的红利，平时在基地务工，每年还有七八千元的劳务收入，个人不用承担任何风险，唯一担心的是土地入股这种做法能否长期健康发展下去。"日前，记者在东平县接山镇后口头村采访时，村民赵恒水兴奋中怀有一丝忧虑地说。

2012年10月，接山镇后口头村炬祥土地股份合作社挂牌成立，该合作社作为全省首批、泰安首家土地股份合作社，以新的运营模式，引起社会关注的目光。

"我是以26亩土地入股的，最初，以土地入股，交给合作社经营，对如何保证红利，风险谁来承担等问题，大伙私下没少嘀咕。"赵恒水说。

私下的"嘀咕"是有道理的。发起人赵同厂召集大伙商议，一致通过参照现代企业制度，完善法人治理结构，成立股东大会、理事会、监事会，保证合作社规范运营。同时，每亩每年按照1000元发放保底分红。通过17个股东的选举，赵同厂当选理事长、赵端当选监事长。

炬祥土地合作社成立后，拥有股民土地202亩、集体滩地150亩，经过多方考察，确定了与苗木经营大户于其洪合作，建立绿化苗木基地，任命于其洪为经理，负责具体经营。合作社以土地作为投资，经营大户以资金、苗木、技术作为投资，合作经营，双方按5∶5收益分成。

"以前，农民单打独斗种粮食，每亩地的毛收入也就2200元，土地入股后，合作社统一经营苗木培育，每亩地种植国槐苗5000棵，国槐苗间作核桃苗4000棵，一年净赚25000元左右。"赵同厂说。

在完善法人治理结构、引入经营主体的基础上，该县为提高土地股份合作社抵御自然和市场风险的能力，要求合作社建立风险基金，每年从全部收益中提取30%存入风险基金，确保"旱涝保收"。

东平县委办公室副主任、农工办主任白常顺说，如何按每亩纯收益2000元计算，保底分红1000元后，剩余的1000元按70%进行二次分红，30%作为风险基金，逐年累积。

政策扶持——金融、人才、项目同下乡

彭集街道安村集中 743.45 亩入股，成立安大土地股份合作社，先后发展了粉皮加工园区、中药材产业园区、养殖园区和有机蔬菜园区四个产业园区。快速发展的过程中，资金成为主要瓶颈。该合作社通过土地股权抵押，顺利从泰安商业银行获得贷款 300 万元。短短两年间，安置就业500 余人，入股农民人均增收 4000 元，村集体年收入达 150 万元。

发展土地股份合作，实现规模经营，资金保障尤为关键。东平县制定《关于土地股权抵押贷款的实施意见》，规定土地合作社贷款享受基准利率，期限 1—2 年，股民联保互保，利息按季结息，贷款到期后利随本清，原则上农产品销售后本息结算回笼。据悉，上半年该县涉农贷款余额达到77.5 亿元。

现代农业需要人才支撑。炬祥土地股份合作社聘请山东农业大学林学院曹帮华教授为顾问，"借脑生财"。目前，该县土地股份合作社先后与省农科院、山农大、市农科院等 11 家高等院校建立合作关系。同时，该县根据合作社需求，开展"订单式"技术培训，每年在 500 人次以上，提高"产业工人"技术水平。

东平县是全国第二、全省最大的移民县份，每年具有较多的移民扶持项目。当地借势发展，优先扶持土地股份合作项目。沙河站镇孟庄村以320 亩土地入股成立联润土地股份合作社，利用移民后期扶持资金 240 余万元，建成"孟庄现代农业示范园"，吸引济宁客商唐家民承包经营。同时，该村成立了瓜果蔬菜产销合作社和劳务合作社，为农业示范园服务，收取服务费。"现在入社群众有 1100 元/亩的土地股金，在园区务工有每天不低于 40 元的劳务收入，到年底还有 200 元至 300 元的收益分红，有了这三份收入，地照种还不耽误赚钱，我们也省事、省心、增收益，一举多得！"联润土地股份合作社理事长孟卫东介绍。

规范运营——以机制创新引导土地股份化向股权资本化转变

在采访中，记者发现，当前，土地股份合作社在法律上还没有明确的界定。在注册登记、运营管理方面也没有相应的操作细则，东平县没有"等米下锅"，在"炬祥土地合作社"注册时，认真研究相关政策，通过多次申请、逐级申报，最后参照《农民专业合作社法》，完成登记注册，为这种土地运营新模式正了名。

法律上没有禁止的，应该就是可行的。东平县按照"非禁即入"的原则，创新机制，推行土地股份合作，并实现股权资本化。

在股权抵押贷款方面，该县规定，以保底分红的70%为贷款上限，也就是说，每亩地每年平均按1000元保底分红计算，一亩地（一股）可贷700元，如果资金缺口大，可以用最高10年的保底分红权益做保障，最高可贷7000元/亩。

在登记注册方面，该县参照农民专业合作社法，并依据中发〔2013〕1号文件，关于"抓紧研究修订农民专业合作社法"的精神，大胆探索，为土地股份合作社大开绿灯，不仅如此，该县还先后创新注册了"劳务合作社"、"置业股份合作社"等处于法律空挡的新型经济合作组。

在运营过程中，该县坚持"入股自愿、退社自由"，针对个别合作社成员退社的情况，遵照章程规定，经股东代表大会通过，采取异地置换的方式给予退股。

村情不同，发展路子不一，东平县结合实际，探索出支部引领、内股外租、合作经营、园区带动、开发经营五种不同类型的土地股份合作模式，集中零散土地，实现规模经营。同时，土地入股构建起保护农民利益的长效机制——"保底股金＋分红"，如在基地务工则具有"股金＋分红＋劳务资金"三块收入，村集体有了"合作社管理服务费＋集体土地股金"双重收入。入股后，农民拔出"泥腿子"，放心进城务工，不再两头难以兼顾。据统计，入股村民每亩地平均收益由950元增至2000元。

书记点评：

积极探索土地产权经营的新模式

东平县委书记　赵德健

发展土地股份合作社，搞土地股份合作经营，是改革农村土地产权制度的一种有益探索。农民入社，土地入股，合作经营，有三个效应：一是通过土地股份化推动土地资本化，保障农民的财产权利，增加农民财产性收入，增加村集体经营性收入；二是通过土地股份化推动经营规模化、产业化、标准化，加快农业现代化步伐；三是通过土地股份化推动农民组织化、职业化，让部分农民成为产业工人，部分农民进城进厂，加快了城乡一体化进程。发展土地股份合作，创新农业经营体制，农民是主体，土地是根本，政府可以大有作为。

专家点评：

小改革，大创新：东平农地股份制改革的价值
华中师范大学中国农村研究院院长、农村改革
发展协同创新中心主任　徐　勇

东平县是农村改革发展协同创新中心的第一个试验区。推行农地股份制改革、实施土地股份合作经营之路，是东平县农地产权制度改革的一种尝试，期望通过小改革带动农地制度的大创新。通过引导农户承包地入股，强化农民的权益保障、确保农民能够分享土地增值收益和发展效益。农地股份制是农业经营体制的重大改革，是构建现代农业的必要前提，它也是推动农民转型、农村发展的重要手段。这一改革，对于探索农村改革发展，破解"三农"瓶颈，具有重要的实践意义。

（姜言明、陈淑锋、白霞，《大众日报》2013 年 8 月 14 日）

二十二　山东省首家县级农村产权交易所东平成立

今天，东平县农村综合产权交易所正式挂牌成立。据悉，该交易所是全省首家经工商注册的县级农村综合产权交易有限公司。

记者发现，交易所大厅共设有申请受理、产权审核、组织交易、交易鉴证、产权抵押、服务代理 6 个服务窗口，将农村土地承包经营权、集体林权、水面养殖权、"四荒"资源使用权等 13 类农村产权全部纳入经营范围，并为各类产权交易提供场所设施、信息发布、组织交易等服务，对产权交易行为进行鉴证，同时提供信息咨询、交易策划、产权经纪、委托管理、产权融资等相关配套服务。

揭牌现场，首批 5 家农村产权交易项目进行签约。其中，泰西土地股份合作联社以每亩 1100 元的价格，一次性流转给正源家庭农场 162 亩土

地，用于高科技农业示范园的建设。泰西土地股份合作联社理事长刘兆仁说："在交易所签约不但了解信息多，每亩土地流转价格还提高了 200 多元，更关键的是过程公开、程序规范，让我们既省心又放心。"

（姜言明、陈淑锋、李娜，《大众日报》2014 年 1 月 4 日）

二十三 一个村庄的土地股份合作样本
——"没有产业就不是真正的合作社"

"没有产业就不是真正的合作社。"10 月 15 日，记者见到孙庆元，他说这是村里搞土地股份合作社的最大经验。

孙庆元是泰安市东平县彭集街道安村村支部书记，据他介绍，该村现有人口 1281 人，土地 1270 亩，人均不足 1 亩，土地零碎、分散。2011 年时，村集体还欠外债 24 万元。2011 年，东平县麦锐可有限公司（简称"麦锐可公司"）与安村签订了流转协议，以 1000 元/亩的价格流转安村 648 亩土地，供该公司种中药材。

这是麦锐可公司在东平县流转的最大块土地。安村的土地价格较高，因为土地的配套设施比较完备，村集体打有 13 口机井，土地周边铺设了砂石路。

除支付土地租金外，麦锐可公司年终还与村集体分享部分收益，村集体每年可获得约 30 万元收入。这被东平当地人认为是现今推进的土地股份合作社的雏形。

2013 年，安村成立安大农民土地股份合作社（简称"安大合作社"），正式走上了土地股份合作的道路。当年 10 月，全村 1270 亩土地已全部入股。安大合作社主要经营大棚蔬菜种植、养猪场出租、粉皮加工等产业。

农民入股的方式是一亩地折成一股，为保证土地能连片规模经营，村里对一开始不愿入股的农户采取"异地置换"的方式。入股的农民每股可获保底收益 1000 元，同时享受年终合作社经营分红。安大合作社将经营分红的比例确定为 30%，不设风险准备金。

孙庆元说，这是村民讨论的结果，大家认为保底收益实际上起了风险准备金的作用，像东平其他一些土地股份合作社那样再提 30% 风险准备金的话，会影响合作社的积累和投资。这样除30%的分红和村集体服务费（约占全部收益的7%）外，其余全部用于下年扩大生产。

今年9月底，东平举办了土地股份合作与集体经济有效实现形式的高端论坛。论坛间隙，孙庆元与一位三农专家在保底收益问题上产生了意见分歧。专家认为，土地股份合作社不应设定保底收益。孙庆元则认为，不设保底收益农民根本不会入社。专家说，有分红收益，足够吸引农民。孙庆元辩称，经营好了才有分红，经营不好了就没有，无法旱涝保收，农民不愿承担这个风险。

截至去年底，成立仅半年的安大合作社依靠主营产业营利503万元，这样分红资金有150万元，平均下来每股分红超过1500元（当时入股土地900余亩）。加上保底的1000元收益，农民每亩地可获纯收益超过2500元，效益好于散户种植。

截至今年10月初，安大合作社的经营收益已超过1146万元，依此计算，保底收益加分红，每亩地可获纯利3700元左右，距离春节分红还有接近4个月的时间，还有一波春节前蔬菜涨价的行情，理论上收益会继续增长。

大棚蔬菜种植主要靠50岁到60岁的家庭妇女，工资为每月1500元，产出季每销售1斤菜可提成1分钱。目前，每个蔬菜大棚由两名农村妇女管理，合作社根据往年情况为蔬菜大棚规定基准产量，如果大棚超产，超出部分收益归大棚管理员所有。去年，有个种黄瓜的大棚超产9000斤，大棚管理员拿到了1万多元的超额收益。

孙庆元说，按正常情况算下来，在蔬菜大棚工作基本工资加提成，一个农村妇女每月能拿接近3000元工资。目前，安村蔬菜大棚、养猪场等所在的生态农业基地，已吸引了周边20多个村庄的家庭妇女前来务工。

同时，为安大合作社提供公共服务的村集体有了收入，也可改善农村社会保障水平。去年春节，安村343户农户全部享受到村集体发的油、面等福利，仅此一项花费29万元。村里考上本科的孩子，根据学校档次可获村集体3000元到5000元不等的奖励。现在安村还建有一个敬老院，每人按照一室一厅一卫的居住标准，每位入院老人可获每天25元生活补助。

有了集体收入后，村集体在管理上也更有话语权。例如，以前农村妇女很难积极参与计划生育查体，现在却变得顺利多了，因为村里规定一次查体不到，从日常的免费吃水到年终的春节福利全部取消，这得到了村民的一致认可。村里的凝聚力也在增强。去年村里修一条路，外界捐赠了17万元，最后村里各户踊跃出义务工，仅花费了15万元就修好了。

（孟佳，《大众日报》2014 年 10 月 22 日）

二十四　土地股份经营的东平实践

当前，农村经济发展已经到了一个新的十字路口，面临一系列新的问题和挑战。地由谁来种？地该怎么种？在东平县，土地股份合作的农业经营模式探索出了一条破解这些难题的新路。在农民自愿的基础上，村集体将土地以股份的形式集中起来，或自己或转租给大户统一经营。享有土地租金、劳动所得、管理分红三重收益的农民，收入大为提高。

利益捆绑带来双赢

王庆福是东平县彭集街道安村的一个普通农民，过去他常年在外打工，今年他回到村里，加入了土地股份合作社，多年没务农的他又重拾农具。

王庆福的蔬菜大棚有 2.6 亩，是由一个土地股份合作社投资的。每天凌晨四点，他和妻子就要起床干活了。"大棚里有灯，也暖和，随时可以来干活。"王庆福说。

现在，王庆福夫妇每天挣 10 个"工分"，这就代表着 100 元的收入。2.6 亩大棚一年产出黄瓜超过 10 万斤，产值超过 10 万元的部分，王庆福还可以获得 30% 的分红。照此估算，一年下来，他家将有 10 万元左右的收入。

安村土地收益微薄，大多数村民外出打工。为提高土地利用效率，该村成立了土地股份合作社，开展规模经营。合作社以每亩每年 1000 元的价格将村里 1200 亩土地盘下。

"把土地集中起来，走规模化集约化的路子，能够大幅提高土地产出。"安村党支部书记、土地股份合作社理事长孙庆元告诉记者，"老百姓利益和合作社利益是相连的。加入土地股份合作社后，农民可以获得土地租金，打工可得工资收入，超过定额指标还可以获得管理分红，大大激发了农民的干劲。"

土地入股利润平分

秋收刚过，东平县接山镇后口头村的炬祥土地股份合作社社员们满心欢喜地领取分红。除了保底的1000元土地租金，他们还能获得200元的效益分红。

成立于2012年10月的炬祥土地股份合作社是山东省首批、泰安市首家土地股份合作社。目前，该合作社拥有202亩土地，分属十余户农民，其所在的后口头村也以少部分集体土地入了股。合作社拿到土地后，将其出租给种植花卉的经营大户。

炬祥土地股份合作社理事长赵同厂告诉记者："合作社产生的收益，将会在大户和社员之间进行分配，为了最大程度保障社员的利益，无论大户投入多少，最终的纯利润都是五五分。"这几年来，合作社经营很顺利，农民尝到了甜头，又扩大了大棚面积，钱越挣越多，更多的村民想要加入进来。

目前，东平县土地股份合作社已发展到45家，入社农户6880户，涉及土地36863亩。东平县通过发展土地股份合作社，以合作社为平台与市场对接，促进了农村集体经济发展。

华中师范大学中国农村研究院执行院长邓大才认为，对于农民来说，土地租金的收入还远远不够，而土地股份合作经营创造了让农民增加收入的条件。

司法保障规避风险

怎样规避风险，促进土地流转合作的稳定性和有效性？针对这个问题，东平县也有自己的探索办法。今年，该县建立了山东省首家县级农村综合产权交易所，将13类农村产权纳入交易所交易范围。

家庭农场主郑金海与泰西股份合作社签订了160亩土地流转合同，所租土地用来建造花卉苗木组培中心。"通过交易所交易感觉比以前规范多了，我这心里也踏实。"郑金海对记者说。

此外，产权交易所还采用了"司法确认"这一矛盾纠纷调处机制，为土地交易筑牢一道"法制墙"。交易双方一旦出现纠纷，可通过调解进入司法确认程序，经法院司法确认的调解协议具有法律效力，这既保护双方合法权益，还降低了交易成本。

"以往土地流转价格低，每年几十块一亩的都有，签的时间也特别长。这不符合现在的市场行情，对农民不公平。"邓大才认为，将原来的合同通过交易所重新完善，约定一个现在双方都能接受的市场价格，将既有利于保障农民利益，也有利于经营的长期稳定。

中国农村研究院院长徐勇认为，东平县近年来土地股份合作的做法，不断创新着集体经济的有效实现形式。这说明，在我国农村集体经济并不是走投无路，更不是毫无价值，关键在于要有有效的实现途径；探索集体经济有效实现形式的价值在于，解放业已僵化的研究思维，创新方式，赋予集体经济以新的内容。

（姜言明、曹儒峰、李娜，《大众日报》2014 年 11 月 7 日）

二十五　"东平模式"获评地方政府改革创新成果
——土地股份合作重构集体经济

11 月 18 日，华中师范大学中国农村研究院、教育部《高校智库专刊》社会发展编辑室、中国城市治理研究院联合创办的第一届中国地方政府改革创新成果新闻发布会暨"全面深化改革"地方经验报告会在北京举行。4 宗地方改革实践成果被报告会认定兼具创新典型性和推广价值，山东省东平县土地股份合作社及集体经济有效实现形式探索实践位列其中。

据了解，去年以来，东平县在全国先行先试，探索农村土地产权制度改革，在不改变土地所有权性质、不改变土地用途、不损害农民土地承包权益的前提下，通过土地产权制度改革，引导农民带地入股，发展土地股份合作社，促进了农民增收。

东平县副县长臧玉海介绍，改革之前，东平县农户每家三、五亩的地块，投入成本高，产出效益低。随着城镇化进程加快，家庭主要收入转向务工，进城的不种地，留守的种不了。企业、种植大户拥有充足的资金、一流的技术、完善的网络，但却缺乏大显身手的平畴沃野。在传统农业地区，许多村庄集体经济还是空壳，村庄治理陷入困局，出现了"集体经济无实力、为民办事无能力、群众缺乏向心力"的局面。

由于各村村情不同，发展路子也不一，东平县摸索出政府引导、能人带动、资本融入、资源整合等不同路子的土地股份合作模式。例如，立足移民大县实际，该县沙河站镇用活政策性资金，引导 11 个移民村将 370 万元移民扶持资金折股入社，在孟庄村成立"联润土地股份合作社"，建成 276 亩蔬菜大棚，发展设施农业。接山镇后口头村则引入经营大户成立炬祥土地股份合作社，农户以 202 亩承包地、村集体以 350 亩河滩地入股，大户以资金和种苗入股，发展花卉苗木经营。

目前，全县共发展土地股份合作社 51 家，入社农户 7797 户，规模经营土地 41778 亩。发展家庭农场 161 家、专业合作社 1177 家、规模以上农业龙头企业达到 152 家，初步构建了主体多元、类型多样、优势互补、产业丰富的新型农业经营体系。

通过入股土地股份合作社，农民有了"租金 + 股金 + 薪金"，成为"三金"新型农民；村集体通过集体土地、基础设施入股，为合作社提供组织服务，收入渠道日益多元，集体经济得以壮大。以银山镇南堂子村为例，通过全村群众入股，发展旅游观光农业，安置本村闲散劳动力 200 人，2013 年集体增收 50 万元，村民人均增收 1000 元。

华中师范大学政治学院教授、中国农村研究院执行院长邓大才评价东平的土地改革说："东平的改革有两个特点，一是成功确权，让农民有了财产权，确权是改革最重要的环节，二是通过确权搞活了经营权，并且搞活的不单是个体，而是通过把农民组织起来发展集体经济。"

对于学界和实践中素有争议的工商资本下乡问题，臧玉海认为，就目前的情况下，工商资本下乡还是很需要的，现代农村发展需要资本支撑，并且资本下乡还会带来技术、管理、人才等要素。梯门镇西沟流村宝泉土地股份合作社引入工商资本，通过完善基础设施，整合村集体资源，将村民 824 亩耕地、村集体 876 亩荒坡地集中入股，发展集畜禽养殖、林果采摘、观光旅游为一体的高效生态农业，使得农民和集体收入翻番。

不过，臧玉海同时认为，引入工商资本需守住底线，切实保护农民权益，不能改变土地用途，不能单纯采用流转的办法。"要让更多农民参与其中，不仅要让农民获得租金，还享受股份合作的分红。同时，政府要完善监管措施，适当提高工商资本下乡的门槛。"臧玉海说。

据了解，此次经验发布会面向市、县级和市县级以下政府单位及其组成部门，根据自愿性、无偿性、公正性原则，由专家评审委员会和筹备委员会两大机构评审、遴选，入选首届地方创新改革实践的有4地：厦门市海沧区"美丽厦门，共同缔造"社会治理实践、广东省蕉岭县"三位一体"农业生产经营综合体改革、山东省东平县土地股份合作社及集体经济有效实现形式探索实践、湖北省巴东县"农民办事不出村"信息化服务项目建设。

（孟佳，《大众日报》2014年11月26日）

二十六　泰安东平土地股份合作走出"四种模式"破解农业发展困境

当前，如何在坚持家庭承包经营的基础上，有效实现集体经济的发展，突破乡村治理的困境，成为亟待解决的现实课题。东平县作为全国第二批农村改革试验区，先行先试，积极探索，通过深化土地产权制度改革，发展土地股份合作制，组建农村产权交易所，在促进农民和集体的增收上进行成功尝试，获得广泛关注。

"乡村困境"催生"土地革新"

位于鲁西南的东平县是一个农业大县，随着城乡一体化的推进，和全国大部分中西部地区一样，农业农村发展到了一个新的十字路口，面临一系列的问题和挑战。从现实看，主要表现在三个方面：一是土地细碎分散，农民增收面临困难；二是农业比较效益降低，经营体系亟待创新；三是集体经济空壳，村庄治理陷入困境。

"农村经济发展面临的问题和挑战，最终都指向产权，特别是土地产权，在坚持土地集体所有的前提下，推行土地股份合作，是构建新型农业经营体系，加快农村经济发展的有效途径。"东平县委书记赵德健对此有着深刻的认识。

东平是经济欠发达地区，最大的资源就是土地。自2012年，东平县与华中师范大学中国农村研究院展开合作，探索创新壮大发展集体经济路径。经过充分调研和论证，东平县以落实集体所有权、稳定农户承包权、放活土地经营权为指引，在"不改变土地性质、不改变土地用途、不损害农民土地承包权"的"三大原则"下，以激活土地经营权为核心，推进土地股份化、产权资本化、农民组织化、农业产业化，引导农民带地入股，通过发展土地股份合作社，推行土地股份制改革，实现以地养农、以社兴农、以业富农，让土地真正"活"起来。

因地制宜走出"四种模式"

土地确权是开展土地股份合作的重要前提，东平县对农户承包地主要采取两种确权形式：一种是确定地权，逐户落实农户承包地；另一种是确股确权不确地，在试点村，农户按土地承包面积发放股权证，组建土地股份合作社，年终按股分红。

村情不同，发展路子不一，东平县坚持底线，因村施策，在农民首创的基础上，摸索出政府引导型、能人带动型、资本融入型、资源整合型四种土地股份合作模式。

立足移民大县实际，沙河站镇用活政策性资金，引导 11 个移民村将 370 万元移民扶持资金折股入社，在孟庄村成立"联润土地股份合作社"，建成 276 亩蔬菜大棚，发展设施农业。去年，入股农户除获得 1100 元/亩的土地保底收益外，每股分红 210 元。

银山镇南堂子村党支部书记郑灿宾发动全村群众，带头成立"最美乡村土地股份合作社"，将资金、资源、管理等要素作为股份，发展观光农业和旅游产业。

接山镇后口头村引入经营大户，成立炬祥土地股份合作社，农户以 202 亩承包地、村集体以 350 亩河滩地入股，大户以资金和种苗入股，发展花卉苗木经营。今年 5 月，合作社进行分红，农户每亩耕地获得保底股金 1000 元，每股分红 200 元。

梯门镇西沟流村宝泉土地股份合作社引入工商资本，整合村集体资源，将村民 824 亩耕地、村集体 876 亩荒坡地集中入股，发展集畜禽养殖、林果采摘、观光旅游为一体的高效生态农业，100 多个村民在合作社打工，务工收入达到 100 多万元。村集体通过土地入股，收入实现大幅增加，增强了服务群众能力。

目前，该县共发展土地股份合作社 51 家，入社农户 7797 户，规模经营土地 41778 亩。发展家庭农场 161 家、专业合作社 1177 家、规模以上农业龙头企业达到 152 家，初步构建了主体多元、类型多样的农业经营体系。

规范运作保障农民利益

2012 年 10 月，接山镇后口头村炬祥土地股份合作社挂牌成立，该合作社是全省首批、泰安首家土地股份合作社。

"我是以 26 亩土地入股的，最初，以土地入股，交给合作社经营，对如何保证红利、风险谁来承担等问题，大伙私下没少议论。"后口头村村民赵恒水说。

群众的顾虑不无道理。发起人赵同厂召集大伙商议，制定了合作社章程，完善法人结构，成立股东大会、理事会、监事会，保证合作社规范运营。通过 17 个股东的选举，赵端当选理事长、赵同厂当选监事长。

炬祥土地股份合作社成立后，拥有股民土地 202 亩、集体河滩地 150 亩，经过多方考察，确定与苗木经营大户于其洪合作，建立绿化苗木基地，于其洪担任经理，负责具体经营。合作社以土地作为投资，经营大户以资金、苗木、技术作为投资，双方合作经营，按 5∶5 收益分成。

为提高土地股份合作社抵御自然和市场风险的能力，东平县指导合作社建立风险基金，每年从全部收益中提取一定比例存入，确保"旱涝保收"。赵同厂介绍，假如按每亩纯收益 2000 元计算，保底分红 1000 元后，剩余的 1000 元按 70% 进行二次分红，30% 作为风险基金，逐年累积，用来保障保底股金发放，实现"以丰补歉"。

在发展土地股份合作工作中，东平县坚持"入股自愿、退社自由"，合作社成员退社时，经股东代表大会研究，采取异地置换的方式，重新分给土地，给予退股。

与此同时，入社农民有了"租金＋股金＋薪金"，成为"三金"新型农民；村集体通过集体土地、基础设施入股，为合作社提供组织服务，收入渠道日益多元，找到了壮大集体经济的源头活水。银山镇南堂子村，全村群众入股，发展旅游观光农业，安置本村闲散劳动力 200 人，今年集体增收 50 万元，村民人均增收 1000 元。

产权交易激活生产要素

"原来承包土地，感觉合适就签了，留下不少后遗症。现在有了交易所，交易前有评估，交易中有鉴证，交易后有监管，可以放心加大投入。"说起与以往的不同，接山镇下套村村民、正源家庭农场主郑发高兴地说。

通过交易所，他与泰西土地股份合作联社签订了 160 多亩的土地流转合同。郑发介绍的交易所，是东平县成立的农村综合产权交易所。

为加快推进土地产权制度改革，培育和发展农村产权交易市场，该县成立了山东省首家县级农村综合产权交易所，将农村土地承包经营权等 13 类农村产权纳入经营交易服务范围，解决了买方卖方信息不畅的问题，推动了各类农村产权流转交易的公开、公正、规范运行。

该县通过交易平台，"晒出"农村集体、个人的闲置资产，解决了买方卖方信息不畅的问题，土地经营权、农户宅基地用益物权等的真实价值也得到了体现。"去年我们有 200 亩地，只有一家出价，每亩只流转了 800 元钱。这次拿到交易所，有 3 家竞争，一下子就到了每亩 1000 多元。"泰西土地股份合作联社理事长刘兆仁介绍说。

华中师范大学中国农村研究院院长徐勇评价说："东平的土地股份合作模式与中央深化改革的精神高度一致，在坚持农村集体所有权不变的前提下，探索三权分置，经营权流转的模式，促进集体经济的发展，被认为具有普遍借鉴意义。"

（姜言明、曹儒峰、陈淑锋，《大众日报》2015 年 1 月 12 日）

二十七　合作社 37 家　入股土地 3 万多亩
东平产权变法转活土地

2013 年 11 月份召开的十八届三中全会，农村土地政策改革成为焦点。在 2013 年 12 月底举行的山东县域创新发展论坛上，与之相关的农村综合产权改革成为各县关注的热点。

《中共中央关于全面深化改革若干重大问题的决定》有两处直接牵涉到农村集体土地制度改革。第一处是建立城乡统一的建设用地；第二处是坚持农村土地集体所有权，赋予农民对承包地的流转权。

农村集体土地制度改革是社会各界关注的热点。在泰安市东平县委书记赵德健看来，原有的农村产权制度的局限性日益显现，已经成为我国农村经济持续快速发展的制约因素。

发展现代高效农业，土地需要规模经营，地往哪里转？农业机械化程度不断提高，农民从土地中解放出来，但人往哪里去？建设新社区、新城镇，改善群众生活条件，需要大量建设资金，钱又从哪里来？城镇建设用地越来越紧张，而农村却存在很多"空心村"，城乡建设用地怎么用？

赵德健表示，破解这些难题，靠传统的农村经济管理体制和发展模式很难实现，需要从改革产权制度入手，改变原有的经营方式和运作机制。

据了解，东平县以土地产权改革为切入点，对全县农村综合产权改革进行了大胆尝试和有益探索。东平县实施了以土地产权改革为核心的农村综合产权改革，取得了阶段性的成果。"实践证明，这些改革做法符合十八届三中全会的精神。"赵德健表示。

东平县的做法是，发展土地股份合作社，实施农地产权制度改革。就是在不改变土地所有权性质、不改变土地用途、不损害农民土地承包权益的前提下，放开放活承包土地使用权，稳步扩大农民土地收益权和推进土地股份化。

此前，东平县接山镇后口头村炬祥土地股份合作社挂牌成立，成为全省首批、泰安市首家土地股份合作社。目前全县已经发展土地股份合作社37家，入社农户5657户，入股土地3万多亩。这提高了土地产出能力，每亩土地平均收益由960元增至2000元，同时带动发展了85个农业示范园、92个家庭农场。

此外，为实现农村产权的资源化、资本化，东平县搭建了运作平台，成立了东平县农村综合产权服务中心，注册设立了东平县农村综合产权交易所、农村综合产权交易服务中心、农村综合产权登记托管中心，搭建了农村综合产权交易、产权托管和产权融资三大平台。

谈到农村产权改革的经验，赵德健称，既要坚持农民主体，切实尊重农民意愿，又要坚持发挥政府主导作用，遵循市场规律。"农村综合产权改革是新生事物，没有经验和固定模式。需要大胆探索、勇于创新，建立风险控制机制，把风险降到最低，追求利润最大化。哪些村有条件可以搞，哪些村没有条件暂时还不能搞，要分清楚。条件成熟的可以试行，不具备条件的不可强行。"

（孙罗南，《大众日报·经济导报》2014年1月1日）

二十八 土地股份合作的东平实践之一：
土地为基础 设施资金均可入股

11 月 18 日，第一届中国地方改革创新经验发布会将在北京召开。会上，将发布 4 个县市的地方经验成果，东平县就是其中之一。该县发布的主题是"推行土地股份合作，激发农村发展活力"。

东平的土地股份合作社在山东发展不是最早的，却吸引了众多专家学者的眼光，其独特之处在哪里呢？记者对此进行了采访调查。

土地股份合作社，顾名思义，是指农民把土地承包经营权转化为股权，委托合作社经营，按照股份从土地经营收益中获得分红的土地合作经营形式。

在东平，并不是只有土地承包经营权可以入股。

联润土地股份合作社成立于 2013 年 4 月，采取的是一种三方股份合作的模式，股份中既有土地股份，也有政策性资金入股和集体性资金入股。

土地股份。孟庄全村共有土地 590 亩，每人保留 0.6 亩"口粮田"，剩余的 276 亩分为 521 股，入股联润土地股份合作社每 0.529 亩为一股，每人 1 股，按户发放股权证。

政策性资金入股。孟庄村所在的沙河站镇是移民镇，上级每年拨付的移民政策资金近 700 万元，主要用于项目建设，支持村级发展，但这部分资金原先分散在各个村，撒了"芝麻盐"。2013 年，孟庄村整合周边 11 个移民村的移民资金 370 万元，入股联润土地股份合作社，在本村 276 亩土地上建设蔬菜大拱棚，大棚以每年每亩 1300 元的价格出租给大户。

集体设施入股。孟庄村集体投资的水井、电缆、道路、喷灌系统等基础设施折算成一定股份，加入合作社，并按股取得收益。按照约定，村集体在合作社销售的每公斤农产品中提取 0.1 元，作为集体股份服务性收入。

在运营上，联润土地股份合作社引进梁山县鑫源田农业有限公司，成立现代农业产业示范园。公司投入 120 万元，参与整个产业的管理和经营，解决农民经营经验不足，缺少技术和市场渠道的问题。合作社负责提供土地和生产经营过程中的各种服务，11 个移民村参与资金使用和生产经营的监督管理。

西沟流村的宝泉土地股份合作社走的是土地作价入股的路子。去年，西沟流村 58 户农民以 824 亩土地入股，入股期限截至土地二轮承包到期日，即 2028 年，集体以 876 亩土地入股，一共集中了 1700 亩连片土地，注册成立了宝泉土地股份合作社。

为筹集资金，解决前期的生产物资、苗木购置等成本投入，做好基础设施建设，合作社与泉灵公司达成投资协议，实行合股经营。

在股权设置上，宝泉土地股份合作社的土地按每亩每年 700 元评估价值，1700 亩土地的 15 年经营权折资量化为 1785 万元，泉灵公司投资 2000 万元。按出资比例，宝泉土地股份合作社占 47% 的股份，泉灵公司占 53%。

在经营上，远景规划和投资决策由合作社和泉灵公司双方协商，日常的农业生产、田间管理、技术指导等工作由合作社负责，泉灵公司派驻人员，负责监督、协调和产品销售渠道。

与宝泉土地股份合作社类似，东平的炬祥土地股份合作社也采取了"合作社 + 企业（大户）"的方式，合作社以土地入股，企业（大户）以资金、实物等入股，按照 5∶5 的比例进行利润分成。

◎ **专家观点有效引入了资本、技术**

对于土地股份合作的"东平模式"，不少专家学者给予了充分肯定。

对"东平模式"长期跟踪、调研的华中师范大学中国农村研究院博士黄振华说："东平县在发展土地股份合作社过程中，将土地确权与土地合作经营相结合，引导农民以土地承包经营权入股，使农民的土地成为能够从合作社经营中获取收益的一种资产。"黄振华表示，东平土地股份合作社是以土地为基础的开放式联合，将农村最为匮乏的资本、技术等生产要素有效引入，避免了生产要素的简单联合，从而达到"1 + 1 > 2"的效果。

中共中央党校经济学部三农研究中心徐祥临教授认为，联润土地股份合作社的特点是政策资金引导，有效地发挥了政策性资金的作用。以往财政支持资金都是"撒胡椒面"，一次性用完也就完了，但联润的模式是将死钱变成活钱，用合作的模式将资金整合起来，促进了集体经济的发展。

也有专家学者提出了良好的建议。中国社会科学院农村发展研究所研究员李周认为，东平下一步应该完善股权结构。他说，东平土地股份合作社的股权结构有三个问题：一是股权结构较为简单，只有土地股和资金股，还可以增加技术股和财产股。二是股权折算未遵循相同的规则，存在高估资金股，低估土地股的问题。三是运作过程中，存在把土地股持有者视为弱者，把资金股持有者视为强者的做法，不符合市场经济的规则。

（郭杰 、李娜，《大众日报·农村大众》2014 年 11 月 17 日）

二十九　土地股份合作的东平实践之二：
土地股份合作社个个都有产业支撑

今年 5 月，东平炬祥土地股份合作社进行了第一次分红，农户每亩耕地在获得 1000 元保底收益的基础上，还分得 200 元红利；村集体 150 亩荒滩除了有 3.75 万元保底收益外，还分红 1.5 万元。

成立于 2012 年 10 月的炬祥土地股份合作社是山东省首批、泰安市首家土地股份合作社。成立之初有合作社社员 17 户，涉及耕地 202 亩，村集体荒滩地 150 亩。合作社成立后，后口头村按照"集体＋企业＋农户"的模式，将土地出租给种植花卉的经营大户于其洪经营。

合作社理事长赵同厂说："合作社产生的收益，在大户和社员之间进行分配，为了最大程度保障社员的利益，无论大户投入多少，最终的纯利润都是五五分。"

现如今，后口头村农民全部加入了合作社，入社土地 1060 亩，村集体荒滩地 350 亩，产业涵盖乡村旅游、绿化苗木、经济苗木、饲料青储、紫薯种植等。

在合作社内部，合作社留取 30% 的风险金后，70% 的收益按照土地入股的股数进行分红。"加入合作社，除了保底分红、年底红利，平时在苗木基地打工，每年还有七八千元的劳务收入，挺合算。"村民赵恒水说。

在东平，几乎每个合作社都有产业。西沟流是一个三面环山的小山村，成立宝泉土地股份合作社后，结合本村特点，把发展重点定在了林果业、旅游观光和养殖业上。目前合作社已栽植樱桃树 2.6 万余棵，石榴树 2.8 万余棵；规划了 300 亩游客采摘园，建设了有 12 个标准间和同时可以容纳 8 个家庭的家庭宾馆以及配套设施；投资 140 余万元，建设了现代化养羊场、养猪场，目前全村养羊规模发展到 2000 只。

宝泉土地股份合作社运营一年多，产生了良好的经济效应，村民们称自己现在是"三金"农民。所谓"三金"，就是入社村民不仅有土地"租金"收入，还参与盈利分红，有"股金"收入，到基地打工，还有"薪金"收入。2013 年，100 多个村民在合作社打工，务工收入达到 100 多万元。

安大土地股份合作社的产业更多，有蔬菜、中药材基地，还有粉皮加工和养殖场等产业。与其他合作社相比，它的分配方式略有不同。安大合作社将经营分红的比例确定为 30%，不设风险准备金。入股的农民每股可获保底收益 1000 元，同时享受年终合作社经营分红。

合作社理事长孙庆元说，这是村民讨论的结果，大家认为保底收益实际上起了风险准备金的作用，像其他一些土地股份合作社那样再提 30% 风险准备金的话，会影响合作社的积累和投资。这样除 30% 的分红和村集体服务费（约占全部收益的 7%）外，其余全部用于下年扩大生产。

山西大学政治与公共管理学院院长董江爱教授非常认可东平土地股份合作社的产业带动作用，她认为这是土地股份合作持续发展的一个必要条件。

"我看了东平县宝泉、炬祥、安大、联润等土地股份合作社，每一个合作社都有产业。如果不是这样，土地即使整合起来，也难以发展。只有有了产业，土地的增值才能实现。"董江爱说。

对于土地股份合作社的"保底钱"，山东财经大学农业与农村经济研究中心主任王蔚表示了不同看法。他认为，东平吸引种粮大户和企业家参加合作组织，给农民的"保底钱"可能 3 年内没问题，但是 10 年，乃至 20 年后，还能不能落实，只能走着看了。"有过在生产队挣工分经历的人都清楚，合作社集体劳动是很难管理的事，搞不好合作社难以维持下去。"

农业部农村经济体制与经营管理司副司长黄延信也不赞成实行"保

底分红"。他认为，有的"保底分红"甚至超过了土地流转费用，例如每亩地六七百元的流转费用，保底钱却达到 1000 元。"农业生产既有资产风险，又有市场风险，保底是不可持续的。固定回报政策上是不提倡的，政策底线是不要出现安徽合肥农村合作社那种高额揽息、固定回报后的'跑路'事件。"黄延信说，股份合作要利益共享、风险共担，有多少分多少。

浙江大学中国农村发展研究院教授黄祖辉强调，要处理好股份制和合作制的关系。他说，现在有许多所谓的股份合作，实际上只有股份，合作"是假的"。在农业整个产业链条中，产业上游，即种植业、养殖业要尽可能以合作制为主，产业下游，即跟工业有关的活动可以股份为主。

我看到很多工商企业土地流转规模化，重新布局，然后专业化分工，让农民给他打工。不是不可以，但是我觉得要慎重。"黄祖辉说，"企业来做这个事，专业化分工了，农民你干一天给你多少钱，这种模式在产业链的上游不是很合适，它的成本非常大。还是要家庭经营，这本身也是合作制的一个本原。如果成员都是雇佣关系，就不能叫合作制了。"

山东农业大学经济管理学院教授陈盛伟的顾虑在于，土地由家庭经营到股份合作以后，效率会短期释放。但是长期经营的话，在目前农业面临资源约束、劳动力约束、市场约束的情况下，收益增值能不能持续还是个问题。"合作社与农场和大户相比，哪一个更具有优势，有待检验。"陈盛伟说。

◎**专家观点　有了产业，土地增值才能实现**

山西大学政治与公共管理学院院长董江爱教授非常认可东平土地股份合作社的产业带动作用，她认为这是土地股份合作持续发展的一个必要条件。

"我看了东平县宝泉、炬祥、安大、联润等土地股份合作社，每一个合作社都有产业。如果不是这样，土地即使整合起来，也难以发展。只有有了产业，土地的增值才能实现。"董江爱说。

对于土地股份合作社的"保底钱"，山东财经大学农业与农村经济研究中心主任王蔚表示了不同看法。他认为，东平吸引种粮大户和企业家参加合作组织，给农民的"保底钱"可能 3 年内没问题，但是 10 年，乃至20 年后，还能不能落实，只能走着看了。"有过在生产队挣工分经历的人都清楚，合作社集体劳动是很难管理的事，搞不好合作社难以维持下去。"

　　农业部农村经济体制与经营管理司副司长黄延信也不赞成实行"保底分红"。他认为，有的"保底分红"甚至超过了土地流转费用，例如每亩地六七百元的流转费用，保底钱却达到 1000 元。"农业生产既有资产风险，又有市场风险，保底是不可持续的。固定回报政策上是不提倡的，政策底线是不要出现安徽合肥农村合作社那种高额揽息、固定回报后的'跑路'事件。"黄延信说，股份合作要利益共享、风险共担，有多少分多少。

　　浙江大学中国农村发展研究院教授黄祖辉强调，要处理好股份制和合作制的关系。他说，现在有许多所谓的股份合作，实际上只有股份，合作"是假的"。在农业整个产业链条中，产业上游，即种植业、养殖业要尽可能以合作制为主，产业下游，即跟工业有关的活动可以股份为主。

　　"我看到很多工商企业土地流转规模化，重新布局，然后专业化分工，让农民给他打工。不是不可以，但是我觉得要慎重。"黄祖辉说，"企业来做这个事，专业化分工了，农民你干一天给你多少钱，这种模式在产业链的上游不是很合适，它的成本非常大。还是要家庭经营，这本身也是合作制的一个本原。如果成员都是雇佣关系，就不能叫合作制了。"

　　山东农业大学经济管理学院教授陈盛伟的顾虑在于，土地由家庭经营到股份合作以后，效率会短期释放。但是长期经营的话，在目前农业面临资源约束、劳动力约束、市场约束的情况下，收益增值能不能持续还是个问题。"合作社与农场和大户相比，哪一个更具有优势，有待检验。"陈盛伟说。

　　　　　　　　　　（郭杰、李娜，《大众日报·农村大众》2014 年 11 月 19 日）

三十　土地股份合作的东平实践之三：
能人成土地股份合作社引路人

　　"自愿与开放、平等的投票权、经济参与……"

　　这是国际通行的"合作社原则"，这起源于 19 世纪英国"罗虚代尔公平先锋社"。28 名纺织工人，经营生活用品，每股 1 英镑，每人入股，股份不限，每人一票，按交易量返还盈利。

不过，当西方的经典理论与东平的土地相遇时，许多概念被重新演绎。

东平的土地股份合作社更像一个个企业，以利润为导向，单打独斗的农户"抱"成了一团，直接面向市场进行营销。好的合作社为普通农户进入市场降低了门槛，并为他们赚钱。而经济能人就是他们的引路人。

以安大土地股份合作社为例。2011年前，东平县彭集街道安村还是一个"空壳"，村委会里只有2张桌子和3把椅子，还有的就是24万元的债务了。

一切改变从2011年开始。那一年，孙庆元放弃两家年收益400多万元的化工厂，回村任村主任，后当选为村党支部书记。在他的带领下，2011年7月，安村流转土地648亩，引进企业种植丹参、黄芪、桔梗等中药材；2012年，村集体投资50余万元，建起了粉皮加工园区，按照"村级引导、群众自愿、股份合作、收益分红"的原则，吸引村内粉皮加工户入驻小区。同年，将个人投资1128万元建成的养猪场无偿捐赠给了村集体，出租到企业经营；2013年联合种植户成立土地股份合作社。东平县把安大土地股份合作社的发展模式定义为支部引领型，有专家则把安大土地股份合作社增收的一大原因，归结为"能人效应"，由一个带头人拍板各项决定。

与安大土地股份合作社类似，银山镇南堂子村的最美乡村土地股份合作社，在村支部书记郑灿宾的带领下，发展观光农业和旅游产业，村集体每年增收50多万元，村民人均年增收1000元。

目前，东平县已发展土地股份合作社51家，入社农户7797户，规模经营土地4.17万亩；发展其他农业合作社1177家，入社农户6万多户，入社率超过50%，基本达到了村村都有合作社。这些数字背后，缘于以一定基础的优势产业和特色产品为依托，带动更多的农民调整结构，用特色和档次提高农业产业化水平，带动农民增收致富。

同时，孙庆元、郑灿宾这样的乡村"能人"功不可没。在东平农村，他们是具有市场经济意识的现代农民，懂市场、善经营、会管理，在他们的带领下，周围的农民开始形成市场意识、合作意识、品牌意识，逐步转为"职业农民"。

◎专家观点　　能人经济是把双刃剑

中国社会科学院农村发展研究所研究员李周认为，东平的土地股份合作获得成功，有一部分是它具有本土化、规范化、市场化的特征，这可能是它运作成功的一个关键，它有两层含义：一是借助达则兼济天下的传统文化，发挥责任强、甘于奉献、群众信赖的乡土能人的引领作用；二是不受任何理论束缚，采取因地制宜、因事制宜和因时制宜的策略。比如像安大土地股份合作社，它的粉皮加工采取了产业经营的方式，育肥猪养殖采取租赁经营的方式，中草药生产采取合作经营的方式，有机蔬菜基地采取混合经营的方式。

同时李周也指出，东平的经验表明，乡村能人对促进乡村发展具有重要作用。然而只在本村找能人的做法有局限性。其实，乡村能人是不是本村的并不重要，重要的是他的能力和为村民服务的精神。寻找范围拓宽了，所需的乡村能人就不会成为制约因素。

华南农业大学经济管理学院罗必良教授对"能人经济"表达了不同看法。他认为，目前很多地方都过于依赖于社区领袖和经济能人，它非常容易导致制度权威，合作社容易被少数政治精英与内部人控制。

还有专家认为，乡村经济能人在村庄集体经济的发展方面，明显可以发挥积极的、有效的促进作用，但要保证经济能人作为村庄领导人有效治理村庄，仍要依靠完善的制度，建立制约和监督力量，保证农民的参与和分配权利，加强乡村民主建设，否则会造成能人专断权力的增大，忽视了公开性、透明性以及决策的公正性。例如政社合一的能人带动型土地股份合作社，无论是合作社事务还是村庄公共事务，一些重大事项仍然会由村干部等少数人决定。董事会常受基层行政组织控制，往往使得"三会"制度（股东代表大会、董事会、监事会）形同虚设。缺乏民主土壤的村民自治就可能会沦为权威性自治而不是群众性自治，从而使村民自治陷入困境，这也是能人引导型发展模式的局限性。

（郭杰、李娜，《大众日报·农村大众》2014 年 11 月 21 日）

三十一　东平：用市场之手激活农村发展要素

"去年我们有 200 亩地，只有一家出价，每亩只流转了 800 元钱。今年到交易所进行交易后，通过 3 家竞争，价格提高到每亩 1000 多元，一下子给集体多收入 4 万元。"6 月 8 日，东平县泰西土地股份合作联社理事长刘兆仁告诉记者。

刘兆仁所说的交易所，是该县 1 月 3 日成立的农村综合产权交易所，这也是山东省首家经工商注册的县级农村产权交易所。截至目前，该交易所已完成交易 23 宗，土地流转面积 13240 亩，产权抵押贷款 23 宗，完成贷款金额 1973 万元。同时，意向转出交易 157 宗，涉及委托待转土地 8000 亩，养殖水面 700 亩；意向转入交易 49 宗，涉及土地面积 7995.1 亩；产权抵押融资需求共计 20 家单位，主要涉及农村土地、农村集体水面、集体林权、水面、房产等几大类，总价值约 18723 万元。

突破难点：建立清晰的产权权属体系

随着城乡一体化体制机制的不断健全，农村经济发展走到了一个新的"十字"路口，面临着一系列新的问题和挑战。土地需要规模经营，靠农户单打独斗的个人流转难，有经营能力的大户规模流转不够规范，后遗症多；外出农民增多，造成大量农村资源经营散、效益低，出现了资源的闲置和浪费；农村资源利用粗放、经营零散，农村产权的交易流转主要采用私下交易的方式，有的甚至不签合同、不办手续，流转交易不规范，农村的要素市场始终没能健全等。

基于此，东平县委县政府认识到：产权必须要改革，农村产权必须真正"动"起来。这就需要建立一个规范的农村产权交易流转市场，充分发挥市场的决定作用，用市场之手激活农村生产要素，推动各类农村产权公开、公平、公正、规范交易流转。

东平县农村综合产权交易所的成立，标志着县级农村产权交易市场初具雏形。

明晰的产权权属是前提。实现农村产权的交易流转，推动农村各类生产要素的资本化、集聚化、高效化，各类产权的归属必须明确、权责必须清晰，"三条红线"必须坚守，确保农村资源不流失、农民利益不受损害。

在具体工作中，按照土地承包经营权确权颁证"六个一"工作流程，采取"图解法"和土地股份化相结合的确权方式，重点推进农村土地承包经营权确权颁证工作。截至目前，在全县 685 个有地村中，已有 434 个村图解出数据底图并开展入户调查，占有地村数的 63%；168 个村正在进行农户承包地块的图解或实测，占有地村数的 24.5%。

在此基础上，稳步推进林权的确权登记颁证，目前，全县 90% 以上的林权完成了确权颁证工作；同步探索推进集体经营性建设用地使用权、水面滩涂养殖权等其他农村产权的确权登记颁证，逐步将确权范围扩大至农村各类产权，进一步摸清数量、明确权属，为各类农村产权进入市场化运作轨道奠定基础。

把握关键：建立顺畅高效的产权流转体系

东平县新湖镇范洼村的水面养殖大户范学德，是村里有名的养殖大户，以前自己经营养殖鲤鱼、草鱼，费心、费力，收益还不高；进行鱼塘转包多是私下进行，合同不规范，担保人还不好找。现在在交易所进行转包，鱼塘的承包合同规范了、手续简约了，不花一分钱，最终 65 亩鱼塘以 6.5 万元的价格实现成功流转，用于养殖效益更高的锦鲤。既提高了农户的承包收益，鱼塘的经营效益也大幅提升。

在交易所具体建设中，总的按照"小机构、大平台"的原则，以农村综合产权交易中心为载体，搭建产权交易、产权托管、产权融资三大平台，将交易范围扩大至农村土地承包经营权、林权、水面滩涂养殖权等 13 类农村产权，充分发挥业务咨询、申请受理、产权审核、组织交易、交易鉴证、产权抵押、服务代理七项窗口职能，优化产权托管、委托评估、司法确认、金融服务四项特色服务，建立健全产权交易机构体系。

创新农村产权交易流转模式。将农村各类产权纳入市场化发展轨道，通过交易申请、鉴定、审核、发证、抵押融资等环节，完成农村产权的流转交易，实现产权要素效益集聚化。完善交易平台网络化服务体系，在县级层面上设立交易所和交易分所，在各乡镇（街道）共建服务站 14 处，设立服务点 716 个，构建了完善的农村产权交易流转市场和覆盖县、乡、村三级的服务网络。为全面搭建产权交易网络平台，建设开通了农交所网站，大厅内设有产权信息发布平台，与政府网站、农业信息网站等相链接，实现相关项目流转交易信息的实时查询。

创新农村产权托管经营模式。充分发挥托管运营功能，搞好项目包装，进一步提高农业资本的综合效益。全面收集农村产权供给信息，优化整合各类农村资源；强化农业招商力度，深入基层了解市场需求，积极开展项目包装，引进各地龙头企业、家庭农场等各类农业经营主体积极参与、共同发展，进一步扩大农村产权交易市场，构建完善的市场运作体系。目前，交易所共收集供求信息768条，发放项目供求邀请函350份，涉及土地承包经营权、林权、水面滩涂养殖权、农村宅基地使用权等几大类产权。

创新农村产权融资服务模式。充分发挥农村产权交易所抵押融资功能，进一步优化金融服务。积极找寻新的合作点，鼓励沪农商村镇银行、合作银行等面向农业农村发展的金融机构，研究新政策、新方法，创新金融产品、提高金融服务，为农村产权的抵押融资开辟新通道，也为金融机构开拓了更加广阔的农村市场。

在交易所抵押融资窗口，一份《银企合作协议》正在通过最后审核。一个月前，商老庄乡袁庄村张金河向交易所提交了林权贷款申请。通过交易所运作，200亩林地林权用于抵押担保，从东平农村合作银行获得了200万元贷款，种植了2万株海棠和速生杨。

规范完善：建立健全强有力的交易保障体系

规范健全的制度体系是保障。县里成立了农村综合产权改革工作领导小组和农村综合产权监督管理委员会，全面指导推进农村产权交易市场建设；制定出台了《东平县农村综合产权交易管理办法》、《东平县农村综合产权抵押贷款实施意见》及土地承包经营使用权、林权、水面养殖权等各类农村产权流转交易操作细则等政策文件；健全了交易行为、日常管理等工作制度，规范了委托经营、产权评估、司法确认和金融服务流程，进一步健全了制度机制建设。坚持政府主导与市场取向相结合，积极探索建立农村产权市场培育机制、市场监管机制、市场风险防控机制，强化县、乡、村三级监管服务体系建设，最大限度地预防和降低交易风险。

产权交易所还引入"司法确认"这一矛盾纠纷调处机制，为土地交易增加一道"安全阀"。交易双方一旦出现纠纷，可通过调解进入司法确认程序，经法院司法确认的调解协议具有法律效力，这既保护双方合法权益，还降低了交易成本。

同时，按照校地协同、面向区域经济和社会发展重点的原则，积极引入高端智库，与华中师范大学中国农村研究院进行战略合作，强化农村产权交易市场体系建设的顶层设计，加强理论指导和智力支撑，明确了改革发展和制度创新的科学方向和动力机制。

（《支部生活》2014 年第 9 期）

三十二　东平：土地入股　农民入"主"

东平县积极推行土地股份制改革，引导农民带地入股，以地养农、以社兴农、以产富农，实现农业用地"稳"中求"活"。

昨天东平联润土地合作社为入社的 125 户农民确权颁发股权证，这就意味着，从现在开始他们将成为真正意义上土地经营的股东，从此走上土地股份合作经营的现代农业新路子。

东平联润土地股份合作社理事长孟卫东说："土地的份额以土地面积确定是什么意思呢？就是说，以农户入社的土地等级和土地面积的比例折算成股份，并按股份享受利益。"

东平县土地股份制度的推行，很大程度上源自于早先土地流转制度在长效机制方面的不足。在东平县，很多农村合作组织主管人员就反映，原先土地流转以后，农民只是打工者，主人翁意识的淡薄，使许多产业农民形成了"干多干少月月拿工资，收多收少年年拿分红"的惰性思想，农村合作组织与农民在收益风险上就成为两张皮。

今年中央一号文件提出，要"抓紧研究现有土地承包关系保持稳定并长久不变的具体实现形式，引导农村土地承包经营权有序流转。"一时间，如何确保现有农村土地承包关系的高效稳定可持续性成为全国关注的焦点。针对这一问题，东平县从探讨生产关系"生产资料所有、生产者生产地位与关系、产品分配"要素三位一体的可行性入手，让农民带地入股，并按股按劳分配，确保农民在生产、经营和分成中的主体地位。

从"工人"到"主人"，意识的转变使银山镇南堂子村这个原先远近闻名的穷山村，发生了翻天覆地的变革。2010 年，南堂子村依托原先林果专业种植合作社，率先在东平湖湖西推行土地股份制度，全村 1100 多亩农用山地全部入股，1400 多名村民全部加入土地股份合作社，农民每年按亩获得一定保底金，按工作量获得工资，在产品年终收益这个大项上，还要与合作社、村集体按 3∶1∶1 进行分成。

东平县银山镇南堂子村村支部书记郑灿宾对记者说："老百姓发的百分之六十呢，是原封不动的按人口分配下去，村集体的百分之二十呢是干民生事业，为老百姓干一些服务，合作社的百分之二十来解决风险这一块。"

村集体为民生上保险，合作社为经营担风险，这使得带地入股的农民享受到 100% 的净收益，这种做法大大调动了入股农民参与经营的积极性。

让农民享受到"股金＋分红＋劳务资金"三块收入，集体获得"合作社管理服务费＋集体土地股金"双重收益，土地入股构建起保护农民和农村集体利益的长效机制，这是不是意味着不具备土地经营权的合作、大户利益就无法得到保障呢？王瑞青是东平瑰青土地股份合作社的理事长，也是引领合作社发展玫瑰产业的龙头大户。他告诉记者，以前名义上土地流转到了自己的名下，收益自己也占大头，但社员出工不出力，土地发挥不到最大效益，所谓收益也只能是形同虚设。如今，自己的股份虽然少了，但整体收益却成倍增加，农民入社积极性空前高涨。现在，合作社基地已过千亩，王瑞青心里又打起了新算盘。

不改变土地性质、不改变土地用途、不损害农民土地经营权，坚持集体土地所有权、保障农户土地承包经营权、放开放活承包土地所有权、稳步扩大农民土地收益权，这样的经营机制使农民、村集体、合作社和大户既是利益共同体，也是风险共担者。在此基础上推进的农民组织化、土地股份化、产权资本化、农业产业化，使以土地经济为基础的村庄逐步演变成为经营的主体。基于这种情况，彭集街道办事处安村在东平县率先推出"经营村庄"战略，他们创办"安大土地股份合作社"，吸纳 336 户农民 743 亩农用地入社，将土地入股经营模式全面引入粉皮加工、中药材、养殖和有机蔬菜四个支柱产业，使入股农民今年上半年人均同比增收 4000 元。

截至目前，东平县共建立土地股份合作社 19 家，入社农户 2740 户，入股土地 17800 亩。在探索合理、稳定、长效农村土地承包关系的征程中，一条土地入股、农民入主的"东平路径"悄然显现。

（韩鸿浦、吴琼，《泰山网》2013 年 8 月 6 日）

三十三　泰安东平："破冰"农村产权制度　撬动农村改革

东平县以农村土地股份合作为撬点，推进土地股份化、农民职业化、农业产业化，走出了一条破解"三农"发展难题和探索农村集体经济有效实现形式的特色之路。

前不久，来自中国社科院、国务院发展研究中心、中央党校、浙江大学等科研单位四十余名集体经济研究领域的知名专家、学者齐聚东平，围绕着"土地股份合作与集体经济有效实现形式"进行了深入探讨，东平"破冰"农村土地产权制度做法引发全国关注。

中央党校经济学部教授、博导徐祥临说："我相信再经过一段时间探索推广，那么，它应该在全国农村改革过程中，走出它独特的一个路子，给全国各地农村经济发展，提供它的新鲜经验。"

去年以来，东平县在全国先行先试，积极探索农村土地产权制度改革，以"不改变土地所有权性质、不改变土地用途、不损害农民土地承包权益"为前提，积极引导农民入社、农民入股，发展土地股份合作社，放开放活承包土地使用权，稳步扩大农民土地收益权，探索出一条"农村资源增值、农民收入增加、农业农村全面发展"的新路子，一场推进股份合作、深化土地产权改革的破冰之旅也率先在我市全面开启。

集体经济是我国社会主义基本经济制度的重要组成部分，也是实现农业产业化发展、农民共同富裕的重要途径，然而我国集体经济在实践发展中却经历了诸多曲折，面临着很多困境，有国内学者甚至表示集体经济发展已"走投无路"。但是在东平县，土地股份合作的农业经营模式正焕发出勃勃生机。农民在自愿的前提下，村集体将土地以股份的形式集中起来，或自己租给大户统一经营，享有土地租金、劳动收益、管理分红三重利益的农民收入大为提高。

今年1月份，东平县成立山东省首家经工商注册的县级农村产权交易所，建立产权交易、托管、融资三大平台，交易范围包括土地承包经营权、林权、水面养殖权等13类农村产权，并为各类产权交易提供场所设施、信息发布、组织交易等服务，对产权交易行为进行鉴证，同时提供信息咨询、交易策划、产权经纪、委托管理、产权融资等相关配套服务。

小改革破解大难题。土地股份合作，增加了农民收入，构建起保护农民利益的长效机制。农民有了"股金＋分红＋劳务资金"三块收入，组织化、职业化程度明显提升，收入渠道日益多元。

（张丰振，《泰山网》2014 年 9 月 30 日）

三十四　泰安市东平县土地股份合作"东平模式"走向全国

11 月 18 日，华中师范大学中国农村研究院、教育部《高校智库专刊》社会发展编辑室、中国城市治理研究院联合创办的第一届中国地方政府改革创新成果新闻发布会暨"全面深化改革"地方经验报告会在北京举行。来自全国的地方改革先行者以及新华社、中央电视台、人民日报、光明日报、中国青年报等五十余家国内外媒体出席。

东平县"推行土地股份合作，激发农村发展活力的"东平模式"引起与会专家学者以及各大媒体的关注热议，成为备受瞩目的"明星"。

华中师范大学政治学院教授、中国农村研究院执行院长邓大才说："十八届三中全会最终的改革就是土地改革，财产权改革，东平以自己一年多的改革实践、改革探索，为全国土地制度改革，土地股份制的发展，以集体经济的壮大，探索出了一个好的路子。"

去年以来，东平县在全国先行先试，积极探索农村土地产权制度改革，以"不改变土地所有权性质、不改变土地用途、不损害农民土地承包权益"为前提，积极引导农民入社、农民入股，发展土地股份合作社，放开放活承包土地使用权，稳步扩大农民土地收益权，探索出一条"农村资源增值、农民收入增加、农业农村全面发展"的新路子，一场推进股份合作、深化土地产权改革的破冰之旅率先开启。通过深化土地产权制度改革，引导农民带地入股，发展土地股份合作社，促进了农民和村集体的增收。2013 年一年多的时间，东平县土地股份合作社已发展到 45 家，入社农户 6880 户，涉及土地 36863 亩。

邓大才评价东平的土地改革说："我觉得东平的改革最重要的两个特点。第一个是成功的确权，让农民有了财产权，我觉得东平走在全国前列。第二个通过确权搞活了经营权，这也是东平做得比较好的，所谓搞活了，它不是个体搞活了而是通过把农民组织起来，共同富裕，发展集体经济来搞活，我觉得这是东平最大两个特点。"

（《泰山网》2014 年 11 月 20 日）

三十五　土地股份合作激活集体经济
——国家农村改革试验区的"东平模式"

"集体经济无实力、为民办事无能力、群众缺乏向心力"这一村庄治理困境，是集体土地实行家庭承包制度带来的弊端。如何在坚持家庭承包经营的基础上，有效实现集体经济发展，突破乡村治理困境，成为亟待解决的现实课题。东平县作为全国第二批农村改革实验区，先行先试、积极探索，通过深化土地产权制度改革、发展土地股份合作制、组建农村产权交易所，在促进农民和集体的增收上进行成功尝试，获得了广泛关注，被评为"地方政府改革创新成果"并予以推广。

"乡村困境"催生"土地革新"

位于鲁西南的东平县是一个农业大县，随着城乡一体化的推进，和全国大部分中西部地区一样，农业农村发展到了一个新的"十字路口"，面临着一系列的问题和挑战。

农村经济发展面临的问题和挑战，最终都指向产权，特别是土地产权。在坚持土地集体所有的前提下，推行土地股份合作，是构建新型农业经营体系，加快农村经济发展的有效途径。

2012 年，东平县与华中师范大学中国农村研究院展开合作，探索创新壮大发展集体经济路径。

东平是经济欠发达地区，最大资源就是土地。经过充分调研和论证，按照中央深化改革中"坚持农村土地集体所有，实现所有权、承包权、经营权三权分置""在尊重农民意愿的前提下，也可以确权确股不确地"的要求，东平县以落实集体所有权、稳定农户承包权、放活土地经营权为指引，在"不改变土地性质、不改变土地用途、不损害农民土地承包权"的三大原则下，以激活土地经营权为核心，推进土地股份化、产权资本化、农民组织化、农业产业化，引导农民带地入股，通过发展土地股份合作社，推行土地股份制改革，实现以地养农、以社兴农、以业富农，让土地真正"活"起来。

因地制宜走出"四种模式"

土地确权是开展土地股份合作的重要前提。东平县对农户承包地主要采取两种确权形式，一种是确定地权，逐户落实农户承包地；另一种是确股确权不确地，在试点村，农户按土地承包面积发放股权证，不确定四至和地块，组建土地股份合作社，年终按股分红。

村情不同，发展路子不一，东平县坚持底线，因村施策，在农民首创的基础上，摸索出政府引导型、能人带动型、资本融入型、资源整合型四种土地股份合作模式。

——政府引导型。立足移民大县实际，沙河站镇用活政策性资金，引导 11 个移民村将 370 万元移民扶持资金折股入社，在孟庄村成立联润土地股份合作社，建成 276 亩蔬菜大棚，发展设施农业。去年，入股农户除获得 1100 元/亩的土地保底收益外，每股分红 210 元。

——能人带动型。银山镇南堂子村党支部书记郑灿宾发动全村群众，带头成立最美乡村土地股份合作社，将资金、资源、管理等要素作为股份，发展观光农业和旅游产业。

——合作经营型。接山镇后口头村引入经营大户，成立炬祥土地股份合作社，农户以 202 亩承包地、村集体以 350 亩河滩地入股，大户以资金和种苗入股，发展花卉苗木经营。今年 5 月，合作社进行分红，农户每亩耕地获得保底股金 1000 元，分红 200 元。

——资源整合型。梯门镇西沟流村宝泉土地股份合作社引入工商资本，整合村集体资源，将村民 824 亩耕地、村集体 876 亩荒坡地集中入股，发展集畜禽养殖、林果采摘、观光旅游为一体的高效生态农业，100 多名群众在合作社打工，务工收入达到 100 多万元。村集体通过土地入股，收入实现大幅增加，增强了服务群众能力。

东平的土地股份合作模式与中央深化改革的精神高度一致，在坚持农村集体所有权不变的前提下，探索三权分置、经营权流转的模式，促进集体经济的发展，被认为具有普遍借鉴意义。

目前，该县共发展土地股份合作社 51 家，入社农户 7797 户，规模经营土地 41778 亩。发展家庭农场 161 家、专业合作社 1177 家、规模以上农业龙头企业达到 152 家，初步构建了主体多元、类型多样的农业经营体系。

规范运作保障农民利益

2012 年 10 月，接山镇后口头村炬祥土地股份合作社挂牌成立，该合作社作为全省首批、泰安首家土地股份合作社。

群众的顾虑不无道理。发起人赵同厂召集大伙商议，制定了合作社章程，完善法人结构，成立股东大会、理事会、监事会，保证合作社规范运营。通过 17 个股东的选举，赵端当选理事长、赵同厂当选监事长。

为提高土地股份合作社抵御自然和市场风险的能力，东平县指导合作社建立风险基金，每年从全部收益中提取一定比例存入，确保"旱涝保收"。假如按每亩纯收益 2000 元计算，保底分红 1000 元后，剩余的 1000 元按 70% 进行二次分红，30% 作为风险基金，逐年累积用来保障保底股金发放，实现"以丰补歉"。

在发展土地股份合作工作中，东平县坚持"入股自愿、退社自由"，合作社成员退社时，经股东代表大会研究，采取异地置换的方式，重新分给土地，给予退股。

与此同时，入社农民有了"租金 + 股金 + 薪金"，成为"三金"新型农民；村集体通过集体土地、基础设施入股，为合作社提供组织服务，收入渠道日益多元，找到了壮大集体经济的源头活水。银山镇南堂子村的全村村民入股发展旅游观光农业，安置本村闲散劳动力 200 人，今年集体增收 50 万元，村民人均增收 1000 元。

产权交易激活生产要素

为加快推进土地产权制度改革，培育和发展农村产权交易市场，该县成立了山东省首家县级农村综合产权交易所，将农村土地承包经营权等 13 类农村产权纳入经营交易服务范围，解决了买方卖方信息不畅的问题，推动了各类农村产权流转交易的公开、公正、规范运行。

该县通过交易平台，"晒出"农村集体、个人的闲置资产，解决了买方卖方信息不畅的问题，土地经营权、农户宅基地用益物权等的真实价值也得到了体现。

探索现代集体经济之路

东平改革的目标是什么？华中师范大学专家在与东平县方面深入探讨后认为，要为全国农村集体经济发展的现代化转型树立典范。

在 9 月 27—28 日，东平县举办了"土地股份合作与集体经济有效实现形式高端论坛"，该论坛由农村改革发展协同创新中心、华中师范大学中国农村研究院主办，来自农业部农村经济体制与经营管理司、民政部基层政权和社区建设司、山东省相关主管部门负责人，以及中国社会科学院、国务院发展研究中心、中共中央党校、浙江大学等高校、科研单位 40 余名集体经济研究领域知名专家、学者与会，对"东平模式"进行理论探讨。

11 月 18 日，华中师范大学中国农村研究院、教育部《高校智库专刊》社会发展编辑室、中国城市治理研究院联合创办的第一届中国地方政府改革创新成果新闻发布会，"东平模式"被评为"地方政府改革创新成果"。

"东平模式"构建了集体经济新架构，保障了村级民主治理。集体以资产、资金、设施等入股，盘活了集体资产，赋予了农民更多财产权利。股份合作增强了农民和集体的利益联结，激发了农民的民主参与意识，村庄治理水平明显提高。

（陈淑锋，《泰安日报》2014 年 12 月 18 日）

后　记

　　《逼出来的改革：东平土地股份合作与乡村治理的实践探索》终于面世了。此书的出版，有东平县委、县政府的探索和努力，更融入了东平干部群众的智慧与创新。近年来，东平的广大干部群众，不为现实所困，不为发展所限，勇于改革，善于创新，实现了农村的快速健康发展，特别是在农村土地股份合作的改革实践中，更加深刻体现了东平农民"逢山开路、遇水架桥"的创新精神。本书编撰是为东平农民群众改革探索精神所感而为。

　　东平县农业改革探索，是为形势所逼，为群众致富所逼。群众满意是东平农村改革探索的最高标准。"改革就是试错的过程"，任何改革都面临着风险，在改革实践过程中，东平对每一步改革都坚持"问需于民、问计于民、问政于民"，把群众参与作为重大决策的必经程序，最大限度倾听民声、体现民意、集纳民智，提高决策的科学化和民主化水平，精准对接发展所需、基层所盼、民心所向，使群众在改革中看到了希望，得到了实惠，增强了发展信心，使改革得以顺利进行。

　　基层群众是改革创造活力的重要源泉。农村是个大舞台，农民是改革的突破者和原创者。如果说，1978年后中国改革取得巨大成就的关键是尊重实践、尊重群众首创精神的话，东平土改探索则是东平农民发明的，是一个"边试点、边探索、边总结、边推广"的过程，这里面蕴涵群众的智慧和创造力。多年来，东平人民立足农业大县的实际，紧紧围绕"推进富民强县新跨越、建设幸福魅力新东平"的目标，认真贯彻落实党的十八大和十八届三中、四中、五中全会精神和习近平总书记关于"三农"发展的系列讲话精神，落实党的农村政策，解放思想，锐意改革，着力破解农业发展难题，探索出了富有东平特色的农村发展路子，为实现东平全面崛起奠定了坚实基础。

本书的编撰出版，得到了华中师范大学中国农村研究院、山东农业大学、山东省农科院等高等院校、科研单位及东平县相关部门单位的大力支持。中国农村研究院院长徐勇教授在百忙之中亲自为本书作序，在此一并表示衷心的感谢。

由于时间紧张，学识有限，不当之处，望批评指正。

编者

2016 年 5 月